城市轨道交通职业教育系列教材——城市轨道交通车辆

城市轨道交通车辆制动技术

主　编 ◎ 史富强

副主编 ◎ 穆玉民　樊永超　袁凯敏

主　审 ◎ 王建堂

西南交通大学出版社

·成　都·

图书在版编目（CIP）数据

城市轨道交通车辆制动技术 / 史富强主编. —成都：西南交通大学出版社，2021.2（2025.1）
ISBN 978-7-5643-7984-1

Ⅰ. ①城… Ⅱ. ①史… Ⅲ. ①城市铁路 – 铁路车辆 – 车辆制动 – 高等职业教育 – 教材 Ⅳ. ①U239.5

中国版本图书馆 CIP 数据核字（2021）第 031737 号

Chengshi Guidao Jiaotong Cheliang Zhidong jishu
城市轨道交通车辆制动技术

主　编　史富强

责任编辑 / 李华宇
封面设计 / 何东琳设计工作室

西南交通大学出版社出版发行
（四川省成都市金牛区二环路北一段111号西南交通大学创新大厦21楼　610031）
发行部电话：028-87600564　028-87600533
网址：http://www.xnjdcbs.com
印刷：四川玖艺呈现印刷有限公司

成品尺寸　185 mm × 260 mm
印张　21.75　字数　542 千
版次　2021 年 2 月第 1 版　印次　2025 年 1 月第 2 次

书号　ISBN 978-7-5643-7984-1
定价　49.80 元

课件咨询电话：028-81435775

前言

PREFACE

城市轨道交通以其不可替代的优越性正成为我国城市交通发展新的热点和重点。轨道交通系统设备先进、结构复杂，高新技术应用广泛，要保障这样一个庞大系统安全、高效的运行必须依靠与之相匹配的高素质员工。因此，培养一批业务过硬、技艺精湛的能工巧匠，是确保城市轨道交通安全运营的重中之重。目前，关于城市轨道交通车辆技术方面的专门教材甚少，不能满足教育和培训的需求。我们组织编写本书的目的是试图填补这方面的空缺。

本书是全国城市轨道交通职业教育教学指导委员会规划教材，是高等职业教育城市轨道交通专业规划教材。

随着电子技术、计算机技术在城市轨道交通车辆上的普遍应用，城市轨道交通车辆制动技术也得到了很大发展。城市轨道交通车辆制动系统由最初的空气制动系统发展到了电空制动系统，由单车的制动系统发展到了动拖车协调配合的电空制动系统，甚至全列车协调配合的电空制动系统。本书以城市轨道交通车辆为对象，全面介绍了城市轨道交通车辆制动技术的基本概念、基本组成和原理，结合城市轨道交通车辆制动技术的发展对城市轨道交通车辆制动系统的维修进行了介绍，并针对实际案例进行了分析。从基本概念和基础理论入手，由浅入深地介绍了城市轨道交通车辆制动系统的历史沿革、主要功能和组成部分，以及主要零部件的功能和结构，特别是当前我国各大城市地铁车辆正在使用的各种制动系统：完整地介绍了城市轨道交通车辆的动力制动系统、空气制动系统等，其中详尽地介绍了空气制动系统的供气系统、中央控制单元和基础制动装置等；并对车辆制动系统的维修工艺和设备作了简单介绍，力求理论联系实际，使读者能够掌握城市轨道交通车辆制动技术的基础理论和实践精髓。

本书分为 8 个项目：城市轨道交通车辆制动基本知识、城市轨道交通车辆基础制动与供风装置、城市轨道交通车辆电制动与制动控制、EP2002

制动系统、国产城市轨道交通车辆制动系统、HRDA 制动系统、KBGM 和 KBWB 制动系统、SD 型制动机和 EPAC 制动系统等。本书内容全面，涵盖了地铁车辆制动技术的方方面面；内容新颖，由浅入深，先建立框架，再进而深入，内容体现了最新的科技动态和成果；书中附有许多实物图，可增加可读性。本书适用范围广，既可作为高等职业教育和中等职业教育城市轨道交通专业教材，也可作为工程技术人员的参考读物。

本书配套有丰富的数字资源，如微课视频、动画、PPT 课件等。这些资源均可通过扫描书中的二维码或登录“轨道在线”超媒体数字教育平台进行学习。

本书为校企合作开发教材，由陕西交通职业技术学院史富强担任主编；陕西交通职业技术学院王建堂担任主审，西安市轨道交通集团有限公司穆玉民、樊永超和袁凯敏担任副主编，西安交通工程学院李宁宁和巨子琪参与编写与审稿工作。具体编写分工如下：巨子琪编写项目 1 的任务 1、2、3；穆玉民编写项目 1 的任务 4 和 5；李宁宁编写项目 2；樊永超编写项目 4 的任务 1、2、3 和项目 6 的任务 1；袁凯敏编写项目 4 的任务 4 和 5；王建堂编写项目 6 的任务 2；史富强编写项日 3、项目 5、项目 7、项目 8。全书由史富强统稿，王建堂和樊永超审稿。

由于编者水平有限，本书在内容和编排上有疏漏和不当之处，敬请读者批评指正。

编　者

2021 年 1 月

扫码获取本书配套数字资源

目录

CONTENT

项目 1　城市轨道交通车辆制动基本知识……001

任务 1　城市轨道交通车辆制动技术的基本认知……001

任务 2　城市轨道交通车辆制动方式和制动机……010

任务 3　城市轨道交通车辆轮轨关系和制动力分析……021

任务 4　城市轨道交通列车制动载荷分析与计算……028

任务 5　制动时电动车组的减速力……033

项目小结……041

思考与练习……041

项目 2　城市轨道交通车辆基础制动与供风装置……042

任务 1　城市轨道交通车辆基础制动装置概述……042

任务 2　PC7Y（F）型单元式制动器结构与原理分析……049

任务 3　KLX-7 型踏面单元式制动机结构与原理分析……058

任务 4　闸　瓦……074

任务 5　盘形制动装置……079

任务 6　供风装置……088

任务 7　空气压缩机……096

任务 8　压缩空气处理单元……106

任务 9　风源系统辅助设备……115

项目小结……127

思考与练习……127

项目 3　城市轨道交通车辆电制动与制动控制……128

任务 1　电制动基本原理……128

任务 2　电阻制动和再生制动……133

任务 3　制动控制系统的组成……137

任务 4　城轨车辆制动控制技术……151
任务 5　城市轨道交通车辆防滑控制……156
任务 6　防滑控制的机理与判断标准的探讨……160
任务 7　防滑系统的组成及工作原理……165
项目小结……175
思考与练习……175

项目 4　EP2002 制动系统……176

任务 1　EP2002 制动系统概述及系统组成……176
任务 2　EP2002 制动系统核心部件……183
任务 3　制动系统 EP200 的网络结构……190
任务 4　EP2002 制动系统的作用原理……193
任务 5　EP2002 制动系统的特点和故障管理……197
项目小结……201
思考与练习……201

项目 5　国产城市轨道交通车辆制动系统……202

任务 1　车控式制动系统……202
任务 2　架控式制动系统……214
项目小结……223
思考与练习……223

项目 6　HRDA 制动系统……224

任务 1　HRDA 制动系统组成……225
任务 2　HRDA 制动系统作用原理……236
项目小结……240
思考与练习……240

项目 7　KBGM 和 KBWB 制动系统……241

任务 1　KBGW 制动系统基础知识……241
任务 2　KBGM 制动控制单元……248
任务 3　KBGM 空气制动系统和防滑作用原理……256
任务 4　KBWB 模拟式电气制动系统认知……264
任务 5　KBWB 制动控制系统的组成与作用……268
任务 6　KBWB 制动系统的组成和控制过程的学习……276

项目小结 ……282
思考与练习 ……282

项目 8　SD 型制动机和 EPAC 型制动系统……283

任务 1　SD 型制动机的组成、基本原理和特点 ……283
任务 2　SD 型制动机的构造和作用原理……288
任务 3　SD 型电空制动机工作过程分析……302
任务 4　EPAC 制动系统概述及系统组成……307
任务 5　EPAC 制动系统制动原理……312
任务 6　EPAC2 制动控制原理……321
任务 7　EPAC 制动模块综合学习……330
项目小结……337
思考与练习……337

参考文献……338

项目 1　城市轨道交通车辆制动基本知识

项目描述

制动装置是轨道交通车辆中非常重要且必不可缺的组成部分。本项目简要介绍轨道交通车辆制动的基本概念及其在城市轨道交通（简称“城轨”）运输业中的重要意义。本项目重点内容是城市轨道交通车辆的制动方式和制动模式、各种制动机以及城市轨道交通车辆制动装置产生的制动原动力的机理分析与计算；城轨列车运行时阻力的分析与计算；制动空气波、制动波的分析与计算、制动距离计算等。这些都是城市轨道交通车辆制动技术重要的基础理论和计算基础，只有更好地掌握这些基本知识，才能在实践中充分发挥城轨车辆制动系统的效能，更好地让城轨车辆为广大乘客服务。

学习目标

通过本项目的学习要求掌握以下基本知识与基本理论：

1. 掌握城轨制动技术相关基本概念；
2. 熟悉城市轨道交通车辆制动系统的基本功能和组成；
3. 掌握制动力的基本概念、分析与计算；
4. 掌握城轨列车载荷的分类和组成及制动距离的计算。

能力目标

1. 能叙述制动、缓解、制动装置等重要的基本概念；
2. 能分析城市轨道交通车辆制动系统的组成；
3. 掌握制动力的基本概念；
4. 掌握载荷的组成。

任务 1　城市轨道交通车辆制动技术的基本认知

【活动场景】

在城市轨道交通车辆检修基地、城轨制动模型室或具有多媒体技术能展示城轨车辆制动作用的教室或现场进行教学。

【任务要求】

1. 了解城市轨道交通车辆制动的基本知识；
2. 了解城市轨道交通车辆制动装置的基本作用、基本结构与基本特点等；
3. 掌握城市轨道交通车辆制动系统的基本特点和基本要求；
4. 掌握城市轨道交通车辆制动系统的组成；
5. 熟知城轨车辆制动系统的简单发展历程和主流制动系统的特点。

【知识准备】

城市轨道交通车辆启动及以一定速度运行，需要对其施加牵引力来完成；同样，为了使运行的城市轨道交通车辆能够迅速地减速、停车或保持一定的速度匀速运行，也必须对其施加制动力的作用。牵引和制动是列车运行的两种工况，缺一不可。如果一列车突然失去制动功能，乘客的生命财产将受到严重威胁。因此，从某种意义上来说，制动系统直接影响着列车的安全运行。所以，城市轨道交通车辆的制动装置是城市轨道交通车辆重要的组成部分，决定着城市轨道交通车辆重要的性能。

一、基本概念

1. 制　动

人为地施加外力，使城市轨道交通车辆、铁路机车车辆等运动的交通工具减速或阻止其加速，以及保持静止的状态不变的作用，称为制动。制动效能的大小和制动施加的时机由人为掌控，对于城市轨道交通车辆来说，为了使运行中的城轨列车能迅速地减速或停车，必须对它施行制动；为了防止列车在下坡道时由于列车的重力作用导致列车速度增加，也需要对它施行制动；即使列车已经停车，为避免停放的列车因重力作用或风力吹动而溜车，还需要对它施加制动（停放制动）。

2. 缓　解

与制动作用相反，解除或减弱城市轨道交通车辆、铁道机车车辆等制动作用的过程称为缓解。对已经施行了制动作用的列车，为了使列车重新启动或再次加速，必须解除或减弱其制动作用。

3. 制动距离

从城轨列车司机施加制动命令开始，到列车达到制动目的为止，列车所走过的距离称为制动距离。制动距离是综合反映列车制动装置性能和实际制动效果的主要技术指标；对制动效能的衡量，有一些国家不用制动距离而用（平均）减速度作为技术指标来进行衡量，两者的实质是一样的，只是制动距离较为具体，而减速度较为抽象而已。

4. 制动装置与制动系统

1）制动装置

能施行制动或缓解制动作用而安装在轨道交通车辆上的，由一整套零部件组成的完整的、主要由机械装置组成的装备，总称为“制动装置”。在传统的铁路上，它分为“机车制动装置”

和“车辆（客车、货车）制动装置”。城市轨道交通车辆与传统铁路机车车辆的编组形式不同，与动车组列车十分相似，也采用动力分散型的动车组形式，因此可分为“动车制动装置”和“拖车制动装置”。在城市轨道交通车辆中一般都设置操纵全列车制动功能的设备，一般情况下安装在列车两端带司机室的头车上，而头车既可以是动车也可以是拖车，因此城轨列车的制动装置可理解为装于列车上能够实现列车制动和缓解作用的装置。城轨列车的制动装置分为动车制动装置和拖车制动装置两种类型，各型车一般都有基础制动的装置，但动车和拖车制动控制单元有一定的区别。

2）制动系统

一般情况下，城市轨道交通车辆制动装置至少包括两个部分，即制动控制部分和制动执行部分。制动控制部分由制动信号发生与输出装置以及制动控制装置组成；制动执行部分通常称为基础制动装置，包括闸瓦制动和盘式制动等不同方式。在传统意义上，列车上安装的制动装置比较简单、直观，采用压缩空气传递信号，因此我们称其为列车制动装置。但是随着轨道交通技术的发展，制动装置中越来越多地采用了电气信号和电气驱动设备。微机和电子设备的出现使制动装置变得无触点化和集成化，并且使制动控制功能融入了其他电路而不能独立划分。因此，我们只能按现代化方法将具有制动功能的电子线路、电气线路和气动控制部分归结为一个系统，统称为轨道交通车辆制动系统。

由此可见，对城市轨道交通车辆来讲称之为制动系统比制动装置要更准确些。

5. 制动力

使运动的城轨列车、铁路机车车辆等减速或阻止其加速的力，称为制动力。而产生这个制动力的一套装置称为制动机。因此，也可以这样说，由制动装置产生的，与列车运行方向相反的外力，称为“制动力”。这是人为的阻力，它比列车在运行中由于各种自然原因产生的阻力要大得多。因此，尽管在列车制动减速的过程中，列车运行阻力（自然阻力）也在起作用，但起主要作用的还是列车制动力（人为阻力）。

6. 制动能力

城市轨道交通车辆在设计和制造过程中，列车的最高运行速度和牵引功率需要得到充分考虑和计算，而制动能力更是需要认真计算和校核。列车的最大速度与牵引功率有关，但它更应该受到制动能力的限制。

列车的制动能力是指该列车的制动系统能使其在规定的安全范围内或规定的安全制动距离内可靠地把车停下来的能力。一般来说，城市轨道交通系统都有明确的车辆运行规程，特别对列车制动能力有严格的要求和规定。例如，要求列车在紧急情况下的制动距离（紧急制动距离）不得超过某一规定值。上海地铁规定：列车在满载乘客的条件下，在任何运行速度下，其紧急制动距离不得超过 180 m。这个距离要比启动加速距离短得多。因此，从安全的目的出发，一般列车的制动功率要比驱动功率大 5～10 倍。

二、城市轨道交通车辆制动系统的组成

城轨车辆为了能施行制动或缓解制动，需要在列车上安装一整套完整可操纵并能进行控制和执行的系统，总称为列车制动系统。在普通铁路机车车辆上，它通常分成机车制动系统

和车辆制动系统。城市轨道交通车辆与铁路车辆的编组形式不同，一般情况下由动车和拖车组成，因此也可按其编组形式的不同分为动车制动装置和拖车制动装置。无论机车、客车、货车，还是动车、拖车，各种车辆都有它自己的一套完整的制动装置，在列车运行过程中起着制动和缓解的作用。操纵全列车制动功能的设备一般安装在机车或列车两端带司机室的头车上。

现代城市轨道交通车辆的制动系统一般由动力制动系统、空气制动系统、制动指令和通信网络等三个部分组成。

1. 动力制动系统

早期的城市轨道交通车辆的牵引传动系统普遍采用直流旋转电机，并且由变阻控制发展到斩波调压控制，目前变阻控制只是在一些早期城市轨道车辆上少量使用，这种制动技术虽然结构简单，但由于列车频繁启动和制动，致使20%多的电能消耗在制动电阻上，而且制动效果差、对环境和列车电器设备影响大，因此处于逐步淘汰阶段。

目前地铁列车都采用先进的三相异步电机交流变频传动方案，使用逆变器将直流电转换成交流电，通过控制输入电机的电压和频率来控制交流电机的转速，在交流传动系统常见的逆变器-电机控制方案有两种：第一种是车控方式，即 1 台逆变器控制一节车上的 4 台电机；第二种是架控方式，即 1 台逆变器控制一个转向架上的 2 台电机。西安地铁 2 号线地铁列车逆变器-电机控制采用车控方式，广州地铁 3、4 号线地铁列车逆变器-电机控制采用架控方式。两种控制方式各有自己的优缺点，具体如下：

（1）采用架控方式比车控方式更能充分利用轮轨之间的黏着系数，更有利于列车牵引力/制动力的发挥。

（2）采用架控方式可以使逆变器的容量、体积减小，需要从散热器上移走的热量减少，这使得散热的处理更加容易。

（3）对于西安地铁 2 号线三动三拖六辆编组的列车来说，如果列车上 1 台逆变器发生故障，被切除运行，如果采用车控方式，列车的牵引动力将损失 1/3，而如果采用架控方式，列车的牵引动力只损失 1/6。由此可见，采用架控方式列车故障时的运行能力优于车控方式。

（4）采用架控方式将增加列车成本。它一般与牵引系统连在一起形成主电路，包括再生制动电路和制动电阻器，将动力制动产生的电能反馈给供电接触网或消耗在制动电阻器上。

2. 空气制动系统

空气制动系统由供气部分、控制部分和执行部分（基础制动装置）等组成。供气部分有空气压缩机组、空气干燥机和风缸等；控制部分有模拟（EP）转换阀、紧急阀、称重阀和中继阀等；执行部分就是闸瓦制动装置或盘式制动装置等。

3. 指令和通信网络系统

它既是传送司机指令的通道，同时也是制动系统内部数据交换及制动系统与列车控制系统进行数据通信的总线。

三、城市轨道交通车辆制动系统的特点与要求

城市轨道交通越来越为广大市民所接受，现已成为广大都市居民出行的首选方式。城市轨道交通系统的一般特点是安全、快捷、准时、方便。

1. 城市轨道交通系统的运营特点

（1）有较大的运输能力。

城市轨道交通由于高密度运转，列车行车时间间隔短，行车速度高，列车编组辆数多，而具有较大的运输能力，单向高峰每小时的运输能力市郊铁道最大可达到 6 万～8 万人次，地铁达到 4 万～6 万人次，轻轨 1 万～4 万人次，有轨电车能达到 1 万人次，城市轨道交通的运输能力远远超过公共汽车。据文献统计，地下铁道每千米线路客运强度可达 100 万人次以上，最高达到 1 200 万人次，如莫斯科地铁、东京地铁、北京地铁等。城市轨道交通能在短时间内输送较大的客流，据统计，地铁在高峰时 1 h 能通过全日客流的 17%～20%，3 h 能通过全日客流的 31%。

（2）城市轨道交通具有较高的准时性。

城市轨道交通由于在专用行车道上运行，不受其他交通工具干扰，不产生线路堵塞现象，并且不受气候影响，是全天候的交通工具，列车能按运行图运行，具有可信赖的准时性。

（3）城市轨道交通具有较高的速达性。

与常规公共交通相比，城市轨道交通由于运行在专用行车道上、不受其他交通工具干扰，车辆具有较高的运行速度，有较高的启、制动加速度，多数采用高站台，列车停站时间短，上下车迅速方便，而且换乘方便，从而使乘客较快地到达目的地，缩短了出行时间。

（4）城市轨道交通具有较高的舒适性。

与常规公共交通相比，城市轨道交通由于运行在不受其他交通工具干扰的线路上，城市轨道车辆具有较好的运行特性，车辆、车站等装有空调、引导装置、自动售票等直接为乘客服务的设备，城市轨道交通车辆具有较好的乘车条件，其舒适性优于公共电、汽车。

（5）城市轨道交通具有较高的安全性。

城市轨道交通由于运行在专用行车道上，没有平交道口，不受其他交通工具干扰，并且有先进的通信信号设备，极少发生交通事故。

（6）城市轨道交通能充分利用地下和地上空间。

大城市地面拥挤、土地费用昂贵。城市轨道交通由于充分利用了地下和地上空间的开发，不占用地面街道，能有效缓解由于汽车大量发展而造成道路拥挤、堵塞，有利于城市空间合理利用，特别有利于缓解大城市中心区过于拥挤的状态，提高了土地利用价值，并能改善城市景观。

（7）城市轨道交通的系统运营费用较低。

城市轨道交通由于主要采用电气牵引，而且轮轨摩擦阻力较小，与公共电、汽车相比节省能源，运营费用较低。

（8）城市轨道交通对环境低污染。

城市轨道交通由于采用电气牵引，与公共电、汽车相比，不产生排气污染。由于城市轨道交通的发展，还能减少公共汽车的数量，进一步减少了汽车的排气污染。由于在线路和车辆上采用了各种降噪措施，一般不会对城市环境产生严重的噪声污染。

2. 城轨列车制动的基本要求

通过以上特点的分析，城市轨道交通车辆的制动系统应具有以下基本要求：

（1）操纵灵活，制动减速度大，作用灵敏可靠，车组前后车辆制动、缓解作用一致。

（2）制动系统应该具有足够的制动能力，能保证车辆在规定的制动距离内停车。

（3）对新型的城市轨道交通车辆，一般要求具有电（动力）制动功能，并且在正常制动过程中，应尽量充分发挥电制动能力，以减少对城市环境的污染和降低运行成本。同时还应具有电制动与摩擦制动协调配合的制动功能。

（4）制动系统应保证列车在长大下坡道上制动时，其制动力不会衰减。

（5）电动车组各车辆的制动能力应尽可能一致，制动系统应根据乘客量的变化，具有空重车调整能力，以减少制动时的纵向冲动。

（6）具有紧急制动能力。遇有紧急情况时，能使城轨列车在规定距离内安全停车。紧急制动作用除可由司机操纵外，必要时还可以由行车人员利用紧急按钮进行操纵。

（7）制动系统应具有可靠的安全保障系数，即使个别车辆发生故障或在较长距离和较大坡度上运行，也应具有足够的制动力保证列车可靠制动和停车。

（8）车辆应具有载荷校正能力，能根据乘客载荷的变化自动调节制动力，使车辆制动力保持恒定，限制冲动力，保证乘客乘坐的舒适性。

四、城轨车辆制动技术的发展简介

1. 早期的制动方式

自 1881 年德国柏林有了世界上第一辆有轨电车后，世界各大城市相继开始了大规模的城市轨道交通的建设。对于城市轨道交通车辆来说，除了要承载更多的乘客外，还有一项重要任务，那就是要使运动中的车辆能够安全地减速和停车，也就是必须要对车辆施行制动。

最早的有轨电车是人工制动的。司机绞动制动钢丝，使木制的闸瓦靠紧车轮踏面，用摩擦力使车轮或车轴的转动减慢直至停止，以达到车辆减速和停车的目的。当然，这种原始的制动方法既费力又不安全，时常会发生钢丝断裂和车辆失控事故。人们逐渐认识到，为了能让车辆以一定速度安全运行，必须使其具有同样的减速和停车能力，必须重视对车辆制动的改进。忽视车辆制动将会发生危险，甚至造成旅客生命和财产的损失。因此，对制动机的研制成为近代铁路和城市轨道交通的一个重点，有时甚至比电气牵引上的发明更为引人注目。

地铁在 20 世纪初欧美地区的城市中得到迅速发展。由于地铁车辆是沿用的铁路车辆，任何火车制动新技术都会立即被应用于地铁列车。当时火车一般使用人工机械制动，例如杠杆拨动式闸瓦制动装置、手轮式棘盘链条制动机等。这种人工机械制动机，有的甚至现在还在被铁路车辆使用，当然它只是在空气制动机发生故障、调车作业或就地停放时使用。

2. 现代的制动系统

随着 20 世纪初科学技术的发展，铁路车辆上出现了空气制动机。所谓空气制动机，就是用压力空气作为制动的动力来源，并用压力空气的压力变化来实现列车的制动和缓解作用的制动装置。这种空气制动机被广泛应用于铁路、地铁、城市高架铁路以及其他轨道交通车辆。至今，空气制动机还在我国和世界各国铁路机车和货车上使用。虽然空气制动机与人工机械制动相比，安全性和可靠性都有了很大的进步，但由于司机发出的制动指令是靠列车制动管内的压力变化来传递的，它的指令传递速度受空气波速的限制，也就是说其极限速度在 330 m/s。左右。因此，对一列几百米长的列车来说，仍有可能造成前后车辆制动和缓解动作在时间上的不一致。在多数情况下，由此造成的列车纵向冲动和对车钩的损伤已达到非常严重的程度。

20 世纪 30 年代，在欧美地区和日本出现了采用电信号来传递制动和缓解指令的制动控制系统，这是制动系统的一次变革，因为电信号的传输速度要比空气波速快得多。采用电信号的制动控制系统被称为电气指令式制动控制系统。制动的动力来源仍采用压力空气，但控制方式采用了电气指令式制动控制系统的列车制动机称为电磁空气制动机，简称电空制动机。电磁空气制动机在每节车辆上都设有制动、缓解电磁阀，通过司机制动控制器进行励磁和消磁，从而控制列车制动或缓解。相对于空气制动机来说，电气指令式制动控制的主要优点是：全列车制动和缓解的一致性较好，因此，制动和缓解时的纵向冲动小，制动距离短，车钩受力小，乘客乘坐舒适性好。

20 世纪 50 年代，国外城市轨道交通车辆在大规模采用电空制动机的同时，还应用电气指令式制动控制系统协调动力制动和空气制动，使制动控制技术达到了一个新的水平。最近几十年，由于电力电子变流技术和计算机技术的发展，使电气指令式制动控制系统不断改进和发展。大功率电力电子元件的出现使电气再生制动成为可能，计算机技术的应用使制动防滑系统更加精确完善，城市轨道车辆制动技术正朝着安全、可靠、人性化和环保的目标不断前进。

目前我国城轨车辆主要选用国外进口的制动系统，主要包括日本 Nabco 制动系统、德国 Knorr 制动系统、英国 Westinghouse 制动系统和 Sabwabco（Faiveley）制动系统。以上均属于当今主型的模拟式直通电空制动系统，具有反应快速、操纵灵活，以及与牵引、TMS（列车管理系统）和 ATC（列车自动控制系统）等系统协调配合等特点。由于不同制动系统的风源和基础制动单元差别不大，下面主要对这些制动系统的控制系统或单元进行介绍。

1）德国 Knorr 公司的城市轨道车辆制动系统

以上海和广州地铁 1、2 号线为代表的德国 Knorr 公司的城市轨道车辆制动系统，是目前国内A 型车上运用最广的制动系统。该系统为模拟式制动系统，制动指令采用 PWM 信号或网络信号，它们被传递到每个车辆的微机制动控制单元。微机制动控制单元一般单独设置在车厢内。而气制动控制单元由 2 块气动集成板和风缸等组成，分别固定在车辆底架下，系统结构紧凑。目前深圳、南京地铁车辆和大连轻轨车辆，甚至部分国内试制的高速电动车组上也采用了该制动系统。

传统的集中式制动控制系统是以每辆车为单位设置单个制动控制单元的制动控制方式

（俗称车控式），主要由微处理制动控制与车轮滑行控制电子单元 KBGM-P 以及制动控制单元 BCU 组成。分散式制动控制是以每个转向架为单位设置单个制动控制单元的制动控制方式（俗称架控式），是一种更为灵活的控制系统。EP2002 系统引入分散式制动控制概念，将制动控制和制动管理电子设备以及常用制动（SB）气动阀、紧急（EB）制动阀和车轮防滑保护装置（WSP）气动阀等多个模块集成到一个阀体中，分别组成智能阀或网关阀，并安装在其所控制的转向架上（每个转向架 1 个阀门）。组合后的智能阀、网关阀通过 1 根专用的 CAN 控制总线连接在一起构成 EP2002 制动控制系统。目前国内项目中均采用半分散式制动控制，即集中供风、分散式制动的控制方式。

EP2002 阀对各自转向架的载荷称重，并通过本地的制动控制单元、CAN 总线将数据传输至网关阀，网关阀的制动管理单元根据列车控制数据和转向架载荷信号产生本节车的空气制动力指令。上述过程已考虑到了每个转向架的黏着限制情况。为保证电空制动万无一失，每个本地制动控制单元同时通过 EP 阀和气阀单元内的传感器反馈信号进行闭环空气制动控制。

每根车轴（转向架对角线布置）端部上都安装了一个速度传感器，用于监测轴速，此信息在 CAN 总线网络内的 EP2002 阀之间共享。一旦 EP2002 阀检测到某个转向架车轮出现打滑，它将控制该转向架 EP2002 阀内所处车轴的排气电磁阀释放制动缸的压力来纠正滑动车轴的转速，并以一定的时间间隔测试地面速度，不断更新计算出来的实际列车速度，以便系统能进行速度比较，准确地控制蠕滑的深度，以改进车轮的黏着力，调整制动力最大化而不使车轮造成损伤。为确保制动延长期内不出现缓解，监视定时器电路在持续保持超过 8 s 和持续排气 4 s 后检测排气电磁阀的状态。每个车轴的轴端速度检测是独立于其他车轴的，而且车轴之间的补偿也不会影响其精确性。

一旦列车出现紧急输入的情况，紧急制动功能（EB）通过列车控制系统控制每个 EP2002 阀中的紧急制动电磁阀失电来触发，并同时切断各转向架上的常用制动回路。紧急制动功能独立地按各自转向架不同载荷调节各转向架的制动缸压力。如某一转向架的空气弹簧失效或载荷压力信号出现故障，系统将默认为该转向架的载荷量为初设状态，初设状态在 $AW_0 \sim AW_3$ 之间可调，一般设置为 AW_3（超员载荷）。紧急制动压力调节功能始终处于有效状态，当发出紧急制动指令时，控制常用制动输出的伺服电磁阀被实施了物理隔离，使防滑阀处于车轮防滑保护控制状态下，仅允许经过载荷补偿的紧急制动压力空气进入制动缸中。

2）Nabtesco 公司 HRDA 型制动系统

以北京、天津地铁为代表的 B 型车上采用较多的 Nabtesco 公司 HRDA 型制动系统，为数字式制动系统。即常用制动指令采用 3 根指令线编码，共 7 级。微机制动控制单元与气制动控制单元集成在一起，固定于车辆底架下面。由于采用了流量比例阀进行 EP 控制，气制动控制单元较为简单。该制动系统批量采购价相对较低。在武汉轻轨和重庆独轮轨等项目上也采用了此制动系统。基础制动根据车辆的不同有所区别。

3）Westinghouse 公司的微机控制直通电空制动系统

以上海地铁 3、5 号线为代表的原英国 Westinghouse 公司（现已被 knorr 公司收购）的微机控制直通电空制动系统，按整车模块化原则设计，其集成度较高。它将微机制动控制单元、气制动控制单元、风缸、风源等除必须安置在转向架附近的部件外全在一个安装架上集成安装，方便运用维护。该系统同样采用 PWM 信号传递制动指令，为模拟式制动系统。EP 转换采用 4 个开关电磁阀闭环控制的方法。

近几年，中国铁道科学研究院集团有限公司（以下简称“铁科院”）在城市轨道车辆制动系统国产化方面取得了长足进步，其独立研发的制动系统已在重庆轨道交通 6 号线、北京地铁 15 号线、沈阳地铁 2 号线等项目中得到应用。相比较于采用车控控制方式的 HRA 制动系统和采用架控控制方式的 EP2002 制动系统，铁科院的制动系统设计得较为灵活，可以根据用户的需要进行系统的设计，即可设计为采用车控控制方式的制动系统，也可设计为采用架控控制方式的制动系统。

【任务实施】

本次任务的实施以城市轨道交通车辆制动技术的基本概念的掌握和理解为目的，可组织学生对相关的基本概念进行详细分析与讲述，并组织学生展开对城轨列车制动技术的讨论，还可组织学生到城市轨道交通车辆的检修与运行现场对制动装置进行观察而进一步理解制动的相关概念。

【效果评价】

评价表

项目名称	项目 1　城市轨道交通车辆制动基本知识	学生姓名	
任务名称	任务 1 城市轨道交通车辆制动技术的基本认知	分数	
项　　目		分值	考核得分
1. 制动基本概念的理解及掌握		20	
2. 轨道交通车辆制动系统构成的认知情况		30	
3. 轨道交通车辆制动系统特点的认知情况		20	
4. 轨道交通车辆制动技术发展的认知情况		15	
5. 基本素养考核情况		5	
6. 是否有小组计划		5	
7. 编制学习汇报报告情况		5	
总体得分			
教师简要评语： 教师签名：			

任务 2　城市轨道交通车辆制动方式和制动机

【活动场景】

在城市轨道交通车辆制动系统检修基地或在城轨制动模型室或具有多媒体技术能展示城轨车辆制动作用的教室或现场进行教学。

【任务要求】

1. 掌握城轨车辆制动模式和制动方式；
2. 掌握城轨车辆制动模式和制动方式之间的关系。

【知识准备】

一、城轨车辆制动模式

城市轨道交通车辆的制动模式，按操纵和用途可分为五种：常用制动、紧急制动、快速制动、保压制动和停放制动等。

1. 常用制动

常用制动是指在正常情况下为调节或控制列车速度，包括进站停车所施行的制动。常用制动的特点是：作用比较缓和，制动力可以调节，通常只用列车制动能力的 20%～80%，多数情况下只用 50%作用。在常用制动模式下，电制动和空气（摩擦）制动一般都处于激活状态。一般情况下[车载 AW_2 以下，速度在 8 km/h（可调）以上)，电制动能满足车辆制动的要求；当电制动不能满足制动要求时，气制动能够迅速、平滑地补充，实现混合制动。

2. 紧急制动

紧急制动是一种“非常制动”，是在紧急情况下为使列车尽可能快地停车而施行的一种制动。它的特点是：作用比较迅猛，而且要把列车全部制动能力都用上。车辆设计有一个“失电制动，得电缓解”的紧急空气制动系统，贯穿整个列车的 DC 110 V 连续电源线，控制该制动系统，线路一旦断开（如接触网停电），所有车辆立即实施紧急制动，以确保列车安全。

紧急制动不经过 EBCU 的控制，直接使用 BCU 的紧急电磁失电而实现。它具有以下特点：

（1）电制动不起作用，仅空气制动；

（2）高速断路器断开，受电弓降下（有的情况不降）；

（3）不受冲击率的限制，在 1.7 s 内即可达到最大制动力的 90%；

（4）紧急制动实施后是不能撤除的，列车必须减速，直到完全停下来（零速封锁）；

（5）有防滑保护和载荷修正功能。

3. 快速制动

快速制动与紧急制动作用方式基本上一致，与紧急制动的最大区别是：紧急制动是不可自动恢复的，必须停车后人工恢复，而快速制动在制动过程中可以人工解除后自动恢复到正常状态。当主控制器手柄移到“快速制动”位时，列车将实施减速度与紧急制动相同的快速制动。快速制动具有以下特点：

（1）采用电空混合制动（有的轨道交通车辆电制动不起作用，只有空气制动）；

（2）受冲击率的限制；

（3）主控制气手柄回“0”位，可缓解；

（4）具有防滑保护和载荷校正功能。

4. 保压制动

保压制动是为防止列车在停车前的冲动，使列车平稳停车，通过 EBCU 内部设定的执行程序来控制。它分为两个阶段实施：

第一阶段：当列车制动到速度小于 8 km/h（可调），DCU 触发保压信号，同时输出给 EBCU，这时由 DCU 控制的电制动逐步退出，由 EBCU 控制的气制动代替。

第二阶段：接近停车（列车速度小于 0.5 km/h）时，一个小于制动指令的保压制动由 EBCU 开始制动实施，即瞬时地将制动缸压力降低。

如果由于故障，EBCU 未接收到保压制动触发信号，EBCU 内部程序将在 8 km/h 的速度时自行触发。

5. 弹簧停放制动

车辆断电停放时，制动缸保压力会因管路泄漏，在无压力空气补充的情况下，逐步下降到零，使车辆失去制动力。在正常情况下，弹簧力的大小不随时间变化而变化，由此获得的制动力能满足列车较长时间断电停放的要求。弹簧停放制动缸充气时，停放制动缓解；弹簧停放制动缸排气时，停放制动产生。弹簧停放制动还附加有手动缓解的功能。

二、制动方式

制动方式指的是制动时城轨列车动能的转移方式或制动力的获取方式。从能量的角度来看，制动的实质就是将列车上运行的动能转移出去。制动系统转移动能的能力就是制动功率。在一定的制动距离的条件下，列车的制动功率是其速度的三次函数。从能量的角度理解，制动过程就是一个能量的转移过程，是将城轨列车运行所具有的动能人为地转换为其他形式能量的过程，因此城轨列车的制动过程必须具备以下两个基本条件：①实现能量的转换；②控制能量的转换。

1. 按城轨列车动能转移方式分类

列车动能的转移方式可以分为两类：一是摩擦制动方式，即动能通过摩擦副的摩擦转变为热能，然后消散于大气；二是电（动力）制动方式，即把动能通过发电机转化为电能，然后将电能从车上转移出去。

1）摩擦制动

列车的动能通过摩擦转变为热能。城市轨道交通车辆常用的摩擦方式有闸瓦制动和盘形制动等；编组比较长、速度比较高的城市轨道交通车辆制动系统中还有轨道电磁制动方式等其他一些非黏着制动方式。

（1）闸瓦制动：又称为踏面制动。图 1.1 所示为闸瓦制动示意图，它是最常用的一种制动方式，制动时闸瓦压紧车轮，轮、瓦间发生摩擦，电动车组的动能大部分通过轮、瓦间的摩擦变成热能，经车轮与闸瓦逸散。在闸瓦与车轮这一对摩擦副中，车轮由于主要承担着车辆走行功能，其材料是不能随意改变的。要改善闸瓦的制动性能，只能通过改变闸瓦材料的方式。早先的闸瓦材料主要是铸铁。为了改善摩擦性能和增加耐磨性，目前城轨交通车辆中大多采用合成闸瓦。但合成闸瓦的导热性较差，因此目前也有采用导热性能较好且具有较好的摩擦性能和耐磨性的半金属闸瓦或粉末冶金闸瓦。

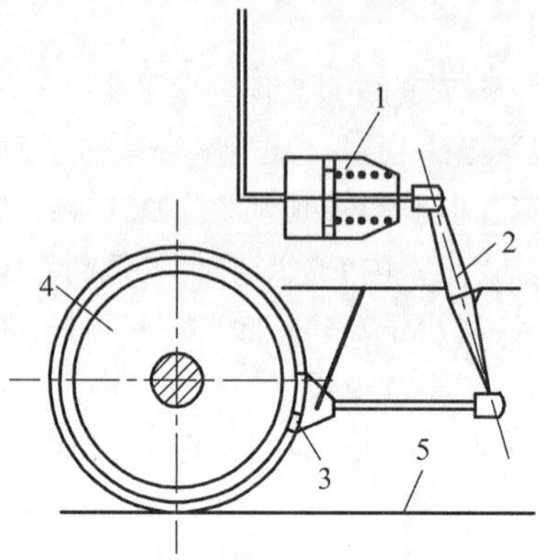

1—制动缸；2—基础制动装置；3—闸瓦；4—车轮；5—钢轨。

图 1.1　闸瓦制动示意图

在闸瓦制动方式中的停车制动时，列车的动能在很短时间内均转化为热能，但其散热能力相对较小。当要求的制动功率较大时，有可能造成发生的热能来不及散于大气，而在闸瓦与车轮踏面积聚，使它的温度升高，严重的甚至会导致闸瓦（铸铁闸瓦）熔化或车轮踏面产生裂纹等。因此，在采用闸瓦制动时，制动功率不易过大。

（2）盘形制动：盘形制动装置如图 1.2 所示，它有轴盘式和轮盘式之分。一般拖车采用轴盘式盘形制动装置。对于动车，由于轮对中间设有牵引电机等设备使制动设备安装较困难，一般采用轮盘式盘形制动装置。制动时，制动缸通过制动夹钳使闸片夹紧制动盘，在闸片与制动盘间产生摩擦，把电动车组的动能转变为热能，热能通过制动盘和闸片散于大气。因盘形制动能双向选择摩擦副，所以可以得到比闸瓦制动大得多的制动功率。

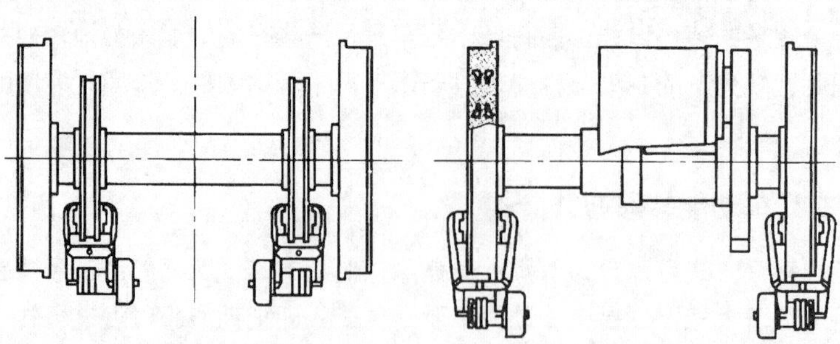

（a）轴盘式　　　　（b）轮盘式

图 1.2　盘形制动的形式

盘形制动装置的结构由单元制动缸、夹钳装置、闸片和制动盘组成，如图 1.3 所示，其中，单元制动缸中包含闸调器，夹钳装置由吊杆、闸瓦托、杠杆和支点拉板组成。夹钳的悬挂方式为制动缸浮动二点悬挂，即两闸瓦托的吊杆为两悬挂点，另一悬挂点是支点拉板。

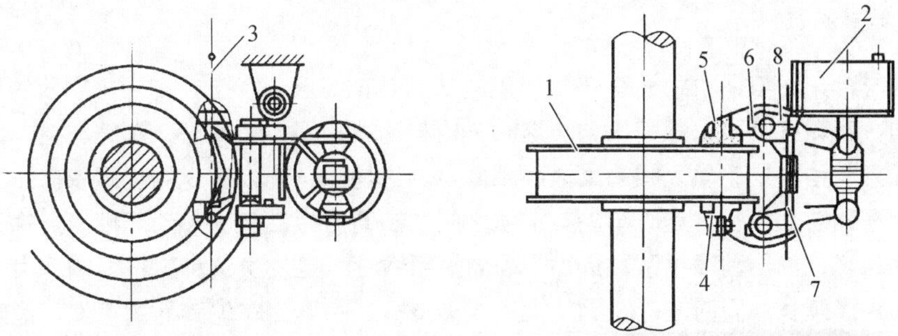

1—轮对；2—单元制动缸；3—吊杆；4—制动夹钳；5—闸瓦托；6、7—杠杆；8—支点拉板。

图 1.3　盘形制动的结构

（3）轨道电磁制动：轨道电磁制动也叫磁轨制动，如图 1.4 所示。在转向架侧梁 4 下通过升降风缸 2 安装有电磁铁 1，电磁铁下设有磨耗板，制动时将电磁铁放下，使磨耗板与钢轨吸住，电动车组的动能通过磨耗板与钢轨的摩擦转化为热能，然后经钢轨和磨耗板最终散于大气。轨道电磁制动能得到较大的制动力，因此常被城轨车辆用作紧急制动的一种补充制动手段。

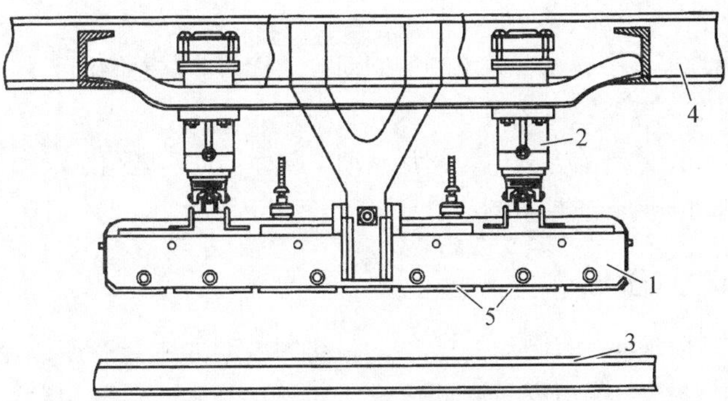

1—电磁铁；2—升缸风缸；3—钢轨；4—转向架结构侧梁；5—磨耗板。

图 1.4　轨道电磁制动

2）电（动力）制动

电（动力）制动是在制动时，将牵引电机变为发电机，使列车动能转化为电能。对这些电能的不同处理方式形成了不同方式的电制动。城市轨道交通车辆上采用的电制动形式主要有电阻制动和再生制动。

（1）电阻制动：将发电机发出的电能送到电阻器中，使电阻器发热，即将电能转变为热能。电阻器上的热能靠风扇强迫通风或走行风而散于大气中。电阻制动一般能提供较稳定的制动力，但车辆底架下需要安装体积较大的电阻箱。

（2）再生制动：在以上的各种制动方式中，列车具有的动能最终都转化为热能而消散于大气中。再生制动是把列车的动能通过电机转化为电能后，再使电能反馈回电网供给其他列车使用。显然这种方式既能节约能源，又减少制动时对环境的污染，并且基本上无磨耗。因此，它是一种较为理想的制动方式。

2. 按制动力的获取方式分类

按列车制动力的获取方式分类，可分为黏着制动与非黏着制动。

1）黏着制动

制动时，车轮与钢轨之间有 3 种可能的状态。①纯滚动状态：车轮与钢轨的接触点无相对滑动，车轮在钢轨上做纯滚动。这时车轮与钢轨之间为静摩擦，车轮与钢轨之间可能实现的最大制动力是轮轨之间的最大静摩擦力。这是一种难以实现的理想状态。②滑行状态：车轮在钢轨上滑行，这时车轮与钢轨之间的制动力为二者的滑动摩擦力。这是一种必须避免的状态，由于动摩擦系数远小于静摩擦系数，一旦发生这种工况，制动力将大大减小，制动距离延长；同时车轮在钢轨上长距离滑行，将导致车轮踏面的擦伤，危及行车安全。③黏着状态：由于车辆重力的作用，车辆与钢轨的接触处为一椭圆形的接触面。制动时车轮在钢轨上处于连滚带滑（基本上是滚动）的状态。这种状态称为黏着状态。黏着状态下，车轮与钢轨间的最大水平作用力称为黏着力。黏着力与轮轨间垂直载荷的比值，称为黏着系数。依靠黏着滚动的车轮与钢轨黏着点之间的黏着力来实现车辆的制动称为黏着制动。黏着制动时，为了能得到较大的制动力，需要具有较高的黏着系数。然而黏着系数受电动车组运行速度、气候条件、轮轨表面状态以及是否采取增黏措施等诸多因素的影响，是一个离散性很大的参数。

2）非黏着制动

制动时，制动力大小不受黏着力限制的制动方式称为非黏着制动。即非黏着制动的制动力不从轮轨之间获取，因而它可以得到较大的制动力。

显然，在上述介绍的制动方式中，闸瓦制动、踏面制动、电阻制动和再生制动均属于黏着制动；而磁轨制动则属于非黏着制动。

3. 按制动原动力分类

在目前电动车组所采用的制动方式中，制动的原动力主要有压缩空气和电。以压缩空气为原动力的制动方式称为空气制动方式。如闸瓦制动、盘形制动等大都为空气制动方式。以电为原动力的制动方式称为电气制动方式。电制动、轨道电磁制动等均为电气制动方式。

通过前面的学习，我们知道城轨车辆制动的方式一般有再生制动、电阻制动和空气摩擦制动三种，分别为城轨车辆施行制动时第一、第二和第三优先级制动，并且还采取了程序制动的措施，其含义是：充分利用电制动、尽量减少空气制动，即在制动力未达到其指令的 75% 时，同时在黏着力允许的条件下用足电制动，也就说电制动不仅供动车制动使用而且还要承担拖住拖车的任务，当两节动车的电制动力能满足一组车的制动要求时，则这一组车就不再使用空气制动，反之，则要使用空气制动来补足。随着列车速度的降低，其电制动力也将不断地减弱。当列车速度降低至一定的速度时，电制动力已不能再满足制动所需要的要求，这时电制动将逐步被切除，所有制动力由空气制动承担，在这同时城市列车还将进入一个停站制动的程序。所谓停站制动程序，是当列车减速进入车站时，在接近停止前略将气缸内的压力空气放去一些，然后再充空气将列车刹停。这样可以减少列车的冲动，提高列车停站过程的舒适度。

三、制动机

城轨车辆制动机是制动系统的控制核心，它可以在司机或其他控制装置（如 ATP、ATC

等）的控制下，产生各种制动作用。城轨车辆用的制动机，一般均选用电空制动机，如我国自行研制的 DK 型电空制动机、SD 数字式电空制动机及目前在国内外大量使用的数字模拟式和模拟式电空制动机等。按制动原动力和控制方式的不同，轨道交通车辆制动机可分为：手制动机、空气制动机、电空制动机、电磁制动机和真空制动机。

1. 手制动机

手制动机是以人力为制动原动力，以手轮的转动方向和手力大小来控制。这种制动机构造简单，费用低廉，是使用最为久远、生命力最为顽强的制动机。铁路发展初期，机车车辆上只有这种制动机，每车或几个车配备一名制动员，按司机笛声号令协同操纵。由于制动力弱，动作缓慢，不便于司机直接操纵，所以它很快就被非人力制动机取而代之，成为辅助的备用制动机，一般仅在停放制动或在调车作业中使用。

2. 空气制动机

空气制动机是以压力空气作为制动机的原动力，以改变压力空气的压强来操纵控制。空气制动机又分为直通式、自动式和直通自动式三大类。

1）直通式空气制动机

如图 1.5 所示，空气压缩机 1 将压缩空气储入总风缸 2 内，经总风缸管 3 至制动阀 4。制动阀有三个不同位置：缓解位、保压位和制动位。当制动阀在缓解位时，制动管 5 内的压缩空气经制动阀的排气口排向大气；当制动阀在保压位时，制动阀保持总风缸管、制动管和排气口各不相通；当制动阀在制动位时，总风缸管压缩空气经制动阀流向制动管。

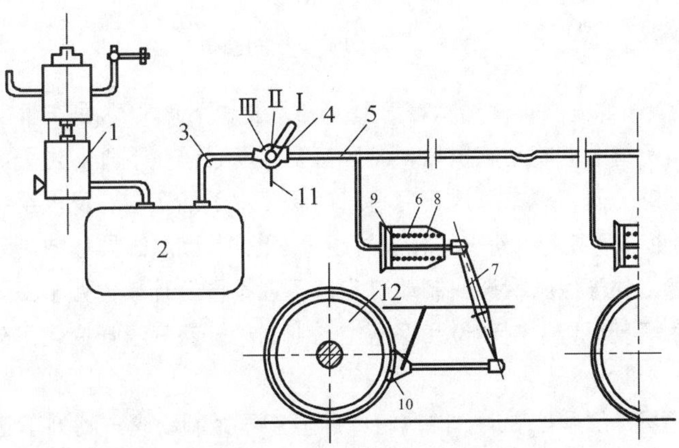

Ⅰ—缓解位；Ⅱ—保压位；Ⅲ—制动位；
1—空气压缩机；2—总风缸；3—总风缸管；4—制动阀；5—制动管；
6—制动缸；7—基础制动装置；8—缓解弹簧；9—制动缸活塞；
10—闸瓦；11—EX；12—车轮。

图 1.5　直通式空气制动机

直通式空气制动机的特点：

（1）制动管增压制动、减压缓解，列车分离时不能自动停车；

（2）能实现阶段缓解和阶段制动；

（3）制动力大小靠司机操纵手柄在制动位置时间的长短决定，因此控制不太精确；

（4）前后车辆的制动一致性不好。

2）自动式空气制动机

与直通式相比，自动式空气制动机在每辆车上多一个三通阀（或分配阀）和一个副风缸，如图 1.6 所示。所谓“三通”，即一通列车管，二通副风缸，三通制动缸。

当制动阀手柄置于制动位 I 时，列车管经制动阀通大气（排风减压），副风缸的风压将三通阀（主）活塞推向左极端（制动位），从而打开了三通阀上通往制动缸的孔路，使副风缸压力空气进入制动缸，产生制动作用。

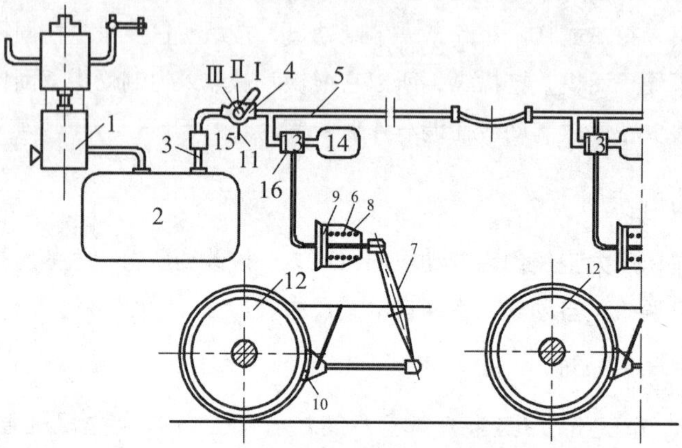

Ⅰ—缓解位；Ⅱ—保压位；Ⅲ—制动位；
1—空气压缩机；2—总风缸；3—总风缸管；4—制动阀；5—制动管；6—制动缸；
7—基础制动装置；8—制动缸缓解弹簧；9—制动缸活塞；10—闸瓦；
11—EX 排气口；12—车轮；13—三通阀；14—副风缸；
15—调压阀；16—排气口

图 1.6 自动式空气制动机

当制动阀手柄置于保压位 II 时，列车管既不通总风缸也不通大气，列车管空气压强保持不变。

此时，副风缸仍继续向制动缸供风，副风缸空气压强仍在下降。当副风缸的空气压强降至列车管空气压强略低时，列车管风压会将三通阀（主）活塞向右反推至中间位置（中立位或保压位），刚好使三通阀通制动缸的孔被关闭（遮断），副风缸停止向制动缸供风，副风缸空气压强不再下降，处于保压状态；制动缸空气压强不再上升，也处于保压状态。如在制动缸升压过程中将手柄反复置于制动位和保压位，则制动缸空气压强变化可分阶段上升，即实现阶段制动。

当制动阀手柄置于缓解位 III 时，总风缸的压力空气经制动阀进到列车管（充风增压），并进入三通阀，将其中的（主）活塞推至右极端（缓解位）并经三通阀活塞套上部的“充气沟”进入副风缸。此时，制动缸内压力空气经三通阀（缓解槽和排气孔）通大气，制动缓解。

自动式空气制动的特点：

（1）制动管减压制动、增压缓解，列车分离时能自动制动停车；

（2）制动与缓解的一致性较直通式制动机好，列车纵向冲动较小，适合于较长编组的列车；

（3）有阶段制动及一次缓解性能。

3）直通自动式空气制动机

直通自动式空气制动机如图 1.7 所示。

（1）充气缓解位。驾驶员将制动阀置于缓解位Ⅰ，总风缸的压缩空气经给气阀和制动阀充向制动管，再经制动管通向各车辆的三通阀主活塞上侧。

制动管压缩空气主活塞上侧—充气沟—主活塞下侧定压风缸：

制动缸的压缩空气—制动缸压力活塞上侧—排气阀口—活塞杆中心孔—制动缸压力活塞下侧—三通阀排气口。

（2）制动位。制动阀操纵手柄置于制动位Ⅲ，制动管以一定的速度减压，定压风缸的压缩空气来不及通过充气沟逆流，主活塞上、下两侧形成压差，主活塞上移。

（3）制动中立位。制动阀操纵手柄置于保压位Ⅰ，制动管停止减压。

（4）缓解中立位。列车制动后充气缓解，当制动管压力尚未充至定压时，驾驶员将制动阀操纵手柄置于中立位，制动管停止增压。

直通自动式空气制动机的特点：

（1）能阶段制动和阶段缓解。

（2）具有制动力不衰减性能。

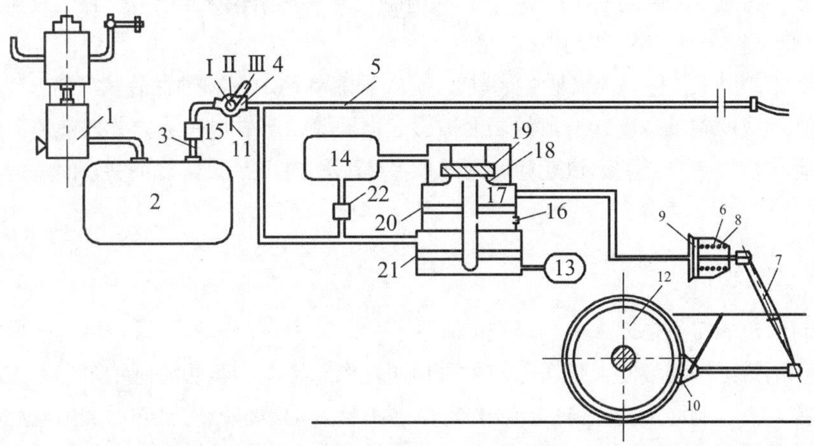

1—空气压缩机；2—总风缸；3—总风缸管；4—制动阀；5—制动管；6—制动缸；7—基础制动装置；8—制动缸缓解弹簧；9—制动缸活塞；10—闸瓦；11—制动阀 EX 口；12—车轮；13—定压风缸；14—副风缸；15—给气阀；16—三通阀排气口；17—排气阀口；18—进气阀口；19—进排气阀；20—制动缸压力活塞；21—主活塞；22—单向阀。

图 1.7　直通自动式空气制动机

3. 电空制动机

电空制动机是电控空气制动的简称，它是在空气制动机的基础上加装电磁阀等电气控制部件而形成的。它的特点是制动作用的控制用“电控”，但制动作用的原动力还是压力空气。而且，在制动机的电控系统因故失灵时，它仍可实行“气控”（压力空气控制），临时变成空气制动机。

列车施行电空制动时，贯通列车的制动导线使各车的制动电磁阀的排气口同时打开，将列车管的压力空气排往大气，产生制动作用；列车施行缓解时，贯通列车的缓解导线使各车的缓解电磁阀的通路同时打开，各车的加速缓解风缸同时向列车管充风（加速缓解风缸的风是在初充气或上次缓解时，列车管经过三通阀向副风缸充气的同时，经过止回阀充至定压的。由于止回阀的作用，制动时，加速缓解风缸的风没有使用）；列车施行阶段缓解时，缓解电磁阀的通路被关闭，列车管压力保持不变，保压电磁阀切断三通阀排气通路，所以三通阀（主）活塞虽然仍停留在充气缓解位，制动缸经三通阀与排气口相通。但此时不通大气，制动缸压力保持不变，即可以实现阶段缓解。在列车速度很高或编组很长，空气制动机难以满足要求时，采用电空制动机可以大大改善列车前后部制动和缓解作用的一致性，显著减小列车纵向冲击，并缩短制动距离。世界上许多高速列车（200 km/h 以上）都采用了电空制动机。

4. 电磁制动机

电磁制动机的操纵控制盒原动力都用电，例如轨道涡流制动和旋转涡流制动这两种制动方式，其制动机就都是属于电磁制动机的范畴。

轨道涡流制动（又称为线性涡流制动或涡流式轨道磁制动）：轨道涡流制动也是把电磁铁悬挂在转向架构架下面两侧的两个车轮之间，不同的是，制动时电磁铁与钢轨不接触，利用电磁铁与钢轨相对运动使钢轨感应出涡流，产生电磁吸力作为制动力，从而把列车动能转化为热能，消散于大气实现列车制动。轨道涡流制动既不受黏着限制，也没有磨耗问题，但消耗电能太多，约为励磁制动的 10 倍，制动时电磁铁产生热量较大。所以，它也只能作为高速列车紧急制动时的一种辅助制动方式。

旋转涡流制动（又称涡流式圆盘制动）：旋转涡流制动是在车轴上装金属盘，制动时金属盘在电磁铁形成的磁场中旋转，盘的表面被感应出涡流，产生电磁吸力并发热消散于大气，从而起到制动作用，它需要通过轮轨黏着才能产生制动力，要受黏着限制，而且消耗的电能也很多。

5. 真空制动机

真空制动机的特点是以大气与真空的压强差为原动力，以改变“真空度”来操纵控制，当制动阀手柄置于制动位时，列车管与大气相通，大气进入列车管和制动缸内下方。大气不能进入活塞上方，制动活塞上方的压差推动活塞上移，活塞杆缩向缸内而发生制动作用。当制动阀手柄置于缓解位时，真空泵与列车管连通，列车管和制动缸内的空气都被抽走，列车管和制动缸内上下两方都保持高度真空（约 68 kPa），相当于绝对压强 33 kPa，活塞下移，活塞杆向下伸出而处于缓解状态。

真空制动机构造较简单，价格较便宜，维修也较方便，既能阶段制动，也能阶段缓解，但由于大气压强本身有限，“绝对真空”难以达到，需要直径较大的制动缸和较粗的列车管，随着牵引重量和运行速度的提高，已经逐渐向空气制动过渡。

【任务实施】

制动方式可按制动时动能转移方式、制动力获取方式或按制动原动力的不同进行分类。按照三种方式进行讲解，同时结合具体方式中的具体事例进行分析。

【知识拓展】

城市轨道交通车辆制动系统模块化设计的新思路

城市轨道交通车辆，特别是地铁车辆，将车内空间留给乘客之后，牵引、辅助、制动系统的主要部件均布置在车下。在有限的车下空间合理布置设备，并将整车重心保持在允许的范围之内，要求系统的集成度高、空间利用紧凑，这给车辆的设计制造提出了更高的要求。如果布置不合理，不但施工不方便，而且会造成车下管线出现抗磨现象，可接近性差，也给运用周期中的维修保养带来困难，增加了全寿命周期费用。为了改进制造环节并便于产品运用周期中的检修工作，开展模块化设计工作就显得尤为重要。

1. 城轨列车车下制动设备模块化设计的意义

每个城市对城市轨道交通车辆的要求不同，因此每个地铁项目的设备均有不同的配置，故很难实现车下制动设备及管路的整体模块化设计。但对于城轨车辆制动系统中的主要设备部件，可以进行局部的模块化设计，将系统中的各类阀件集成，以提高设计的通用性。通过模块化设计，极大地改善了施工人员的工作条件，安装工作由先前的车下仰视作业改为在类似于翻转工作台等工装上作业，提高了制造的精确性，减少了装配人员的工作强度，降低了生产成本。同时对管路零件可进行更清晰的加工、研配、组装等工序划分，便于生产组织与质量控制。

2. 制动设备模块化设计的总体思路

北京地铁 4 号线列车是对车下制动设备按照功能进行局部模块化设计的成功范例之一，其基本思想是将副风缸、空气弹簧风缸及相应控制阀、停放控制阀等功能元件集成为风缸模块；将总风缸及总风回路上的各类阀集成为一个总风模块。制动模块为各车通用的模块，总风模块仅在 Tc 车安装。这样车下制动系统除去这几大模块以及部分制动设备之外，剩余皆为较为直观的直通互联管路。

3. 制动设备模块化设计的方法

以北京地铁 4 号线列车为例，将制动设备按具体功能设计为 3 个模块：风源模块、总风模块和风缸模块，风源模块和总风模块只设置在 Tc 车，风缸模块在每个车都设置一个。

（1）风源模块的设计：

将城轨车辆风源模块中的空气压缩机、干燥器、安全阀、软管等部件安装在一个支架上集成后，然后再通过 4 个安装座固定到车体上，这样使空间布置更为紧凑且安装方便。

（2）风缸模块的设计：

在北京地铁 4 号线制动系统中，停放控制单元及空气弹簧控制管路中的各个阀都是管道装配，无法做成气路板安装的形式。故该模块需要将副风缸和空气弹簧风缸及其管路中连接的截断塞门、过滤器、单向阀、双向阀、溢流阀、测试点等元件集成在一起。该方案可以更加方便安装检修，该模块的设计要点如下：① 风缸采用吊带安装的方式；② 为了方便维护、检修，所有的阀件安装在车底外侧；③ 脉冲阀的安装应考虑防石击，在阀体的两侧安装防护板。

（3）总风模块的设计：

总风缸只设置在 Tc 车上，故将空气压缩机与至总风缸间管路中的安全阀、继电器、过滤器、测试点连同总风缸设计成一个模块。

4. 制动模块化设计的优点

（1）通过模块化设计，将日常检修操作的阀类安装在车底外侧易接近处，保证了各个车型的制动模块安装位置的一致性，也使各车型车体横梁布置保持一致性，方便了日常的检修维护。同时，通过这样的模块化设计，也加强了设计的通用性。

（2）通过模块化设计，将制动元件统一布置在一个模块中，集成化程度较高。

（3）模块化设计改善了施工人员的工作条件，由车下仰视施工改为俯视工作，再通过翻转工装吊装于车体，便于生产组织与质量控制。

（4）实际情况证明该制动模块的使用状况良好，在运营中的维护检修也非常方便。

【效果评价】

评价表

项目名称	项目1　城市轨道交通车辆制动基本知识	学生姓名	
任务名称	任务2　城市轨道交通车辆制动方式和制动机	分数	
项　目		分值	考核得分
1. 制动方式分类基本概念的理解及掌握		30	
2. 是否有小组计划		5	
3. 城轨车辆制动模式和制动方式的理解及掌握		40	
4. 城轨车辆制动机的认知情况		10	
5. 编制学习汇报报告情况		10	
6. 基本素养考核情况		5	
总体得分			
教师简要评语： 教师签名：			

任务 3　城市轨道交通车辆轮轨关系和制动力分析

【活动场景】

在有城轨列车制动模型的多媒体教室进行教学，充分利用多媒体技术展示城轨车辆制动的基本关系与基本知识。

【任务要求】

掌握城轨车辆制动的基本作用和基本概念。

【知识准备】

一、轮轨关系

目前城轨车辆中除了橡胶车轮列车和磁悬浮列车等特殊交通系统外，目前绝大部分城市轨道交通车辆采用的是钢轨钢轮的走行方式。因此，我们首先要来研究钢轨与钢轮之间的相互关系，以及它们在运行中的各种工况。

轮对由一根车轴与两个车轮组成，在钢轨上运行时，一般承受垂直载荷、横切向载荷。垂直载荷来自车辆对轮对的正压力，纵向载荷主要来自牵引及制动，横向载荷来自车辆的蛇行运动。牵引时，牵引电机通过传动机构，将牵引动力传递给动车的动力轮对（动轮），由车轮和钢轨的相互作用产生使车辆运动的反作用力。根据物理学中有关机械摩擦的理论，轮轨间的切向作用力就是静摩擦力。而最大静摩擦力就是钢轨对车轮的反作用力的法向分力与静摩擦系数的乘积。稳态前进的非动力轮的车轮在不制动时，其纵向切向力平衡轴承阻力和蛇行时的惯性力。因此，无论是动力轮对或从动轮对都存在着纵向切向力，它导致了轮轨之间的纵向相对运动。但实际上，事情并非那么简单，动轮与钢轨间切向作用力的最大值与物理学上的最大静摩擦力相比要小一些，情况也更复杂一些。在分析轨道车辆的轮轨关系时，通常引入两个十分重要的概念，即“黏着”和“蠕滑”。

1. 黏　着

图 1.8 所示为某城轨车辆的动车以速度 v 在直线路上运行时，它的一个动车轮对的受力情况（图中忽略了其内部的各种摩擦阻力）。为了更清楚地表示该图中的各种关系，我们把实际上相互接触的车轮与钢轨稍稍分开画出。

在图 1.8 中，P_i 为一个动轮对作用在钢轨上的正压力，又称为轮对的轴重。牵引电机作用在动轮对上的驱动转矩 M_i，可以用一对力形成的力偶代替。力 F_i' 和 F_i 分别作用在轮轴中心的 O 点和轮轨接触处的 O' 点，其大小为

$$F_\mathrm{i}=F_\mathrm{i}'=\frac{M_\mathrm{i}}{R_\mathrm{i}} \tag{1.1}$$

式中　R_i——动轮半径。

在正压力 P_i 的作用下，车轮与钢轨的接触部分紧紧压在一起。

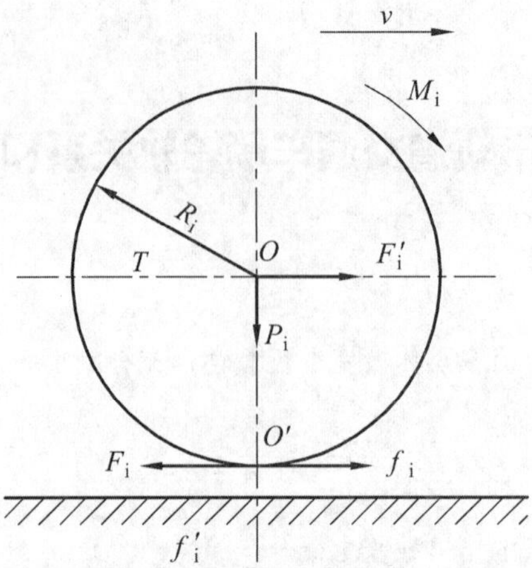

图 1.8　在平直线路上运行的轮对与钢轨受力分析

切向力 F_i 使车轮上的 O' 点具有向左运动的趋势，并通过 O' 点作用在钢轨上。f_i' 表示车轮作用在钢轨上的力，其值 $f_i'=F_i$。由于轮轨接触存在着摩擦，车轮上 O' 点向左运动的趋势将引起向右的静摩擦力 f_i，即钢轨对车轮的反作用力，其值 $f_i=f_i'$，f_i 称为轮周牵引力。因此，车轮上的 O' 点受到两个相反方向的力 F_i 和 f_i 的作用，而且 $f_i=F_i$。所以，O' 点保持相对静止，轮轨之间没有相对滑动，在力 F_i' 的作用下，车轮对做纯滚动运动。

由于正压力而保持车轮与钢轨接触处相对静止的现象称为“黏着”。黏着状态下的静摩擦力 f_i 称为黏着力。

轮轨间的黏着与静力学中的静摩擦的物理性质十分相似。驱动转矩 M_i 产生的切向力 F_i 增大时，黏着力 f_i 也随之增大，并保持与 F_i 相等。当切向力 F_i 增大到某个数值时，黏着力 f_i 达到最大值。此后，切向力 F_i 如果再增大，f_i 反而迅速减小。试验证明，黏着力 f_i 的最大值 f_{max} 与动轮对的正压力 P_i 成正比，其比例常数称为黏着系数，用 μ 表示，即

$$f_{max}=\mu P_i \tag{1.2}$$

式（1.2）表明，在轴重一定的条件下，轮轨间的最大黏着力由轮轨间系数的大小决定。当轮轨间出现最大黏着力时，若继续加大驱动转矩，一旦切向力 F_i 大于最大黏着力，车轮上的 O' 点将向左移动，轮轨间出现相对滑动，黏着状态被破坏。这时，车轮与钢轨的相对运动由纯滚动变为既有滚动也有滑动。此时，钢轨对车轮的反作用力 f_i 由静摩擦力变为滑动摩擦力。其值迅速减小，并使车轮的转速上升。这种因驱动转矩过大，破坏黏着关系，使轮轨间出现相对滑动的现象，我们称其为“空转”。当车轮出现空转时，轮轨间只能依靠滑动摩擦力传递切向力，因而传递切向力的能力大大减小，并且会造成车轮踏面和轨面的擦伤。因此，牵引运动应尽量防止出现车轮的空转。

黏着系数是由轮轨间的物理状态确定的。加大每个轮对作用在钢轨上的压力，即增加轴重，可以提高每个动轮对的黏着力和牵引力。但是，轴重也受到钢轨、路基和桥梁等各种条件的限制，不可能无限制的增加。城市轨道交通车辆由于采用动车组形式，动轮对数量比一般铁路列车多，动力和黏着力比较分散，牵引力总量又很容易达到，与铁路列车的动轮对和牵引力都集中在机车头的情况相比，城市轨道交通车辆利用黏着条件就相对好得多，因而对保护轮轨间的正常作用是很有利的。

2. 蠕　滑

传统理论认为：钢轮相对钢轨滚动时，接触面是一种干摩擦的黏着状态，除非制动力或牵引力大于黏着力时才会转入滑动摩擦状态。但是现代研究表明，由于车轮和钢轨都是弹性体，滚动时轮轨接触处会产生弹性变形，这种新的弹性变形会使接触面间发生微量滑动，称之为“蠕滑”（CREEP），对“蠕滑”的研究和分析，可以进一步深化我们对黏着的认识。

在车轮上正压力的作用下，轮轨接触处产生弹性变形，形成椭圆形的接触面。从微观上仔细观察，两个接触面是粗糙不平的。由于切向力 F_i 的作用，车轮在钢轨上滚动时，车轮和钢轨的粗糙接触面间产生新的弹性变形，接触面间出现微量滑动，即所谓“蠕滑”。

蠕滑的产生主要是由于在车轮接触面的前部产生压缩，后部产生拉伸；而在钢轨接触面的前部产生拉伸，后补产生压缩。随着车轮的滚动，车轮上原来被压缩的金属陆续放松，并被拉伸；而钢轨上原来被拉伸的金属陆续被压缩，因而在接触面的后部出现滑动。

如图 1.9 所示，切向力在接触面上形成两个性质不同的状态和区域：接触面的前部，轮轨间没有相对滑动，称为滚动区，用阴影线表示；接触面的后部轮轨间有相对滑动，称为滑动区。这两个区域的大小随切向力的变化而变化。当切向力增大时，滑动区面积增大，滚动区面积减小。当切向力超过某一极限值时，滚动区面积为零，只剩下滑动区，整个接触面间出现相对滑动，轮轨间黏着被破坏，车轮在钢轨上开始明显打滑，即出现“空转”。

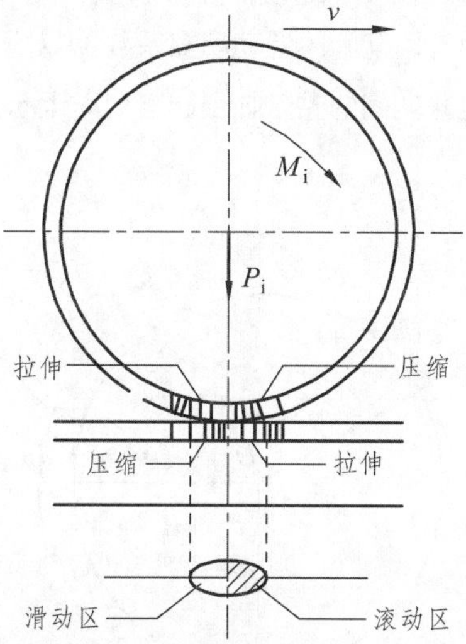

图 1.9　切向力在接触面上形成的滚动区

蠕滑是滚动体的正常滑动。车轮在滚动过程中必然会产生蠕滑现象。伴随着蠕滑产生静摩擦力，轮轨之间才能传递切向力。由于蠕滑的存在，牵引时车轮的滚动圆周速度将比其轮心前进速度要大。这两种速度之间的差值称为蠕滑速度，并以一个无量纲比值蠕滑率 σ 来表示蠕滑的大小，即

$$\sigma=\frac{\omega R_i - v}{v} \tag{1.3}$$

式中　v——车轮轮心前进速度；

　　ω——车轮转动的角速度。

轮轨间由于摩擦产生的切向力反过来作用于驱动机构，随着切向力的增大，驱动机构内的弹性应力也增大。当切向力达到极限时，由于蠕滑的积累波及整个接触面，发展成为真滑动；积累的能量使车轮本身加速，这时驱动机构内的弹性应力被解除。由于车轮的惯性和驱动机构的弹性，在轮轨间出现滑动—黏着—再滑动—再黏着的反复振荡过程，一直持续到重新在驱动机构中建立起稳定的弹性应力为止。

二、制动力的形成

与牵引运行类似，制动力的形成也是通过轮轨间的黏着产生的。为了降低列车运行速度或者为了停车，我们必须用外力将列车动能移走。这个移走列车动能的过程称为制动。一般城市轨道交通车辆的制动方式有三类，即摩擦制动（包括闸瓦制动和盘式制动）、动力制动（包括再生制动和电阻制动）和电磁制动（包括磁轨制动和涡流制动）。其中摩擦制动和动力制动都是通过轮轨黏着产生制动力的。下面以闸瓦制动为例，说明通过轮轨黏着产生制动力的过程。

图 1.10 是一个轮对利用闸瓦制动产生制动力的示意图。

假设一个轮对上有两块闸瓦，在忽略其他各种摩擦阻力的情况下，轮对在平、直道上滚动惰行。若每块闸瓦以压力 K 压向车轮踏面，闸瓦和踏面间引起与车轮转动方向相反的滑动摩擦力 $2K\varphi_k$（φ_k 为车轮踏面与闸瓦间的滑动摩擦系数）。对于列车来说，该摩擦力是内力，不能使列车减速，可是它通过轮轨间的黏着，引起与列车运动方向相反的外力，以此来实现列车的减速或停车。

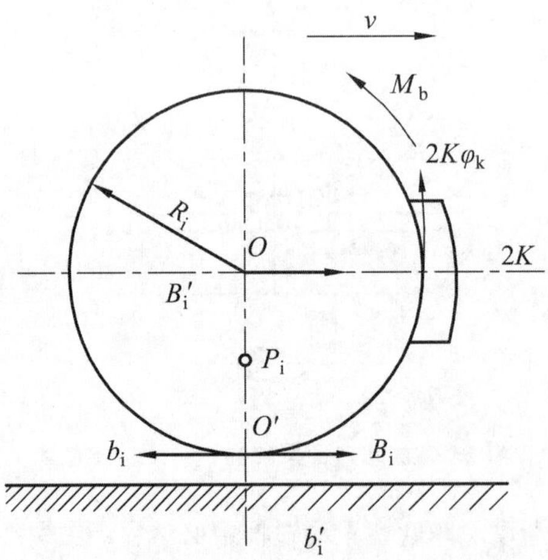

图 1.10　闸瓦制动时轮对与钢轨受力分析

摩擦力 $2K\varphi_k$ 对车轮的作用效果，相当于制动转矩 M_b，即

$$M_b = 2K\varphi_k R_i \tag{1.4}$$

用类似牵引力形成的分析方法，转矩 M_b 可以用轴心和轮轨接触处的力偶（B_i、B_i'）代替。力偶的力臂为车轮 R_i，作用力 $B_i = B_i' = M_b / R_i = 2K\varphi_k$。轮轨接触处因轮对的正压力 P_i 而存在黏着，切向力 B_i 将引起钢轨对车轮的静摩擦反作用力 P_i，$b_i = B_i = 2K\varphi_k$。P_i 作用在车

轮踏面的O'，作用方向与列车运行方向相反，是阻止列车运行的外力，称为制动力。制动力P_i也是轮轨间的黏着力，因而也受到黏着条件的限制，即

$$b_i \leqslant P_i \mu_i \tag{1.5}$$

式中　P_i——动车或拖车轮对的轴重；

μ_i——制动时轮对间的黏着系数。

整个列车的总闸瓦制动力为所有轮对闸瓦制动力之和，即

$$B = \sum b_i \tag{1.6}$$

制动力的大小可以采用增加或减小闸瓦的压力来调节，但不得大于黏着条件所允许的最大值。否则，车轮被闸瓦“抱死”，车轮与钢轨间产生相对滑动，车轮的制动力变为滑动摩擦力，数值立即减小，这种现象称为“滑行”，是与牵引时的“空转”相对应的一种黏着状态被破坏的现象。滑行时，制动力大大下降，制动距离增加，还会造成车轮踏面与钢轨的擦伤，因此也必须尽量避免。

动力制动产生制动力的过程与摩擦制动基本类似，只是制动转矩是由电机（这时电机处于发电机状态）产生的，而不是闸瓦产生的。但它们都是通过轮轨黏着产生的。因此，牵引力、摩擦制动力和动力（电气）制动力都是黏着力，它们与黏着关系密切。充分利用好黏着条件，不仅是牵引必须注意的，对于制动来说也同样重要。“滑行”和“空转”都是必须避免的。

唯一不受黏着条件限制的制动力是电磁制动力。电磁制动有两种形式，即磁轨制动和涡流制动。磁轨制动是将带有磨耗板的电磁铁落在钢轨上，接通励磁电流，使电磁铁紧紧吸附在钢轨上，并通过磨耗板与轨面产生制动力。涡流制动的电磁铁没有磨耗板，它将电磁铁落在距轨面 7～10 mm 处，电磁铁与钢轨间的相对运动引起电涡流作用形成制动力。磁轨制动在欧洲的轻轨车辆或有轨电车上经常能看见，主要用于紧急制动。但磁轨制动应用最多的是高速列车，还有磁悬浮列车。

三、影响黏着系数的因素

由于黏着系数与制动有相当重要的关系，所以长期以来，影响黏着系数的主要因素就成为世界上众多科技专家研究的方向。对轨道黏着系数的研究主要依靠试验。不同轨道的黏着系数不同，需要经过大量试验和对试验数据的计算分析才能得到。通过专家们的试验分析表明，影响黏着系数的主要因素有以下几项。

1. 车轮踏面与钢轨表面状态

干燥、清洁的车轮踏面与钢轨表面，它们的黏着系数高，如果踏面或轨面受到污染，则黏着系数有很大下降。有试验结果表明，干燥、清洁的轨面，其黏着系数可达 0.3；而受到雨雪浸湿的轨面，其黏着系数仅为 0.12。对于城市轨道交通来说，地铁、轻轨和有轨电车的轨面由于所处环境的不同，其黏着系数有着巨大的差别。晴天里，地面的轨面要比潮湿隧洞里

的轨面黏着系数高；但雨雪天气里，隧洞里的轨面黏着系数反比地面的要高。冰霜凝结在轨面上或小雨打湿轨面时，黏着系数非常低，但大雨冲刷、雨后生成的薄锈却使黏着系数大大增加。油的污染会使轨面黏着系数下降，撒砂则能使轨面黏着系数增加。

2. 线路质量

钢轨越软或道床下沉越大，轨面的黏着系数越小；钢轨不平或直线地段两侧钢轨顶不在同一水平，以及动轮所处位置的轨面状态不同，都会使黏着系数减小。

3. 车辆运行速度和状态

车辆运行速度增高加剧了动轮对钢轨的纵向滑动和横向滑动及车辆振动，使黏着系数减小。特别是在车轮与钢轨表面被水污染的情况下，黏着系数随速度增加而急剧下降。车辆运行中有各种因素导致轴重转移，也会影响黏着系数。例如，车辆过弯道时，造成车辆车轮一侧加载，另一侧减载，使黏着系数大幅度下降，如果曲线半径越小，黏着系数下降就越多。牵引和制动工况对黏着系数也有一定影响，牵引时的黏着系数要比制动时大一些。

4. 动车有关部件的状态

牵引电机特性不完全相同，牵引力大的容易空转或打滑，导致黏着系数下降；各个动轮的轮径不同，轮径小的容易空转，但不容易打滑；各个动轮的动负载不同，动负载轻的容易空转和打滑。一旦发生空转或打滑，黏着系数就急剧下降。

四、改善黏着的方法

改善黏着的方法主要有两大类：一大类是修正轮轨表面接触条件，改善轮轨表面不清洁状态；另一大类是设法改善轨道车辆的悬挂系统，以减轻轮轨对减载带来的不利影响。通常采用以下改善黏着的措施：从车辆上往钢轨上撒砂；用机械或化学方法清洗钢轨、打磨钢轨；改进闸瓦材料，如用增黏闸瓦材料；改善车辆悬挂，减小轴重转移等。

【任务实施】

以多媒体图例进行剖析，以轮轨关系的认知为入手，把制动力的形成、蠕滑、黏着等知识进行讲解。

【效果评价】

评价表

项目名称	项目1　城市轨道交通车辆制动基本知识	学生姓名	
任务名称	任务3 城市轨道交通车辆轮轨关系和制动力分析	分数	
项　目		分值	考核得分
1. 轮轨关系基本概念的理解及掌握		10	
2. 是否有小组计划		5	
3. 黏着的认知情况		20	
4. 蠕滑的认知情况		20	
5. 制动力形成的认知情况		20	
6. 黏着的改善方法		10	
7. 编制学习汇报报告情况		10	
8. 基本素养考核情况		5	
总体得分			
教师简要评语： 教师签名：			

任务 4　城市轨道交通列车制动载荷分析与计算

【活动场景】

在有城轨列车制动模型的多媒体教室进行教学,用多媒体展示城轨车辆制动载荷的组成。

【任务要求】

能进行城轨车辆制动载荷分析。

【知识准备】

城市轨道交通车辆一般情况下都是电动车组，其制动载荷和制动计算根据制动计算的目的不同也有不同的计算类型。一般情况下，城轨车辆最常见的制动计算主要有：城轨车辆制动载荷的计算、制动能力的计算和制动距离的计算等。

一、城轨车辆制动载荷的分析

1. 垂直载荷

如图 1.11 所示，作用在车体上的垂直载荷 P_{st} 包括车体自重和车辆载重。车体自重包括车体钢（铝合金）结构、木（塑铝）结构，以及安装在车体上的其他零部件和设备的重量。车辆载重包括乘客和行李的重量。地铁和轻轨车辆的载重按所载乘客的重量计算。载客人数按客室的座席数，再考虑站立人数。额定站立人数按每平方米地板面积站立 6 人，超员可按每平方米地板面积站立 8 人计算，人均质量一般取 60 kg。

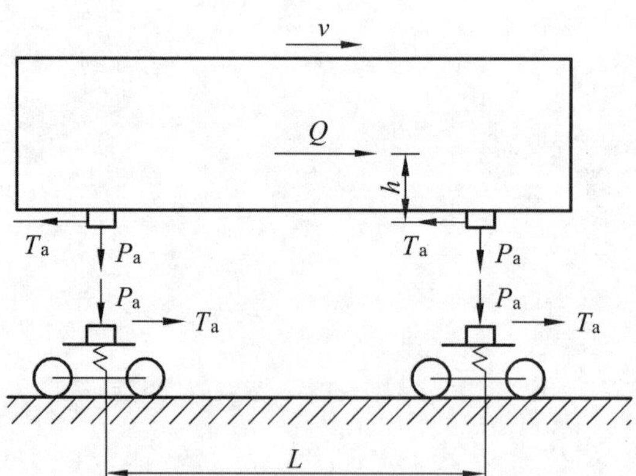

图 1.11　制动时的载荷分析

表 1.1 和表 1.2 为某地铁的列车载客容量和车辆载荷。

表 1.1　列车载客容量

缩写	定义	每车乘客数/人	列车乘客数/人
AW_0	无乘客（空载）	0	0
AW_1	座客载荷	56	336
AW_2	定员载荷（6 人/m^2）	310	1 860
AW_3	超员载荷（9 人/m^2）	432	2 592

表 1.2　车辆载荷

定义	乘客载荷/t			车辆质量/t			列车质量/t
	A	B	C	A	B	C	
空载 AW_0	0	0	0	33	36	36	220
座客载荷 AW_1	3.36	3.36	3.36	37.36	41.36	41.36	240.16
定员载荷 AW_2	18.60	18.60	52.60	52.60	56.60	56.60	331.60
超员载荷 AW_3	25.92	25.92	25.92	59.92	63.92	63.92	375.52

2. 垂直动载荷

垂直动载荷 P_d 是由于轨面不平、钢轨接缝等原因以及车辆本身状态不良（如车轮滚动圆偏心、呈椭圆形状和踏面擦伤等）引起轮轨间冲击和车辆弹簧上振动而产生的。

3. 纵向力

纵向力是当列车启动、变速、制动和调车作业时，在动车之间或调车机车与列车之间所产生的牵引或压缩冲击力。纵向力通过牵引缓冲装置作用于车底架的牵引梁上，使车体承受偏心的拉伸或压缩作用。纵向力的大小与动车的功率、列车重量、运行速度、制动系统性能、缓冲器的特性、车体的纵向刚度、调车时碰撞速度以及司机的操纵技术等因素有关。

4. 侧向力

作用在车体上的侧向力包括风力和曲线运行时的离心力。

5. 扭转载荷

当车辆通过线路的缓和曲线区段，前位转向架已进入缓和曲线，而后位转向架仍处于平直道时，车体将承受扭转变形。

二、制动时的载荷分析

列车在运行中实施制动时，在车辆上有以下两种纵向力的作用：

（1）在只采用空气制动机的情况下，列车开始制动时，由于列车前、后车辆不是同时发生制动作用，这样必然要引起车辆间的纵向冲击，其纵向力以集中的形式和大小相等、方向相反地作用在车体底架两端。这种纵向力对转向架的受力没有影响。

（2）当列车的所有车辆同时发生制动作用时，车辆间的纵向力冲击消失，制动力却逐渐增大至最大值，由于车辆在制动力作用下做减速运动，就将引起车体和转向架质量的纵向惯性力。这种纵向惯性力对车体的作用远不及上述纵向力严重，故可以不计；但它对转向架有一定影响。在图 1.11 中，制动时钢轨给予车辆的最大制动力 F（kN）（其方向与车辆运动方向相反）由式（1.7）决定：

$$F = P_{st}\mu g \tag{1.7}$$

式中 P_{st}——车辆垂直静载荷，又称为车辆黏着重量，等于车体和转向架的自重及车辆载重之和；

μ——轮轨间的黏着系数；

g——重力加速度。

在制动力 F 的作用下，车辆的最大减速度为

$$a = \frac{F}{P_{st}} = \mu g \tag{1.8}$$

这时，车体的纵向惯性力 Q 将引起前、后（按制动前车辆运行方向）转向架的垂直增减载荷 P_a 以及作用在转向架心盘处的水平载荷 T_a，如图 1.11 所示。根据车体受力平衡，可可得到：

$$P_a = \frac{Qh}{L} \tag{1.9}$$

$$T_a = \frac{Q}{2} \tag{1.10}$$

其中

$$Q = P_{st}a$$

式中 h——重载车体的重心至心盘的垂直距离，m；

L——车辆定距，m。

三、城轨车辆制动的认知

城市轨道车辆一般都是电动车组，其制动计算问题根据计算目的的不同有不同的计算类型。通常有以下三种轨道车辆制动计算类型：

（1）已知电动车组的制动能力、制动初速度及制动区间的线路状态等参数，计算制动距离。

（2）已知电动车组的制动能力、制动区间的线路状态等参数以及要求的制动距离，计算在该区间制动允许的初速（即制动限速）。

（3）已知电动车组的制动初速、制动区间的线路状态等参数以及要求的制动距离，计算电动车组应具有的制动能力。

无论上述哪种计算类型，关键是制动距离的计算。制动距离由牛顿第二定律导出，即

$$F=-1\,000ma=-\frac{1\,000}{3.6}m\frac{\mathrm{d}v}{\mathrm{d}t} \tag{1.11}$$

式中 F ——制动时电动车组的减速力，N；

m ——电动车组的质量，t；

a ——电动车组的减速度，m/s^2；

v——电动车组的速度，km/h；

t ——制动时间，s。

所以

$$\mathrm{d}t=-\frac{1\,000}{3.6}\frac{m}{F}\mathrm{d}v \tag{1.12}$$

因为制动距离为

$$S=\int \mathrm{d}S=\int \frac{v}{3.6}\mathrm{d}t \tag{1.13}$$

可得

$$S=\int_{v_0}^{v}-\frac{1\,000}{12.96F}\mathrm{d}v=\int_{v_0}^{v}\frac{1\,000mv}{12.96F}\mathrm{d}v \tag{1.14}$$

式中 S——制动距离，m；

v ——制动末速度，km/h；

v_0——制动初速度，km/h。

四、城轨车辆制动时电动车组的减速力

当电动车组处于制动工况时，所受到的与其运行速度有关的力有以下两个：

（1）制动力 B_m。它是由司机或自动驾驶装置（如 ATC）控制，通过电动车组的制动装置产生的阻碍电动车组运行的外力。它的方向与电动车组运行方向相反，可由司机或自动驾驶装置控制和调节。

（2）运行阻力 W_k。它是电动车组运行中由于内部或外部的各种原因自然产生的阻碍电动车组运行的外力，它的方向与电动车组运行方向相反。其大小不受司机或自动驾驶装置控制。

因此，电动车组制动时的减速度力应为

$$F=B_m+W_k \tag{1.15}$$

【任务实施】

以物理知识为入手，按照与车辆有关的载荷的关系进行分析，然后得出制动时的载荷情况。

【效果评价】

评 价 表

<table>
<tr><td>项目名称</td><td>项目 1　城市轨道交通车辆制动基本知识</td><td>学生姓名</td><td></td></tr>
<tr><td>任务名称</td><td>任务 4　城市轨道交通列车制动载荷分析与计算</td><td>分数</td><td></td></tr>
<tr><td colspan="2">项　目</td><td>分值</td><td>考核得分</td></tr>
<tr><td colspan="2">1. 与车辆有关的载荷的理解及掌握</td><td>30</td><td></td></tr>
<tr><td colspan="2">2. 是否有小组计划</td><td>5</td><td></td></tr>
<tr><td colspan="2">3. 动态载荷时两种纵向力的分析的理解</td><td>20</td><td></td></tr>
<tr><td colspan="2">4. 制动时载荷的理解及掌握</td><td>30</td><td></td></tr>
<tr><td colspan="2">5. 编制学习汇报报告情况</td><td>10</td><td></td></tr>
<tr><td colspan="2">6. 基本素养考核情况</td><td>5</td><td></td></tr>
<tr><td colspan="3">总体得分</td><td></td></tr>
<tr><td colspan="4">教师简要评语：

教师签名：</td></tr>
</table>

任务 5　制动时电动车组的减速力

【活动场景】

在有城轨列车制动模型的多媒体教室进行教学，用多媒体展示城轨车辆电动车组的减速力。

【任务要求】

掌握城轨车辆电动车组减速力的组成。

【知识准备】

一、运行阻力及其计算

运行阻力有基本阻力和附加阻力之分。由于轮对轴承的摩擦、车轮与钢轨的摩擦和运行时的空气阻力等原因产生的，在电动车组运行时始终存在的阻力称为基本阻力；而由于坡道、曲线和隧道等原因产生的，只在个别情况下才有的阻力称为附加阻力。

运行阻力绝大多数与电动车组的重量成正比，因此在制动计算中常常用单位车重的阻力来计算，称为单位阻力；相应的基本阻力与车重之比称为单位基本阻力，用 ω_0 表示，单位为 N/t；附加阻力与车重之比称为单位附加阻力，例如 ω_i 表示单位坡道阻力，ω_r 表示单位曲线阻力等，它们的单位均为 N/t。

1. 基本阻力计算

由于影响基本阻力的因素较为复杂，在实际运用中很难用理论公式来计算，通常按照大量试验综合得出的经验公式进行计算。下面给出了国内外部分车型的单位基本阻力的经验公式。

21、22 型客车（$v_{max}=120$ km/h）：

$$\omega_0=16.28+0.073\ 6v+0.001\ 521v^2 \tag{1.16}$$

式中　v——速度，km/h。

25B、25G 型客车（$v_{max}=140$ km/h）：

$$\omega_0=17.85+0.098\ 1v+0.001\ 422v^2 \tag{1.17}$$

准高速单层客车（$v_{max}=160$ km/h）：

$$\omega_0=15.79+0.039\ 2v+0.001\ 853v^2 \tag{1.18}$$

准高速双层客车（$v_{max}=160$ km/h）：

$$\omega_0=12.16+0.034\ 3v+0.001\ 540v^2 \tag{1.19}$$

日本新干线 O 系电动车组：

$$\omega_0 = 11.77 + 0.152\,1v + 0.001\,436v^2 \tag{1.20}$$

日本新干线 100 系电动车组：

$$\omega_0 = 12.50 + 0.016\,0v + 0.001\,449v^2 \tag{1.21}$$

日本新干线 200 系电动车组：

$$\omega_0 = 11.54 + 0.151\,1v + 0.000\,883v^2 \tag{1.22}$$

法国 TGV 电动车组（2 辆动车、8 辆拖车）：

$$\omega_0 = 7.132 + 0.078\,5v + 0.001\,450v^2 \tag{1.23}$$

德国 ICE 电动车组（2 辆动车、14 辆拖车）：

$$\omega_0 = 11.381 + 0.052\,0v + 0.001\,177v^2 \tag{1.24}$$

意大利 ETR500 电动车组：

$$\omega_0 = 5.984 + 0.100\,1v + 0.001\,109v^2 \tag{1.25}$$

2. 附加阻力计算

这里主要介绍坡道阻力和曲线阻力的计算。

1）坡道阻力的计算

坡道阻力实际上就是电动车组在坡道上运行时，电动车组沿坡道方向的分力，如图 1.12 所示。当电动车组上坡时，坡道阻力与电动车组运行方向相反，阻力是正值；反之，坡道阻力是负值。显然坡道阻力的大小与坡道的陡峭程度有关。标示坡道陡峭程度的参数是坡度，用字母 i 表示。它是指坡道终点对起点的高度差与两点之间的距离之比，其值是千分数计，即

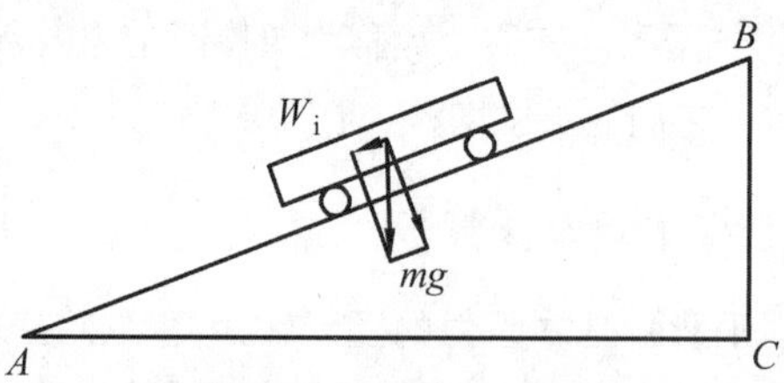

图 1.12　坡道阻力

$$i = \frac{BC}{AB} \times 1\,000‰ \tag{1.26}$$

式中　BC——标高差，m；

AB——坡道长度，m。

如果是上坡道，标高差为正值；反之，如果是下坡道，标高差为负值，坡度同样为负值。

由图 1.12 得

$$\frac{W_i}{mg} = \frac{BC}{AB} \tag{1.27}$$

$$W_i = \frac{BC}{AB} mg(\text{kN}) = 1\,000 \times \frac{BC}{AB} mg(\text{N}) \tag{1.28}$$

式中　m——电动车组质量，t。

单位坡道阻力（N/t）为

$$\omega_{\mathrm{i}}=\frac{W_{\mathrm{i}}}{m}=1\,000\times\frac{BC}{AB}g=ig \tag{1.29}$$

即电动车组的单位坡道阻力在数值上等于该坡道的坡度与重力加速度的乘积。

2）曲线阻力计算

电动车组进入曲线运行时，车轮轮缘压向外轨头产生滑动摩擦，车轮在轨面产生横向滑动，以及车辆心盘和旁承因转向架的转动而产生摩擦等。这些增加的摩擦损失造成的阻力称为曲线阻力。曲线阻力与曲线半径、电动车组运行速度、曲线的外轨超高等许多因素有关，难以用理论方法推导，一般按大量试验得出的经验公式来计算。

单位曲线阻力（N/t）是曲线半径的函数，其公式如下：

$$\omega_{\mathrm{i}}=\frac{A}{R}g \tag{1.30}$$

式中 R——曲线半径，m。

A——用试验方法确定的常数，其值各国有差异，为 450 ~ 800，我国标准规定 $A=700$。

3）加算坡道单位阻力计算

当坡道与曲线同时出现时，电动车组在该区段的单位附加阻力为单位坡道阻力和单位坡道曲线阻力之和。为方便起见，常将单位曲线阻力看成相当的单位坡道阻力，并与实际的单位坡道阻力相加，称为加算坡道单位阻力（N/t），即

$$W_{\mathrm{j}}=\omega_{\mathrm{i}}+\omega_{\mathrm{r}}=ig+\frac{A}{R}g=\left(i+\frac{A}{R}\right)g=i_{\mathrm{k}}g \tag{1.31}$$

其中 $$i_{\mathrm{k}}=i+\frac{A}{R}$$

式中 i_{k}——加算坡道的坡度，‰。

3. 电动车组运行阻力计算

有了单位基本阻力和加算坡道单位阻力，可按下式计算电动车组运行阻力（ N）：

$$W_{\mathrm{k}}=W_0+W_{\mathrm{j}}=\omega_0 m+i_{\mathrm{k}}gm=(\omega_0+i_{\mathrm{k}}g)m \tag{1.32}$$

式中 W_{j}——电动车组加算阻力；

m——电动车组质量，t。

电动车组单位运行阻力（N/t）为

$$\omega_{\mathrm{k}}=\frac{W_{\mathrm{k}}}{m}=\omega_0+i_{\mathrm{k}}g \tag{1.33}$$

二、制动力和黏着计算

以闸瓦制动为例，如图 1.13 所示，制动时，设每一轮对的闸瓦压力为 K，车轮与闸瓦的摩擦系数为 φ。制动前，列车以速度 v 运行，轮对以角速度 ω 在轨面上滚动。制动时，闸瓦作用于车轮踏面的压力 K 引起闸瓦作用于轮对的摩擦力 $K\varphi$，这个摩擦力对轮对中心形成一

个力矩 $K\varphi R$ ，它的方向与轮对转动方向相反。

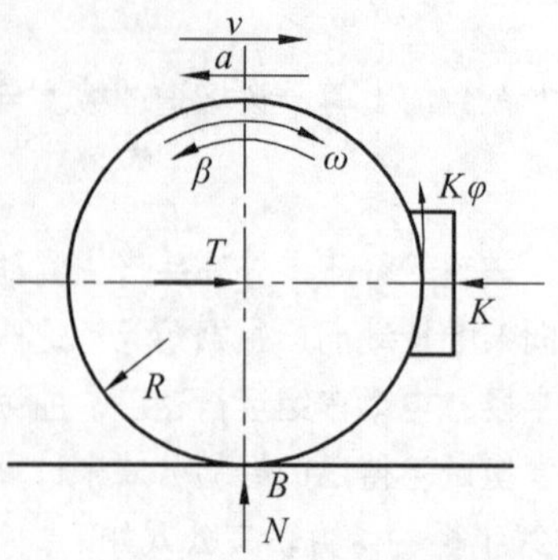

图 1.13　制动力的产生

上述摩擦力矩起着两方面的作用：一方面，阻止轮对转动，使轮对获得角减速度 β ，轮对转速因而迅速减慢以至停止转动；另一方面，由于轮对的转动被阻止，势必引起轮轨间的相对滑动趋势，从而使轮轨之间产生相互作用力，即由于闸瓦摩擦力矩而在轮轨接触点引起了车轮对钢轨的纵向水平作用力和钢轨对车轮的反作用力 B。反作用力 B 对于轮对以及本列车来说都是与列车运行方向相反的外力，起着阻碍列车运行的作用，使列车获得减速度 α ，这就是制动力。根据图 1.13，将轮对作为分离体，建立力矩平衡方程可以得到制动力大小，即

$$K\varphi R - BR = l\beta \tag{1.34}$$

式中　R——车轮半径；

l——轮对的转动惯量。

在式（1.34）中，$l\beta$ 所占的比例很小，为了简化起见，通常忽略不计（即假定 $l=0$ ），留到计算转动距离时再加考虑。这样，转动力在数值上等于闸瓦摩擦力，即

$$B = K\varphi \tag{1.35}$$

全列车的制动力为

$$B_{\mathrm{m}} = \sum (K\varphi) \tag{1.36}$$

从式（1.36）可以看到，制动力 B 随着车轮和闸瓦间的摩擦力的增大而增大，但也不是无限制的增大，制动力要受到黏着力的限制，即

$$B = K\phi \leqslant F_{\psi} = N\psi \tag{1.37}$$

或

$$\frac{K}{N} \leqslant \frac{\psi}{\varphi} \tag{1.38}$$

式中　F_{ψ}——轮轨间的黏着力；

N——钢轨对轮对轴重的反作用力；

ψ——轮对间的黏着常数。

令 $\delta_0=\dfrac{K}{N}$，称为轴制动率。因此，黏着条件可由下式表示：

$$\delta_0 \leqslant \frac{\psi}{\varphi} \tag{1.39}$$

由于制动方式的不同，制动力的计算方式也有所不同。这里仅就空气制动和动力制动作简单介绍。

1. 空气制动的制动力计算

闸瓦制动时，当电动车组各节车的车轮闸瓦间摩擦系数相同时，制动力计算公式为

$$B_{\mathrm{m}}=\sum(K\varphi) \tag{1.40}$$

式（1.40）中的轮瓦摩擦系数 φ_{k} 主要由闸瓦的材料决定，以下公式仅供参考。

中磷铸铁闸瓦：

$$\varphi=0.64\times\frac{K+100}{5K+100}\times\frac{3.6v+100}{14v+100}+0.000\,7(110-v_0) \tag{1.41}$$

高磷铸铁闸瓦：

$$\varphi=0.819\times\frac{k+100}{7k+100}\times\frac{17v+100}{60v+100}+0.001\,2(120-v_0) \tag{1.42}$$

低摩合成闸瓦：

$$\varphi=0.25\times\frac{k+500}{6k+500}\times\frac{4v+150}{10v+150}+0.000\,6(100-v_0) \tag{1.43}$$

高摩合成闸瓦：

$$\varphi=0.41\times\frac{k+200}{46k+200}\times\frac{v+150}{2v+150} \tag{1.44}$$

式中 K——闸瓦压力，kN；

v——列车运行瞬时速度，km/h；

v_0——制动初速度，km/h。

闸瓦压力的大小与基础制动形式和制动缸压力大小有关。当采用单元制动时，每个轮对的闸瓦压力 K（kN）为

$$K=\left(\frac{\pi}{4}d^2P_z-F_G\right)n\eta m \tag{1.45}$$

式中 d——制动缸直径，m；

P_z——制动缸压力，kPa；

F_G——制动缸复原簧反力，kN；

n——单元制动缸倍率；

η——单元制动传动效率；

m——每个轮对上单元制动数量。

将 $K=\left(\frac{\pi}{4}d^2P_z-F_G\right)n\eta m$ 代入 $P_{\mathrm{m}}=\sum(K\varphi)$，得闸瓦制动时每一轮对的制动力 B（N）为

$$B=1\,000\left(\frac{\pi}{4}d^2P_z-F_G\right)n\eta m\varphi \tag{1.46}$$

盘形制动由于闸片的摩擦半径 r 小于车轮半径 R，所以每一轮对产生的制动力 B（N）为

$$B=1\,000\left(\frac{\pi}{4}d^2P_z-F_G\right)n\eta m\frac{r}{R}\varphi \tag{1.47}$$

式中 r——制动盘摩擦半径，m；

R——车轮半径，m。

2. 动力制动的制动力计算

动力制动是利用牵引电机的可逆原理，制动工况时，将牵引电机变为发电机，由轮对驱动，把电动车组的动能转化成电能。然后，或者将电能反馈给电网，或者将电能通过电阻转变为热能散逸到大气中。

在制动工况时，牵引电机中的电流与感应电动势方向相同，而电磁转矩与电枢的旋转方向相反。这个反向转矩通过传动齿轮传到动车的动轴上，与闸瓦制动一样，在动轴的轮轨间产生了钢轨对车轮的纵向水平作用力——制动力。

设电动车组中动车每台电机产生的电磁转矩为 M，则该动车产生的动力制动力 B_{d}（N）为

$$B_{\mathrm{d}}=\frac{m_{\mathrm{d}}\mu}{R\eta_{\mathrm{d}}}M \tag{1.48}$$

式中 m_{d}——每辆车上牵引电机台数；

μ——传动齿轮传动比；

R——车轮直径；

η_{d}——传动效率；

M——电机电磁转矩，N·m。

三、制动距离的认知

从司机将制动控制器手柄置于制动位的瞬间至电动车组停车为止，电动车组所走过的距离，称为制动距离。制动距离是反映制动系统综合性能的重要指标。

在施行制动时，动车组中各车辆的制动力产生的起始时间并非完全同步，尤其是制动力的上升不可能同步。因此，从动车组开始制动到制动力上升到最大值是一个过程，如图 1.14 中实线所示。为了便于计算，通常假定动车组各车辆的制动力在制动开始后某一瞬间 t_{k} 同时产生并立即达到最大值，如图 1.14 中虚线所示。这样，动车组的制动分成两段：第一段从施行制动开始到 t_{k}，称为空走过程，t_{k} 称为空走时间，动车组在空走时间内惰行的距离称为空走距离 s_{k}；第二段从这假设的瞬间开始到动车组停车，称为实制动过程，其经历的时间称为实制动时间 t_{e}，该过程中动车组所运行的距离称为实制动距离 s_{e}。因此，制动时动车组的制动距离为

$$s_z = s_k + s_e \tag{1.49}$$

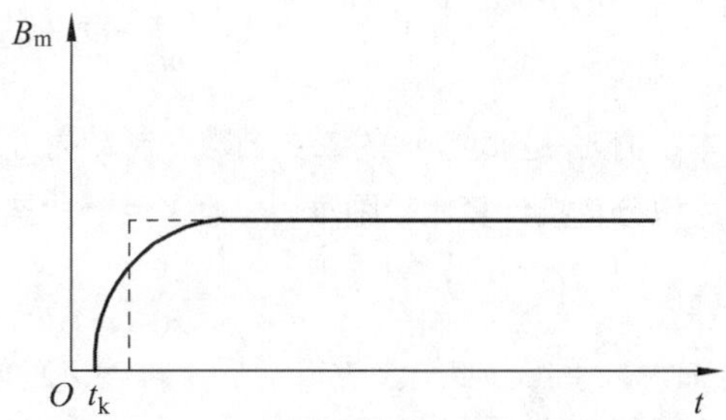

图 1.14　动车组制动力变化

上述制动距离计算是否准确，显然与空走时间的确定有关，因此空走时间必须按制动距离等效的原则来确定，即空走距离与实制动距离之和应等于实际的制动距离。

1. 空走距离的计算

根据上述假设，在空走过程中电动车组处于惰性工况，即既有牵引，亦无制动力，但有运行阻力作用于电动车组。电动车组在运行阻力的作用下，仍会使运行速度发生变化。为了进一步简化计算，通常假定在空走过程中，电动车组的运行速度不变，运行阻力的影响用修正空走时间的方法解决。因此，空走距离 s_k（m）可以简化地按下式进行计算：

$$s_k = \frac{1\,000 v_0 t_k}{3\,600} = \frac{v_0 t_k}{3.6} \tag{1.50}$$

式中　v_0——制动初速度，km/h；

t_k——空走时间，s。

空走时间由理论推导较为复杂，实际应用中通常通过大量试验，根据制动距离等效的原则归纳出经验公式。以下公式仅供参考。

旅客列车紧急制动：

$$t_k = 3.5 - 0.08 i_k \tag{1.51}$$

旅客列车常用制动：

$$t_k = (4.1 + 0.002 rn)(1 - 0.03 i_k) \tag{1.52}$$

式中　i_k——加算坡道坡度，‰；

r——列车管减压量，kPa；

n——编组节数。

电动车组采用新型电空制动控制系统时，通常取空走时间为 1 s。

2. 实制动距离的计算

在实制动过程中，动车组在制动力、运行阻力的作用下，运行速度从 v_0 降到零。因此，实制动距离可以利用下面的公式求得。在制动力的计算中，忽略了回转质量，但回转质量实际上还是要消耗一定的制动功率。一般车辆回转折算质量约为车辆实际质量的 6%，为此在实制动距离的计算中，以 1.06 作为车辆质量修正系数，即用 1.06 倍的动车组的质量替代动车组的实际质量，可以进行以下计算：

$$s_e=\int_0^{v_0}\frac{1\,000\times1.06\times mv\mathrm{d}v}{12.96(B+W_k)}=\int_0^{v_0}\frac{1\,000v}{12.23\left(\dfrac{B_m}{m}+\omega_0+i_k g\right)}\mathrm{d}v \tag{1.53}$$

式（1.53）中单位基本阻力 ω_0 是速度 v 的二次函数，制动力 B_m 中可能出现的摩擦系数也与速度有关。因此，上述积分直接计算比较困难，一般采用分段累计法或数值积分法计算。

【任务实施】

以车辆制动知识的认知为入手：一步一步进行剖析：轨道交通车辆的减速力、阻力，以及到后续的阻力的常用计算方式和制动力的计算。

【效果评价】

评价表

项目名称	项目 1　城市轨道交通车辆制动基本知识	学生姓名	
任务名称	任务 5　制动时电动车组的减速力	分数	
项　目		分值	考核得分
1. 车辆制动基本概念的理解及掌握		10	
2. 是否有小组计划		5	
3. 运行阻力及其计算的认知情况		20	
4. 制动力和黏着计算的认知情况		50	
5. 编制学习汇报报告情况		10	
6. 基本素养考核情况		5	
总体得分			
教师简要评语： 教师签名：			

项目小结

城市轨道交通已成为广大市民出行的首选方式。城市轨道交通的特点是安全、快捷、准时、方便。由于城市轨道交通站间距短、启停频繁，所以制动系统对列车的安全运行有至关重要的作用。

人为施加外力使列车减速、阻止其加速以及保持静止的作用为制动。而提供该作用力的一整套系统称为制动装置，制动系统由控制系统和执行系统两部分构成。

城轨车辆制动的本质是能量的转移，根据能量转移方式的不同，有电制动（包括再生制动和电阻制动）和摩擦制动（又称为空气制动，包括闸瓦制动、盘形制动和轨道电磁制动）两大制动方式，实施制动时采用电空结合的方式，且电制动优先，空气制动补足。

轨道交通车辆制动系统的模式：常用制动、紧急制动、快速制动、保压制动和弹簧停放制动。

城轨车辆制动机是制动系统的控制核心，它可以在司机或其他控制装置（如 ATP、ATC 等）的控制下，产生各种制动作用。按制动原动力和控制方式的不同，轨道交通车辆制动机可分为：手制动机、空气制动机、电空制动机、电磁制动机和真空制动机。

城轨列车的轮轨关系有黏着和蠕滑两种，而制动力和牵引力的本质是轮轨间的黏着力。而影响黏着系数的因素有轮轨表面物理状态、线路质量及车辆运行状态和速度等。从而得出改善黏着系数的方法有改善轮轨表面接触状态等。

城轨车辆一般是电动车组，其制动计算问题根据计算目的的不同也有不同的计算类型，常见的有制动载荷计算、制动能力计算和制动距离计算等。

思考与练习

1. 简述制动的基本概念。
2. 简述轨道交通车辆制动系统的基本要求。
3. 简述制动方式和制动模式。
4. 简述制动机的分类及特点。
5. 简述轨道交通车辆制动系统的基本组成。
6. 简述轮轨关系的形成。
7. 简述影响黏着的因素及改善条件。
8. 简述制动载荷的分析。
9. 试述运行阻力的组成及计算。

项目 2　城市轨道交通车辆基础制动与供风装置

项目描述

基础制动和供风装置是城市轨道交通车辆的制动装置中必不可缺的部分；基础制动装置是城市轨道交通车辆制动系统中的制动作用实施和实际执行的部分；供风装置为城市轨道交通车辆的空气制动装置提供动力，同时为其他需要压缩空气的装置提供干燥、清洁、优质的压缩空气。

学习目标

本项目的学习，要求掌握以下基本知识：

1. 掌握基础制动装置的总体构造与作用；
2. 熟悉各种不同基础制动的组成和特点；
3. 掌握城轨车辆供风系统的基本组成和作用原理；
4. 掌握城轨车辆供风装置中几种常见空压机的基本组成、特点和作用过程；
5. 掌握空气制动系统的基本组成及工作原理。

能力目标

1. 了解基础制动的分类；
2. 掌握基础制动的组成与作用特点；
3. 能够说出不同空气干燥器的作用及工作原理；
4. 能够说出空气管路上都有哪些部件及其基本作用；
5. 能阅读空气制动系统的管路布置及风源流向。

任务 1　城市轨道交通车辆基础制动装置概述

【活动场景】

在城轨车辆生产车间、检修现场教学或用多媒体展示城轨车辆基础制动的使用与检修情况。

【任务要求】

掌握城轨车辆基础制动的作用；掌握制动倍率、传动效率、制动率的基本概念。

【知识准备】

城市轨道交通车辆空气制动系统中的制动执行装置，通常被称为基础制动装置。根据制动方式的不同，基础制动装置主要有闸瓦制动和盘式制动两种形式。基础制动装置不仅具有传递制动力的功能，同时还具备放大制动力的作用。

一、城轨车辆基础制动装置的基本作用与原理分析

轨道交通车辆基础制动装置最简单的是目前货物列车最常用的单侧闸瓦基础制动装置。制动时，制动控制装置根据制动指令使制动缸活塞推杆产生推力，经一系列杆件的传递、分配，使每块闸瓦都紧粘车轮踏面。车轮踏面与闸瓦之间相对滑动，产生摩擦力，再通过轮轨关系转化为轮轨之间的制动力。缓解时，制动控制装置将制动缸内压力空气排出，制动缸活塞在缓解弹簧的作用下退回，通过杆件带动闸瓦离开车轮踏面。在这种基础制动装置中，一个制动缸可以通过各种杆件带动八块闸瓦，对一节车进行制动作用。城市轨道交通车辆一般则不采用这种方式，一般采用单元式基础制动装置，目前主要有克诺尔公司和 NABTSCO 公司的基础制动装置，虽然城市轨道交通车辆的基础制动装置在形式上和铁道车辆不同，但基本作用和作用原理却是大同小异。

二、城轨基础制动装置的安装形式与结构特点

一般城市轨道交通车辆（如地铁车辆）的车体底架下安装的设备较多，没有很大的空间来安装类似于上述的基础制动装置，因此大多数城市轨道交通车辆采用单元制动机。单元制动机和基础制动装置的制动方式完全一样，只是执行对象数量少些。它们之间各有特点：基础制动装置由于采用杠杆联运机构，所以各个轮对的制动力均匀，同步性良好；而单元制动机是单个供气动作，轻便灵活，体积小，占用空间少，灵敏度高。

三、轨道交通车辆基础制动装置的基本类型

我国干线铁路的铁道车辆所使用的基础制动装置是指从制动缸活塞推杆到闸瓦之间的一系列杠杆、拉杆、制动梁、吊杆等各个零部件所组成的机械装置。它的用途是把作用在制动缸活塞上的压力空气推力增大适当倍数以后，平均地传递给各块闸瓦或闸片，使其转变为压紧车轮踏面或制动盘的机械力，阻止车轮转动而产生制动作用。

基础制动装置的形式，按设置在每个车轮上闸瓦的块数及其作用方式不同，可分为单侧闸瓦式、双侧闸瓦式、多闸瓦式和盘形制动基础制动装置等。其中多闸瓦式应用较少。

1. 单侧闸瓦式

单侧闸瓦式基础制动装置，简称单侧闸瓦式，也称为单侧制动，即只在车轮一侧设有闸瓦的制动方式，如图 2.1 所示。我国目前绝大多数铁路货车都采用这种形式。

单闸瓦式基础制动装置的构造简单，节约材料，便于检查和修理。但制动时，车轮只受一侧的闸瓦压力作用，使轴瓦受力偏斜，易形成轴瓦偏磨，引起热量过大而出现热轴现象。

此外，由于制动力受到闸瓦面积和闸瓦承受的压力的限制，制动力的提高也受到限制。若闸瓦单位面积承受的压力过大，容易造成闸瓦熔化，这不仅会加速闸瓦的磨耗，而且还会磨耗闸瓦托，使制动力衰减，影响行车安全，有时甚至引起火灾，这种情况在长大坡道地区特别严重。

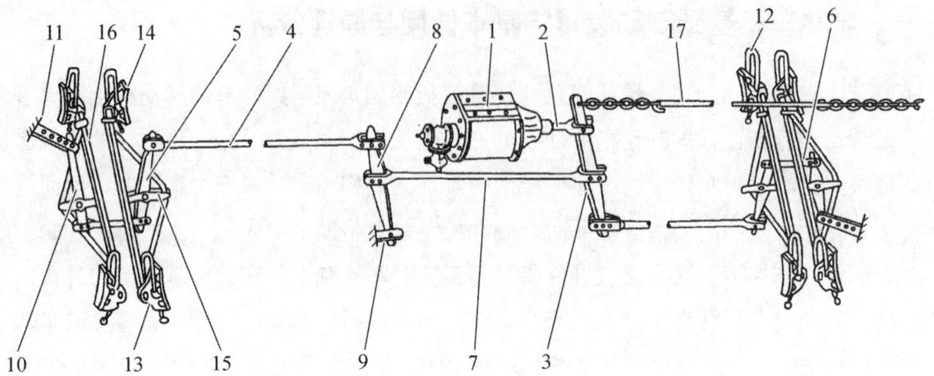

1—制动缸；2—制动缸活塞推杆；3—制动缸前杠杆；4—上拉杆；5—制动杠杆；6—下拉杆；7—连接拉杆；8—制动缸后杠杆；9—制动缸后杠杆托；10—固定杠杆；11—固定杠杆支点；12—闸瓦托吊；13—闸瓦托；14—闸瓦；15—制动梁支柱；16—制动梁；17—手制动拉杆。

图 2.1　单侧闸瓦制动

根据理论计算和实际运用经验，闸瓦单位面积承受的压力一般不超过 100 kPa（极限值为 1 300 kPa）。目前，我国采用 GK 型制动机和 103 型制动机的车辆，多数已达到和超过了这个限度（最高为 1 400 kPa），因此闸瓦熔化及磨托的情况比较严重，这是单侧闸瓦式基础制动装置的主要缺点。在车辆不断向大型和高速方向发展，而闸瓦单位面积的压力不能再增加的情况下，应采用高摩擦系数的合成闸瓦，这不用改变原有的制动装置就可满足高速运行的要求。

2. 双侧闸瓦式

双侧闸瓦式基础制动装置，简称双侧闸瓦式，也称为双侧制动，即在车轮两侧均有闸瓦的制动方式，如图 2.2 所示。目前一般客车和特种货车的基础制动装置大多采用这种形式。双侧制动装置，在车轮的两侧都安装有闸瓦，所以闸瓦的摩擦面积比单闸瓦式增加一倍，闸瓦单位面积承受的压力较小，这不但能提高闸瓦的摩擦系数，而且，散热面积大，可降低闸瓦与车轮踏面的温度，延长车轮的使用寿命，减少闸瓦的磨耗量，并可得到较大的制动力（指同一尺寸的制动缸与同一闸瓦压力的情况下）。由于车轮两侧都有闸瓦，制动时两侧的闸瓦同时压紧车轮，可以克服单闸瓦式车轮一侧受力而引起的各种弊病。故目前一般客车和特种货车（机械保温车、长大货物车等）大多采用这种形式的基础制动装置。但其结构比较复杂，一般侧架式货车转向架不宜安装双闸瓦式基础制动装置。

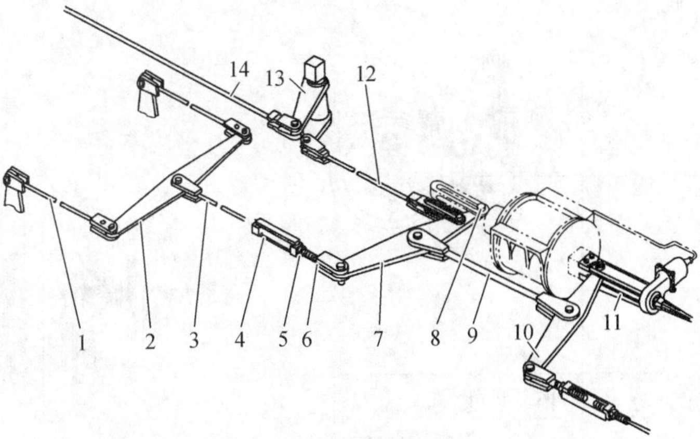

（a）客车车体基础制动装置

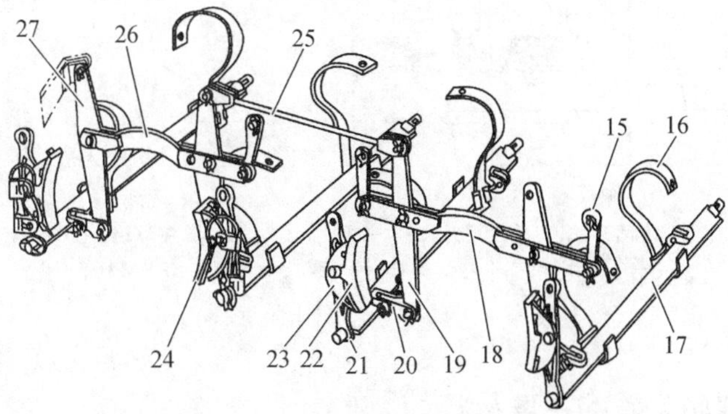

（b）客车转向架基础制动装置（202 型）

1—均衡拉杆；2—均衡杠杆；3—均衡杠杆拉杆；4—调整丝套；5—锁紧螺母；6—制动缸前拉杆；7—制动缸前杠杆；8—销；9—连接拉杆；10—制动缸后杠杆；11—闸瓦间隙自动调整器；12—手制动下拉杆；13—手制动转筒；14—手制动上拉杆；15—移动杠杆拉杆吊；16—制动梁缓解弹簧；17—制动梁；18—移动杠杆拉杆；19—移动杠杆；20—拉环；21—闸瓦托吊；22—闸瓦；23—闸瓦托；24—闸瓦托弹簧；25—移动杠杆上拉杆；26—移动杠杆拉杆；27—固定杠杆。

图 2.2　客车双侧闸瓦制动

3. 盘形制动

盘形制动装置是指制动时用闸片压紧制动盘而产生制动作用的制动方式。盘形制动的基础制动装置有两种类型:制动盘安装在车轴上的叫轴盘式，制动盘安装在车轮辐板上的叫轮盘式。盘形制动基础制动装置的基本结构如图 2.3 所示。

盘形制动基础制动装置的结构比较简单，可以缩小副风缸和制动缸的容积，节省压力空气；各种拉杆杠杆可以小型化，直接安装在转向架上，能减轻车辆自重；不用闸瓦直接磨耗车轮踏面，可延长车轮使用寿命；制动性能比较稳定，可减少车辆纵向冲动；同时制动缸安装在转向架上，制动时动作迅速，可提高制动效率；采用高摩擦系数的合成闸片，可以增大制动力，缩短制动距离，并可延长闸片的使用寿命。目前我国的快速客车（速度在 120 km/h 以上）大都采用这种制动装置。但由于不用闸瓦直接摩擦车轮踏面，踏面上的油污不能及时清扫，可能降低轮轨间的黏着系数。同时当车轮踏面有轻微擦伤时，不能像闸瓦式制动装置那样利用闸瓦的摩擦来消除这种擦伤，为克服这些缺点，尚须增设踏面清扫装置。

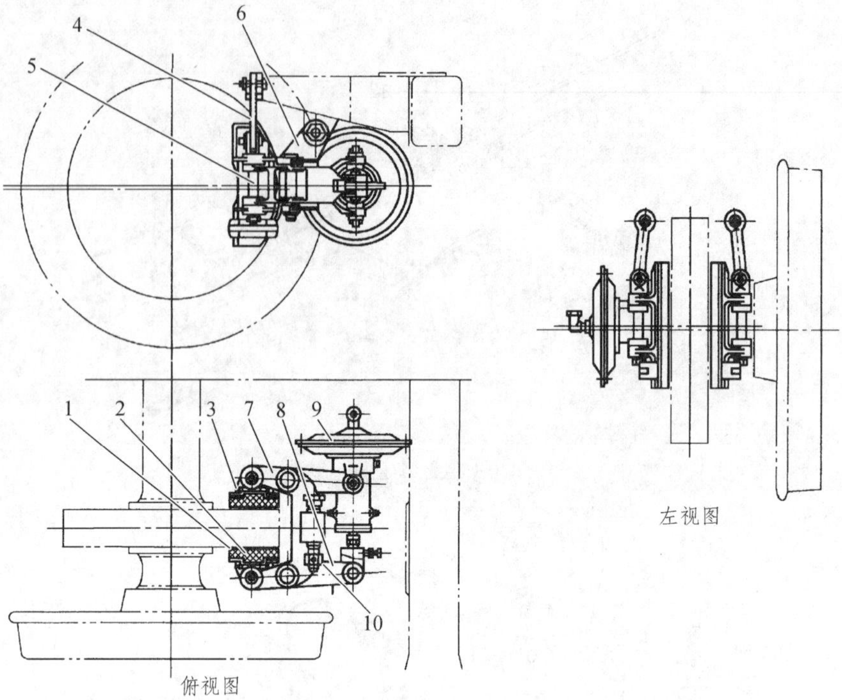

1—闸片；2—右闸片托；3—左闸片托；4—闸片托吊；5—闸片吊销；6—杠杆吊座；
7—内侧杠杆；8—外侧杠杆；9—膜板制动缸；10—螺杆。

图 2.3　盘形制动

四、基础制动装置的主要指标

1. 制动倍率

为了在制动时得到足够的制动力，就必须有一定的闸瓦压力。闸瓦压力源于制动缸活塞（或停车制动装置）产生的制动原力，而制动原力的大小与制动缸直径、制动缸内空气压力成正比。因此，增大制动缸直径和制动缸内空气压力可提高制动原力，达到增大闸瓦压力，产生足够的制动力的目的。但是，由于经济成本和技术条件的制约，制动缸的直径和缸内空气压力被限制在一定的范围内。实际工作中，一般是靠制动杠杆将制动原力放大一定倍数后传递到闸瓦装置，形成闸瓦压力，这个将制动原力放大的倍数，称为制动倍率。

制动倍率用 v_{ref} 表示，其表达式为

$$\gamma_b = \frac{\sum K_{理}}{F} \tag{2.1}$$

式中　$\sum K_{理}$ ——一个制动缸所形成的闸瓦压力的总和（理论值）（kN）;

F——制动原力（kN）。

制动倍率的大小取决于制动传动装置各杠杆的尺寸大小。根据杠杆原理可知:

$$\gamma_b = \frac{\text{各杠杆主动臂长度的乘积}}{\text{各杠杆从动臂长度的乘积}} \tag{2.2}$$

城轨车辆均采用单元制动器，只设有一副制动杠杆，故其制动倍率为制动杠杆主动臂长

度与从动臂长度的比值。各型城轨车辆的制动杠杆的结构和尺寸不一样，制动倍率也不尽相同。制动倍率是基础制动装置的重要特性，它的数值与制动缸活塞行程及闸瓦与车轮间的间隙大小有关，所以制动倍率的大小对制动效果及运用、维修工作都有直接的影响。

2. 基础制动装置的传动效率

制动时，在制动缸活塞杆推力传递至闸瓦的过程中，需要克服缓解弹簧的反力、制动缸活塞与缸壁间的摩擦力以及制动缸传动装置各销套间的摩擦力等，所以闸瓦所得到的实际闸瓦压力小于按上述杠杆原理计算的理论闸瓦压力。实际闸瓦压力与理论压力的比值称为基础制动装置的传动效率，一般用 η_b 表示，其表达式为

$$\eta_{\mathrm{b}}=\frac{\sum K_{实}}{\sum K_{理}} \tag{2.3}$$

式中　$\sum K_{实}$ ——一个制动缸所形成的实际总闸瓦压力（kN）。

同一般机械设备一样，我们希望 η 值越大越好。η 值的大小与基础制动装置中各杠杆的结构形式、销套连接的多少、制动缸的直径等因素有关，还与城轨车辆所处的状态及其保养状态有关。通常制动传动效率值是由试验获得的。

3. 制动率

城轨车辆的制动能力不能仅以闸瓦压力来表示，因为同样大小的闸瓦压力，对于重量不同的城轨车辆来说，其制动效果是不同的。只有城轨车辆单位重量所具有的闸瓦压力，才能确切地表示其制动能力。所谓城轨车辆制动率是指城轨车辆单位重量所获得的闸瓦压力。城轨车辆的制动率用 δ 表示，其表达式为

$$\delta=\frac{\sum K}{q} \tag{2.4}$$

式中　$\sum K$ ——城轨车辆闸瓦总压力（kN）;

q——城轨车辆总重量（kN）。

闸瓦压力是指制动原力经制动传动装置传递到闸瓦上所形成的作用力。

$$\sum K=m\sum K_{实} \tag{2.5}$$

式中　m——每辆城轨车辆制动缸的数量。

根据制动倍率和传动效率的公式推导可知:

$$\sum K_{实}=F\gamma_{\mathrm{b}}\eta_{\mathrm{b}} \tag{2.6}$$

其中

$$F=P_{\mathrm{z}}\frac{\pi d^{2}}{4}$$

式中　P_{z}——制动缸压力，kPa;

d——制动缸活塞直径，m。

综上所知：

$$\sum K = m\sum K_{实}=mP_z\frac{\pi d^2}{4}\gamma_b\eta_b \tag{2.7}$$

制动率表征城轨车辆制动能力的大小。合理地确定制动率对保证运行速度及运行安全都有重要意义。为了提高制动效果，通常希望采取较大的制动率，但是提高制动率受轮轨间黏着条件的限制。

【任务实施】

以课件为例，进行基础制动装置的作用与组成的讲解。

【效果评价】

评价表

<table>
<tr><td>项目名称</td><td>项目 2　城市轨道交通车辆基础制动与供风装置</td><td>学生姓名</td><td></td></tr>
<tr><td>任务名称</td><td>任务 1　城市轨道交通车辆基础制动装置概述</td><td>分数</td><td></td></tr>
<tr><td colspan="4"></td></tr>
<tr><td colspan="2">项　　目</td><td>分值</td><td>考核得分</td></tr>
<tr><td colspan="2">1. 基础制动装置基本概念的理解及掌握</td><td>10</td><td></td></tr>
<tr><td colspan="2">2. 是否有小组计划</td><td>5</td><td></td></tr>
<tr><td colspan="2">3. 基础制动装置形式的认知情况</td><td>30</td><td></td></tr>
<tr><td colspan="2">4. 制动率、制动倍率、传动效率的认知情况</td><td>40</td><td></td></tr>
<tr><td colspan="2">5. 编制学习汇报报告情况</td><td>10</td><td></td></tr>
<tr><td colspan="2">6. 基本素养考核情况</td><td>5</td><td></td></tr>
<tr><td colspan="3">总体得分</td><td></td></tr>
<tr><td colspan="4">教师简要评语：

教师签名：</td></tr>
</table>

任务2 PC7Y（F）型单元式制动器结构与原理分析

【活动场景】

在城轨车辆生产车间或检修现场教学，或用多媒体展示城轨车辆单元制动机的作用。

【任务要求】

掌握城轨车辆单元制动机的作用。

【知识准备】

一、单元制动器概述

城轨车辆的基础制动装置目前采用单元制动器的比较普遍，我国的广州和上海地铁车辆目前使用的是德国克诺尔制动机厂生产的单元制动机，而西安地铁2号线则采用日本NABCO公司的单元式制动器，它们在结构上大同小异。一般情况下，城轨车辆的每台转向架安装四套单元制动机，分别对四个车轮进行制动。本任务主要学习目前最常用的 PC7Y 和 PC7YF 型单元式制动机，它们的结构基本一致，只是 PC7YF 型在 PC7Y 型的基础上增加了一个用于停放制动的弹簧制动器（又称为停放制动器），其主要用于车辆的停放制动。

一般单元制动机都将制动缸传动机构、闸瓦间隙调节器以及悬挂装置连在一起，形成一个紧凑的作用装置。有的单元制动机做成立式的，有的则做成悬挂式的，这主要取决于安装方式的不同。

二、单元制动器的特点和主要技术参数

1. 单元制动器的特点

我国的广州、上海等地铁车辆采用的是由德国克诺尔制动机公司生产的 PC7Y 型和 PC7YF 型踏面单元制动机，其中 PC7YF 型附带弹簧制动器，也称为停放制动器。这种踏面单元制动器具有一定的代表性，因此特点也具有城轨车辆单元式基础制动装置的普遍特点，总结如下：

（1）有弹簧停车制动及手动辅助缓解装置（如 PC7YF 型）；

（2）安装有闸瓦间隙调整器；

（3）制动传动效率较高，均在 95%左右；

（4）占用空间小，安装简单；

（5）性能稳定，作用可靠，维修方便。

2. 主要技术参数

PC7Y 型和 PC7YF 型踏面单元制动器的主要技术参数如下：

常用制动器制动倍率：2.85；
弹簧制动器制动倍率：1.15；
制动缸工作压力：300 ~ 600 kPa；
最大闸瓦压力：45 kN；
弹簧制动缓解压力：5 300 ~ 8 000 kPa；
闸瓦磨耗后一次最大调整量：15 mm；
最大间隙调整能力：110 mm；
PC7Y 型踏面单元制动器质量（包括闸瓦）：63 kg；
PC7YF 型踏面单元制动器质量（包括闸瓦）：85 kg。

三、PC7Y 型单元制动机

1. 基本结构

图 2.4 所示为 PC7Y 型单元制动机的结构原理图，由图可知其主要由制动（闸）缸 1、制动活塞 2、制动活塞杆 3、制动杠杆 4、缓解弹簧 8、单向闸瓦间隙自动调节器 5、闸瓦托 6、闸瓦托吊 7、闸瓦托复位弹簧 10 以及闸瓦和用于更换闸瓦的推杆复位机构等组成。

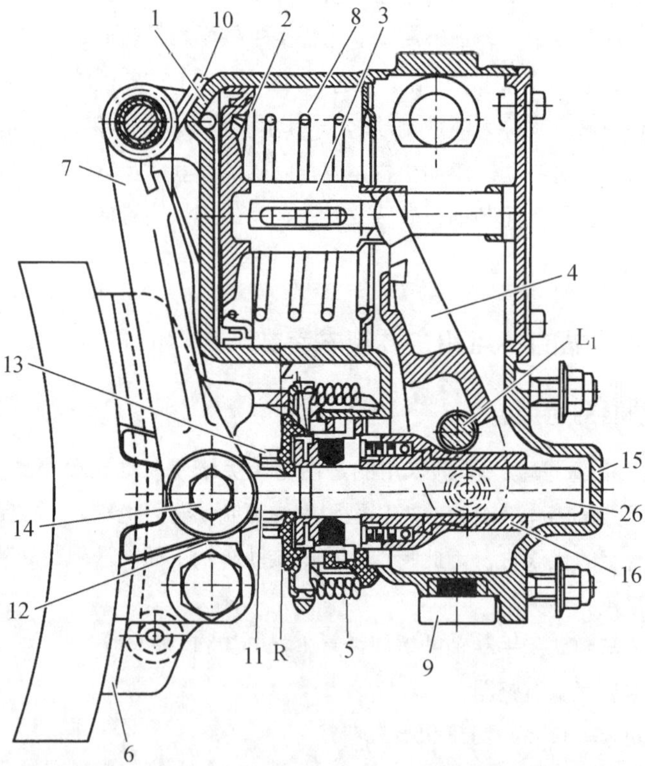

1—制动缸；2—制动活塞；3—制动活塞杆；4—制动杠杆；5—单向闸瓦间隙调整器；6—闸瓦托；7—闸瓦托吊；8—缓解弹簧；9—透气滤清器；10—闸瓦托复位弹簧；11—推杆头；12—弹簧垫圈；13—调整螺母；14—螺栓；15—外体；16—闸瓦间隙调整器体；26—螺杆；L_1—制动杠杆转动中心；R—齿轮啮合面；Z_1—啮合锥面。

图 2.4　PC7Y 型路面单元制动器（不带停车制动器）

2. 基本作用过程

PC7Y 型单元制动器在制动时，单元制动机的制动缸内被充入压力空气，推动活塞移动并转变为活塞杆的推力。活塞杆带动增力杠杆围绕安装在壳体上的销轴转动。由于增力杠杆的增力比为 1∶2.85，所以该推力通过杠杆使力扩大近 3 倍后传递给闸瓦间隙自动调整器外壳，再传到主轴，最后传给闸瓦。缓解时，制动缸内的压力空气被排出，制动缸缓解弹簧和扭簧将主轴和活塞恢复原位，整个单元制动机恢复缓解状态。

3. 闸瓦间隙自动调整的作用原理

（1）基本原理。闸瓦是一个磨耗件，因此经过一定时间的运行，闸瓦与车轮踏面之间会出现间隙，这对摩擦制动效率影响极大。对于闸瓦与踏面之间的间隙，不可能采用人工的方式去检测或调整。因此，单元制动机都带有一个闸瓦间隙自动调整器。闸瓦自动间隙调整器由调节套筒、大螺距非自锁螺杆、推力螺母、联合器螺母、行程限位套、预紧力弹簧和滚针轴承等组成。当骑跨在调节套筒上的杠杆通过调节套筒两侧的销轴带动调节套筒一起向车轮踏面方向（该方向即为闸瓦制动时的前进方向）运动时，行程限位套上两侧镶嵌的调节套筒两侧长槽中的销轴首先受到外壳上止挡环的阻挡而停止向前，而闸瓦间隙自动调整器的其他部件尚未受到阻挡还在继续向前。这时行程限位套前端与联合器螺母相啮合的一副伞形离合器开始脱离，而调节套筒还在继续推动推力螺母前进。此时若闸瓦与车轮踏面有间隙，制动杆继续前进，联合器螺母则会在弹簧和滚针轴承作用下发生转动，在大螺距非自锁螺杆上向后移动，直到闸瓦与车轮踏面面紧贴，制动杆停止前进，联合器螺母重新与行程限位套啮合而停止转动。当制动缓解时，制动缸活塞复位弹簧与扭簧使杠杆又带动闸瓦间隙自动调整器的调节套筒向后运动。当制动杆受行程限位套和联合螺母啮合不能再后退时，调节套筒继续后退，并与推力螺母分离，推力螺母在弹簧和滚针轴承的作用下转动，在大螺距非自锁螺杆上向后移动，使其与调节套筒及连接环重新紧密啮合。推力螺母后退的距离与联合器螺母后移的距离相同，它们之间仍保持原来的距离，只不过两个螺母在制动螺杆上的位置都向后移动了，而后移的距离即为闸瓦磨损的间隙。这样，单元制动机自动完成了一次闸瓦磨损间隙的补偿过程。

（2）闸瓦和车轮踏面无磨耗时的制动过程。如图 2.5 所示，闸瓦和车轮踏面无磨耗时的制动行程 H_0 是指调整衬套 25 碰到调整环 23 靠近推杆头 11 一端的凸环，且进给螺母 28 和调整衬套 25 的啮合锥面 Z_1（以下简称 Z_1 锥面）刚好脱开时的制动行程。当施行车辆制动时，压缩空气进入制动缸 1，推动制动活塞 2 及制动活塞杆 3，带动制动杠杆 4，将整个闸瓦间隙调整器及其所有零部件向车轮踏面方向移动，直到调整衬套 25 碰到调整环 23 为止。调整环 23 的凸环可防止调整衬套 25 进一步向制动方向移动，此时 Z_1 锥面刚好脱开。压缩弹簧 24 的作用力使调整衬套 25 作用于调整环 23，由于压缩弹簧 24 的作用，Z_1 锥面再一次啮合，当 Z_1 锥面刚好完全脱开时，无磨耗时的制动行程 H_0 完成。此时闸瓦间隙已被消除，闸瓦与车轮踏面接触，当制动缸内空气压力继续上升时，踏面单元制动器便产生了制动作用力。

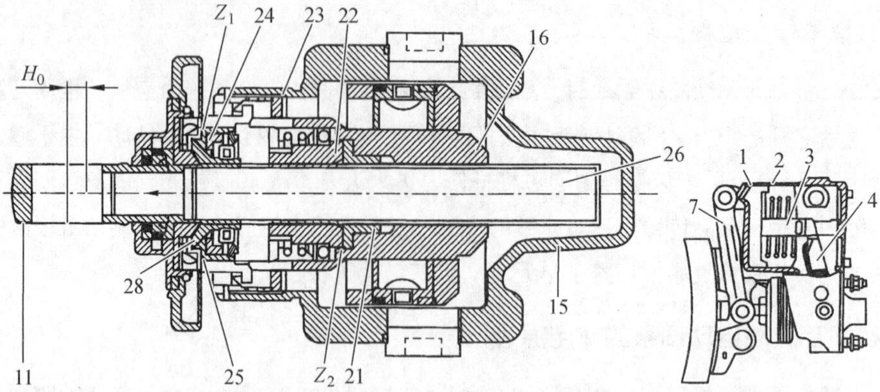

1—制动缸；2—制动活塞；3—制动活塞杆；4—制动杠杆；7—闸瓦托吊；11—推杆头；15—外体；16—闸瓦间隙调整器体；21—连接环；22—止推螺母；23—调整环；24—压缩弹簧；25—调整衬套；26—推杆；28—进给螺母；Z_1—啮合锥面；Z_2—啮合面；H_0—制动行程。

图 2.5 无磨耗时的制动过程

（3）闸瓦和车轮踏面无磨耗时的缓解过程。如图 2.6 所示，当施行车辆缓解时，制动缸内的空气压力下降到一定值后，在缓解弹簧 8 的作用下，通过制动杠杆 4，带动整个闸瓦间隙调整器及其所有传动部件脱离车轮踏面，向后（即缓解方向）移动。此时，Z_1 锥面啮合。当调整衬套 25 碰到调整环 23 面离推杆头 11 一端的凸环时，推过杆 26 停止向后移动，回到缓解位置。而闸瓦间隙调整器体 16 等仍由于制动缸缓解弹簧的作用，通过制动杠杆 4 继续向缓解方向移动，止推螺母 22 和连接环 21 的啮合面 Z_2（以下简称 Z_2 面）开始脱开。由于压缩弹簧 29 的作用，Z_2 面再一次啮合，当 Z_2 面刚好完全脱开时，无磨耗的缓解过程完成。当制动缸完全缓解时，各运动着的零部件停止移动，它们的相对位置如图 2.6 所示。

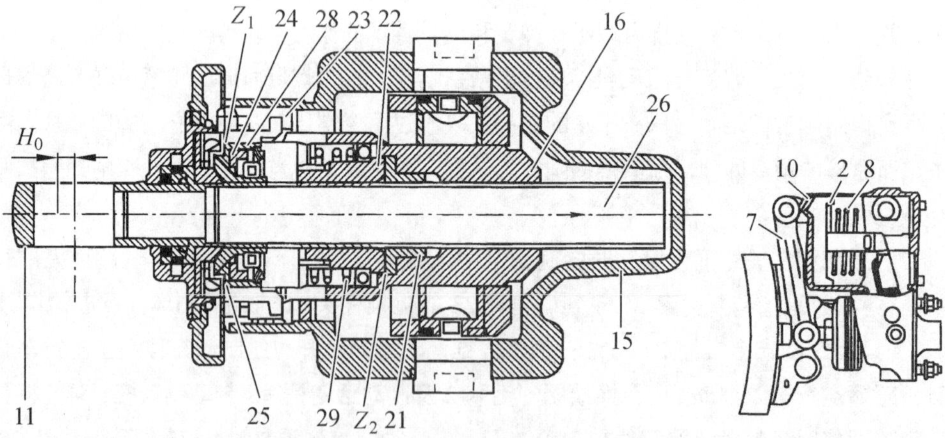

2—制动活塞；7—闸瓦托吊；8—缓解弹簧；10—闸瓦复位弹簧；11—推杆头；15—外体；16—闸瓦间隙调整器体；21—连接环；22—止推螺母；23—调整环；24—压缩弹簧；25—调整衬套；26—推杆；28—进给螺母；Z_1—啮合锥面；Z_2—啮合面；H_0—制动行程。

图 2.6 无磨耗时的缓解过程

（4）闸瓦和车轮踏面有磨耗时的制动过程。各零部件的相对位置如图 2.7 所示。制动开始时，各零部件的动作与无磨耗时的制动过程完全一样，不同的是：当调整衬套 25 碰到调整环 23 后，由于闸瓦和车轮踏面出现磨耗，制动行程进一步加长，即制动缸产生的制动力仍不断通过制动杠杆 4 传递到闸瓦间隙调整器体 16→连接环 21→止推螺母 22，从而传递到推杆 26，带动它们继续向前（即制动方向）移动，进给螺母 28 也随着推杆 26 向前移动，而调整衬套 25 由于受调整环 23 的限制，不能进一步向前移动，Z_1 锥面脱开，又由于推杆 26 和进给螺母 28 为非自锁螺纹连接，由于闸瓦磨耗，制动行程加长，推杆 26 等不断向前移动，压缩弹簧 24 的预压力就会引起进给螺母 28 在推杆 26 上转动，件 28 与 26 两者的相对位移量即为闸瓦和车轮踏面的磨耗量 M_V。此时，推杆 26 向前移动的行程比无磨耗时的制动行程 H_0 大，两者之差即为闸瓦和车轮踏面的磨耗量之和。

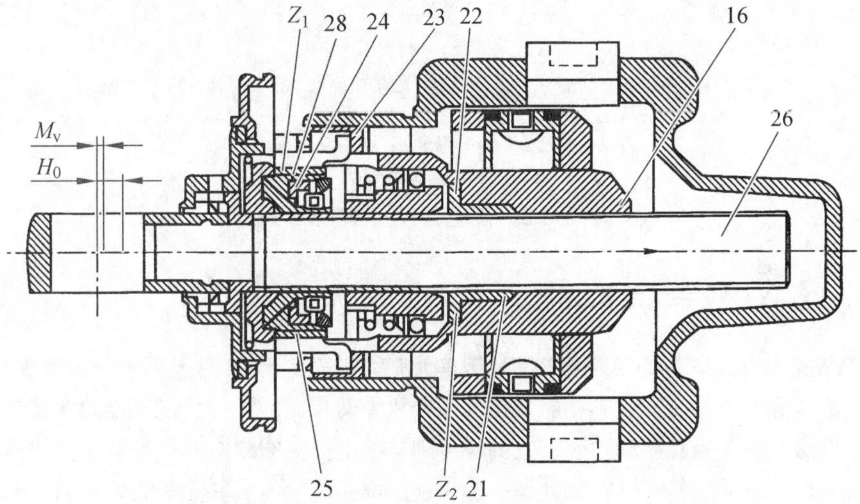

16—闸瓦间隙调整器体；21—连接环；22—止推螺母；23—调整环；24—压缩弹簧；
25—调整衬套；26—推杆；28—进给螺母；Z_1—啮合锥面；Z_2—啮合面；
H_0—制动行程；Mv—闸瓦和车辆踏面的磨耗量之和。

图 2.7 有磨耗时的制动过程

（5）闸瓦和车轮踏面有磨耗时的缓解过程。各零部件的相对位置如图 2.8 所示。缓解开始时，各零部件的动作与无磨耗时的缓解过程完全一样，只是当调整衬套 25 碰到调整环 23 后，由于 Z_1 锥面的啮合，受调整环 23 限制的调整衬套 25 能防止进给螺母 28 在推杆 26 上转动，压缩弹簧 24 使 Z_1 锥面保持啮合，因此使推杆 26 不能进一步向后移动，止推螺母 22 也不能随着闸瓦间隙调整器体 16 和连接环 21 继续向后移动，从而使 Z_2 面脱开，压缩弹簧 29 的作用又使得止推螺母 22 在推杆 26 上转动，直到制动缸完全缓解，闸瓦间隙调整器体 16、连接环 21 回到缓解位，Z_1 面重新开始啮合而停止转动。两者的相对位移量为闸瓦和车轮踏面的磨耗量之和 M_V。此时，闸瓦和车轮路面仍保持了正常间隙，只是推杆 25 比无磨耗时向前伸出了 M_V。

（6）推杆复位机构的工作原理。随着闸瓦的磨耗，推杆 26 在间隙调整过程中不断伸长，当闸瓦磨耗到限后，需要更换闸瓦时，只需顺时针转动调整螺母 13（如图 2.4 所示），啮合面 R 上的齿就能克服弹簧垫圈 12 的作用而滑脱，从而使螺杆 26 复位，而不需要拆卸螺栓 14 和其他任何零部件。更换闸瓦后，闸瓦间隙又恢复到无磨耗时的正常值范围，一般无须人工调整，即可准备进行下一次制动。

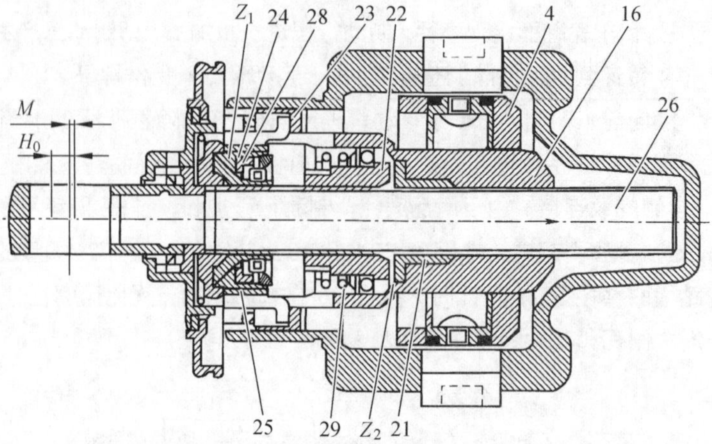

4—制动杠杆；16—闸瓦间隙调整器体；21—连接环；22—止推螺母；23—调整环；
24，29—压缩弹簧；25—调整衬套，26—推杆；28—进给螺母；
Z_1—啮合锥面；Z_2—啮合面；H_0—制动行程；
Mv—闸瓦和车辆踏面的磨耗量之和。

图 2.8　有磨耗时的缓解过程

四、PC7YF 型单元制动机

PC7YF 型单元制动机的结构与 PC7Y 型单元制动机完全一样，只是多了一个停放制动器。停放制动器实际上是一个弹簧制动器，是利用释放弹簧存储的弹性势能来推动弹簧制动缸活塞，带动两级杠杆使闸瓦制动的。而它的缓解则需要向弹簧制动缸充气，通过活塞移动使弹簧压缩，从而使制动缓解。弹簧制动器一般也是用电磁阀来控制其充气和排气的。因此，司机可以在驾驶室内控制停车制动。如图 2.9 所示，PC7YF 型单元制动机的弹簧制动器（停放制动器）是由气缸、活塞、双锥形弹簧、螺杆、螺套、定位销、弹簧盘（共两个，其中一个外圈为方齿圈）、导向杆、杠杆、平面轴承和机壳等组成。

PC7YF 型制动器的弹簧制动器的停车制动和缓解过程如下：当压缩空气进入停放制动器的制动缸，其活塞被推右移，安装在活塞内的双锥形弹簧受压缩，而活塞中心线上的螺杆及螺套也被推动向后运动，但是很快螺杆被机壳抵住不能再运动，因为螺套与机壳的距离很小。这时活塞在制动缸中还有很大一段活动距离，还在继续向前压缩锥形弹簧。由于中间的螺杆也是大螺距非自锁螺杆，只要外界有推力，螺杆就能自动旋入螺套内而保持活塞继续压缩锥形弹簧。当锥形弹簧被压缩到位后，活塞才停止运动。在活塞和螺杆向右运动时，与螺套尾部相连的杠杆顺时针转动，其另一端将常用制动的活塞杆向左推，使单元制动机处于制动缓解状态。

当停放制动缸排气时，活塞在双锥形弹簧的弹力作用下向左运动，螺套及螺杆也向左移动，带动停放制动杠杆逆时针转动，使常用制动的活塞杆向右移动，推动闸瓦间隙自动调整器，闸瓦向左移动，紧压车轮踏面，单元制动器产生制动作用，单元制动机处于制动状态。因为停放制动器在制动状态时不需要压缩空气，仅靠弹簧的弹力就能使单元制动机产生制动作用，所以可以用于无压缩空气的车辆（停放的列车一般都切断电源，因此空气压缩机停止工作）。但在此过程中为什么这个非自锁螺杆又会不转动而带动螺套呢？这是因为弹簧盘与螺杆头部之间存有一副锥形离合器，当弹簧盘被活塞带动向左运动时，锥形离合器就合上了，使弹簧盘与螺杆之间不能有相对的转动。因此，弹簧盘与锥形弹簧是紧配合，所以只要弹簧盘不转动，锥形弹簧就不会转动。这时，我们再看一下锥形弹簧的另一端，另有一个弹簧盘在制动缸盖的导向管上，它们之间是动配合。两个弹簧盘的外侧都装有平面推力轴承，因此整个锥形弹簧组件是可以灵活转动的。但在缸盖一侧的弹簧盘上带有一圈矩形齿，有一个安装在外壳上的定位销正好插在矩形齿轮中，使弹簧盘不能转动，因此整个锥形弹簧组件也就不能转动。所以，在制动缸排气时活塞能带动整个锥形弹簧组件向左运动，从而带动杠杆逆时针转动，实现弹簧力制动。

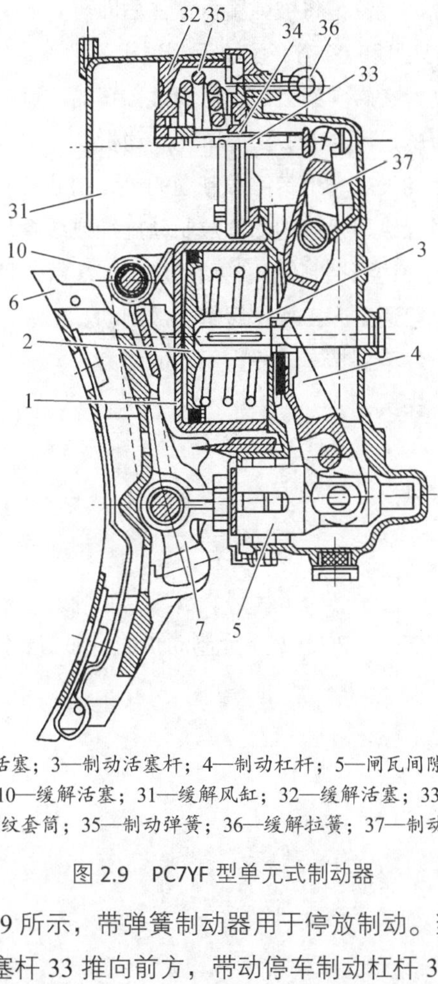

1—制动缸；2—制动活塞；3—制动活塞杆；4—制动杠杆；5—闸瓦间隙调整器；6—闸瓦托；7—闸瓦托吊；10—缓解活塞；31—缓解风缸；32—缓解活塞；33—缓解活塞杆；34—螺纹套筒；35—制动弹簧；36—缓解拉簧；37—制动杠杆。

图 2.9　PC7YF 型单元式制动器

具体工作过程如图 2.9 所示，带弹簧制动器用于停放制动。当停车制动缓解风缸 31 排气后，制动弹簧 35 将活塞杆 33 推向前方，带动停车制动杠杆 37，推动制动杠杆 4，最后将闸瓦推向车轮路面，实现停车制动。当向缓解风缸 31 充气时，压缩空气推动活塞 32 克服弹簧 35 的作用力，使活塞杆 33、制动杠杆 31 等分别复位，停车制动得到缓解。所以停车制动是排气制动，充气缓解。另外，停车制动还可通过拉动辅助缓解装置缓解拉环 36、使缓解活塞杆 33 和螺纹套筒 34（两者为非自锁螺纹连接）相对移动，释放弹簧作用力，达到缓解的目的。

如前所述，只要向停车制动缸充气，就可以完成停车制动的缓解（释放）了。停车制动的缓解可以在驾驶室内由司机操作。

停车制动的缓解也可以由人工操作。列车在进行检修作业时，总风缸内一般无压缩空气，车辆是被弹簧制动锁住的。若需移动车辆，必须将停车制动释放。这时可以将插在弹簧盘矩形齿轮内的定位销用专门工具拔出，即可使弹簧制动缓解。这是因为锥形弹簧组件在平时制动或缓解中被定位销锁住不能转动，一旦定位销被拔去，锥形弹簧组件即可自由转动并伸长，同时带动螺杆旋转并将螺套向右移动。螺套的右移使杠杆顺时针转动，推动常用制动缸活塞杆向左移动。这时，常用制动的活塞复位弹簧及吊杆扭簧也共同发挥作用，使两杠杆都对主制动杆产生向右移动的力，停车制动得到释放。

弹簧制动器经人工缓解后不会自动复位。若要复位也很简单，只需向弹簧制动缸充一次气，双锥形弹簧重新被压缩，定位销将被弹簧盘锁住后即可。

目前，大部分采用 PC7Y 型和 PC7YF 型单元制动机的地铁或轻轨转向架，两台带弹簧制动器的 PC7YF 型单元制动机在转向架上是呈对角线布置的，可以分别对两个轮对进行停车制动。另一个呈对角线布置的是两台 PC7Y 型单元制动机。

列车中的每一个轮对上均设有一个带停放制动的单元制动缸。停放制动为弹簧储能式，充风缓解、无风制动。通过操纵司机室内的停放制动施加或缓解开关，可控制停放制动施加电磁阀或缓解电磁阀的得电，达到控制停放制动的施加与缓解的目的。在停放制动缸上，还设有手动的停放缓解装置，可通过人工操作缓解停放制动。

停放制动具有在以下条件下保持车辆静止不动的能力：

（1）有一个停放制动缸失灵；

（2）在 35‰坡道上；

（3）伴随 29.6 m/s 的大风；

（4）无时间限制。

【任务实施】

以课件为工具，进行 PC7Y 和 PC7YF 单元制动机的讲解与熟知，并对其进行特点与区别分析。

【效果评价】

评 价 表

项目名称	项目 2　城市轨道交通车辆基础制动与供风装置	学生姓名	
任务名称	任务 2　PC7Y（F）型单元式制动器结构与原理分析	分数	
项　目		分值	考核得分
1. 单元制动机基本概念的理解及掌握		10	
2. 是否有小组计划		5	
3. PC7Y 型单元制动机的认知情况		35	
4. PC7YF 型单元制动机的认知情况		35	
5. 编制学习汇报报告情况		10	
6. 基本素养考核情况		5	
总体得分			
教师简要评语： 教师签名：			

任务 3　KLX-7 型踏面单元式制动机结构与原理分析

【活动场景】

在城轨车辆生产车间或检修现场教学，或用多媒体展示城轨车辆单元制动机的作用。

【任务要求】

掌握城轨车辆单元制动机的作用。

【知识准备】

一、KLX-7 型踏面制动单元结构

城市轨道交通车辆安装的 KLX-7 型踏面制动单元有两个不同的踏面制动单元：标准踏面制动单元（El）和带停放制动的踏面制动单元（E2），如图 2.10 所示。通常在常用制动和紧急制动时直接采用摩擦制动力作用在车轮踏面上。弹簧停放制动的作用是防止列车停车而没有完全停止时，由于自身重力的作用而溜车，当总风管压力排出且常用制动缓解时，弹簧停放制动将自动施加。需注意的是，弹簧的总压力以车辆能够停放在 4%的坡道上为标准。车轮上有两种标准模式的制动闸瓦，制动闸瓦托安装在常用制动缸安装座上，由中心销连接制动闸瓦托吊架悬吊。制动力直接由常用制动单元（或停放制动单元）通过推杆施加在闸瓦托上。

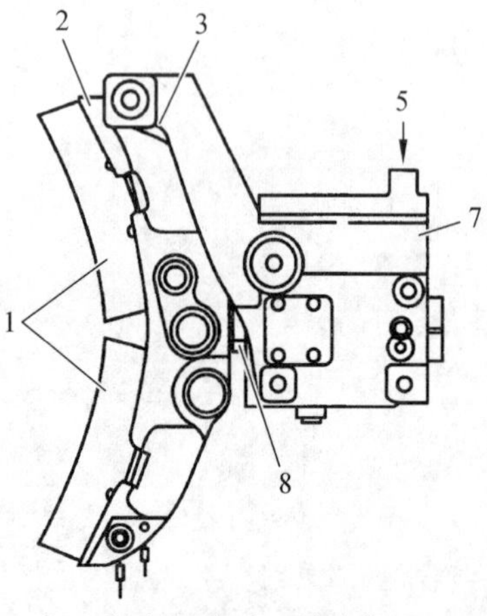

（a）标准踏面制动单元

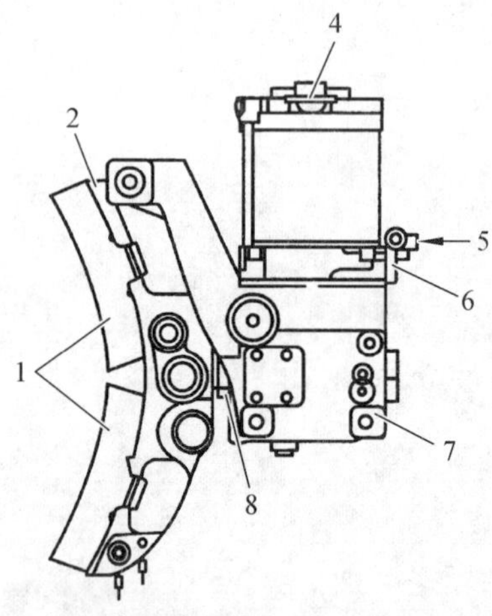

（b）带停放制动的踏面制动单元

图 2.10　KLX-7 型典型的踏面制动单元的标准布置图

为了防止闸瓦不均匀磨损，在制动构架制动缓解基础上，在两个安装座之间安装两个压缩弹簧，这样有助于装有制动闸瓦的回转推杆从制动车轮上缓解。弹簧停放制动装置安放在常用制动单元的制动缸体上，如图 2.11 所示，当通过停放制动轴杆实施停放制动时，如果在没有压力空气的情况下，则需要通过执行制动缸上紧急缓解装置对车辆进行缓解，从而保证制动缸的活塞能够缓解，但需注意的是弹簧停放制动的再实施就必须通过空气制动重新安排。

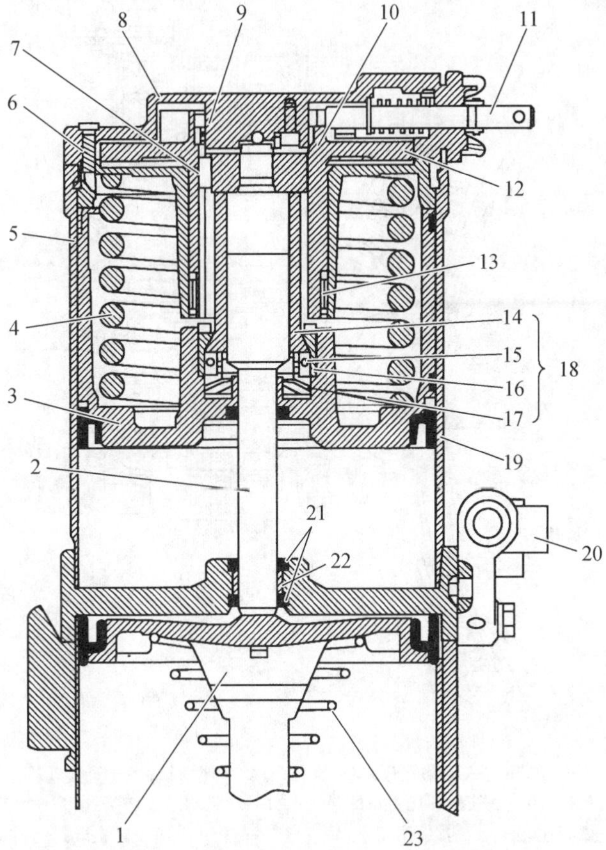

1—常用制动活塞；2—停放制动轴杆；3—停放制动活塞；4—弹簧；5—停放制动缸；6—内部盖；
7—半圆键；8—外部盖；9—滚珠；10—引导槽；11—紧急缓解锁闭销；12—齿轮主装；
13—针状轴承定位销；14—锥形螺母；15—滚珠轴承；16—圆柱弹簧；17—锥形环；
18—连接机构；19—停放制动活塞；20—安全阀（防混合）；
21—密封圈；22—导向环；23—常用制动缓解弹簧。

图 2.11　带停放制动装置的踏面制动单元

为了防止常用制动（空气压力）和停放制动（弹簧压力）组合制动力的施加，在每一个停放制动单元上安装安全阀（防混合阀）。它能够防止两种制动力同时施加。

两种型号的踏面制动单元基于同一个标准的空气制动单元，该单元由空气制动和活塞组成的。由两个对称排列的凸轮连接起来，如图 2.12 所示，用来传送、放大由活塞产生的制动力，凸轮的传送能力由凸轮的具体形状决定。自动松弛调节装置的作用是补偿制动闸瓦和车轮的磨损，该操作单元将自动调整闸瓦与车轮的间隙，并且在制动过程中清扫车轮的踏面。

制动闸瓦和车轮磨损自动调整装置将延伸到指向车轮的轴杆，在制动模块需要的时候来调整间隙，它将需要重新安装停放制动轴杆的位置，通过旋转推杆上的调整螺母来调整。

1. 常用制动单元

常用制动单元是将制动执行装置和松弛调整装置安装在一个紧凑的密封的箱体中的简洁的单元，外部制动吊杆和闸瓦托悬吊在安装构架上外部支架上。制动组成部件全部安装在制动缸体内，通过推杆延伸到前盖，内部组成部件通过穰型风箱来阻挡灰尘。

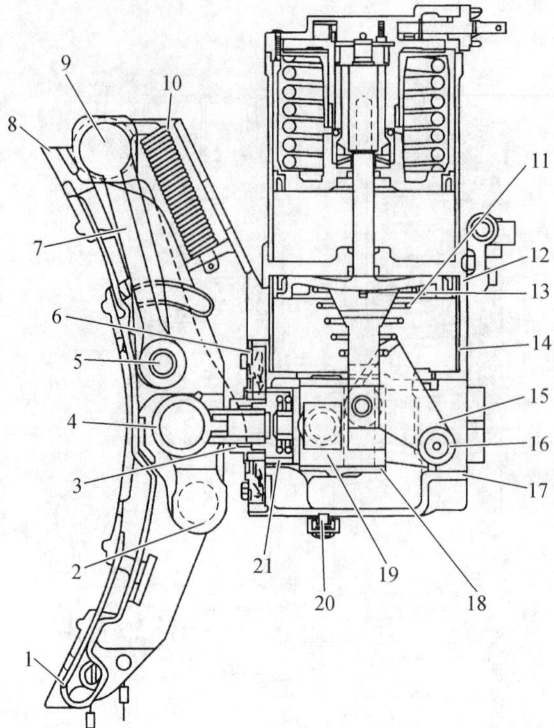

1—闸瓦钎；2—摩擦盘；3—调整螺母；4—推杆；5—下部轴销；6—褶型风箱；7—制动吊杆；8—闸瓦托；9—吊轴销；10—压缩弹簧；11—常用制动复原簧；12—软密封圈；13—常用制动活塞；14—常用制动缸；15—凸轮 1；16—安装销；17—气室；18—止推环；19—凸轮 2；20—呼吸口；21—松弛调整器。

图 2.12　KLX-7 带停放的踏面制动单元

制动推杆用来固定并传递制动力到制动闸瓦托。制动吊杆（铸铁）是通过吊架的安装销固定在叉形安装座的端部，制动吊架离开两个超载压缩弹簧的情况下以制动位为基准。闸瓦托悬吊在以制动吊架的低端为定位的较低的转轴上。为了防止闸瓦托的运动太灵活而影响到制动梁和闸瓦，由弹簧和摩擦盘组成的部件通过两个螺帽安装在闸瓦托上，摩擦盘用来承担推杆的法兰所产生的推力。闸瓦托（铸铁）用来安装闸瓦，承受由基础制动装置产生的推力，并将推力传送到车轮上，推力从制动缸的推杆传送到低轴点的制动头上，闸瓦托通过闸瓦钎将闸瓦固定在所在的位置，闸瓦钎通过一个弹性夹来保证其安全性。活塞在常用制动缸一体内运动，活塞上有一个叉状的伸出杆，每个伸出杆通过转轴安装在凸轮上。在活塞的下面是一个锥形的复原弹簧，它产生一个让制动缸活塞运动到缓解位的力。活塞上安装一个软密封圈，它允许活塞可以“摇动”从而确保活塞杆成直角伸出，这样使得闸瓦能完全接触车轮踏面。每一个凸轮的反向安装的端部通过制动缸体上针状滚子轴承能够产生局部转动，在每一个凸轮端部的侧面安装针状滚子轴承的止推环，止推环上的滑块能够传递松弛调整装置和传动装置。一个安装在护套内的呼排气口来保证制动缸活塞的运动。滑槽是通过固定在缸体上的端盖来进行保护的，推杆头部通过制动缸体滑槽内两个滑块来进行定位的。闸瓦的磨损是通过安装在制动缸制动执行机构上的松弛调整装置进行调整的。当闸瓦磨损时，松弛调整装置的转轴将伸出重新定位，直到更换磨损的闸瓦。

2. 弹簧停放制动

弹簧驱动的停放制动装置是安装在常用制动缸上，通过停放制动活塞杆推动常用制动缸活塞进行动作，如图 2.11 所示。如果在没有压力空气的情况下让车辆制动，则需通过拉动停放制动缸紧急缓解装置使车辆停放制动缓解。

停放制动装置由动力弹簧、停放制动活塞、停放制动活塞杆和紧急缓解装置安装在密封的制动缸内。在制动缸体的上部由内盖和外盖包裹着，外盖是紧急缓解装置锁闭销和滚动轴承所在位置，内盖里包含动力弹簧和针状轴承的安装位置。停放制动缸的下部是安装在常用制动缸体上，停放制动缸的底部为常用制动和停放制动的活塞杆提供一个压力密封盖。停放制动活塞位于制动缸体内，其压力密封装置是由活塞密封环来保证的。活塞通过一个弹簧锥形离合器装置安装在活塞杆上，活塞通过缸体内一个导向机构进行垂直安装在一个固定的大齿轮装置中，导向机构为了防止活塞在缸体内松动，所以在滑槽中沿径向方向用一个半圆键来安装。在停放制动缸上为了防止常用制动力（压力空气）和停放制动作用力（弹簧力）同时施加，所以安装了安全阀（防混合阀）。

二、PEC-7 型踏面制动单元

如图 2.13 所示，城轨车辆的踏面制动单元 PEC-7 是气动操纵的制动设备，由制动气缸、变速机构和磨损补调器组合而成；结构紧凑、节省空间，分为卧式和立式两种，特别适合安装在空间狭窄的城轨车辆的转向架上。在 PEC-7 型制动单元中，无论是带挂接弹簧储能器还是带手动制动杆都可以作为常用制动器或停放制动器使用。弹簧储能器由压缩空气控制，这使得列车中所有停放制动器都可以从驾驶台上集中启动和缓解。

踏面制动单元 PEC-7 具有以下结构特性：① 结构紧凑，无连杆；② 通过单作用气缸容量调节器自动修正闸瓦和轮子磨耗造成的闸瓦间隙；③ 空气消耗量稳定；④ 通过压缩空气可在驾驶台上集中操纵弹簧储能器；⑤ 在更换闸瓦时无须进行调整工作。

1. 常用制动的踏面制动单元

1）常用制动器结构

常用制动踏面制动单元结构如图 2.13 所示，活塞（k1）在外壳（g1）中滑动，它被活塞回位弹簧（f1）保持在缓解位置，并通过两个活塞销（b4）与两个凸轮盘（k3）相连接。凸轮盘由轴承销（b5）支承在外壳（g1）中。压紧环（dl）与其支承滚柱（d2）一起靠在凸轮盘（k3）上。在压紧环上有调节机构（s）及复位六角头 R。在调节机构（s）前端上有连杆头（s4）和螺栓（b3），建立与闸瓦托（al）的连接。除此之外，闸瓦托（al）又经吊耳（hl）、吊耳螺杆（b2）和扭转弹簧（f2）与托架（b1）相连。制动闸瓦（a4）装在闸瓦托（a1）中，由弹簧闩（a2）和楔形闩（a3）固定住。波纹管（q）将外壳正面密封以防灰尘和水进入。在外壳最低点处有一个通气塞（e，排风口）。

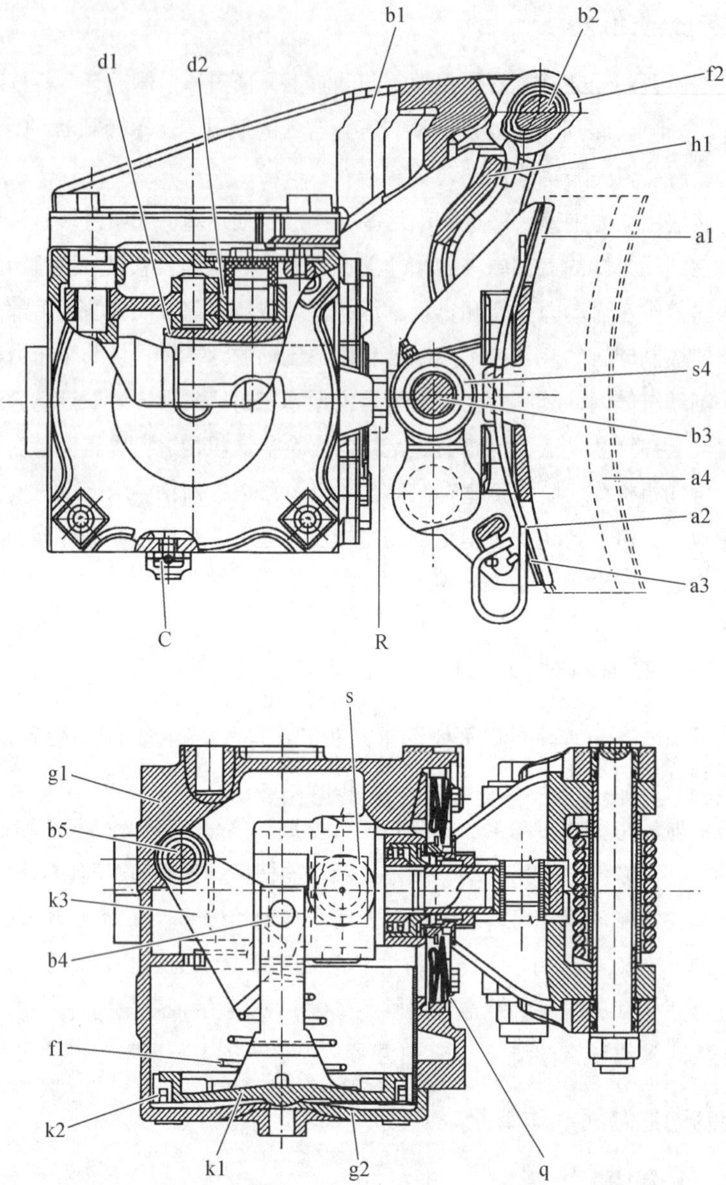

a1—闸瓦托；a2—弹簧闩；a3—楔形闩；a4—闸瓦；b1—托架；b2—吊耳螺杆；b3—螺栓；b4—活塞销；b5—轴承销；d1—压紧环；d2—支承滚柱；e—通气塞；f1—活塞回位弹簧；f2—扭转弹簧；g1—外壳；g2—气缸盖；h1—吊耳；k1—活塞；k2—活塞皮碗；k3—凸轮盘；q—波纹管；s—调节机构；s4—连杆头；C—常用制动缸的压缩空气接口；R—复位六角头。

图 2.13　PEC-7 型踏面制动单元（不带弹簧储能器）

2）常用制动器工作方式

（1）常用制动器的制动作用。进行制动时，压缩空气通过接口 C 流入制动气缸，并作用在活塞（k1）上，使之逆着活塞回位弹簧（f1）的弹力被向下压。活塞的运动被传递给可在外壳（g1）中转动的两个对称安装的凸轮盘（k3）。支承滚柱（d2）在凸轮盘的弯道上滚动，从而整个调节机构（s）和闸瓦托（al）被推入制动位置。当制动闸瓦（a4）抱在轮子上时，即形成制动力。传动比，即制动闸瓦上可产生的最大制动力，是由凸轮盘（k3）的形状决定的。踏面制动单元 PEC-7 的标准化使其通过安装相应的凸轮盘可达到 2. 0 5.5 的传动比。

（2）常用制动器的缓解。为进行缓解，使踏面制动一单元的制动气缸重新排风。活塞回位弹簧（f1）在吊耳的回位弹簧[如扭转弹簧（f2）或回位弹簧（f7），见图 2.16]和调节机构（s）的回位弹簧（f3）（见图 2.15）的支持下，使所有部件都回到起始位置。一个带摩擦件（r）的夹紧联轴节受弹簧负荷，使吊耳（hl）或连杆头（s4）旁的闸瓦托（al）与轮子保持平行，从而防止制动闸瓦（a4）在制动器缓解时滑向轮子的一侧而造成斜向磨损。

2. 调节机构

关于踏面制动单元的调节机构（s）的结构和各种不同位置，如图 2.14 所示。

1）调节机构松开

调节机构松开如图 2.14（a）所示。连接管（s11）上的止动环（s9）在回位弹簧（f3）的弹力作用下紧靠着外壳（g1）的止挡（s15）。其与外壳一侧止挡（s16）的距离 *X* 为所需的轮子闸瓦间隙的大小和在制动力作用下的弹性延伸量。

2）不带补调功能进行制动时的调节机构

不带补调功能进行制动时的调节机构如图 2.14（b）所示。在刹车时，整个调节机构运动 *X* 距离进入制动位置。止动环（s9）靠在止挡（s16）上，回位弹簧（f3）张紧。制动力从调节器外壳（s5）通过齿式连接器（s6）传送到压紧螺母（s7）、转轴（s8）、连杆头（s4），再传送到闸瓦托上。

3）带补调功能进行制动时的调节机构

带补调功能进行制动时的调节机构如图 2.14（c）所示。当闸瓦间隙太大时（例如由于制动时闸瓦和轮子的磨损所致），闸瓦抱紧在轮子上需要经过的距离会比 *X* 大。连接管（s11）因止动环（s9）被卡住而无法跟上。连接管中的齿式连接器（s13）开启，推进螺母（s12）在推力作用下在非自锁的转轴螺纹上转动。该转动作用使转轴（s8）被拧出相应于磨损量 *V* 的一段距离。调节结束后，齿式连接器（s13）重新啮合。在调节过程中，回位弹簧（f3）由于调节器外壳（s5）同样移动了 *V* 距离而被张紧。

缓解制动器时，调节机构通过回位弹簧（f3）复位。一旦止动环（s9）接触到止挡（s15），则连接管（s11）、推进螺母（s12）和转轴（s8）的复位过程即告结束。而调节器外壳（s5）还必须移动一段距离 *V* 才能回到缓解位置。其间调节器外壳中的齿式连接器（s6）打开，压紧螺母（s7）在调节器外壳运动过程中拧回到静止中转轴的非自锁的螺纹上。当到达最终位置后，齿式连接器（s6）重新啮合。则调节机构即已做好进行新的制动过程的准备。

4）转轴的复位

在更换已磨损的闸瓦或拆卸踏面制动单元之前，必须将调节过程中转出的转轴（s8）复位。调节机构配备的复位六角头 R 用于复位，通过该复位六角头转轴被拧入。根据踏面制动单元的形式或结构，复位六角头或者直接装在连杆头（s4）的后面，或者装在调节机构后侧末端。

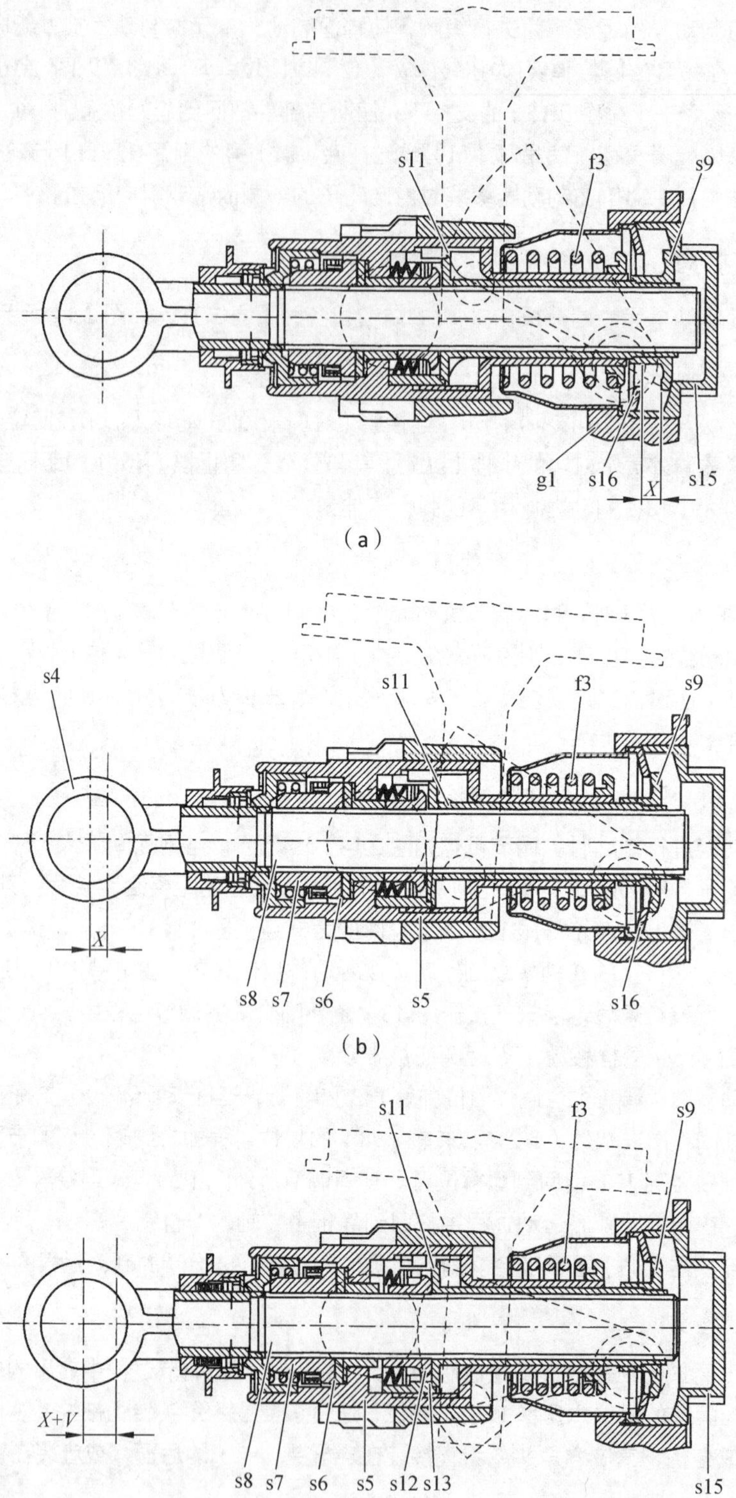

f3—回位弹簧；s5—调节器外壳；s6—齿式连接器；s7—压紧螺母；s8—转轴；s9—止动环；s11—连接管；s12—推进螺母；s13—齿式连接器；s15—止挡；*X*—闸瓦间隙和弹性延伸量；*V*—磨损量。

图 2.14　装在连开杆头的调节机构（S）

在带横向移动吊耳的踏面制动单元 PEC-7 上，复位六角头通常装在调节机构后侧末端，如图 2.15 所示。

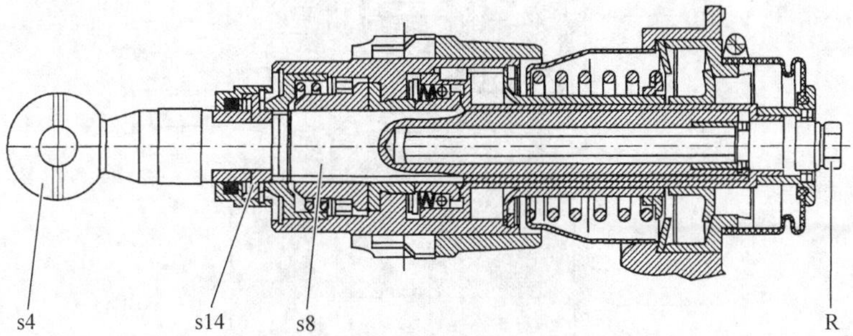

s4—连杆头；s8—转轴；s14—齿式连接器；R—复位六角头。

图 2.15　后置调节机构（S）

在转轴回转时，复位六角头的旋转方向：如图 2.15 所示的调节机构为顺时针方向。

转轴（s8）和连杆头（s4）在齿式连接器（s14）上互锁，以防止车辆运行中的振动造成位移。转轴回转时齿式连接器随之咔咔作响。

3. 停放制动器

弹簧储能制动器是一种气动停放制动器，如图 2.16 所示。在制动时，储能弹簧（f4）和（f5）的弹力经过锥体连接器 K、螺母（ml）和螺纹转轴（m2）而作用到踏面制动单元的常用制动缸 B 中的活塞（k1）上。

弹簧储能器装有一个手动紧急缓解装置 N，以便能使不带压缩空气接口的车辆在停车后停放制动器缓解。

1）缓解位置

在缓解位置，以缓解压力 *F* 给气缸充风，如图 2.16 所示。活塞（k4）由此逆着储能弹簧（f4）和（f5）的弹力被顶在其上部终端位置。螺母（ml）和螺纹转轴（m2）完全拧合在一起。这样螺纹转轴就不会顶在常用制动缸 B 的活塞（k1）上，因而停放制动器处于缓解位置。

2）弹簧储能制动器的制动

在弹簧储能器作用时，如图 2.17 所示，气缸（g3）通过接口 F 排风。这样活塞（ k4）传至储能弹簧（f4）和（f5）的反作用力即降至 0。放松的储能弹簧（f4）和（f5）的作用力通过活塞（k4）、锥体连接器 K、螺母（ml）和螺纹转轴（m2）作用在常用制动缸 B 的活塞（k1）上，并将该活塞压入制动位置。接着制动闸瓦即在轮子上抱紧。螺纹转轴（m2）有非自锁的螺纹，储能弹簧（f4）和（f5）通过它产生一种扭矩，使螺纹转轴（m2）向上从螺母（ml）中拧出。然而这种扭矩由闭合的锥体连接器 K 的摩擦连接以及齿轮（n2）与棘爪（n1）的互咬合而承接。因此螺纹转轴（m2）和螺母（ml）之间不会相对扭转。

3）弹簧储能器的紧急缓解

如果停放制动器缓解时没有压缩空气可用，则可手动进行紧急缓解，如图 2.18 所示。为此每个踏面制动单元都有一个装置（在本例中是推下 n4）用于操作棘爪（n1）。这种操作装置可因车辆的不同而有差异，因此在此不作详细介绍。

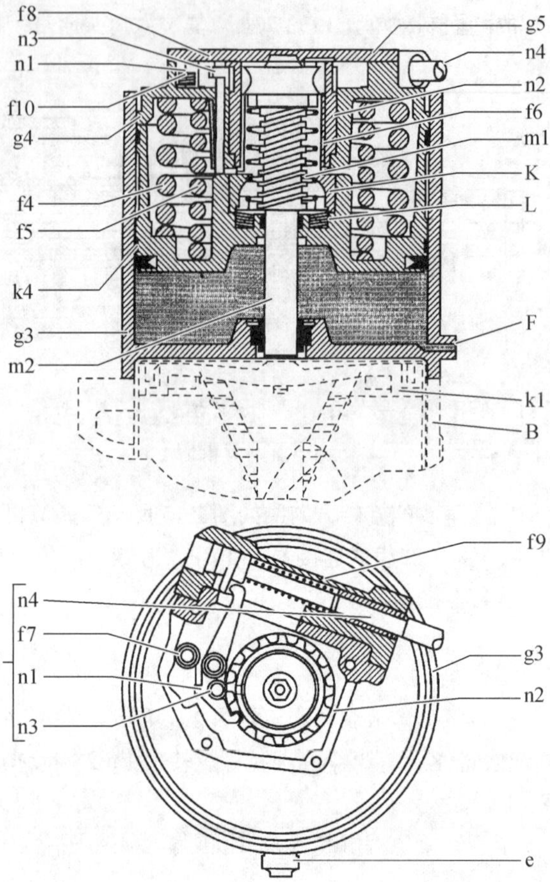

e—通气塞；f4，f5—储能弹簧；f6，f8—压缩弹簧；f7，f9—回位弹簧；f10—扭转弹簧；g9—气缸；
g4，g5—罩盖；k1，k4—活塞；m1—螺母；m2—螺纹转轴；n1—棘爪；n2—齿轮；n3—锁定销；
n4—推杆；t—盘形弹簧组；B—常用制动缸；F—弹簧储能气缸的压缩空气接口；
K—锥体连接器；N—紧急缓解装置。

图 2.16　弹簧储能器气缸结构

在操作棘爪（n1）时，齿轮（n2）被放开，因而螺纹转轴（m2）的扭矩支撑消除。这时由储能弹簧（f4）和（f5）向下作用的较大的力以及螺纹转轴（m2）的非自锁螺纹所产生的扭矩不再能够在棘爪（n1）上得到支承。因而螺纹转轴（m2）和齿轮（n2）剧烈旋转。这又促使螺纹转轴（m2）从螺母（ml）向上旋出。同时活塞（k4）向下运动，将空气从气缸（g3）中排挤出去。储能弹簧（f4）和（f5）被放松直到活塞（k4）贴在气缸底座上为止，这样储能弹簧的弹力不再作用在螺纹转轴（m2）上。一旦活塞（k4）向下运动，则锁定销（n3）被压缩弹簧（f8）向下压并将棘爪（n1）闭锁。则棘爪不能再与齿轮（n2）咬合。

通过常用制动缸活塞（k1）对于螺纹转轴（m2）的反作用力以及压缩弹簧（f6）的弹力，螺纹转轴在活塞（k4）已经贴靠底座的状态下又向上旋拧，直到碰上罩盖（g5）。这时旋转部件的回转动量使螺母（ml）在螺纹转轴（m2）上逆着盘形弹簧（t）的弹力向下旋拧，从而使锥体连接器 K 打开。螺母（m1）和活塞（k4）锥形圈之间的摩擦连接断开。自此螺母（ml）也与螺纹转轴（m2）及齿轮（n2）一起旋转，直到它们的回转动量通过内摩擦而完全衰减。停放制动器处于缓解状态。

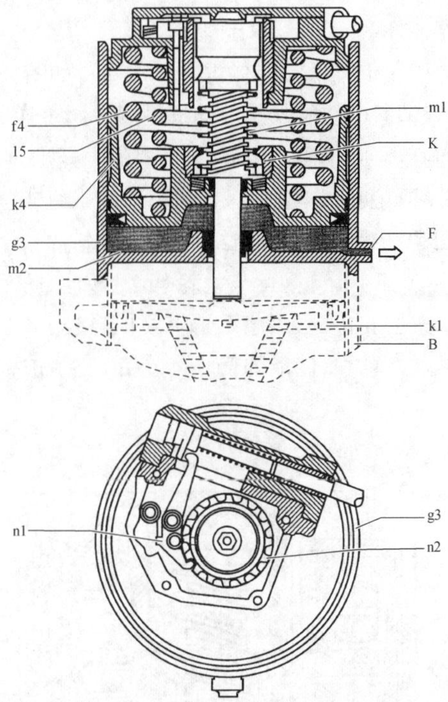

f4，f5—储能弹簧；g3—气缸；k1，k4—活塞；m1—螺母；m2—螺纹转轴；n1—棘爪；n2—齿轮；B—常用制动缸；F—弹簧储能气缸的压缩空气接口；K—锥体连接器。

图 2.17　弹簧储能器在制动位置

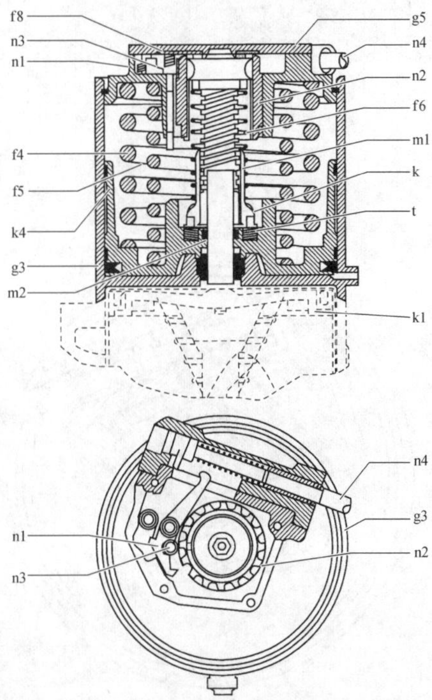

f4，f5—储能弹簧；f6，f8—压缩弹簧；g3—气缸；g5—罩盖；k1，k4—活塞；m1—螺母；m2—螺纹转轴；n1—棘爪；n2—齿轮；n3—锁定销；n4—推杆；t—盘形弹簧；K—锥体连接器。

图 2.18　弹簧储能器紧急缓解

4）弹簧储能器重新准备就绪

在紧急缓解的状态下，弹簧储能器没有做好制动准备，如图 2.19 所示。气缸（g3）以缓解压力从接口 F 进气，以取消紧急缓解状态。这样活塞（k4）逆着储能弹簧（f4）和（f5）的弹力向上顶，同时锥体连接器 K 顶着盘形弹簧（t）的力开启。因此，锥体连接器 K 中的摩擦连接断开，螺母（m1）不再处于防扭转保护状态。由于有非自锁的螺纹，在活塞（k4）继续向上运动的同时，螺母也在螺纹转轴（m2）上向上旋拧。当活塞（k4）向上运动到终点时，锁定销（n3）被向上顶。棘爪（n1）因此与齿轮（n2）咬合，从而使齿轮和螺纹转轴（m2）重新处于防扭转保护状态。一旦活塞运动结束，则锥体连接器 K 自行关闭。

当到达图 2.19 中的终端位置时，储能弹簧（f4）和（f5）被张紧，弹簧储能器即为一次新的制动做好了准备。

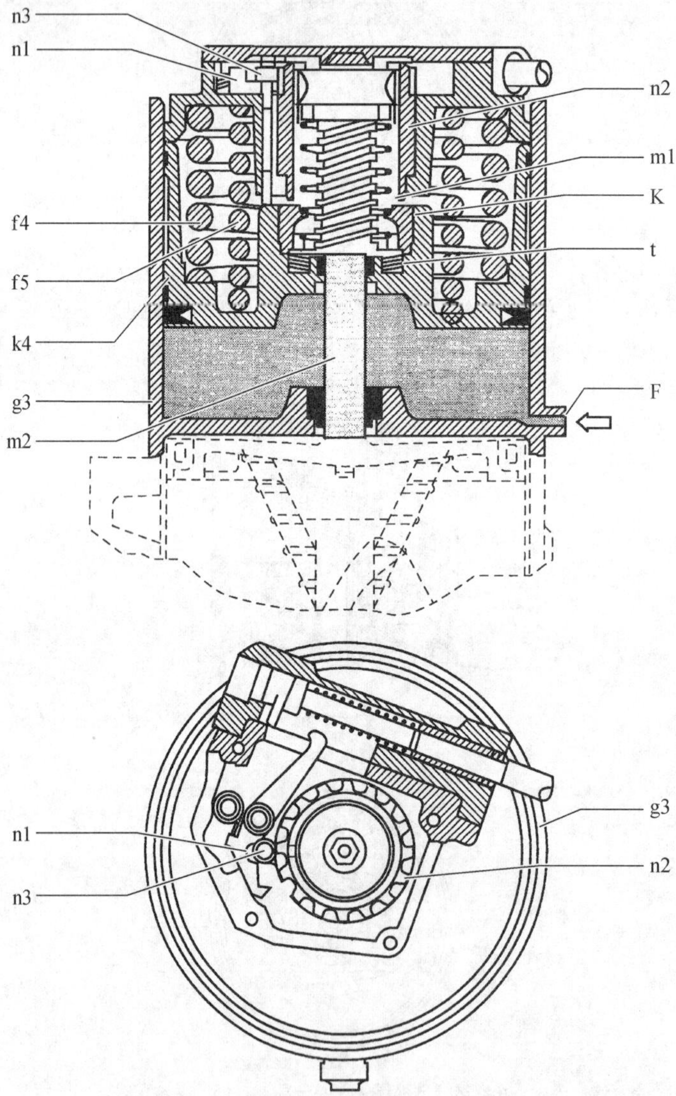

f4，f5—储能弹簧；g3—气缸；k4—活塞；m1—螺母；m2—螺纹转轴；
n1—棘爪；n2—齿轮；n3—锁定销；t—盘形弹簧；
F—弹簧储能气缸的压缩空气接口；K—锥体连接器。

图 2.19　弹簧储能器重新准备就绪

4. 手制动机构

手制动机构主要由专用气缸盖（g6）、连杆（u）和推杆（v）组成（见图 2.20），由柔性拉杆进行远端控制。柔性拉杆（w）用其软折管护套铰接在气缸盖（g6）上，并用钢索通过一个叉形件挂在连杆（u）上。通过拉动柔性拉杆使连杆摆动。连杆的运动经推杆（v）传递到常用制动缸 B 的活塞（k1）上。当制动闸瓦在轮子上抱紧时，即形成制动力。

当松开手闸时，弹簧的弹力使所有部件返回起始位置，如图 2.21 所示。带横向移动吊耳的踏面制动单元是特殊形式，当轮子横摆较大需要制动闸瓦侧向移动 X 距离时需要使用该形式的装置，如图 2.22 所示。这样可以避免横向力从水平方向，即与轮轴平行方向上作用于踏面制动单元。该特殊形式的横向移动式吊耳（h2）与吊耳螺杆（h3）一起支承在两个坚实的弹性板式控制臂（h4），不像标准型那样支承在一个刚性支架上。板式控制臂的下端用螺栓与托架（g7）固定在一起，并支撑在导向装置上。它将制动时产生的切向力传递给用法兰连接在踏面制动单元外壳（g1）上的托架。在板式控制臂（h4）的上端有用于支承吊耳螺杆（h3）的支架，该吊耳螺杆两端用横穿螺栓固定。螺栓固定时允许根据位移情况调整位置。

在轮轴横向位移时，由轮子凸缘产生的一种横向力作用于制动闸瓦上，它经过闸瓦托（a1）和吊耳（h2）传递到板式控制臂（h4）上。板式控制臂沿力的方向弹性变形，吊耳带着闸瓦托随轮子横向运动。由于调节机构（S）在外壳（g1）中呈万向悬置，而闸瓦托（a1）由一个球形接头支承在转轴上，因而制动闸瓦的摩擦面即使在横向位移时也完全抱在轮子上。随着板式控制臂的弹性形变而形成一种弹力，该弹力在横向力减弱时将吊耳和闸瓦托回复到起始位置。

在这种选型上没有配备摩擦件。闸瓦托由平行于吊耳的平行控制臂操纵。为使闸瓦托能均匀地抱在轮子的曲面上，平行控制臂可克服专用摩擦件的摩擦力而改变其长度。

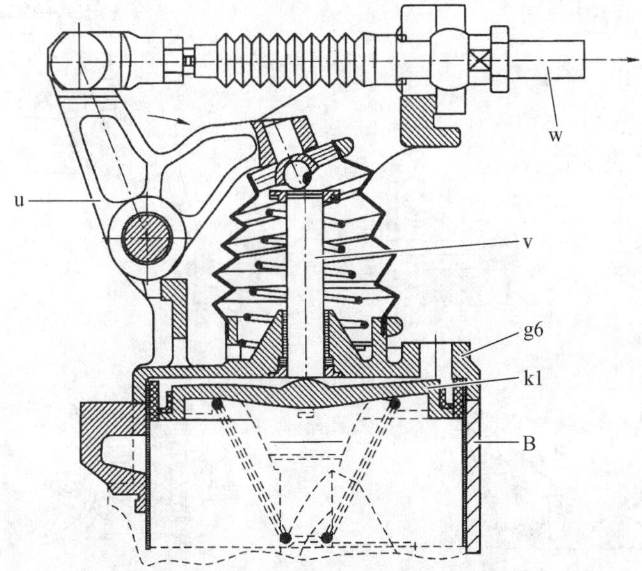

k1—活塞；g6—气缸盖；u—连杆；w—柔性拉杆；B—常用制动缸。

图 2.20　气缸盖换成制动机构的套件

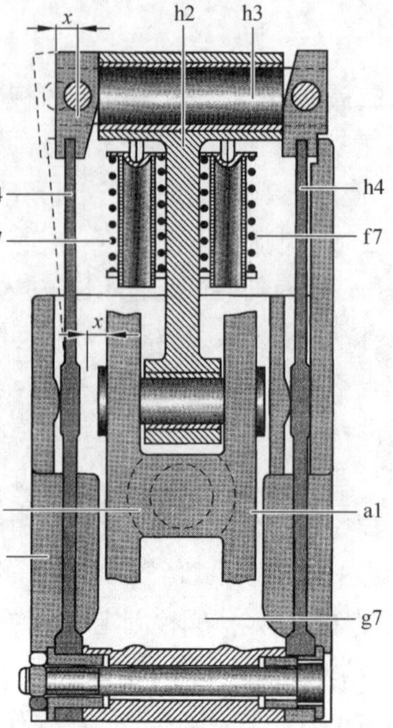

s—调节机构；a1—闸瓦托；h2—吊耳；h3—吊耳螺杆；h4—板式控制臂；
g1—外壳；g7—托架；f7—回位弹簧。

图 2.21　带横向移动吊耳的踏面制动

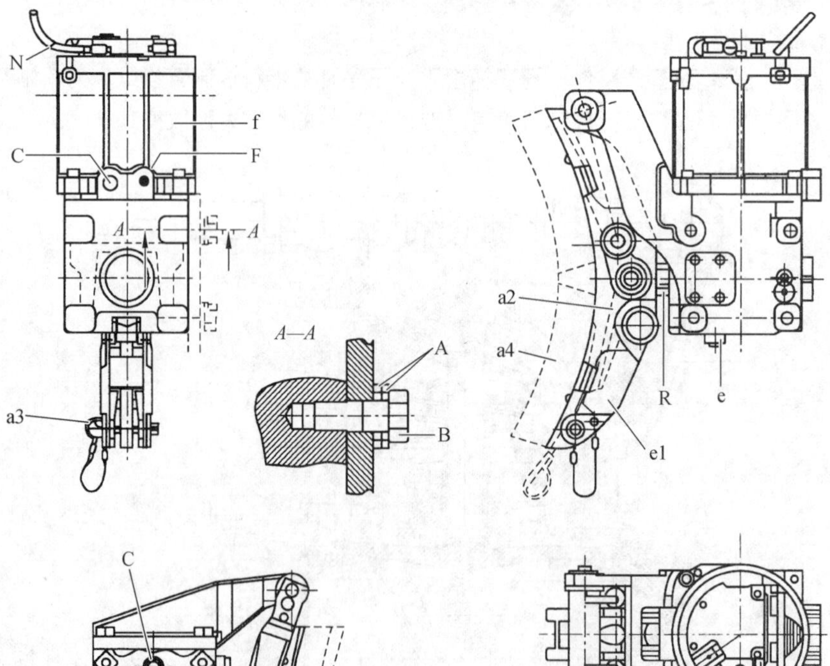

a2—弹簧闩；a3—楔形闩；a4—闸瓦；e—通气塞；f—弹簧储能器；A—弹簧垫圈；
B—固定螺栓；C—工作气缸压缩空气接口；F—弹簧储能器压缩空气接口；
M—接地点；N—紧急缓解装置；R—复位六角头；S—插头。

图 2.22　拆卸及安装踏面制动单元 PEC-7 带横向移动吊耳的踏面制动单元

三、XFD 型踏面制动单元

XFD 踏面制动单元主要由制动缸、楔角放大机构、间隙调整器及活动瓦托组成，其外形结构如图 2.23 所示。

1. 作用力放大机构

XFD 型踏面制动单元作用力的放大机构与传统踏面制动单元杠杆放大机构不同，它采用了楔角放大原理，具有重量轻、体积小、输出力大且范围广等优点。

XFD 型踏面制动单元力的放大倍率仅与楔角角度有关。制动单元结构原理如图 2.24 所示，力的放大原理如图 2.25 所示。

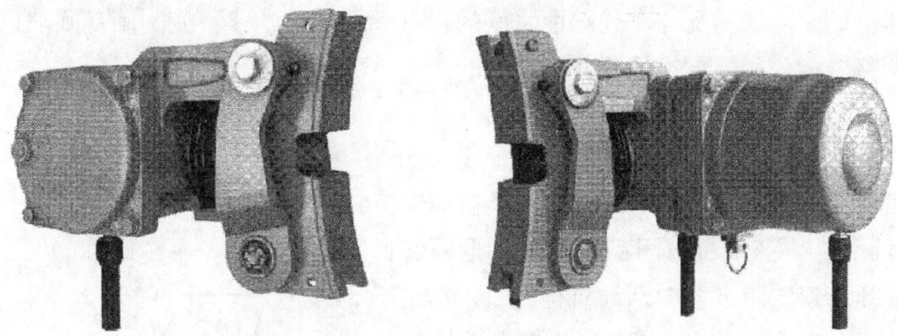

（a）XFD-1H 型踏面制动单元　　（b）XFD-2H 型踏面制动单元（带停放制动器）

图 2.23　XFD 型踏面制动单元外形结构

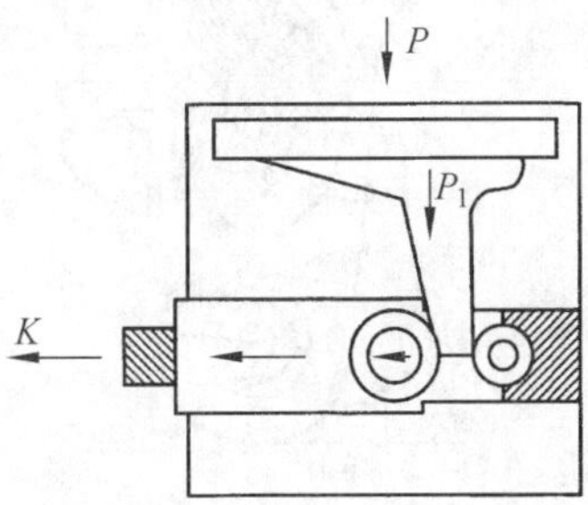

图 2.24　XFD 型踏面制动单元结构原理

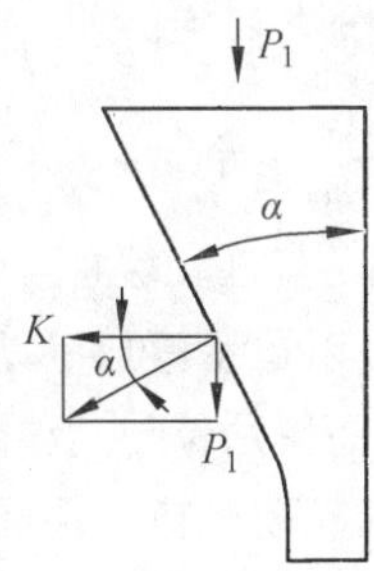

图 2.25　楔角放大原理

2. 制动倍率计算

制动倍率按下式计算：

$$K = P_1 / \tan\alpha = P_1 \times n \tag{2.8}$$

故

$$n = K / P_1 = 1/\tan\alpha$$

式中　n——制动倍率；

P_1——制动活塞作用力；

K——制动单元输出力；

α——楔角角度。

由于采用楔角放大原理，使 XFD 踏面制动单元结构紧凑、重量轻、体积小、传动效率高。并且放大倍率不再是一个定值，而是一个选取范围，在不改变外形尺寸的情况下，在 1.8～4.47 倍的范围内可任意选取。

3. 闸瓦间隙调整

闸瓦间隙自动调整器当闸瓦磨耗时，闸瓦间隙自动调整器能自动调整闸瓦与车轮踏面间隙变化，使之达到规定的正常间隙。

踏面制动单元在制动过程中，会产生弹性变形与位移，弹性变形与位移也有可能使间隙调整器进行调整，这样会造成车轮踏面与闸瓦间的有效间隙越来越小。为了防止该现象的发生，XFD 型踏面制动单元的单向间隙调整器内设置了制动盘机构，以保证弹性变形范围内，间隙调整器不调整，使闸瓦与车轮踏面之间的正常间隙保持始终不变。闸瓦间隙自动调整器具有手动调整功能，用于更换闸瓦后的调节。

4. 弧形滑块式闸瓦托

XFD 型闸瓦托采用弧形滑块式结构，能自动保持均匀的闸瓦间隙。调整螺杆与闸瓦托通过 V 形板簧和 Ω 形弹簧及弧形滑块组成径向活动机构，如图 2.26 所示。当制动时，在输出力作用下，可自动调整闸瓦与车轮踏面间的不均匀间隙，以确保闸瓦均匀贴合，此结构还有避免偏载、弯曲和冲击载荷的传递，防止调整螺杆弯曲变形的特点。

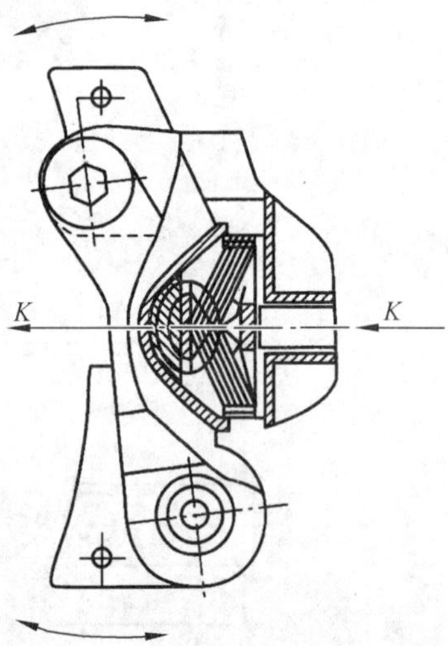

图 2.26　弧形滑块式径向活动瓦托简图

5. 停放制动器

停放制动的施加和缓解可以在司机台上完成，同时司机台上可以显示停放制动的状态。在列车停车时，总风压力下降后停放制动能够自动施加，总风压力恢复时停放制动能自动缓解并恢复停放制动的正常工作。一旦手动缓解了停放制动，停放制动失效，在总风压力正常范围时，进行一次制动操作，停放制动功能即可自动恢复。

停放制动器每轴一个，在转向架上呈对角布置。XFD 型踏面制动单元的停放制动器由弹簧的压缩力施加闸瓦压力。当停放制动缸有压力空气时，停放制动弹簧被压缩，停放制动缓解；当停放制动缸的压力空气被排出后，停放制动弹簧通过传动机构施加闸瓦压力。在停放制动施加后，当需要手动缓解时，拉动手动缓解装置可以释放被压缩的停放制动弹簧，使停放制动缓解。

6. 密封结构

采用全密封结构。制动缸活塞皮碗采用 Y 形骨架自封结构，安装方便，可延长检修期。

7. XFD 踏面制动单元主要技术指标

制动单元的制动缸直径：177.8 mm；

最大闸瓦间隙调整能力：125 mm；

闸瓦一次调整量：约 10 mm；

活塞最大行程：72 mm；

闸瓦与车轮踏面正常间隙：4～8 mm

制动倍率：4.2；

制动单元输出力：33.52 kN（制动缸压力为 410 kPa 时）

弹簧停车制动器输出力：20 kN；

XFD-1 型踏面制动单元质量：43 kg；

XFD-2 型踏面制动单元质量：63 kg。

【任务实施】

以课件为例，进行单元制动机的讲解与熟知，并进行特点与区别的分析。

【效果评价】

评价表

项目名称	项目 2　城市轨道交通车辆基础制动与供风装置	学生姓名	
任务名称	任务 3　KLX-7 型踏面单元式制动机结构与原理分析	分数	
项　目		分值	考核得分
1. 单元制动机基本原理、结构的理解及掌握		10	
2. 是否有小组计划		5	
3. KLX-7 型踏面制动单元的认知情况		35	
4. XFD 型踏面制动单元的认知情况		35	
5. 编制学习汇报报告情况		10	
6. 基本素养考核情况		5	
总体得分			
教师简要评语： 教师签名：			

任务4 闸 瓦

【活动场景】

在城轨车辆生产车间、检修现场进行教学或用多媒体展示闸瓦体的使用。

【任务要求】

掌握城轨车辆制动闸瓦的分类与作用。

【知识准备】

一、闸瓦的分类

闸瓦是指制动时，压紧在车轮踏面上以产生制动作用的制动块。

城市轨道交通车辆是从铁路车辆演变而来的，与铁路车辆有太多的联系，因此闸瓦也是基本上沿用铁路车辆的闸瓦。铁路上最基本和使用最多的就是铸铁闸瓦，但是铸铁闸瓦的摩擦系数在高速时仅为 0.1 左右，而在低速时却达到 0.4 以上，与轮轨黏着系数不匹配，制动效能很低，尤其是在长坡道连续制动时，易发生高温熔化，从而造成轮对抱死、轮轨擦伤以及火灾事故。因此，必须以一种性能更好的材料来替代铸铁闸瓦。为解决这个矛盾，苏联早期的地铁列车和市郊动车，曾采用木质（桦木）闸瓦，以后发展到层压木闸瓦。在 20 世纪 50 年代，美国的柯勃拉（COBRA）、英国的菲洛杜（FERODO）以及苏联的 6KB-10 合成闸瓦先后研制成功。据说这些闸瓦的优点是摩擦系数高，受速度影响小，耐磨，不伤车轮，等等。在 20 世纪 60 年代后期，世界上渐渐出现了能与铸铁闸瓦互换的低摩擦系数合成闸瓦，此后其发展逐渐加快，目前合成闸瓦已经得到了广泛的使用。1973 年，苏联在全部客货车上使用 8-1-66 合成闸瓦（这种闸瓦已对早期的 6KB-10 合成闸瓦作了改进）。1974 年，美国所有新造列车全部采用合成闸瓦。日本也在积极推广高、中、低摩擦系数的合成闸瓦。据报道，日本可以按用户要求任意调整合成闸瓦的摩擦系数。西欧铁路联盟新造的联运货车有 20% 采用高摩擦系数合成闸瓦，既有参加联盟各国自行制造的，也有购买美国柯勃拉和铁锚牌合成闸瓦的。

综上所述，轨道车辆上使用的闸瓦基本上分为两大类，即铸铁闸瓦和合成闸瓦。在铸铁闸瓦中，又可分为中磷铸铁闸瓦和高磷铸铁闸瓦。在合成闸瓦中，按其基本成分，可分为合成树脂闸瓦和石棉橡胶闸瓦；按其摩擦系数高低，又可分为高摩擦系数合成闸瓦和低摩擦系数合成闸瓦（简称高摩合成闸瓦和低摩合成闸瓦）。中磷铸铁闸瓦、高磷铸铁闸瓦和低摩合成闸瓦，称为通用闸瓦，可互换使用（不用改变基础制动装置的结构）。

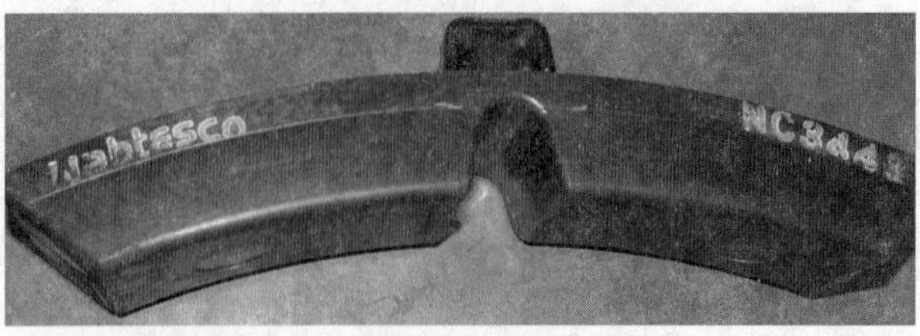

图 2.27 闸瓦

二、铸铁闸瓦

高磷铸铁闸瓦与中磷铸铁闸瓦相比，主要是提高了含磷量。中磷铸铁闸瓦的含磷量为 0.7%～1.0%，高磷铸铁闸瓦的含磷量为 10%以上。高磷铸铁闸瓦的耐磨性比中磷铸铁闸瓦高 1 倍左右。

使用实践证明，高磷铸铁闸瓦的使用寿命约为中磷铸铁闸瓦的 2.5 倍以上。高磷铸铁闸瓦还有一个优点，就是制动时火花少。铸铁闸瓦的摩擦系数是随含磷量的增加而增大的，因此高磷铸铁闸瓦的摩擦系数大于中磷铸铁闸瓦。但含磷量过高，会增加闸瓦的脆性。试验证明，当含磷量超过 1.0%时，闸瓦如不加钢背，便有裂损的可能，所以高磷铸铁闸瓦需采用钢背补强。

三、合成闸瓦

合成闸瓦是以树脂、石棉、石墨、铁粉和硫酸钡等材料为主热压而成的闸瓦。

1. 合成闸瓦的优点

合成闸瓦与铸铁闸瓦相比，具有以下优点：

（1）摩擦性能可按需要进行调整。合成闸瓦的摩擦性能可根据需要，用改变、调整配方和工艺的方法获得较为理想的效果，从而可以充分地利用轮轨间的黏着系数。

（2）耐磨性能好，使用寿命长。合成闸瓦的耐磨性能好，使用寿命一般为铸铁闸瓦的 3～10 倍。

（3）对车轮踏面的磨耗小，可延长车轮使用寿命。

（4）质量轻。合成闸瓦的质量一般只为铸铁闸瓦质量的 1/2～1/3。

（5）可避免磨耗铁粉的污染及因制动喷射火星而引起的火灾事故。铸铁闸瓦的磨耗铁粉，不仅会污损车辆的电气设备，而且在制动过程中产生的“红铁粉”（在较长距离和较大坡度的坡道区段更为严重）喷射出来，容易引起火灾。合成闸瓦制动时没有或很少有磨耗铁粉飞散，从而能防止火灾事故，并减轻对电气设备的不良影响。

（6）摩擦系数比较平稳并能保证有足够的制动力。铸铁闸瓦在高速制动时摩擦系数较小，可能造成制动力不足，而在低速特别是接近停车时，其摩擦系数又上升较多，很容易引起列车的纵向冲动，甚至造成滑行而擦伤车轮。而合成闸瓦具有摩擦系数比较平稳的特性，在高速时，摩擦系数值变化较小，故能产生足够的制动力，在速度较低时摩擦系数值变化不大，故能使停车平稳，提高旅客乘坐的舒适度，减轻或防止设备的损坏。

2. 合成闸瓦的结构

合成闸瓦由于其材料本身强度小，必须在其背部衬压一块钢板（钢背）来增加它的抗压强度。整个合成闸瓦由钢背和摩擦体两部分组成，如图 2.28 所示。钢背内侧开有槽或孔，用以提高摩擦体与钢背的结合强度。低摩合成闸瓦钢背两端的中间部分制成凸起的挡块，两侧低平，以便与闸瓦托的四爪相结合，钢背外侧中部装有钢板焊制成的闸瓦鼻子，其外形和中磷铸铁闸瓦相同。高摩合成闸瓦的摩擦系数大，因此不能与通用闸瓦互换使用。为了防止混滑，将高摩合成闸瓦钢背两端的中间制成低平，两侧凸起，正好与低摩合成闸瓦相反，钢背内侧还焊有加强筋，以增加钢背的刚度。为了增加散热面积和避免闸瓦裂损、脱落，合成闸瓦摩擦体的中部压成一条或两条散热槽。

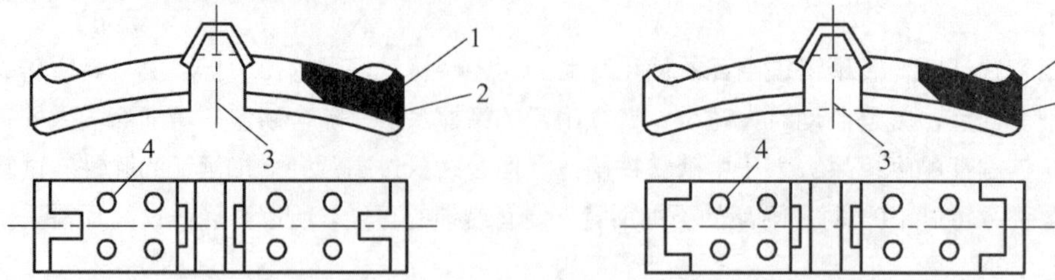

（a）低摩合成闸瓦　　（b）高摩合成闸瓦

1—钢背；2—摩擦体；3—散热槽；4—冲孔。

图 2.28　合成闸瓦

3. 合成闸瓦的制作材料和工艺

闸瓦制动是依靠闸瓦与车轮踏面的相互摩擦来消减列车的动能而产生制动作用的。因此，闸瓦的材料及其性能（主要是摩擦性能和对摩擦制动的效率）将直接影响到制动装置的构成和制动的效果。例如，铸铁闸瓦的摩擦系数在低速时急速增高，所以要求高速列车制动机必须具有速度压力调节装置，以便当速度变化时能够自动地调节闸瓦压力，否则闸瓦将会被烧熔，车轮踏面也将受到很大的损伤。对于摩擦系数比较稳定的合成闸瓦，虽然不需要安装速度调节装置，但是由于它目前还存在着降低轮轨间黏着系数的缺点，因而必须加装防滑装置，以防列车在制动时车轮打滑。而且，闸瓦是一种磨耗量很大的消耗性零件，因此要求闸瓦具有良好的耐磨特性，这也是一项重要的指标。此外，由于闸瓦与车轮踏面是一对摩擦副，闸瓦的摩擦特性不仅对闸瓦本身有影响，而且对车轮踏面也有很大影响，这就是要求闸瓦性能不会使车轮踏面发生热裂及不正常的磨耗而产生下凹等情况。因此，对闸瓦的成分、材质、形状和硬度等，都必须有严格的要求。更何况地铁列车的频繁制动（大约每 2 分钟制动一次），因此地铁闸瓦使用工况的恶劣程度是其他任何交通工具所无法比拟的。

合成闸瓦的发展经历了从有石棉到无石棉的过程。由于合成闸瓦属于由基体材料（树脂）、增强纤维和摩擦性能调节剂组成的三元复合材料，既是功能材料，又是结构材料，不仅涉及摩擦学，而且涉及高分子化学、高分子物理学、界面化学和金属矿物质学等领域，所以能研制出摩擦性能和物理性能好的闸瓦，对充分利用摩擦系数和黏着系数提高制动效率有重要意义。

低摩合成闸瓦具有与铸铁闸瓦可互换的优点，但是它的结构成分中含有大量的润滑材料，与车轮踏面接触后会遗留在车轮踏面上，再传递到轨面上，导致轮轨间黏着系数明显下降，因此无法用于重载、高速的列车。

高摩合成闸瓦与低摩合成闸瓦相比，摩擦系数高，对轮轨黏着系数的影响较小，因此提高了制动效能。但是高摩合成闸瓦的增强纤维以前都选用石棉，随着石棉的危害日益受到人们的关注，1988 年美国环保总局颁布了对石棉制品的禁令，我国也在 2000 年颁布了对石棉使用的禁令。世界发达国家的高摩合成闸瓦均改用符合环保要求的增强纤维，例如碳纤维、钢纤维、玻璃纤维和有机纤维。上海地铁车辆使用的德国原装闸瓦——JURID836 闸瓦就是无石棉闸瓦。

合成闸瓦的成分，目前见到的几乎是由树脂、铁粉、减摩剂、石棉以及稳定剂合成的。其中关键成分是树脂、减摩剂和稳定剂。树脂是黏结材料，一般是酚醛树脂，但实际上是酚醛树脂经过一定的改性聚合的，例如日本用腰果壳油改性。改性以后的酚醛树脂，可以降低闸瓦的杨氏弹性模量，从而降低车轮踏面的最高温度。所谓最高温度，是指车轮踏面上出现的热斑温度，这是由于闸瓦局部与车轮踏面接触所产生的瞬时局部高温。闸瓦杨氏弹性模数降低后，闸瓦变软，使它与车轮踏面的接触面能吻合良好，这样就可以改善闸瓦和踏面发生局部高温的情况。树脂改性也可以在酚醛树脂中加入丁腈橡胶或其他树脂。腰果壳油可能使改性后的酚醛树脂特性更好一些。铁粉的作用是调节摩擦系数与速度之间的关系。摩擦剂则用于降低摩擦系数。目前，我国采用石墨做减摩剂，价格较高。用于稳定摩擦系数的稳定剂，目前国内尚未研究，所以国产合成闸瓦在高温或低温时的差别就很大。由于闸瓦摩擦系数不稳定，容易造成列车在制动过程中打滑。

合成闸瓦生产过程中的热处理与合成闸瓦的耐磨性也有很大的关系。有些合成闸瓦不耐磨，原因是生产时压制时间不足，如果在压制时，经过一定时间的热处理后，耐磨性能就有了显著的提高。合成闸瓦容易发生金属镶嵌，这个问题与车轮踏面的瞬时局部高温有关。降低闸瓦杨氏弹性模量后，局部高温有所下降，可能解决这一问题，同时车轮踏面的热裂也可以减少。当然，车轮踏面的热裂和闸瓦摩擦面上金属镶嵌的发生，与车轮材质也有一定的关系。

由此可见，影响闸瓦摩擦系数性能的因素是很多的，在制造工艺方面，有材质成分、压制时间、热处理温度和外形尺寸等；在使用方面，有运行速度、制动初速、表面沾水和制动缸压力等。

4. 合成闸瓦的缺点

虽然合成闸瓦具有很多优点，但它对车轮也有很大的影响，主要有以下几种情况：

（1）热龟裂。由于闸瓦与车轮的接触不良，因而在车轮踏面上产生局部过热，形成热斑点，在个别情况下会发生热龟裂。

（2）车轮的沟状磨耗。在制动频繁的区段上使用合成闸瓦会使车轮温度升高。车轮踏面呈现沟状磨耗，这是由于合成摩擦材料局部摩擦热膨胀引起的。温度越高时，这种磨耗在车轮踏面的外侧越容易发展。沟状磨耗是闸瓦横向摩擦造成的。研究制动时的踏面温度分析，便可以判断车轮踏面容易发生沟状磨耗的位置。

（3）车轮的凹形磨耗。在冬季积雪地区使用合成闸瓦时，会发生这种磨耗。这是由于水渗入闸瓦摩擦表面所引起的。

除上述现象外，合成闸瓦对车轮踏面的常见影响有毛细裂纹、热裂纹、滑行裂纹和踏面剥离等。

【任务实施】

可以以参观本城市地铁车辆的时机为切入点，然后再以理论进行闸瓦分类，分析铸铁闸瓦和合成闸瓦的组成与特点。

【效果评价】

评 价 表

项目名称	项目2 城市轨道交通车辆基础制动与供风装置	学生姓名	
任务名称	任务4 闸瓦	分数	

项 目	分值	考核得分
1. 闸瓦基本概念的理解及掌握	10	
2. 是否有小组计划	5	
3. 铸铁闸瓦的认知情况	35	
4. 合成闸瓦的认知情况	35	
5. 编制学习汇报报告情况	10	
6. 基本素养考核情况	5	
体得分		

教师简要评语：

教师签名：

任务 5　盘形制动装置

【活动场景】

在城轨车辆生产车间或检修现场进行教学，或用多媒体展示制动盘的结构。

【任务要求】

掌握城轨车辆制动闸盘形制动的分类与作用。

【知识准备】

盘形制动又称为摩擦式圆盘制动，是在车轴上或在车轮辐板侧面装设制动盘，用制动夹钳将合成材料制成的两个闸片紧压在制动盘侧面，通过摩擦产生制动力，把列车动能转变成热能，耗散于大气之中。

盘形制动与闸瓦制动相比，闸瓦制动结构简单，但其制动功率不能过大，因为过大的制动功率会导致闸瓦制动摩擦副的损伤，如闸瓦熔化、车轮踏面过热剥离或热裂，这些都会危及行车安全。因此，当需要较大的制动功率时，可采用盘形制动装置。盘形制动最早是在德国柏林地铁车辆上首先装车使用的。目前，我国国内一些城轨车辆的基础制动装置也采用盘形制动，取代传统的踏面制动方式。盘形制动减少了对车轮的磨耗，延长了车轮的使用寿命，且制动平稳、噪声小。盘形制动通过双向选择摩擦可以得到比闸瓦制动更大的制动功率，从而满足了高速制动的要求，保证了行车安全。

一、盘形制动装置的作用与种类

1. 基本作用

如图 2.29 所示，城轨车辆的盘形制动装置一般由单元制动缸、夹钳装置、闸片和制动盘等组成。制动时，制动缸活塞杆推出，制动缸体和活塞杆带动两根杠杆，通过杠杆和支点拉板组成的夹钳，使闸片同时夹紧制动盘的两个摩擦面，产生制动作用。

2. 种　类

1）按安装的形式分

如图 2.30 所示，城轨车辆盘形制动装置按其安装形式的不同，可分为轴盘式和轮盘式。在转向架空间位置较大的情况下，比如拖车，一般采用轴盘式制动装置。制动盘以某种形式固定在车轴上：通常是把盘毂用过盈配合压装在车轴上，再把制动盘用螺栓紧固在盘毂上。一根轴可布置 2～4 个制动盘。当轴盘式制动装置无安装空间时，就只能采用轮盘式制动装置。轮盘式制动装置如图 2.31 所示，制动盘与过渡钢盘径向连接，过渡钢盘用螺钉安装在车轮轮毂上。

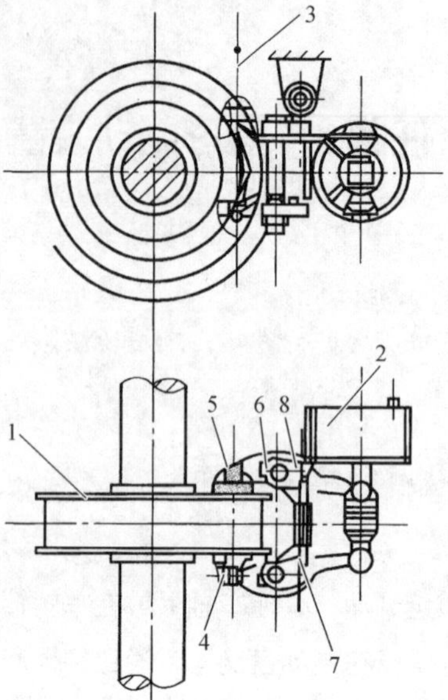

1—制动盘；2—单元制动缸；3—吊杆；4—闸片；5—闸片托；6，7—杠杆；8—支点拉板。

图 2.29　盘式制动装置的组成与结构

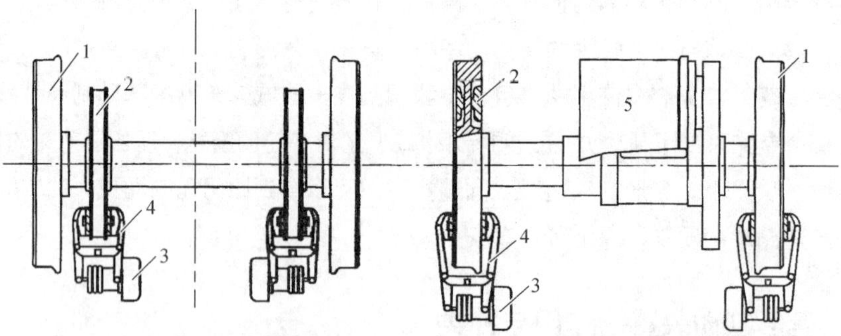

（a）轴盘式制动　（b）轮盘式制动

1—轮对；2—制动盘；3—单元制动缸；4—制动夹钳；5—牵引电机。

图 2.30　盘式制动装置的安装形式

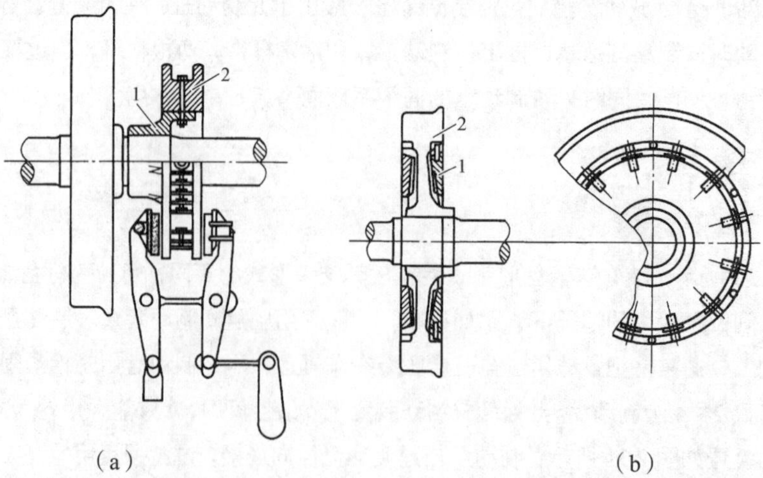

（a）

1—盘毂；2—制动盘。

（b）

1—过渡钢盘；2—制动盘。

图 2.31　盘式制动装置的安装形式

2）按制动盘和闸片使用的材料分

城轨车辆盘形制动装置制动盘按所使用的材料可分为铸铁、铸钢和锻钢等，而闸片也有合成材料、粉末冶金等各种材料。

城市有轨车辆一般采用铸铁盘和合成闸片。对合成闸片材料的选择，除了要满足制动摩擦性能的要求外，还必须考虑摩擦产生的粉末对环境污染的影响。对车速较高的城郊有轨车辆，如果车速超过 160 km/h 或更高，可增加制动盘的数量，来满足高速制动的要求。如果增加制动盘数量有困难，则可通过改变制动盘和闸片的材料，如选择钢盘、粉末冶金闸片来满足制动要求。

二、盘形制动装置的优点

城市轨道交通车辆的基础制动装置使用盘形制动装置代替闸瓦制动装置，可以避免闸瓦对车轮踏面的摩擦，因此不存在对踏面的烧损，也减少了车轮的磨耗。盘形制动的设计可以通过计算选择制动盘和闸片的材料，使制动配合获得较高的摩擦系数和最佳的制动效果。盘式制动的最大优点是散热性好，摩擦系数稳定，制动力恒定，热容量大，允许其具有较大的制动功率。这对于城市轨道交通车辆运行时速高、载客多、启动制动频繁的行车特点，更具有安全保障作用。但是，盘式制动代替闸瓦制动后，使轮轨间的黏着系数有所下降，这是它的最大缺点。总结如下：

（1）城市轨道交通车辆使用盘形制动装置代替了闸瓦对车轮踏面的摩擦，因而不存在对车轮的热影响，同时也减少了车轮的磨耗，延长了车轮的使用寿命并改善了运行品质，保证了行车安全。

（2）盘形制动的散热性能比较好，所以摩擦因数稳定，能得到较恒定的制动力。它的热容量允许它具有较高的制动功率。

（3）由于可以自由地选择制动盘和闸片的材料，使这一对摩擦副具有最佳的制动参数，可以获得较高的摩擦因数，并且比较稳定。因此可以减小闸片压力，减小制动缸及杠杆的尺寸，减轻制动装置的重量。

（4）盘形制动的闸片面积比闸瓦制动的闸瓦面积大，承受的单位面积压力小，它的磨耗率也小。

（5）盘形制动代替闸瓦制动后，使轮轨间的黏着系数有所降低。

三、典型城轨车辆盘形制动装置的结构

1. 安装位置与结构

图 2.32 所示为安装在某城市轨道交通车辆转向架上典型的盘形制动装置的位置和结构示意图，由图可知，城轨车辆盘形制动装置主要包括一个带有弹簧制动器的气动制动钳（2/C03）、一个不带弹簧制动器的气动制动钳（1/C01）和每根轴上的两个车轮制动盘（3/C04）。制动钳（2/C03）的弹簧制动部分用作停放制动，并配有一个机械遥控装置（4/C03.02）。

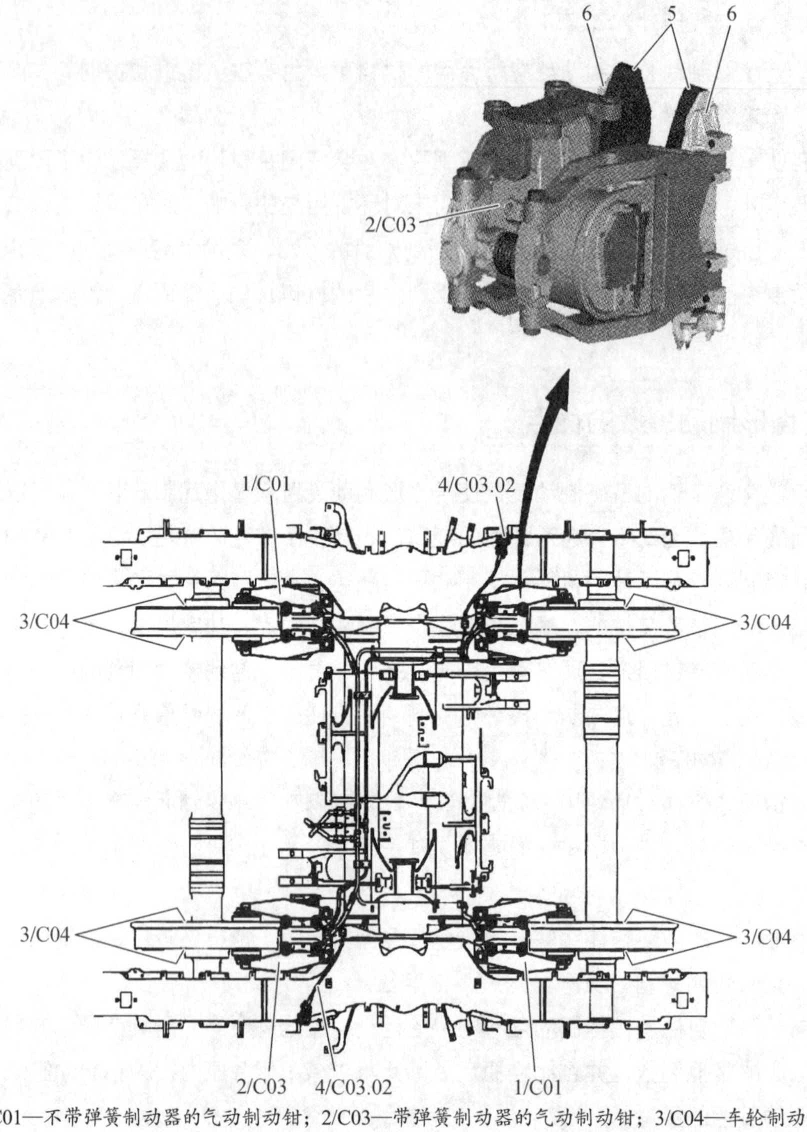

1/C01—不带弹簧制动器的气动制动钳；2/C03—带弹簧制动器的气动制动钳；3/C04—车轮制动盘；4/C03.02—机械遥控装置；4—制动闸片；6—制动闸片支座。

图 2.32 盘形制动装置在城轨车辆拖车转向架上的安装位置和结构示意图

2. 结构特点

盘形制动装置的制动钳单元具有以下几个结构特点：

（1）采用模块化结构，包括独立的制动气缸和闸瓦间隙自动调整装置。

（2）紧凑、轻量化设计，在转向架中占用空间较小。

（3）隔膜或密封型气缸，用作常用制动的执行器。

（4）弹簧制动器可通过手动操作电缆或辅助缓解键进行机械缓解。

（5）用于停放制动的弹簧制动器，集成在机壳中，有 1 个或 2 个执行弹簧（根据要求而定）。

（6）具有剖分式结构的扭转刚性钳杆。

（7）钳杆上仅有少量的铰接点和轴承，并进行了封装，以实现长寿命和低噪声。

（8）制动钳单元从一个销钉上居中悬挂（制动闸片支座上没有吊座），可以很容易地针对较大的侧向运动和倾斜运动进行调整。

3. 不带弹簧制动器的制动钳单元

如图 2.33 示，不带弹簧制动器的制动钳单元 C01 用于常用制动，主要由机壳、隔膜、钳杆、闸瓦间隙自动调整模块和制动闸片支座等部件组成，机壳由销钉支撑，该销钉适宜安装在托架中。此托架用螺栓连接到转向架构架上。隔膜安装在机壳中，用两个形状相同的钳杆 9 以铰链连接。在钳杆的自由端装有制动闸片支座，外加制动闸片。钳杆 3 的另一端被铰链连接到闸瓦间隙自动调整模块。隔膜包括隔膜 D1、活塞 D2 和活塞复位弹簧 D3。闸瓦间隙自动调整模块主要包括心轴、推力螺母、套筒飞轮和扭力弹簧。闸瓦间隙自动调整模块端部的推杆插口用橡胶盖密封，以防尘土进入。

每个制动闸片支座都由制动闸片支座、销钉和制动闸片组成。制动闸片支座有一个楔形滑槽以便插入闸片。闸片由铆装在闸片支座上的一个锁紧闸门加以固定，并用一个弹簧钢锁紧弹簧保持闸门的位置。制动闸片支座的技术数据如表 2.1 所示。

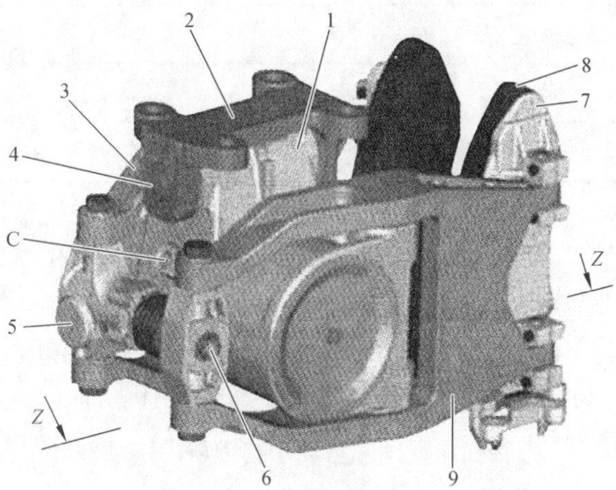

Z—Z视图

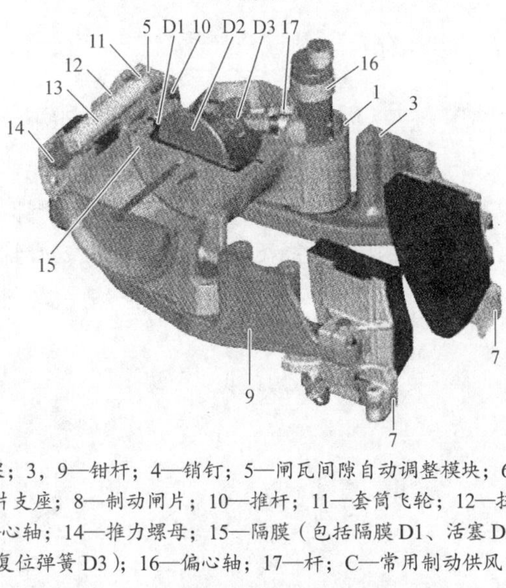

1—机壳；2—托架；3，9—钳杆；4—销钉；5—闸瓦间隙自动调整模块；6—六角复位头；7—制动闸片支座；8—制动闸片；10—推杆；11—套筒飞轮；12—扭力弹簧；13—心轴；14—推力螺母；15—隔膜（包括隔膜 D1、活塞 D2、活塞复位弹簧 D3）；16—偏心轴；17—杆；C—常用制动供风口。

图 2.33 不带弹簧制动器的制动钳单元 C01

表 2.1 制动闸片支座技术数据

制动闸片总作用力/kN	41（在 380 kPa 下）
制动闸片厚度为 35 mm 时制动盘的最大厚度/mm	35
制动闸片总作用力/kN	41
最大允许工作压力/kPa	540
最大允许测试压力/kPa	810
在缓解位置的最大测试压力/kPa	3
每个制动闸片的最大行程/mm	5.5
无反作用力条件下每次行程的最大复位距离/mm	1.1
每个闸片支座的闸片面积/cm^2	400
相对闸片的最大调整量/mm	83
允许温度范围/ °C	− 40 ~ +80
轴在运行中相对中心安装的最大允许侧向运动/mm	± 10（减去安装公差）
不包括闸片的质量/kg	91（C01），99（C03）

当常用制动供风口 C 处有压缩空气进入时，其压力作用在隔膜内，推动活塞 D2 移动，并带动杆 17 上的偏心轴转动，从而使安装在偏心枢轴上的钳杆 3 转至制动位置。而连接至闸瓦间隙自动调整模块上与之相对的钳杆 9 也转至制动位置。制动闸片接触制动盘，产生制动力。

当常用制动供风口 C 处压缩空气排出时，在活塞复位弹簧 D3 的复原力作用下，偏心轴随活塞 D2 的缩回而转回。心轴在闸瓦间隙自动调整模块内继续转动，直至钳杆 3 和 9 复位，制动闸片离开制动盘，制动缓解。

4. 带弹簧制动器的制动钳单元

带有弹簧制动器的制动钳单元 C03，用作常用制动和停放制动，主要由机壳、隔膜、钳杆、闸瓦间隙自动调整模块、制动闸片支座和弹簧制动器等部件组成，具体结构如图 2.34 所示。

隔膜安装在机壳内，与无弹簧制动器的制动钳单元 C01 中使用的隔膜完全相同。弹簧制动器 A 集成在机壳中，它主要由活塞、压缩弹簧、螺纹心轴、推杆、螺母、齿轮及紧急缓解装置 N 组成。钳杆（4、7）、闸瓦间隙自动调整模块与无弹簧制动器的制动钳单元结构相同。

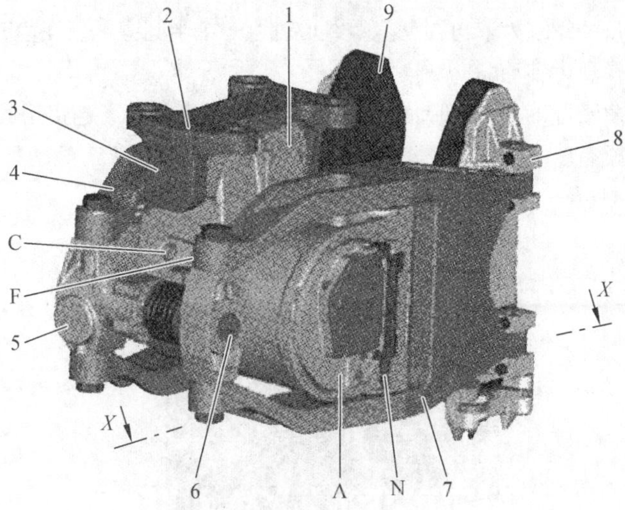

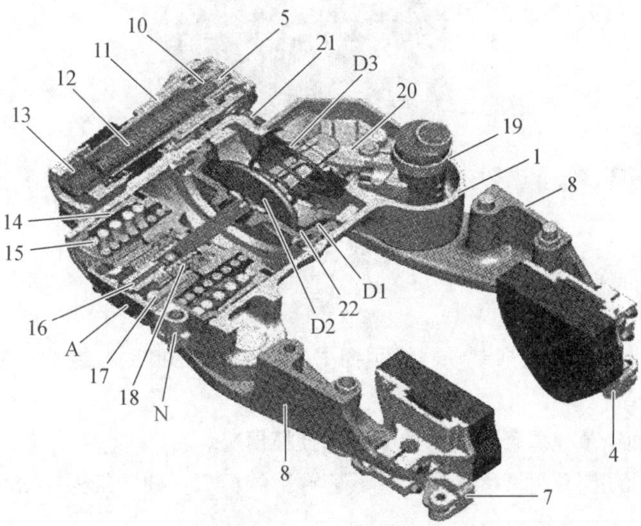

1—机壳；2—托架；3—销钉；4，7—钳杆；5—闸瓦间隙自动调整模块；6—六角复位头；8—制动闸片支座；9—制动闸片；10—套筒飞轮；11—扭力弹簧；12—心轴；13—推力螺母；14—活塞；15—压缩弹簧；16—螺纹心轴；17—齿轮；18—螺母；19—偏心轴；20—杆；21—推杆；22—隔膜（包括隔膜 D1、活塞 D2、活塞复位弹簧 D3）；A—弹簧制动器；C—常用制动供风口；F—停放制动供风口；N—紧急缓解装置。

图 2.34　带弹簧制动器的制动钳单元 C03

带有弹簧制动器的制动钳单元 C03 的常用制动作用与不带弹簧制动器的制动钳单元 C01 一致，只是额外增加了停放制动作用，弹簧制动器的结构如图 2.35 所示。当停放制动供风口 F 处有压缩空气进入弹簧制动器时，停放制动缓解。以最小缓解压力向弹簧制动器充风，将使活塞外加螺纹心轴及推杆移回缓解位置。随着推杆回程，活塞 D2 由活塞复位弹簧 D3 推回缓解位置，从而打开钳杆，停放制动缓解。

当弹簧制动器排风时可起动压缩弹簧。此弹簧的作用力由活塞经锥形万向节 Y 传递到螺母，再从那里转至螺纹心轴。螺纹心轴通过活塞的推杆将作用力传递给活塞 D2，推动活塞到达制动位置，停放制动施加。弹簧停放制动器的夹紧力大小与常用制动力无关，且不受隔膜气缸大小的影响。

螺纹心轴和螺母的螺纹为非自锁型。螺纹心轴由一个半圆键约束在齿轮中，以使其在力传递过程中不会在螺母内转动。

停放制动在紧急情况下，弹簧制动器 A 可通过遥控装置由一条连接至紧急缓解装置 N 的线缆进行缓解。当没有压缩空气时（车辆已停放并停机），亦可人工拉动紧急缓解装置 N 使停放制动缓解。

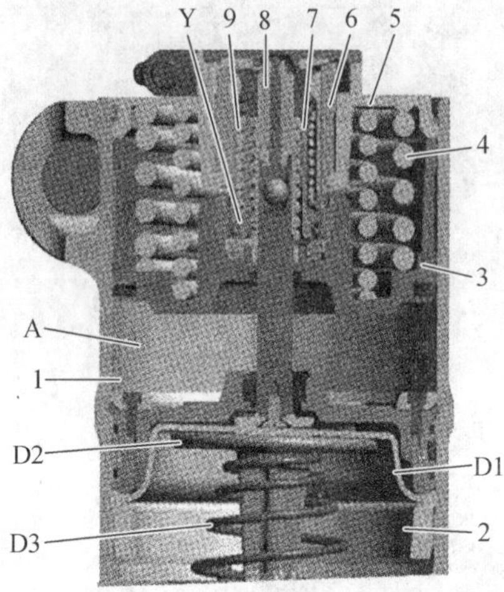

1—机壳；2—隔膜（包括隔膜 D1、活塞 D2、活塞复位弹簧 D3）；3—活塞；4—压缩弹簧；5—端盖；6—齿轮；7—螺母；8—螺纹心轴；9—压缩弹簧；A—弹簧制动器；Y—锥形万向节。

图 2.35　弹簧制动器的结构

【任务实施】

图 2.36 所示为某地铁盘形制动器的实物图，对地铁盘形制动装置的日常检查与维护要求如下：

（1）检查制动钳单元是否有变形或锈蚀等损坏情况。

（2）检查将制动钳单元紧固至构架的紧固件上的标志。如果紧固件松脱，则应对其重新紧固。

（3）检查制动闸片支座是否有变形或腐蚀，如有损坏需更换所有损坏的部件。

（4）检查底座是否紧固，确认固定制动闸片支座紧固件的销钉是否损坏。如有损坏，更换销钉。

（5）检查用于弹簧制动器排气的通气塞是否阻塞，必须用螺钉旋具等杆形工具对螺纹孔进行清洁。

（6）检查制动闸片是否损坏，在制动闸片磨损至小于 5 mm 的最小厚度之前必须对其进行更换。在安装了新的制动闸片后，应反复施加和缓解车辆制动，检查它们是否操作正常。最后检查时制动闸片与制动盘之间的间隙应为 1.5 mm。

图 2.36　城轨车辆盘形制动实物图

对盘形制动装置进行检查与维护时，应注意：关闭制动截断塞门，完全排空常用制动气缸中的空气；对于带有弹簧制动器的制动钳单元 C03，须遥控操作紧急缓解装置，以手动方式缓解弹簧制动器。

【效果评价】

评 价 表

项目名称	项目 2　城市轨道交通车辆基础制动与供风装置	学生姓名	
任务名称	任务 5　盘形制动装置	分数	
项　目		分值	考核得分
1. 盘形制动基本概念的理解及掌握		10	
2. 是否有小组计划		5	
3. 轴盘式和轮盘式制动工作原理的认知情况		35	
4. 盘形制动装置结构的认知情况		35	
5. 编制学习汇报报告情况		10	
6. 基本素养考核情况		5	
总体得分			
教师简要评语： 教师签名：			

任务6　供风装置

【活动场景】

在城市轨道交通车辆段、制造厂的车辆风源系统检修车间或在具备能完整展示城轨车辆风源系统课件的多媒体教室进行教学。

【任务要求】

1. 掌握城市轨道交通车辆供风系统的基本组成；
2. 了解目前地铁车辆两空压机的启动方式。

【知识准备】

城市轨道交通车辆的供风系统主要是为制动系统和辅助部件提供风源，辅助系统主要包括空气弹簧气路、汽笛和雨刮器装置气路、门控装置气路、受电弓气路和车钩解钩装置气路等。图2.37所示为城轨车辆车下供风系统的主要部件及布局（单节车）。

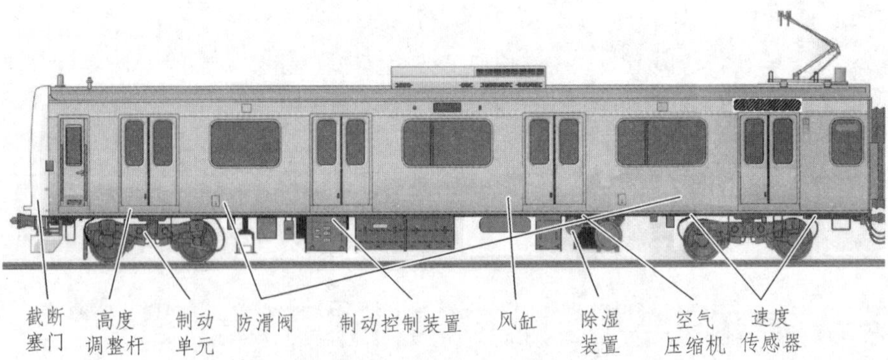

图2.37　城轨车辆供风系统主要部件及布局

一、城轨供风系统的组成与作用

1. 组　成

图2.37所示为城轨车辆风源系统的布置图，由图可知城市轨道交通车辆的风源系统主要由驱动电动机、空气压缩机、空气干燥器、压力控制器、风缸及其他空气管路部件等组成。

如图2.38和图2.39所示，城轨车辆供风系统一般设置在A车，每套供风系统主要由空气压缩机组（A01）、软管（A04）、安全阀（A06）、干燥器（A07）、主风缸（A09）、主风缸排水塞门（A10）、排气式截断塞门（All）、压力调节器（A13）和空压机控制单元（A15）等部件组成。

供风系统为制动及所有其他用风设备提供压缩空气，供风系统中最重要的设备是由三相380 V交流电机驱动的活塞式空气压缩机或螺杆式空气压缩机，下面作简要介绍。

（1）活塞式空气压缩机。这种压缩机具有体积小、重量轻、维护方便、噪声低、飞溅润滑等特点，在1 500 r/min时压缩空气的排量为920 L/min，一般采用三缸二级压缩，风扇冷却。电机与压缩机采用耐久性连接，不需要维护；采用弹性方式安装在车体上，可消除空压机组振动对车体的影响。

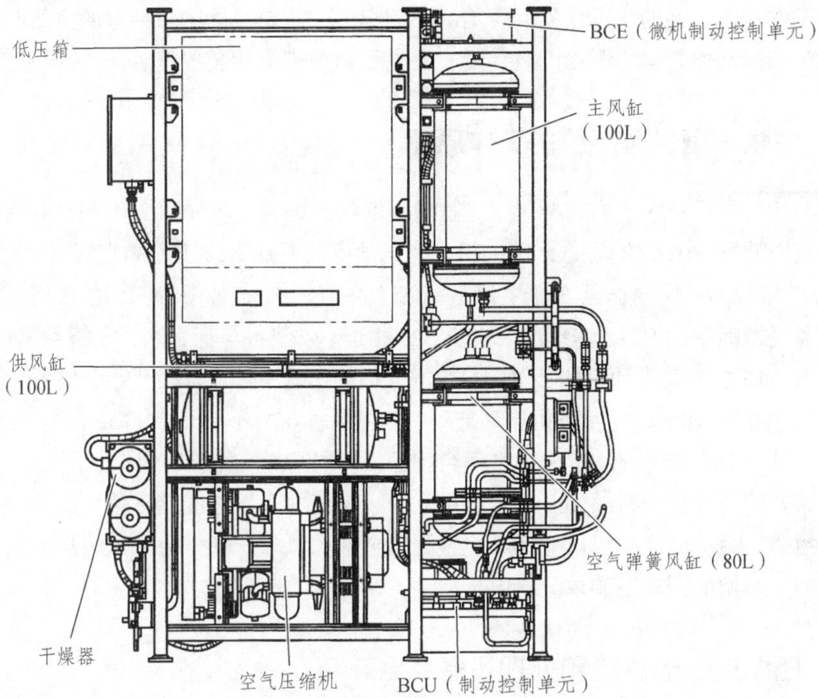

图 2.38　城轨车辆空气制动系统的布置图

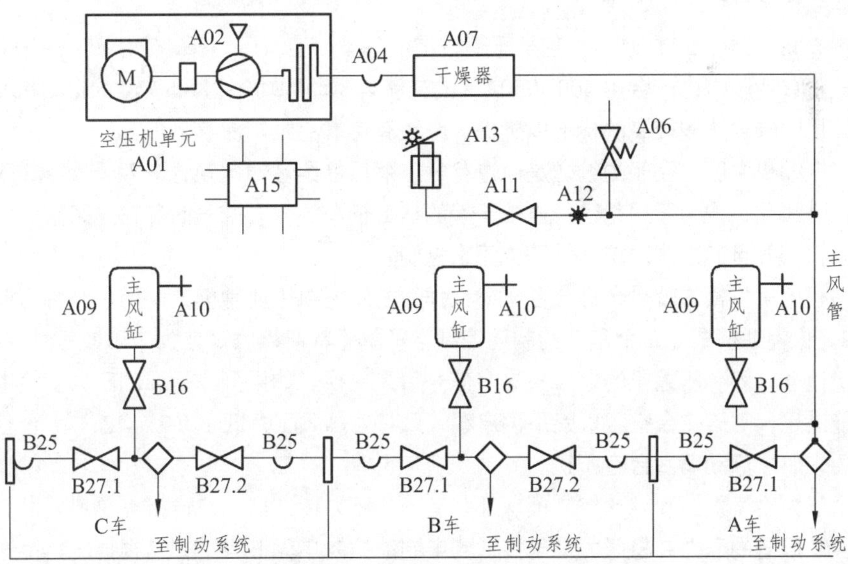

图 2.39　城轨车辆供风系统结构示意图

（2）螺杆式压缩机。这种压缩机与活塞式压缩机相同，属于容积式压缩机，具有可靠性高、零部件少、易损件少、运转可靠、寿命长、操作维护方便等特点。螺杆压缩机可实现无基础运转，特别适合作为移动式压缩机，适应性强，另外它的容积流量几乎不受排气压力的影响，在宽阔的范围内能保持较高效率，适用于多种工况。

2. 作　用

城市轨道交通车辆的供风风源系统向整个列车提供压缩空气的气源，它主要是为制动系统和辅助部件提供足够的、干燥的、清洁的压缩空气，主要包括城轨列车的空气制动、空气弹簧、汽笛和雨刮器装置、气动门控装置、受电弓和车钩解钩装置等。

二、城轨车辆供风系统的工作原理

城轨车辆的供风系统能为每一单元车提供足够的压缩空气。如图 2.39 所示，空气由压缩机上的空气过滤器 A02 过滤后进入压缩机，在电动机的驱动下被压缩的空气经冷却器冷却、干燥器 A07 干燥后，同时送至 3 个主风缸 A09（A、B、C 车各一个）和主风管。相邻车辆的主风管通过截断塞门 B27.1、B27.2、软管 B25 相连，以使各车辆之间的压缩空气保持流通。压力调节器 A13 控制着电动机的接触器，故空压机的启、停由压力调节器 A13 控制，当主风管压力不大于 0.75 MPa 时，空压机自动启动；当主风管压力不小于 0.9 MPa 时，则停机。如果出现任一节 A 车的最低压力信号，则两台空压机同时启动；如果出现指示两节 A 车有足够压力的信号，则两台空压机关闭。空压机单元的设计能力有足够的储备量，如果一台空压机单元发生故障，另一台空压机单元将承担整列车全部的供气，在一台空压机启动到正常运转的短时间内，所用的列车空调单元将停止启动。

三、压缩空气的供给和处理设备

1. 压缩空气的供给设备

如图 2.38 和图 2.39 所示，主空气压缩机是活塞型的空气压缩机，它能产生 950 L/min 的压力空气，该空压机由一台用 400 V/50 Hz 的交流电驱动的功率为 8.5 kW 的电动机来驱动。空气压缩机的噪声达到较高的标准以确保该系统有可靠的维护保养。

空气压缩机中压力空气的输送是通过空气压缩机的柔性输送软管进入干燥器，双塔干燥器是用活性氧化铝作为干燥剂进行再生干燥的，每辆车的压力空气储存在总风缸里。每车有两个压缩机，并且通过制动控制电子单元来控制。

压缩机的工作模式就是允许一台压缩机作为主压缩机（通常模式）而另一台压缩机作为从动压缩机（辅助模式）。每个车上的制动控制电子单元都能接收来自列车磁通信号程序（FIP）的压缩机信号，即主压缩机的信号。这个信号每天更换。如果列车需要的压力空气由一台空压机就能满足，则第二台空压机就不再启动，只有当总风压力低于 0.75 MPa，一台空压机不能满足要求时才启动第二台空压机。

每个压力空气供给和制动控制模块都装有一个压力传送器，它连接在总风管上，压力传送器监控总风管的压力并将压力信号传送到电制动控制单元 BCE，BCE 根据压力传送器的压力信号控制空气压缩机的启动或关闭，并且依据不同的压力决定开通常用模式或辅助模式的空压机。总风缸上的安全阀是防止总风压力过高而使空压机运转控制失败。

2. 压力控制

1）控制方法

（1）常用模式控制方法:空气压缩机在规定的压力范围内启动和关闭。

（2）辅助模式控制方法：空气压缩机在低于规定的压力范围启动和在规定的高压范围内关闭。

2）工作模式

（1）常用模式：当压力降到启动极限时空气压缩机开始启动，当压力到停机极限时空气压缩机开始关闭。其压力控制就在两个压力极限之间。

（2）辅助模式：当压力降到辅助启动极限时空气压缩机开始启动，当压力到停机极限时空气压缩机开始关闭。其压力控制就在两个压力极限之间。表 2.2 反映了应用的模式（常用模式和辅助模式）。

表 2.2 应用模式

司机室 1 在使用中	司机室 2 在使用中	司机室 1 车上的空气压缩机	司机室 1 车上的空气压缩机
_	_	辅助模式	辅助模式
_	○	辅助模式	常用模式
○	_	常用模式	辅助模式
○	○	辅助模式	辅助模式

3）压力极限

（1）安全极限：在安全调整阀起作用的压力（主管安全阀）。

（2）停机极限：在所有的模块上的空气压缩机停止工作的压力值。

（3）启动极限：在指定模块上的空气压缩机开始启动的工作压力值。

（4）辅助极限：当主风管的压力达到该极限时，第二个空气压缩机开始作用，用来帮助该列车的主空压机的运转，这是一种辅助的模式。

（5）紧急极限：当总风管的压力达到该极限时，紧急制动开始实施直到列车停下。

不同压力的时间图如图 2.40 所示。压力空气的产生和分配线路图如图 2.41 所示。

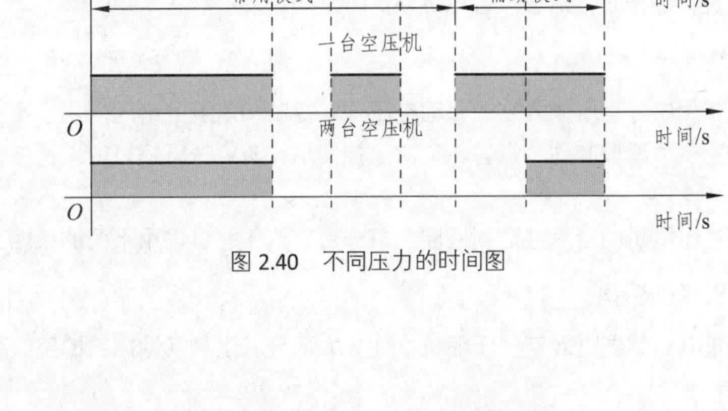

图 2.40 不同压力的时间图

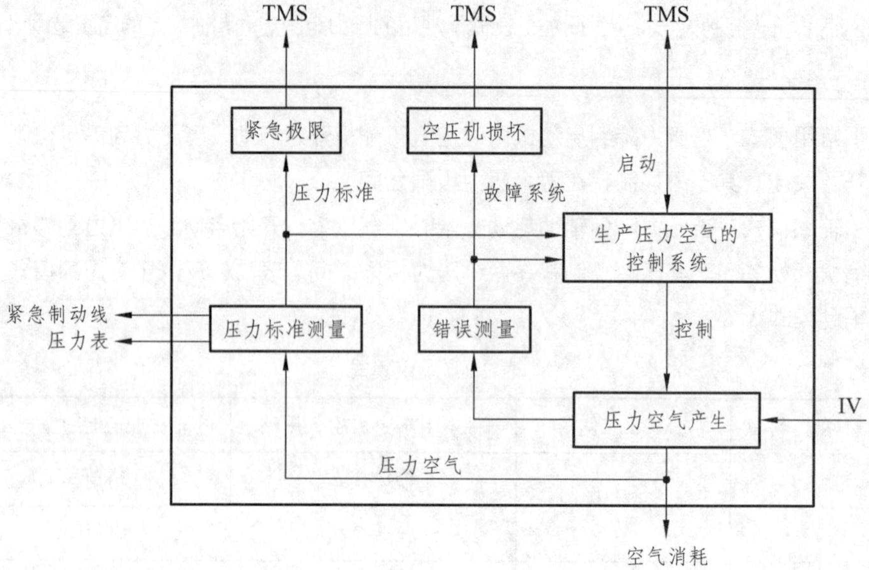

图 2.41　压力空气的产生和分配线路图

“开始”的功能是针对以常用模式运行的空气压缩机的，当主要空压机产生故障时，由 TIMS 系统允许开关来决定联合空气压缩机的运行。

在列车运行过程中，空气产生系统工作采用常用模式或辅助模式。

当一台空气压缩机的制动控制电子单元接收来自列车磁通信号程序（FIP）的压缩机的信号，即主压缩机的信号，该空气压缩机运作采用常用模式；当它没有收到主压缩机的信号时，则该空气压缩机采用辅助模式。当司机室没有被激活时，则采用最近作为常用模式的空气压缩机作为常用模式。

4）列车运行时压力的调整

在正常运行中，如果压力低于启动极限，使用司机室车辆上的空气压缩机就开始启动，当压力下降到辅助极限时，则第二台空气压缩机被启动。

在司机室上的压力表显示的是总风管的压力和拖车一个转向架上一个制动管的压力。

5）列车降级运行时压力的调整

如果有一个空气压缩机出现故障时，则第二台空气压缩机在常用模式运行下能完全供应整个列车压力空气。

如果两个空气压缩机出现故障时，则列车必须停止运行。

当两列车进行连挂时，则总风管也必须进行连挂。

6）电器连接

空气压缩机用中等电压作为它的驱动电压，其控制和监测的电压采用低压电，空气压缩机产生的压力空气为摩擦制动、汽笛、二次悬挂使用，与空气压缩机的沟通由 TIMS 系统来完成。

为了使空气压缩机的可靠性达到最佳，每一台空气压缩机采用不同的三相交流电线路。

7）空气压缩机操作

空气通过进口过滤器进入空气压缩机，除去大部分灰尘和其他微粒的空气通过盘形吸入阀进入低压活塞缸。

当活塞开始往复运动时，吸入阀将被关闭，空气在低压活塞缸内被压缩，打开弹性卸载阀，压力空气通过中间冷却器进行冷却，此后进入高压活塞缸。

低压压力空气通过盘形吸入阀进入高压缸，压力空气在高压活塞缸内进一步压缩到满工作压力，然后再进入后冷却器进行进一步冷却。

当总风管的压力达到规定的工作压力时，电制动控制单元将打开电动机电流接触器，空气压缩机将停止工作。

四、系统的预防维护

压缩空气供给系统的预防维护见表 2.3。

表 2.3 供风系统预防维护

行车里程/km	维护实施
8 333	空气压缩机[A2.1]检查油位 空压机输送软管[A2.2]检查
50 000	MR 安全阀[A2.6]检查
100 000	空压机输送软管[A2.1]检查 空压机[A2.1]换油 空压机输送软管[A2.1]清洗中间/后冷却器 空气干燥器[A2.3]清洗 MR 安全阀[A2.6]检查
500 000	空压机[A2.1]检查更换 空压机输送软管[A2.3]更换干燥剂
600 000	空压机输送软管[A2.2]检查 空压机控制压力传送器[A2.8]更换 MR 安全阀[A2.11]检查
1 000 000	空气干燥器[A2.3]检查更换

【任务实施】

让学员在现场观察空压机的悬挂方式和组成，并讲解空压机的工作原理。下面以广州地铁为例分析城轨车辆空气制动系统风源的管路结构图，广州地铁 1 号线车辆的空气压缩机组安装在 A 车（拖车）下部，而广州地铁 2 号线车辆的空气压缩机组均安装在 C 车（动车）下部。由两个单元组成的列车具有两套风源系统，为了减少压缩机组的磨损，列车前部单元的空气压缩机总是给整个列车供风，而不是同时使用两组压缩机单元。带有空气压缩机组的拖车管路系统如图 2.42 所示，与其编组的动车，除风源系统、受电弓管路以外，其他管路与拖车一样。该系统中每辆车上设有四个风缸，其中包括一个 250 L 的总风缸、一个 100 L 的空气悬架系统（空气弹簧）风缸、一个 50 L 的制动储风缸和一个 50 L 的客室风动门风缸。另外装有单塔式干燥器，还附设一个 50 L 的再生风缸。

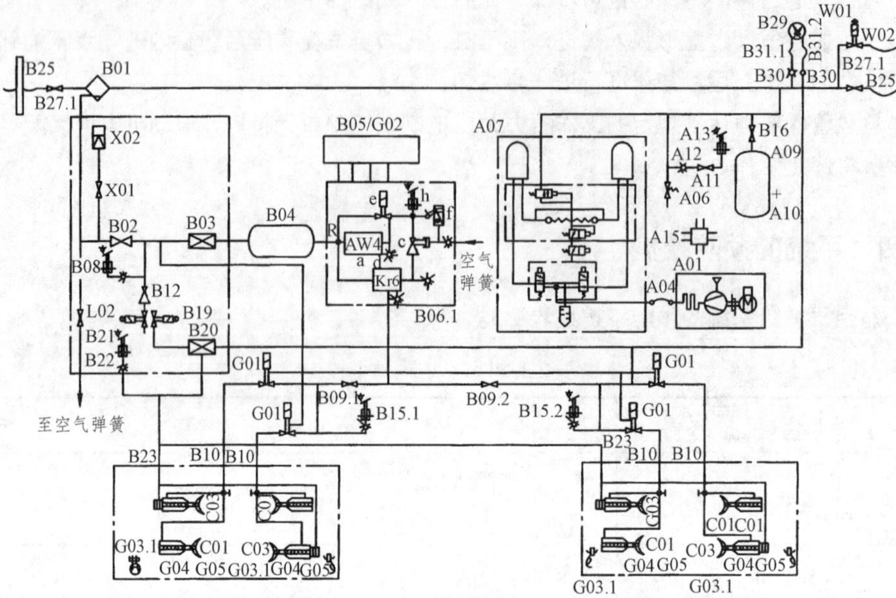

A—供风系统；B—制动系统；C—基础制动；G—防滑系统；
L—空气弹簧系统；W—车钩；X—车间供气。

图 2.42　带有空气压缩机组的拖车管路系统

图 2.43 所示为广州地铁车辆空气弹簧系统管路图。由图可知其主要由截断阀门（L01、L06）、滤清器（L02）、溢流器（L03）、空气弹簧风缸（L04）、高度阀（L07）和差压阀等组成。

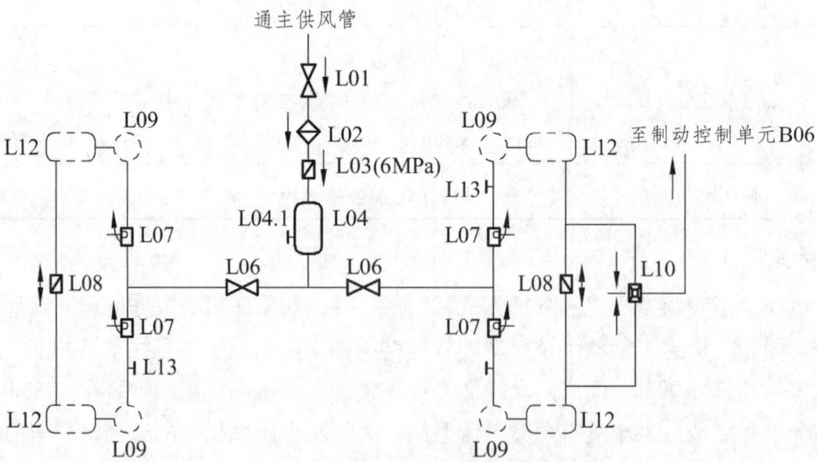

图 2.43　空气弹簧系统管路图

【效果评价】

评 价 表

项目名称	项目2　城市轨道交通车辆基础制动与供风装置	学生姓名	
任务名称	任务6　供风装置	分数	

项　目	分值	考核得分
1. 说出城轨车辆供风系统的基本组成与作用	10	
2. 说出压缩空气的干燥方式及原理	15	
3. 简要说明城轨车辆供风系统的基本工作原理	25	
4. 认知城轨车辆供风系统的主要设备、工作过程	25	
5. 能处理供风系统的简单故障	15	
6. 有无计划与组织	10	

教师简要评语：

教师签名：

任务 7　空气压缩机

【活动场景】

在城市轨道交通车辆段、制造厂的检修车间或在具备能完整展示城轨车辆风源系统课件的多媒体教室进行教学。

【任务要求】

1. 掌握压缩机的基本组成；
2. 了解目前地铁车辆两空压机的启动方式。

【知识准备】

图 2.44　空气压缩机

一、概　述

空气压缩机组是整个供气系统的核心部件，可以说没有空气压缩机就没有风源。一般城市轨道交通列车是以动车组为单元的，所以供气系统一般也以动车组为单元来设置的。每一单元设置一个空气压缩机组，每个机组包括压缩机、驱动电动机、空气干燥器和压力控制开关等。这些装置都集中安装在动车单元的一个车的底架上，例如上海地铁 1 号线列车的空气压缩机组都安装在每个单元的 C 车上。

城市轨道交通车辆的供电制式一般为直流 1 500 V、750 V 或 600 V。除了 1 500 V 电压比较高外，750 V 和 600 V 额定输入电压的直流电动机都比较容易制造，因此制动空气压缩机组的驱动电动机大都采用直流电动机，直接由接触网供电。进口车辆的空气压缩机驱动电动机也有采用 1 500 V 直流电动机的。电动机通过弹性联轴器驱动空气压缩机。

进入空气压缩机的空气必须先经过滤清器使其净化。经过压缩后的空气在存入主储风缸前，还要进行干燥，然后供各用气部件使用。

目前，城市轨道交通车辆使用的空气压缩机大多为多级气缸，分低压段压缩和高压段压缩。低压压缩是将外界大气压缩至 2.6×10^5 Pa 左右，然后再进入高压压缩，将压力提高至 10×10^5 Pa。每个气缸顶部都设有吸气阀和排气阀，外界大气通过设在空气压缩机进气口处的油浴式滤清器的净化后，被吸入低压气缸进行压缩。为了提高压缩效率，低压气缸输出的压缩空气被送到中间冷却器冷却。冷却后的低压空气再送至高压气缸作进一步压缩，直至空气压力符合要求。高压的压缩空气还必须通过后冷却器冷却，使其温度降低以便通过空气干燥塔进行油水分离。最后，洁净而干燥的高压压缩空气被送至主储风缸进行储存。中间冷却器和后冷却器多为翅片管式冷却器，它们被重叠在一起，采用强迫式通风冷却。强迫通风的风源来自安装在曲轴端头的风扇。空气压缩机运行时，其气缸的润滑是依靠焊接在曲轴上的小铁片将曲轴箱内的机油刮起，飞溅到气缸壁上来润滑的，这种润滑方式称为飞溅润滑。采用这种方式会使空气压缩机输出的压缩空气含有一定量的油分，所以必须在最后进行油水分离。

空气压缩机的启动与停止是由压力开关控制的，压力开关设置一般为(7.0 ~ 8.5) × 10^5Pa，前者为开启压力，后者为停止压力。气路中还设置了 10 × 105 Pa 的安全阀，以防压力开关失效。

城轨车辆的制动系统及其他一些子系统所使用的压缩空气（也称压力空气）都是由空气压缩机组（简称空压机）产生的，电动机通过万向节直接驱动空气压缩机。目前，城轨车辆中采用的空气压缩机主要有活塞式空气压缩机和螺杆式空气压缩机两种。城轨车辆采用的空气压缩机一般要求具有噪声低、振动小、结构紧凑、维护方便、环境实用性强的特点，现在直流电动机驱动已逐渐被交流电动机驱动所取代。

目前国内城轨列车使用的压缩机有活塞式和螺杆式两种，下面分别进行学习和认知。

二、活塞式空气压缩机

1. 活塞式压缩机的基本工作原理

活塞式空气压缩机的基本工作原理如图 2.45 所示。在气缸内做往复运动的活塞向右移动时，气缸内活塞左腔的压力低于大气压力 P_a，吸气阀开启，外界空气吸入缸内，这个过程称为压缩过程。当缸内压力高于输出空气管道内压力 P' 后，排气阀打开。压缩空气送至输气管内，这个过程称为排气过程。活塞的往复运动是曲柄的旋转运动转换为滑动由电动机带动的曲柄滑块机构形成的。

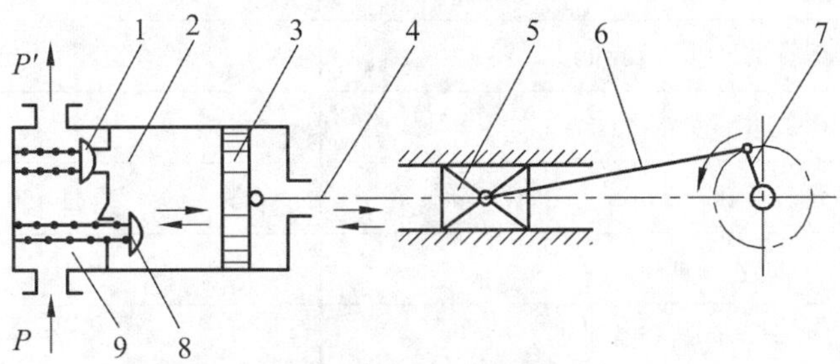

1—排气阀；2—气缸；3—活塞；4—活塞杆；5—滑块；
6—连杆；7—曲柄；8—吸气阀；9—阀门弹簧。

图 2.45　活塞式空气压缩机的工作原理

2. 活塞式空气压缩机的基本组成

目前城市轨道交通车辆使用的活塞式空气压缩机虽然类型很多，但基本结构却是大同小异。活塞式空气压缩机一般均由固定机构、运动机构、进排气机构、中间冷却装置和润滑装置等组成。其中，固定机构包括机体、气缸、气缸盖，运动机构包括曲轴、连杆、活塞，进排气机构包括空气滤清器、气阀，中间冷却装置包括中间冷却器（简称中冷器）、冷却风扇，润滑装置包括润滑油泵、润滑油路等。

3. 典型的活塞式制冷压缩机简介

1）VV120/150-1 型

图 2.46 所示为 VV120/150-1 型电动空气压缩机，由 380 V/50 Hz 三相交流电机驱动的低噪声的往复活塞式压缩机，具有结构紧凑、所需维护量小等优点。其技术参数如表 2.4 所示。

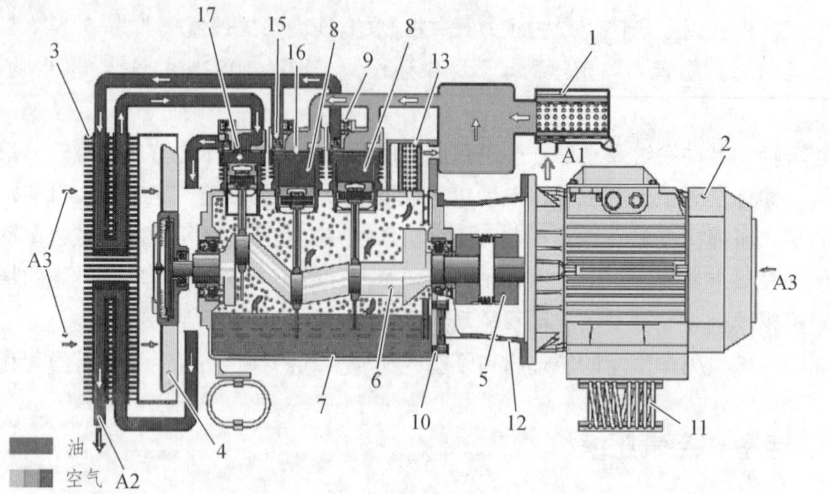

1—空气过滤器；2—电机；3—冷却器；4—风轮+黏性联轴节；5—联轴节；6—机轴；7—机轴箱；
8—低压汽缸；9—安全阀；10—油表管；11—弹簧组；12—中间法兰；13—油环；
15—供给阀；16—吸气阀；17—高压气缸；A1—空气入口；
A2—空气出口；A3—冷却空气。

图 2.46 VV120/15-1 型活塞式空气压缩机的结构

表 2.4 VV120/150-1 型电动空气压缩机的技术参数

项 目	参 数
压缩机供风量/（L/min）	920×（1±6%）
工作压力/MPa	1
电机转速/（r/min）	1 450
工作温度/°C	－40～＋50
压缩机油量（最大/最小）/L	3.7/1.5
电机类型	KB/04-132 M
电机功率/kW	7.5
防护等级	IP5.5
运用质量/kg	161×（1±5%）

VV120/150-1 型压缩机单元通过螺旋钢丝以 4 点悬挂方式弹性安装在构架上，空气压缩机与车体安装设备之间采用软管连接，这样使传递给车体的振动降到最低点。VV120/150-1 型压缩机具有低噪声的特点，在额定转速下，在 4～6 m 的距离处所发出的最大噪声是 64 dB。压缩机采用溅油式润滑，因此不需要额外的装置（如油泵、过滤器或阀等）。

VV120/15-1 型空气压缩机为两级压缩，低压级有两个气缸，高压级只有一个气缸。空气由低压缸吸入并由一个干式空气过滤器滤清。此干式空气过滤器给压缩机最佳的保护，维护只需要更换滤芯。一个真空指示器用来显示滤芯内的灰尘集结情况。

VV120/150-1 型空气压缩机有一个集成的内冷却器和二次冷却器。空气在通过内冷却器前已进行了预压缩，此空气送到高压缸进行下一步的压缩，直到输出最后的压力 10×10^5Pa。

在空气压缩机出口前的一个紧凑的二次冷却器为空气干燥器单元提供了最佳的条件。连接压缩机和空气干燥器的高压软管的上游有一个安全阀。

冷凝风扇装有黏性联轴器。因此，根据环境温度和压缩机出口温度可以连续自动地进行冷却调节。这种结构保证了压缩机在良好的工作温度下运行。同时黏性联轴器作为离合器，当物体卡住风扇，离合器就会打滑，避免损坏。

空气压缩机的两个低压活塞缸和一个高压活塞缸在同一个曲轴上呈 W 形布置，采用 400 V 的三相交流电来驱动。电动机和压缩机通过自动找正的中间联轴节来连接，对微小未对准的采用桶状形式进行柔性连接。具有弹性载荷的活塞金属盘在空气冷却的铸铁气缸中运动。

空气压缩机的润滑采用飞溅的方式，润滑油液通过曲轴在曲轴箱中的旋转离心力进行飞溅润滑。通过一个结合过滤器安装在曲轴箱的出气口处，用来分离活塞运动产生的空气中的润滑油。这些油将通过油槽回到曲轴箱的油槽中，可视镜能够指示曲轴箱中润滑油的油量，油箱中的油量决不允许从可视镜中消失，油量太少会导致温度过高或停机，油量过高会导致阀体碳化。

空气压缩机在进行压缩低压空气时，空气先经过油纸过滤器后进入空气压缩机，产生的低压空气经过中间冷却器将压缩产生的热能逸散，低压空气经过高压活塞缸进一步压缩产生的高压空气进入后冷却器进行冷却，产生的高压空气经过空气干燥器处理后进入供风系统。

两个桶状的空气过滤器安装在空压机的入口处起过滤的作用，用来保护空气压缩机。它的旋转是充分利用离心力的原理来分离空气灰尘中大的颗粒和除去潮湿空气的水分，水分和灰尘的颗粒将先收集到空气压缩机舱中一个小的容器中，在空气压缩机停止运转时利用重力排除。

为了防止空气压缩机中的压力过高，在空压机中安装两个安全保护阀，一个呈线性安装在两个低压活塞缸和中间冷却器之间（正常设置为 0.5 MPa），另一个呈线性安装在高压活塞缸和后冷却器之间（正常设置为 1.4 MPa）。

2）VV230/180-2 型

VV230/180-2 型空气压缩机排气量为 1 500 L/min，输出压力为 1 100 kPa。转速为 1 520 r/min，用 1 500 V 直流电动机通过弹性万向节直接驱动。VV230/180-2 型空气压缩机共有四个气缸，分两段压缩，低压压缩和高压压缩。低压压缩是将外界大气压缩至 260 kPa 左右，然后再进入高压压缩将压力提高至 1 000 kPa。低压压缩段有三个气缸，其气缸直径为 95 mm；高压段有一个气缸，其气缸直径为 85 mm。每个气缸顶部都设有吸气阀和排气阀，外界大气通过设在空气压缩机进气口处的油浴式滤清器的净化后，被吸入低压气缸进行压缩，然后再送至高压缸进一步压缩。高压力的压缩空气还必须经过冷却器冷却使其温度降低，以便进行油水分离，从而得到洁净、干燥的压缩空气缸，其气缸直径为 85 mm。每个气缸顶部都设有吸气阀和排气阀，外界大气通过设在空气压缩机进气口处的油浴式滤清器的净化后，被吸入低压气缸进行压缩，然后再送至高压缸进一步压缩。高压力的压缩空气还必须经过冷却器冷却使其温度降低，以便进行油水分离，从而得到洁净、干燥的压缩空气。

VV230/180-2 型空气压缩机在直流电动机的直接驱使下以 1 520 r/min 的速度旋转，每分钟可提供 1 MPa 的压缩空气 1 500 L。另外，空气压缩机的启动与停止是受压力开关控制的。在直流传动车中，其压力开关设置为 700 kPa/850 kPa（交流传动车为 750 kPa/900 kPa），前者为开启压力，后者为停止压力。在气路中还设置了 1 000 kPa 的安全阀，以防压力开关失效。另外，其所采用的吸入式空气滤清器与 DC01 型电动列车空气压缩机的滤清器也不相同，它采用过滤纸过滤，效果较油浴式滤清器好，但应用成本较高。冷却风扇的叶片不直接安装在曲轴端头上，而是通过温控液力万向节联接的。此万向节在温度较低时，万向节内的液体黏度很低，不传递转矩。使用这种万向节可节约空气压缩机的能源。

3）HS10-3 型空气压缩机

西安地铁每辆 Mp 车（带受电弓的动车）配备有一个风源模块（包括 HS10-3 型空气压缩机和除湿装置），能够为空气制动和辅助用风系统提供足够的、干燥的压缩空气。

HS10-3 型空气压缩机采用三相交流电动机驱动，由 4 架防振橡胶悬挂在车体上。从空气压缩机供给的压缩空气经过具有可挠性的特氟龙软管输送到除湿装置，吸收压缩机机组上所产生的振动。过滤器、油面观察孔、滤清器均集中装配于空气压缩机侧面，以便于维修保养。HS10-3 型空气压缩机的外观如图 2.47 所示。

图 2.47　西安地铁 HS10-3 型空气压缩机外形

三、螺杆式空气压缩机

1. 工作原理

螺杆空气压缩机为双轴旋转排放式机械，按加压输送原理工作。空气压缩机螺杆组包括两个相互啮合的有螺旋形沟槽的转子，转子具有不对称的啮合型面，并在一个铸铁壳体内旋转，结构如图 2.48 所示。

图 2.48　螺杆式空气压缩机的工作原理

进气入口是从径向（出气出口是从轴向）通过空气压缩机螺杆壳体内特殊形状的通道。当转子旋转时，叶片之间的空气体积连续地变化。当入口打开时，空气被吸入。当出入口都被转子盖住时，空气被压缩，同时向出口运动。当转子继续旋转，其后打开出口时，压缩空气就以最终的压力被排出。这种结构的内部压缩比是由壳体内出入口的大小和位置确定的。注入空气压缩机内的油将转子的叶片在它们的啮合点上和它们与壳体的接触点上密封分隔开。另外，油还将压缩作用产生的热量吸收并带走。压缩过程实际上是绝热的。为了使内部的回注损失最小，不允许空气压缩机转速低于其额定转速。

油的注入只能出现在转子的旋转方向正确时，当转子反向转动时会造成设备的损坏，这里只允许最多 2 s 的反转（检查电机的接线顺序是否正确）。

在这里所讲的螺杆式空气压缩机的工作原理，是以螺杆的一个沟槽为例介绍的，并且把它的工作过程分为吸气、压缩和排气三个阶段。实际上空气压缩机螺杆的工作转速很快，而且主动螺杆和从动螺杆的每一个沟槽，在运转过程中都承担着相同的任务，即它的空腔在进气侧打开时吸进空气，然后再将其带到排气侧压缩后排出。螺杆相邻两个沟槽的同一个工作阶段，尽管有先有后，但由于这个过程的速度非常快，而且周而复始，所以实际上是重叠发生的。这就形成了螺杆式空气压缩机工作的连续性和供气的平稳性，保证了它的低振动和高效率。

螺杆式空气压缩机的工作循环，是在啮合的螺杆齿和沟槽间一个接一个周而复始连续不断地进行的。而且它的压缩过程是当沟槽里的空气被挤进排气腔中才完成的，所以没有像活塞式空气压缩机那样的振动和排气阀开闭形成的冲击噪声。

2. 工作过程

如图 2.49 所示，螺杆式空气压缩机的工作过程分为吸气、压缩和排气三个阶段。

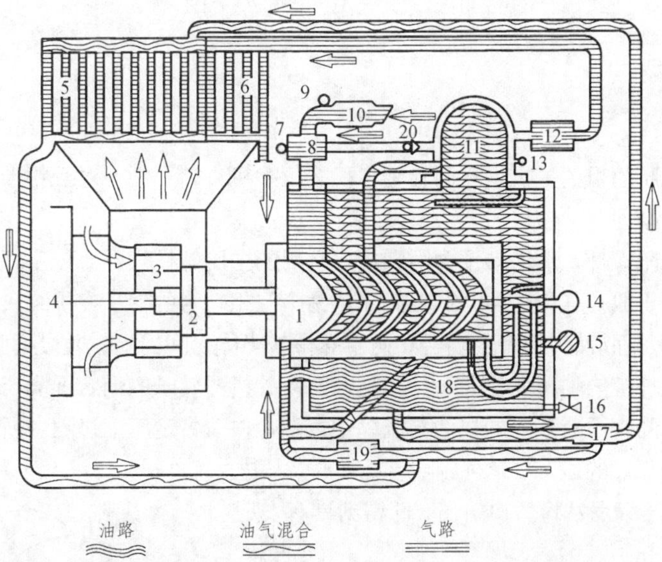

1—螺杆式空气压缩机；2—万向节；3—冷却风机；4—电动机；5—空、油冷却器（机油冷却单元）；
6—冷却器（压缩空气后冷却单元）；7—压力快关；8—进气阀；9—真空指示器；
10—空气滤清器；11—油细分离器；12—最小压力维持阀；13—安全阀；
14—温度开关；15—视油镜；16—泄油阀；17—温度控制阀；
18—油气筒；19—机油过滤器；20—单向阀。

图 2.49　螺杆式空气压缩机的作用与结构

（1）吸气过程。螺杆安装在壳体内，在自然状态下就有一部分螺杆的沟槽与壳体上的进气口相通。也就是说，在任何时候，无论螺杆式空气压缩机的螺杆旋转到什么位置，总有空气通过进气口充满与进气口相通的沟槽。这是压缩机的吸气过程。主副两转子在吸气终了时，已经充满空气的螺杆沟槽的齿顶与机壳腔壁贴合，此时，齿槽内的空气即被隔离，不再与外界相通无法再相对流动，即被"封闭"。当吸气过程结束后，两个螺杆在吸气口的反面开始进入啮合，并使得封闭在螺杆沟槽里的空气的体积逐渐减小，压力开始上升，压缩随之开始。

（2）压缩过程。随着空气压缩机两转子的继续转动，封闭有空气的螺杆沟槽与相对螺杆齿的啮合，从吸气端不断地向排气端进行，啮合的齿逐渐占据原来已经充气沟槽的空间，并挤压这个沟槽里的空气，使之体积逐渐变小，而压力则随着体积的变小而逐渐升高。空气被裹带着一边转动，一边被继续压缩，这个过程从吸气结束开始，一直延续到排气口打开之前。当前一个螺杆齿端面转过被它遮挡的机壳端面上的排气口时，在沟槽内的空气即与排气腔的空气相连通，受挤压的空气开始进入排气腔，至此在空气压缩机内压缩的过程结束。这个体积减小压力渐升的过程，就是空气压缩机的压缩过程。在压缩过程中，空气压缩机不断地向压缩室和轴承喷射润滑油。

（3）排气过程。压缩过程结束，封闭有压缩空气的螺杆沟槽的端部边缘与壳体端壁上的排气口边缘相通时，受到挤压的压缩空气被迅速从排气口排出，并进入空气压缩机的排气腔。随着螺杆副的继续转动，螺杆啮合继续向排气端的方向推移，逐渐将沟槽里的压缩空气全部挤出。这就是空气压缩机的排气过程。

螺杆式空气压缩机壳体的进气口开口的大小及边缘曲线的形状，是与螺杆的齿数及螺旋角的角度相关的。而空气压缩机后端壁上的排气口开口形状（呈现为蝶形）及尺寸也是由空气压缩机的压缩特性及螺杆的断面齿形所决定的。

3. 结构组成

1）基本结构

螺杆式空气压缩机的主机是双回转轴容积式压缩机，转子为一对互相啮合的螺杆，螺杆具有非对称啮合型面。

主动转子为阳螺杆，从动转子为阴螺杆。常用的主副螺杆齿数比依空气压缩机容量的不同而有所不同，一般为 4∶5、4∶6 或 5∶6。两个互相啮合的转子在一个只留有进气口和排气口的铸铁壳体里面旋转，螺杆的啮合和两个螺杆与壳体之间的间隙通过精密加工严格控制，并在工作时向螺杆腔内喷压缩机油，使间隙密封，并将两转子的啮合面隔离，防止机械接触时产生磨损。另外，不断喷入的机油与压缩空气混合，可带走压缩过程中所产生的热量，以维持螺杆副长期可靠的运转。螺杆副啮合旋转时，从进气口吸气，经过压缩后从排气口排出，即得到具有一定压力的压缩空气。

如图 2.50 所示的螺杆副是由一对齿数比为 4∶6，以特定螺旋角互相啮合的螺杆组成的。其中，阳螺杆（通常作驱动螺杆）为凸形不对称齿，而阴螺杆（通常作从动螺杆）为瘦齿形弯曲齿。两螺杆的齿数断面线形是专门设计并精密磨削加工而成的。

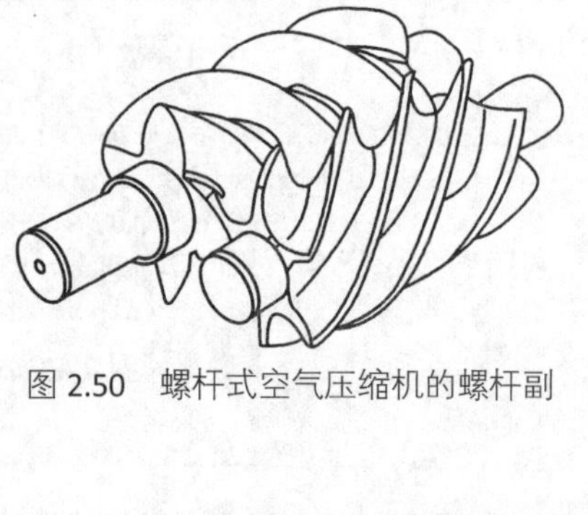

图 2.50　螺杆式空气压缩机的螺杆副

2）典型机型简介

图 2.51 所示为螺杆式空气压缩机的结构。TSA-0.9AR 型螺杆式空气压缩机是城轨车辆系统中常用中的一种螺杆式压缩机，制动系统提供压缩空气。

三相电动机由法兰安装，机头安装于油气筒内，并且采用内置油分离器。在油气筒上还安装有油过滤器及温控单元，来控制油路循环系统。风机后盖与蜗壳刚性连接。蜗壳内装有离心式风扇，固定于机头的联轴器上。蜗壳上装有空-油冷却器，由冷却风扇对压缩空气和润滑油进行冷却。

3）螺杆式空气压缩机的特性参数

质量：295 kg；

空气流量：0.9 m^3/min（根据 GE 154.87-1995）；

温度开关动作温度：（105 ± 5）°C；

运转率：30% ~ 100%；

启动频率：$C \leqslant 30$ Hz/h；

工作温度：－25 ~ ＋40 °C；

排气温度：≤环境温度（+15 °C）；

润滑油：6 L。

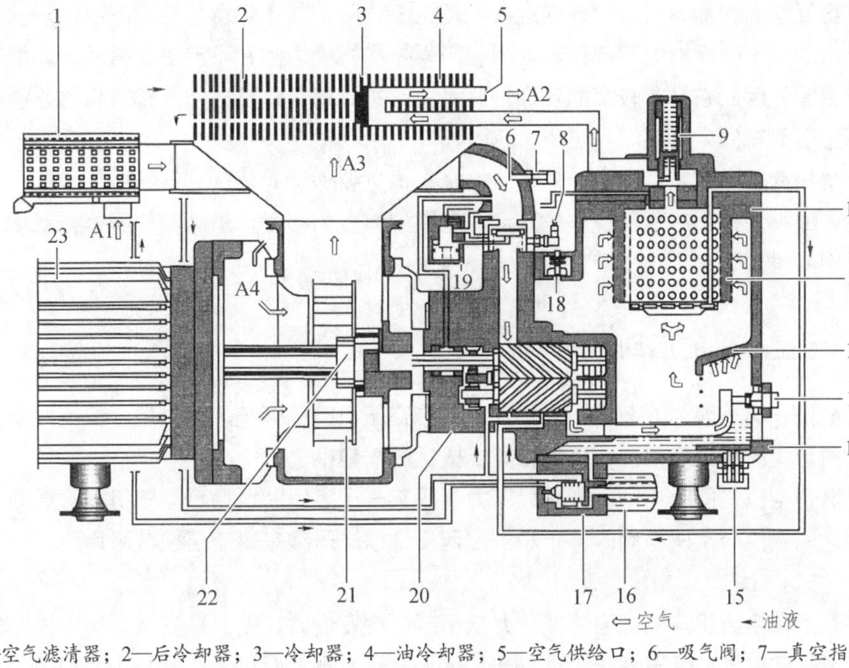

1—空气滤清器；2—后冷却器；3—冷却器；4—油冷却器；5—空气供给口；6—吸气阀；7—真空指示器；8—压力开关；9—压力维持阀；10—油气筒；11—油细分离器；12—隔板；13—温度开关；14—电加热器（可选）；15—放油阀；16—油过滤器；17—温控阀；18—安全阀；19—卸荷阀；20—机头；21—离心式风扇；22—联轴器；23—电动机；A1—空压机空气入口；A2—压缩空气出口；A3—冷却空气。

图 2.51　螺杆式压缩机的结构

4. 螺杆式空气压缩机的运转

如图 2.51 所示，空气经过滤清器 1 并由吸气阀进入机头的吸气端 6 在机头 20 的吸气终点进行压缩，压缩后的空气通过连接在机头上的排气管进入油气筒 10 内。如果空压机在无负载时启动，最小压力阀将保持关闭状态，使油气筒内迅速建立压力，从而形成循环润滑。

当油气筒内压力达到 600 kPa 时，最小压力阀开始打开，向空气系统输送空气。当系统压力达到设置值时，空气压缩机停机，此时最小压力阀关闭，而保持系统压力。随后将通过卸荷阀 19 释放油气筒内的压力。空压机每次停机时，油气筒内的压力会通过气控卸荷阀自动卸放，最小压力阀和进气阀此时也处于关闭状态。停机时，油气筒内的压缩空气会倒流到进气口，从而使卸荷阀打开，油气筒内的压缩空气会通过空气滤清器排向大气，短时间内将压力释放到 300 kPa 以下。剩余的压力通过进气阀下的排气小孔排出，直到油气筒内的压力为 0。该控制很大程度上抑制润滑油产生气泡。在（7 ± 1）s 后，能够低负荷再次启动。

5. 主要特点

（1）噪声低、振动小。当螺杆式空气压缩机工作时，旋转部件中两个螺杆的运动没有质心位置的变动，因而没有产生振动的干扰力。经精密加工和精密磨削制造的阴、阳螺杆和机壳之间，两两互相紧密贴合，其啮合时通过喷油实现密封和冷却，并不产生机械接触和摩擦，因而工作中的噪声较低。并且喷油润滑也使噪声强度大大降低，一般不超过 85 dB（A）。另外，因为压缩空气的过程是连续的，不受气阀开闭的制约，所以压缩空气的流动也是连续而且平稳的。

（2）可靠性高和寿命长。螺杆式空气压缩机工作时，除了轴承和轴封等部件外，没有其他因相对运动而承受摩擦的零部件。因阴、阳螺杆和机壳之间并不产生机械接触，即在工作中不产生摩擦，因此它具有较高的可靠性并可免维护。通常螺杆式空气压缩机的检修周期可以保证不短于整车的大修期。

（3）维护简单。在其运行中，检查、检修人员只要保证螺杆式空气压缩机的机油油位不低于油位计或视油镜刻线，保证空气滤清器未脏到堵塞的程度，那么空气压缩机就能工作，不需要特别的维护。

四、两空压机的启动方式

国内地铁车辆一般为 6 节编组，并安装两台空压机给整列车风源供风，但不同地方的地铁车辆，两台空压机的启动方式不仅相同，概括起来包括：

（1）两台空压机同时启动：当总风压力低于某一规定值时，两台空压机同时启动，直到达到规定之后，两台空压机同时停止。例如西安地铁 2 号线车辆空压机就采用两台空压机同时启动的方式。

（2）激活端空压机启动：当总风压力低于某一规定值时，此时只有激活端司机室的空压机启动打风。只有当总风压力很低时（规定确定值），此时为尽快给总风压力打风，此时两台空压机同时启动。例如广州地铁 2 号线车辆空压机就采用激活端空压机启动的方式。

（3）空压机隔日启动：制动控制单元通过软件设置，两台空压机隔日进行启动。例如西安地铁 1 号线车辆空压机就采用两台空压机隔日启动的方式。

【任务实施】

如果条件允许，让学员现场观察空压机的悬挂方式和组成，并讲解空压机的工作原理。

【效果评价】

评 价 表

<table>
<tr><td>项目名称</td><td>项目 2　城市轨道交通车辆基础制动与供风装置</td><td>学生姓名</td><td></td></tr>
<tr><td>任务名称</td><td>任务 7　空气压缩机</td><td>分数</td><td></td></tr>
<tr><td colspan="2">项　目</td><td>分值</td><td>考核得分</td></tr>
<tr><td colspan="2">1. 说出空压机的组成</td><td>25</td><td></td></tr>
<tr><td colspan="2">2. 说出活塞式空压机的工作原理</td><td>25</td><td></td></tr>
<tr><td colspan="2">3. 说出螺杆式空压机的工作原理</td><td>15</td><td></td></tr>
<tr><td colspan="2">4. 列举目前地铁两台空压机的启动方式</td><td>25</td><td></td></tr>
<tr><td colspan="2">5. 有没有计划和组织</td><td>10</td><td></td></tr>
<tr><td colspan="4">教师简要评语：

教师签名：</td></tr>
</table>

任务 8　压缩空气处理单元

【活动场景】

在城市轨道交通车辆检修车间的空气制动检修车间进行教学。

【任务要求】

1. 认识压缩空气处理单元的基本组成和作用原理；
2. 掌握空气干燥处理器的基本原理、过程并会做简单故障处理。

【知识准备】

空气压缩机输出的高压压缩空气中含有较高的水分和油分，必须经过空气干燥器将其中的水分和油分分离出去，才能达到车辆中各用气箱体对压缩空气的使用要求。空气干燥器一般都做成塔式的，有单塔和双塔两种，以上海地铁为例，上海地铁 1 号线直流传动车采用的是单塔式空气干燥器，而交流传动车则使用的是双塔式空气干燥器。

压缩空气在城轨车辆中，因安全性高、结构简单而被广泛应用。但由于压缩空气是从大气中得到的，杂质很容易混入，特别是压缩空气中的水分。压缩机吸入大气储存压缩能，由于大气中含有水蒸气，水蒸气被一同吸入压缩机压缩，因此在压缩空气中含有大量的浓缩水蒸气，但由于空气中含水蒸气的量是有限度的，一旦超过限度，多余的水蒸气就会结露变成水滴。在空气中含水蒸气的限度（饱和水蒸气量）随温度而变化。温度越低含量越少，例如按二次冷却器冷却温度排出结露的水后，由于配管或设备内气温的变化或绝热膨胀再冷却后还会再次有冷凝水产生。冷凝水的危害是：① 在设备及配管内结冰，引起重大事故；② 使设备及配管内锈蚀，缩短使用寿命；③ 污染设备及配管内部造成检修困难；④ 发生的锈蚀引起网眼堵塞。

因此，城轨车辆供风系统中的空气压缩机提供的风源必须经过干燥器的干燥，去除压力空气中存在的水分和油气，防止管路的堵塞。干燥器有单塔式和双塔式干燥器，目前应用主要以双塔式为主。

一、空气处理单元

空气处理单元包括预过滤器、干燥器、过滤器、加热器、压力阀和压力控制开关。

1. 预过滤器

干燥器前通过预过滤器去除压缩空气中润滑油及固体尘埃；可更换滤芯拦截细小微粒；过滤器下游压缩空气含油量小于 1 mg/m^3 以及含尘量达到国际标准 3 级的要求。过滤器通过常闭电磁阀将污物及液态水排出。

2. 干燥器

1）干燥器的结构及工作原理

干燥器的外形结构如图 2.52 所示，为无热再生双塔吸附干燥器。它由收集空气压缩机开关信号的控制箱控制工作。干燥器气控原理如图 2.53 所示，工作原理如图 2.54 所示。

当电控阀处于关闭位，在弹簧力的作用下，组合阀 COV2 开启，组合阀 COV1 关闭。此时干燥塔 T1 切换至再生状态，干燥塔 T2 进入吸附干燥状态。来自空气压缩机的饱和湿空气进入干燥器，通过组合阀 COV2 进入干燥塔 T2，之后经过干燥塔下部的油水分离器，去除油、水及固体尘埃。之后压缩空气进入干燥塔中的干燥床，当压力达到出口压力止回阀设定值后由出风口排出。压缩空气进入总风缸。在左右出气腔进气室之间有相连通的小孔，此小孔使一部分干燥后的洁净压缩空气进入干燥塔 T1，在干燥塔 Tl 内干燥洁净的压缩空气反向穿过干燥床，带走干燥剂工作所吸收的水分，将内部液态油、水固体尘埃聚集在油水分离器底部，由总排污阀排出。

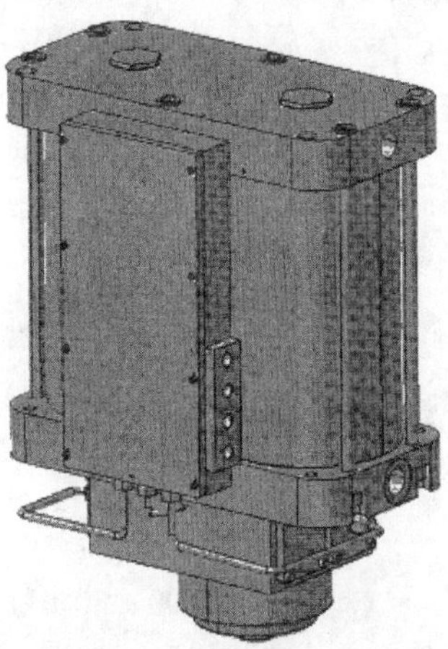

图 2.52　干燥器的外形

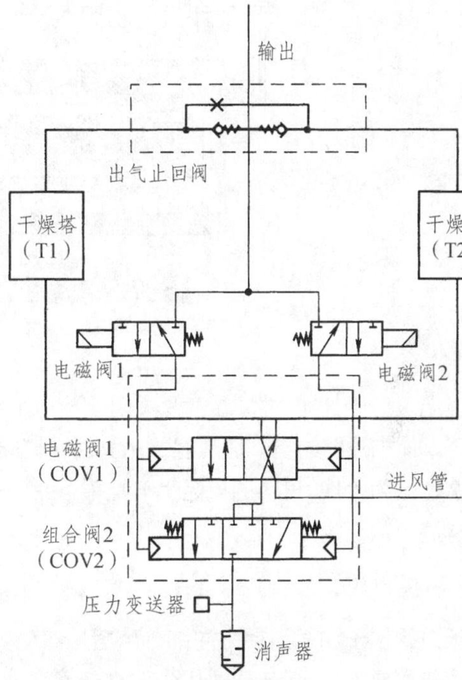

图 2.53　干燥器气控原理

当干燥塔 T2 达到再生设定时间，干燥塔 T2、T1 相互转换吸附—再生，完成一个工作循环。在每一次转换循环中，每个干燥塔轮换担任吸附、再生角色。这样，左右两塔重复地进行着吸附和再生工作。超过指定的温度，干燥器的干燥介质将产生永久性的降解。

2）干燥器故障检测及恢复

在干燥器正常工作过程中，一旦发生故障，故障信号将由干燥器传出。当电磁阀正常（输出电压为 110 V）时绿灯亮，如果电磁阀短路（输出电压变为 0）则红灯亮；当无泄漏故障（输出电压为 110 V）时绿灯亮亮，如果出现泄漏故障（压力损失输出电压变为 0）则红灯亮。出气口安装压力传感器检测压力，如果在 20 s 内检测不到，控制器就会给出一个故障信号。

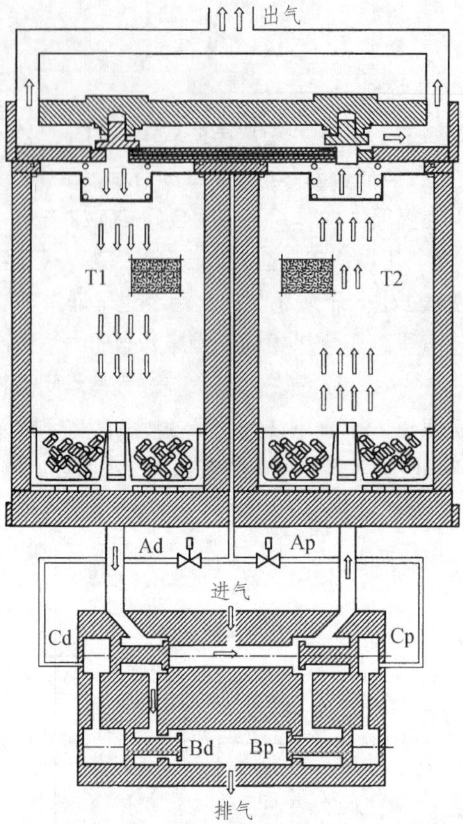

图 2.54　干燥器的工作原理

3）加热器

当环境温度低于 5 °C 时，温度开关闭合给电加热器供电；当环境温度高于 10 °C 时，温度开关断开，使加热器断电。加热器是由 PTC 材料制造，即使温控开关故障，加热器的温度也不会升高，因为 PTC 材料的电阻上升比温度上升的斜率快，所以可以由 PTC 材料的高阻抗来减少电流，从而温度不会再升高。

4）最小压力阀

最小压力阀位于油气筒上方油细分离器出口处，开启压力设定于（600 ± 50）kPa。最小压力阀的功能主要为：① 启动时优先建立起润滑油的循环压力，确保机器的润滑；② 压力超过（600 ± 50）kPa 后开启，可降低流过油细分离器的空气流速，除确保油细分离效果之外，还可保护油细分离器避免因压差太大而受损；③ 止回功能：当停机后油气筒内压力下降时，防止主风缸内压缩空气回流。

以下为最小压力阀的主要参数：① 设定值（0.4 ± 0.05）MPa；② 最高压力 1.1 MPa；③ 工作压力 0 ~ 1 MPa；④ 工作温度 − 40 ~ 12 °C。

5）压力开关控制板

压力开关控制板上有一个手动开关用于隔离来自空气压缩机的气路，一个测点接头用于可能的压力测试。

二、空气干燥过滤器的工作过程

1. 干燥器的工作原理

干燥筒中的干燥剂（吸附剂）是结晶的金属硅酸铝，当带水分的压力空气流过干燥剂时，干燥剂具有很有规律的微孔，吸附流过的空气中的水分。而且这种硅酸盐干燥剂的微孔大小可选择吸附水分子，而较大的油分子却不能同时吸附。吸附作用的特点是在压力下吸附，在大气压或负压下再生，即压力越高，温度越低，单位吸附量所能吸收的水分量就越多；反之，吸附量就少。这就是“压力吸附与无热再生”。

2. 工作过程

图 2.55 所示为双塔式空气干燥器的工作原理示意图，其工作状态从外形轮廓上显示出 A 塔处于干燥阶段时，而 B 塔处于再生阶段。定时器单元产生的信号决定电磁阀的开关，电磁阀处护 S1 位置是打开的。在该通路处有活塞阀 A 和 B，活塞阀处于 A1 位置时关闭，处于 A2 位置时打开；同样活塞阀处于 Bl 时打开，处于 B2 时关闭。潮湿的压力空气进入干燥器 A 塔进行干燥，然后经过检查阀 C1 和压力维持阀 C3 进入压缩空气系统。其中一小部分被转移，另一部分通过每个控制阀给电磁阀提供压力空气并且驱动活塞阀，还有部分通过节流孔进入再生干燥塔 B 进行再生作用。

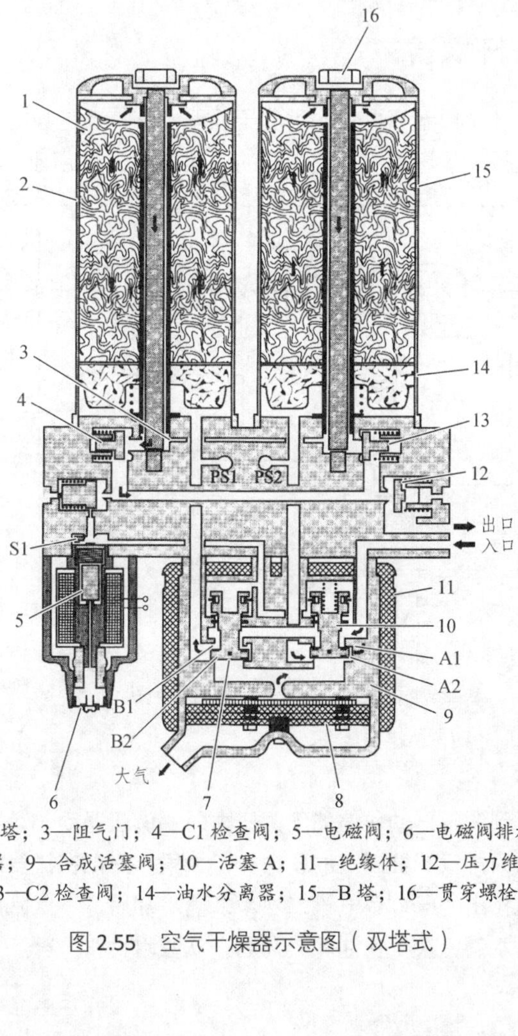

1—干燥剂；2—A 塔；3—阻气门；4—C1 检查阀；5—电磁阀；6—电磁阀排水口；7—活塞 B；8—消音器；9—合成活塞阀；10—活塞 A；11—绝缘体；12—压力维持阀 C3；13—C2 检查阀；14—油水分离器；15—B 塔；16—贯穿螺栓。

图 2.55　空气干燥器示意图（双塔式）

压力空气膨胀通过干燥剂，产生饱和的湿空气通过打开的阀座 Al 和消音器排出塔体外。

2 min 后干燥循环计时器根据电磁阀的开关信号移动来关闭阀座 S1，释放阀 A 和阀 B 的控制压力空气，由阀的控制弹簧来改变活塞的位置，打开阀座 A1 和 B2，关闭阀座 A2 和 B1。 潮湿的饱和压力空气进入干燥塔 B，在这里压力空气，被处理并且通过检查阀 C2 和压力维持阀 C3 进入压缩空气系统。一小部分通过节流孔进入再生干燥塔 A 来干燥饱和湿干燥剂。为确保系统有效地工作，压力空气在干燥器中须尽快干燥，在压力维持阀的端部是空气干燥器的输出门，当里面的压力空气达到预先设定的压力值时该阀才被打开。同样，活塞阀的动作也要求准确、快速地进行。为了能够快速动作就要求在电磁阀的入口处安装弹簧载荷控制阀，直到里面的压力空气达到足够的压力时能打开该控制阀来控制活塞阀迅速的动作。

检查阀 C1 和 C2 是为了防止压力空气回流到再生干燥塔中。空气压缩机上的定时器开关的时间是相等的，它是按照设定程序来控制开启和关闭的时间的。空气压缩机停止运转时，则循环计时器同样也停止工作，当空气压缩机重新开始运转时，计时器也重新开始为干燥塔的开关进行计数。通过这种方式能防止干燥剂过分饱和潮湿并确保再生干燥剂完全干燥。如果空压机控制系统产生一个主要故障而让系统失去功能，但该装置仍然保证空气在干燥器中的流向。在每个干燥器的干燥塔上有压力开关 PSl 和 PS2，当干燥器存在故障时，它们将把该错误信息通过 BCE 发送到 FIP 系统。

三、单塔式空气干燥器

单塔式空气干燥器是一种无热再生作用的干燥器，其特点是吸附剂的吸附作用与再生作用在同一个干燥筒内进行。单塔式空气干燥器的原理如图 2.56 所示。

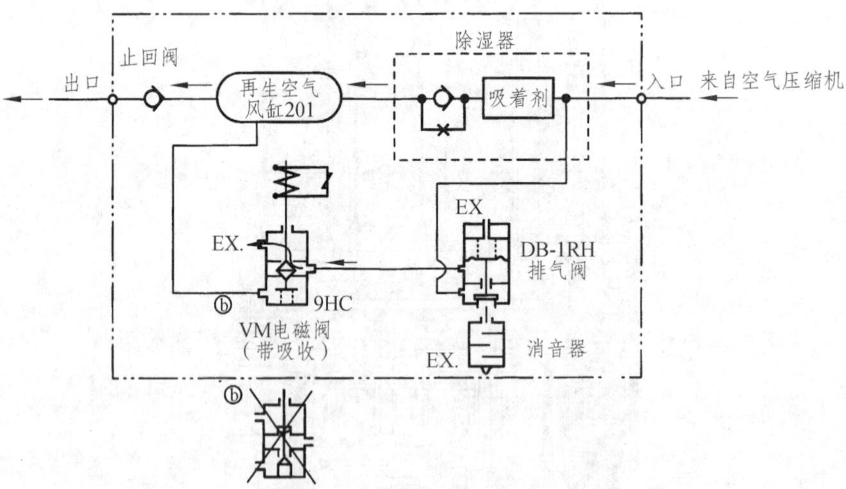

图 2.56 单塔式干燥器作用原理

1. 除湿作用

总风缸的压力降低到调压器动作值的下限压力时，调压器动作，在空气压缩机开始运转的同时电磁阀励磁，因为排气阀控制室的压力排向大气，所以在排气阀弹簧的作用下排气口关闭。因此，从空压机排出的压缩空气被二次冷却器冷却后，进入除湿装置的入口，送给除湿器，在吸附剂外部将水滴、灰尘、油等分离后，从吸附材料外部流入吸附材料内部。在这里充分除湿后，通过除湿器的逆止阀部，进入再生空气风缸，与此同时，通过逆止阀送到总风缸。

2. 再生作用

除湿后的空气被送到总风缸，总风缸的压力上升，一达到调压器的上限压力值时，调压器动作，空压机停止运行。电磁阀消磁，排气阀控制室与再生空气风缸连通，因此排气阀在控制室压力的作用下打开，使从空气压缩机到除湿器逆止阀部之间的压缩空气急速地排向大气，同时从压缩空气分离出来的水分、灰尘、油等污物也被排出。

另外，再生空气风缸内被干燥后的压缩空气通过除湿器上部的缩孔，膨胀到大气压力，以更干燥的状态逆向通过吸附材料内部，将之前吸收的水分，从排气阀排出。再生空气风缸的压力降低，吸附剂的再生完了后，排气阀在弹簧的作用下，自动地关闭排气口。

图 2.57 所示为单塔式空气干燥器的结构原理图，由图可知它主要由油水分离器、干燥筒、排泄阀、电磁阀、再生储风缸和消声器等组成。在油水分离器中存有许多拉希格圈（一种用铜片或铝片做成的有缝的小圆筒），干燥筒则是一个网形的大圆筒，其中盛满颗粒状的吸附剂。

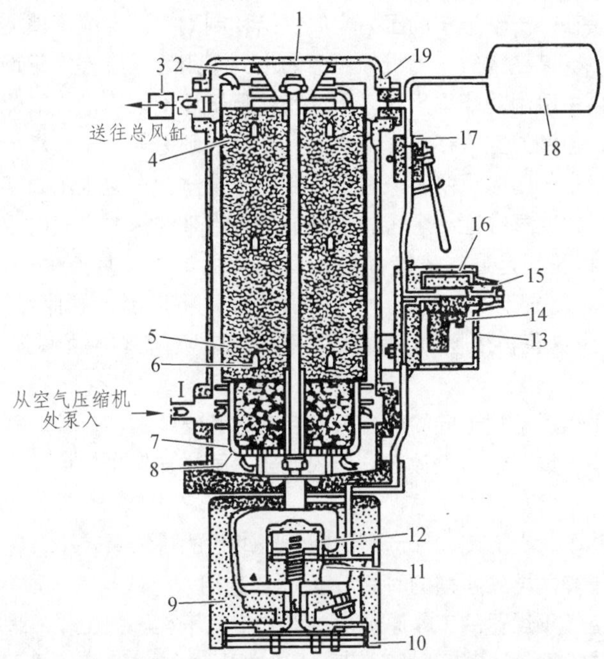

1—空气干燥筒；2—弹簧；3—单向阀；4—带孔挡板；5—干燥筒筒体；6—吸附剂；7—油水分离器；8—拉希格圈；9—排泄阀；10—消声器；11—弹簧；12—活塞；13—电磁阀；14—线圈；15—排气阀；16—衔铁；17—带排气的截断塞门；18—再生储风缸；19—节流孔。

图 2.57　单塔式空气干燥器

空气干燥器的工作过程如下：空气压缩机输出的压力空气从干燥塔中部的进口管进入干燥塔后，首先到达油水分离器。当含有油分的压缩空气与拉希格圈相接触时，由于液体表面张力的原因使空气中的油滴很容易地吸附在拉希格圈的缝隙中，这样就将空气中的油分大部分就被排去了；然后空气一再进入干燥筒内并通过吸附剂，吸附剂能大量地吸收空气中的水分。只要干燥筒上方输出的空气湿度$\psi < 35\%$，即可满足车辆各用气系统的需要。洁净而干燥的压力空气输向主储风缸，而分离后留在干燥塔内的油和水还要进行再处理。从空气干燥塔输出的干燥空气有一部分通过干燥塔顶部的另一小孔储入再生储风缸。当总储风缸压力达到储风缸的通路设有单向阀，故主储风缸的压力空气不能倒回至干燥塔内，而这时再生储风缸内干燥的压力空气将回冲至干燥器内，并且沿干燥筒、油水分离器一直到干燥塔下部的积水积油腔内。在下冲的过程中，回冲干燥空气不仅吸收了吸附剂中的水分，同时还冲掉了拉希格圈上的油滴，使吸附剂和拉希格圈都得到还原，使之在以后的净化和干燥中可以继续发挥作用。再生储风缸还有一条管路通向积水积油腔底部的排污阀门。管路中间有一个电磁阀，其电磁线圈与空气压缩机的压力开关相接。当空气压缩机关闭时，电磁阀线圈失电，气路导通，再生储风缸内的压力空气顶开积水积油腔底部的排泄阀门，使积水积油腔内的水和油通过消声器迅速排向大气。当压力达到3.5×10^5Pa时，空气压缩机即停止工作，干燥塔顶的压力也将迅速降低。

四、双塔式空气干燥器

双塔干燥器安装在每一辆拖车的压力空气供给和制动控制合成模块上，它的再生干燥剂采用活性氧化铝并且安装在空气压缩机的后面为全列车用风系统提供干燥、清洁的压力空气。空气干燥器单元的再生吸附功能采用双塔干燥器并且干燥剂采用活性氧化铝。双塔的运转形式采用平行工作制，当潮湿空气在一个塔中进行干燥时则另一个干燥塔的干燥剂正在再生。当潮湿的压力空气从空气压缩机中出来后进入双塔干燥器，在这里压力空气中的水和油将被彻底分离出来，当压力空气经过一个塔的干燥剂后，出来的压力空气的相对湿度为35%。

电磁阀的打开和关闭是通过安装在电磁阀体内的计时芯片产生的信号进行控制的，电磁阀位于空气干燥器支架的底部。一些干燥的空气将流出、膨胀经过正在干燥的干燥塔，通过干燥和膨胀这些再生困难和湿透的干燥剂来吸附其中的水分，最后将饱和的湿空气排入大气中。

通常用来控制干燥器空气走向的部分被安装在铝管支架上，在干燥器上所有管路和电器接口都已做好，双塔干燥器也被安放在支架的顶部，同样支架也作为这个单元的安装面，并用螺栓固定好。

相对于直流传动车，交流传动车选用的空气压缩机的排气量较小，它停止工作间隙小，能满足单塔式空气干燥器再生所需的时间 ，因此要选用双塔式空气干燥器。通过上面的学习我们知道，双塔式空气干燥器的工作原理与单塔式空气干燥器的工作原理类似，只不过它采取的不是时间分段法，即一段时间吸污，下一段时间再生和排污，而是采取双塔轮换法，即一个塔在去油脱水的同时，另一个塔进行再生和排污，过后两个塔的功能对换，以此达到对缩空气可连续进行去油、脱水的目的。双塔式空气干燥器没有再生储风缸，而是依靠两个干燥塔互相提供回冲压力空气排污。但它设有一个定时脉冲发生器，使两个干燥塔的电磁阀定时地轮换开、关，以使两个塔的功能能够定时进行轮换。

五、除湿装置

图2.58所示为西安地铁2号线地铁车辆空气压缩与除湿装置。由图可知，除湿装置位于压缩机的下方，储风缸的上方，其功能是去除压缩空气中水蒸气、雾状的油及水，也可去除

灰尘。除湿装置还安装有一个单向阀，当空气压缩机发生故障时或空气压缩机管路破损时，可防止压缩空气从原气缸管排出。

图 2.58　除湿装置示意图

【任务实施】

空气压缩机输出的高压压缩空气中含有较高的水分和油分，必须经过空气干燥器将其中的水分和油分排去才能达到车辆上各用气系统对压缩空气的使用要求。空气干燥器无须特殊保养，一般只做常规检查。空气干燥器里没有移动部件，因此一般不会有磨损的问题。如果发生故障需要修理时，需做如下检修:

1. 空气干燥器分解检查

拆开空气干燥器，必须首先要对分解后的干燥器零部件进行清洁，并检查是否有裂纹、变形或锈蚀等损伤。

2. 吸附剂更换

如果在排泄阀的出口处有白色沉淀物或是吸附剂过饱和，必须检查吸附剂，如有必要则要更换。一般来说，吸附剂每 4 ~ 5 年需要更换一次。

3. 拉希格圈清洗

用于吸油的拉希格圈，可以用碱性清洁剂清洗，再用清水洗涤，最后用压缩空气吹干即可。

4. 进行功能测试

干燥器组装完成后，应对它的功能进行测试，测试应在专用测试设备上进行。测试主要检查干燥器是否有泄漏、排泄功能是否正常、消声器的工作效果等。按照设计要求，经过干燥的压缩空气，其相对湿度应小于 35%，这是必须要测试的项目，可以使用压力露点计或相对湿度计来检查其是否达到要求。

5. 干式空气滤清器的维护及更换说明

（1）遵守产品安全手册要求，检修工作只允许由受过专业培训的人员在授权车间进行，使用原装备件时，必须保证在两次检修之间供气设备功能正常。

（2）内置干式空气滤清器可通过观察作为附加装置的真空指示器，当发现滤清器内侧脏污时应及时保养维护。

（3）压缩空气机机组运行 1 000 h 或最迟 12 个月后更换干式空气干燥滤清器。

【效果评价】

评 价 表

项目名称	项目2　城市轨道交通车辆基础制动与供风装置	学生姓名	
任务名称	任务8　压缩空气处理单元	分数	
项　目		分值	考核得分
1. 说出空气处理单元的重要性和基本组成		20	
2. 说出压缩空气的干燥方式及原理		30	
3. 说出压缩空气干燥的过程		20	
4. 说出目前空气干燥器的结构和类型		30	
教师简要评语： 教师签名：			

任务 9　风源系统辅助设备

【活动场景】

在城市轨道交通车辆检修车间或在具备能完整展示城轨车辆风源系统课件的多媒体教室进行教学。

【任务要求】

1. 认识车下空气管路上各部件的名称及功能；
2. 掌握各截断塞门手柄状态与截断塞门通断的关系；
3. 熟悉高度调整杆的工作原理；
4. 掌握常用电磁阀、紧急电磁阀的结构及导通条件。

【知识准备】

空气制动系统包括的相关设备很多，空气制动管路上安装的设备主要包括风缸、截断塞门、止回阀、减压阀、空气过滤器、安全阀，参与制动控制及给制动计算提供信号的设备有防滑阀、常用电磁阀、紧急电磁阀、高度调整杆等，下面将这些进行一一说明。

一、温度开关

在失油、油量不足、冷却不良等情况时，均可能导致排气温度过高。当排气温度达到温度开关所设定的温度值时，则温度开关断开而停机。检查温度开关时，拔下温度开关上的电线护套，用电阻表测量温度开关两接线柱间的电阻，在温度没有达到断开时该电阻为 0。

二、压力开关

每当空气压缩机停机后，油气筒内和进气口处是空载的，因此机器可以在很小的负荷下再次启动。卸压过程不是一个突变的过程，而是通过控制定时的过程。这就是空气压缩机停机后，要等卸压完成才能再次启动的原因。安装在空气压缩机上的膜片式压力开关，可以确保空气压缩机再次在小于 300 kPa 条件下启动。

压力开关受进气阀阀座内压力控制，空气压缩机停机后，油气筒内压力立即传至进气阀阀座内，压力开关断开。随着油气筒内的压力被卸荷阀快速卸除，进气阀阀座内压力也降低，当压力小于 300 kPa 时，压力开关恢复接通，此时压缩机才能再次启动，保证了电动机在低负载下启动，空气压缩机再次启动的最长时间间隔为（7 ± 1）s。空气压缩机运行时，进气阀腔内压力低于大气压力，压力开关处于接通状态。压力开关在出厂前已设定好，请勿随意调整。

三、风　缸

图 2.59 所示为城轨车辆风缸实物图。风缸的作用是储存压缩空气，为相关设备供风。城轨车辆上安装的风缸主要有总风缸、制动风缸、空气弹簧风缸以及个别地铁上还有升弓风缸

和门控制风缸等。不同的风缸以及不同地铁的同一风缸容量、尺寸以及悬挂不尽相同，但风缸下面一般都装有排水塞门或排水堵，作用是可以定期排出风缸内的冷凝水。

图 2.59　风缸实物图

四、截断塞门

图 2.60 所示为截断塞门的结构和作用原理。截断塞门的作用是当空气管路局部故障或需要进行部分隔离时使用的设备。一般情况下截断塞门的手柄与管路平行时为开启状态，手柄与管路垂直为关闭状态，但个别厂家在设计时，为现场人员日常检修方便，截断塞门的正常状态设为手柄与管路平行（此时管路不一定导通），而非正常状态设为手柄与管路垂直（此时管路不一定断开）。

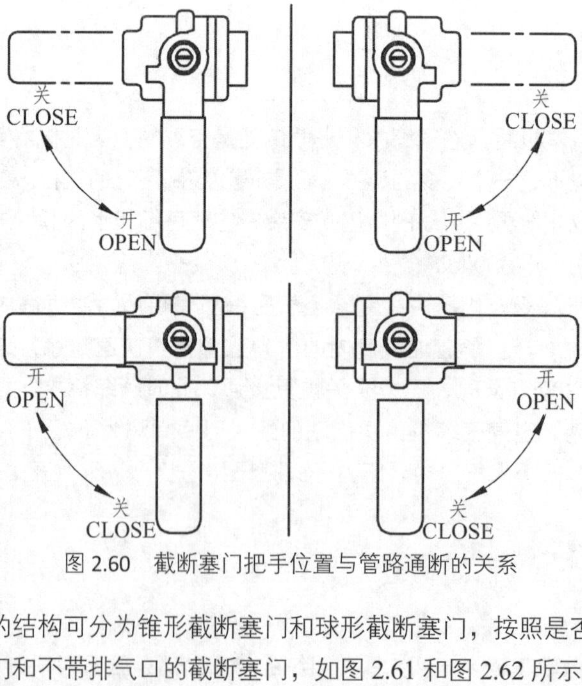

图 2.60　截断塞门把手位置与管路通断的关系

按照截断塞门的结构可分为锥形截断塞门和球形截断塞门，按照是否自带排气又可分为带排气口的截断塞门和不带排气口的截断塞门，如图 2.61 和图 2.62 所示。

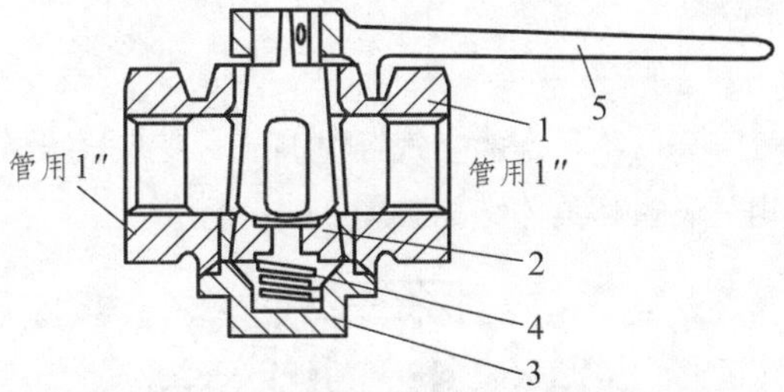

1—阀体；2—塞门芯；3—盖；4—弹簧；5—手柄。

图 2.61　锥芯独立式截断塞门

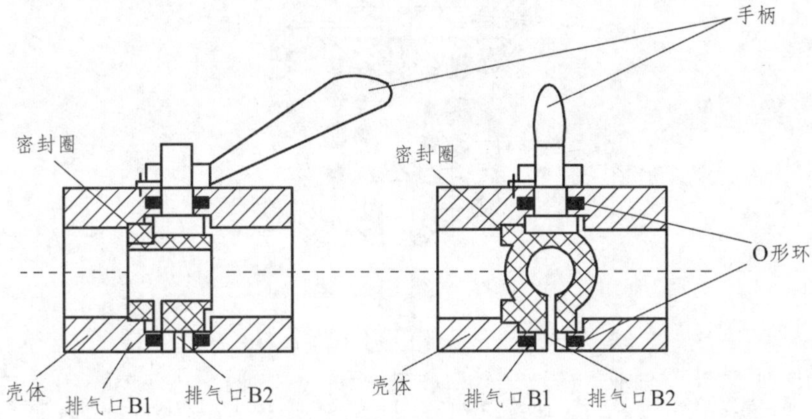

图 2.62　带排气口的截断塞门

五、止回阀

止回阀即单向阀，如图 2.63 所示，当空气供给中断时，单向可防止已输进风缸和风管的空气回流。阀（2）对打开和关闭会产生一个缓冲作用，以防止阀过早磨耗并减少振动所产生的噪声。缓冲由阀（2）杆后部导座（1）上的空气室产生。当阀打开时，空气被压缩并只可从阀杆和导座之间有限的环形间隙漏出；相反，当阀再次关闭时气流进入空气室的速度会降低，由此产生阀的缓冲并减少振动。

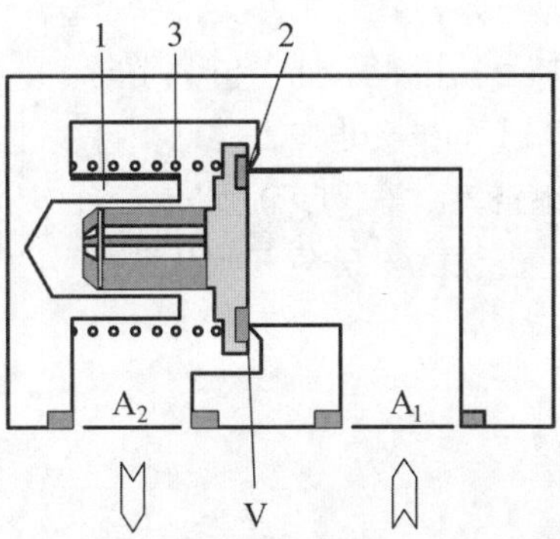

1—导座；2—阀；3—弹簧；V—阀座；A1—进气口；A2—排气口。

图 2.63　单向阀工作原理示意图

六、减压阀

减压阀的作用是将气压高、不稳定的空气经过调节后变成气压稳定且压力在要求范围内的压力空气，然后供给相关设备，具体结构如图 2.64 所示。

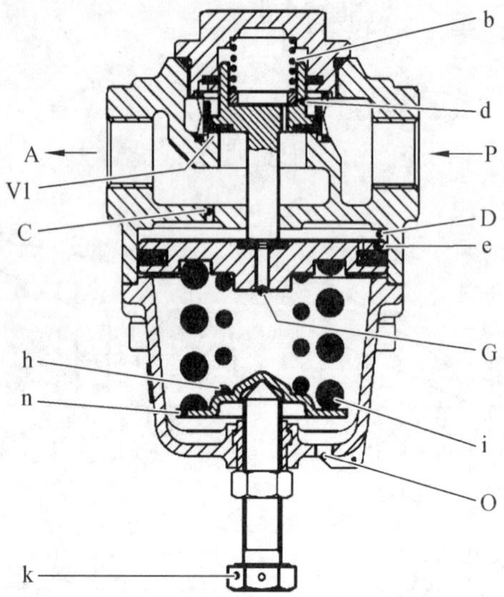

b—压缩弹簧；d—阀头；e—活塞；h—压缩弹簧；i—压缩弹簧；k—六角头螺钉；n—弹簧座；V_1—管座；A—第二压力；C—孔；D—活塞（e）上面的室；E—均衡口阀头（d）；F—阀头（d）内均衡孔；G—活塞（e）内排气孔；O—排气孔；P—第一压力。

图 2.64　减压阀结构

首先进入的压缩空气流经第一孔 P 并把第二孔 A 的管座 V1 打开，也通过孔 C 进入 D 室并对活塞的上端充气（e）。压缩空气通过均衡口 E 并进入阀头（d）上部的 F 室，活塞（e）向下推，第二压力和活塞力克服弹簧张力（h）和（i）。

当超过第二压力时，压力安全装置起作用，活塞（e）从阀头（d）的推杆抬起，排气口 G 打开，提升的第二压力排至大气中，这个过程持续到第二压力减少到需要值，活塞（e）随后再一次提起，阀头（d）的摩擦推杆再一次抬起，关闭排气口 G，没有抬起阀头（d）管座 V1。

正常耗气时，阀的气压正常下降，也从第二孔 A 漏气。这打乱了平衡状态并允许活塞（e）由弹簧（h）和（i）向上推，由于摩擦作用，阀头（d）的推杆也向上移动，打开管座 V1，后者开着直到压缩空气由第一口 P 加入，压缩弹簧（h）和（i），力的平衡重新建立，充气开始并且过量充气结束。

七、空气过滤器

图 2.65 所示为空气过滤器的结构示意图。空气过滤器是用于防止杂质和潮气渗进安装在空气制动系统顺流方向的敏感部件，可以保护这些敏感的设备不受损坏。空气过滤器对在多尘环境下运行列车的制动系统的可靠性具有极其重要的作用。

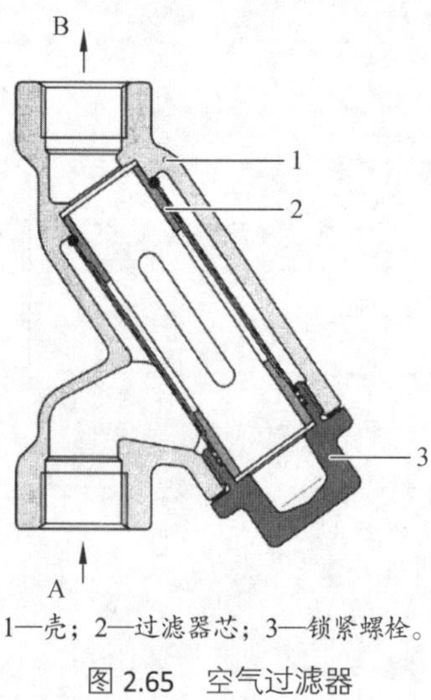

1—壳；2—过滤器芯；3—锁紧螺栓。

图 2.65　空气过滤器

八、安全阀

安全阀是空气制动系统中保证空气压力不至于过高的重要部件。安全阀的结构如图 2.66 所示，在它中间的顶杆是导向杆，底部的阀门可以上下滑动。调整螺母将一个弹簧压在阀门上面，弹簧压力使阀门关闭，弹簧压力可由调整螺母调节。当空气压力超过规定压力时，则空气压力抵消弹簧力，将阀口顶开，释放压力空气。有时空气压力没有超过规定压力，但需要释放压力，也可以用工具向上拔起阀杆，即可打开阀口。

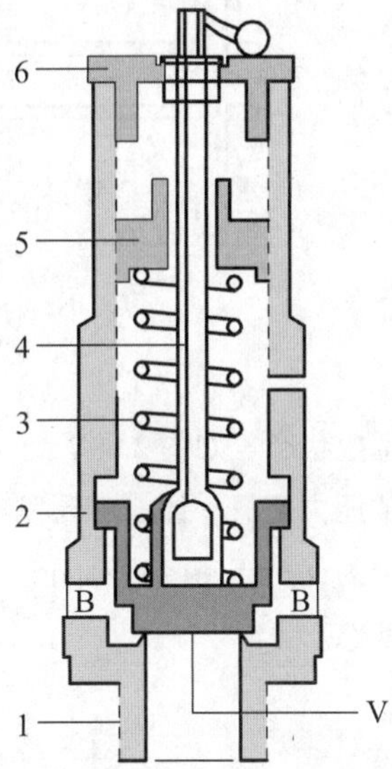

1—阀体；2—活塞；3—弹簧；4—顶杆；5—调节螺母；6—上盖；B—排气口；V—阀口。

图 2.66　安全阀

当车上的主风缸压力开关调节不当或排气管线上有堵塞现象而致使油气筒内压力高出安全阀整定值时，安全阀即会自动起跳而卸压，使压力降至设定的排气压力以下。安全阀于出厂前已经过整定（一般整定值为 1 250 kPa），请勿随意调整。此安全阀必须考虑作为最后一级的安全条件。在实际情况下，还有一个安全阀安装在空气处理单元的下游用来保护各种设备。这个安全阀在作用上等同于第一个安全阀，它的压力设定值为 1.06 MPa。

九、防滑阀

1. 非滑行时

因为滑行检测器的信号是 OFF，保持阀、排气阀均是 OFF 状态，处于制动位置，如图 2.67 所示。BC 压力空气从进气口（IN）流入，经排气阀侧的电磁阀，流入排气阀侧膜片的背压室 d，引起排气阀侧膜片关闭。a 室的压力空气，依靠自身的压力将保持阀侧膜片推开，流入出气口（OUT）。 因此，BC 压力空气从进气口（IN）供到出气口（OUT）。

2. 滑行时

根据滑行检测器的指令，进行缓解、重叠、制动三位置的作用。

（1）缓解作用。如图 2.67 所示，根据缓解指令，保持阀、排气阀均励磁，处于缓解位置。进气口（IN）的压力空气流入保持阀侧膜片的背压室 b，引起保持阀侧膜片关闭。另外，排气阀侧膜片的背压室 d 的压力空气，经排气阀侧电磁阀，流出到排气口（EX）。c 室的压力空气，依靠自身的压力将排气阀侧膜片推开，流出到排气口（EX）。因此，制动缸侧的压力空气从出气口（OUT）经 c 室流出到大气中，进入缓解状态。

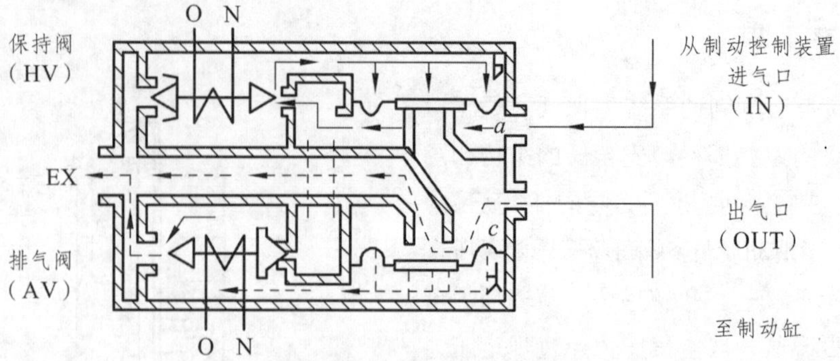

图 2.67　缓解（排气）位置

（2）重叠状态。如图 2.68 所示，根据保持指令，只有排气阀去磁，处于制动位置。进气口（IN）的压力空气，经排气阀侧电磁阀，流入排气阀侧膜片的背压室 d，引起排气阀侧膜片关闭。因为保持阀侧膜片是闭合状态，所以制动缸侧的压力空气能够保持一定量的状态，进入重叠状态。

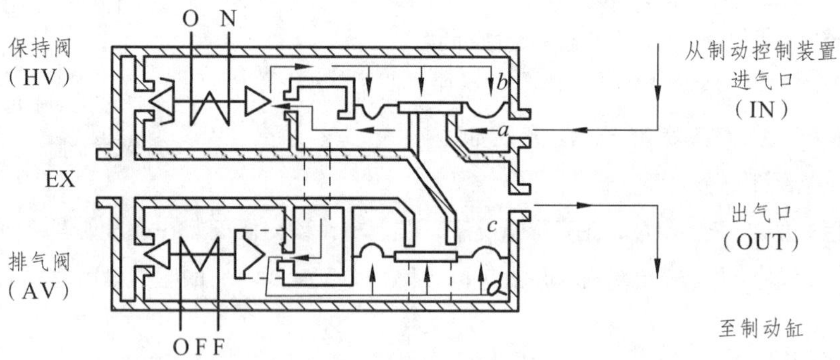

图 2.68　重叠（保持）位置

（3）制动作用　如图 2.69 所示，根据供给指令，保持阀也去磁，处于制动位置。 排气阀已去磁，导致制动缸侧压力空气的排气被切断。保持阀侧膜片的背压室 b 的压力空气，经电磁线阀流出到排气口（EX）。因为 a 室的压力空气，依靠自身的压力将保持阀侧膜片推开，流入出气口（OUT），所以 BC 压力空气再次从进气口（IN）供到出气口（OUT），进入制动状态。

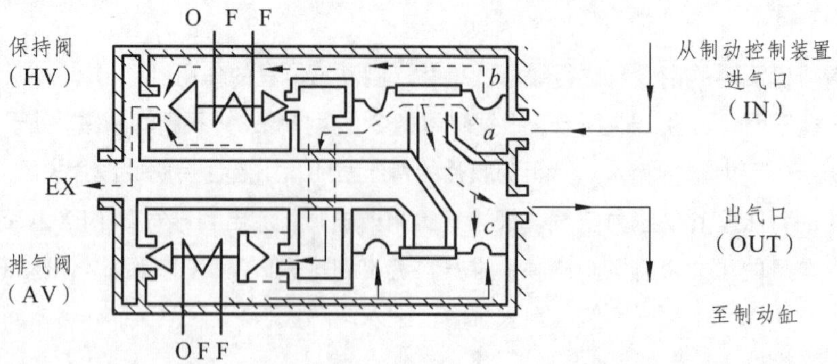

图 2.69　制动（供给）位置

十、常用电磁阀

1. 常用电磁阀

常用电磁阀（见图 2.70）装有本体、铁心、电磁芯棒、线圈、线圈盖、O 形密封圈、弹簧等各 2 个，主要部件全部由本体和线圈盖覆盖着。各线圈的 2 根导线露在上部。

电磁阀通过两个电磁阀的 ON/OFF，来组成供给、重叠、排气 3 个位置，控制中继阀指令压力（AC 压力）。常用电磁阀具有下述特征：

（1）因为是直动型，所以响应性好。

（2）橡胶阀、O 形密封圈的使用及部件的个数较少，容易维护。

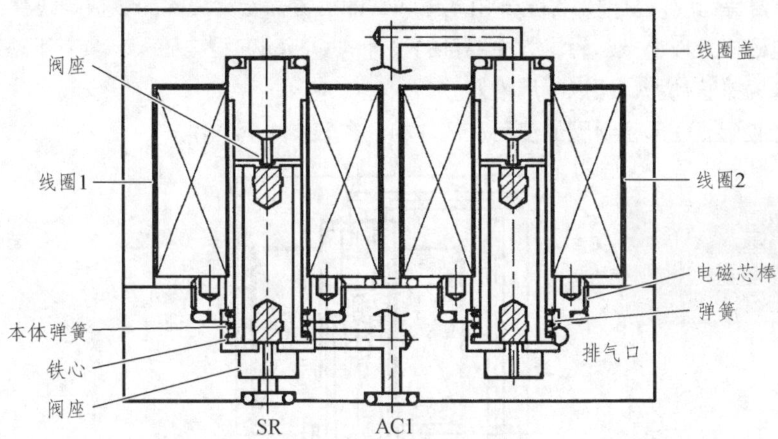

图 2.70　常用电磁阀结构

2. 工作原理（见图 2.71）

1）供给作用

如果在线圈 1、2 上都施加电流，铁心就会克服弹簧被磁力吸上，脱离电磁芯棒下部的阀座，在电磁阀上部的阀座上就位。因此，断开了与 AC1 和排气口的连接，停止排气的同时，SR 的空气经过通路 SR-AC1 向 AC1 侧供给。

2）重叠作用

只在线圈 2 上施加电流，线圈 2 的铁心克服弹簧被磁力吸上，脱离电磁芯棒下部的阀座，在电磁芯棒上部的阀座就位。因此，断开了与 AC1 和排气口的连接，处于重叠位置。

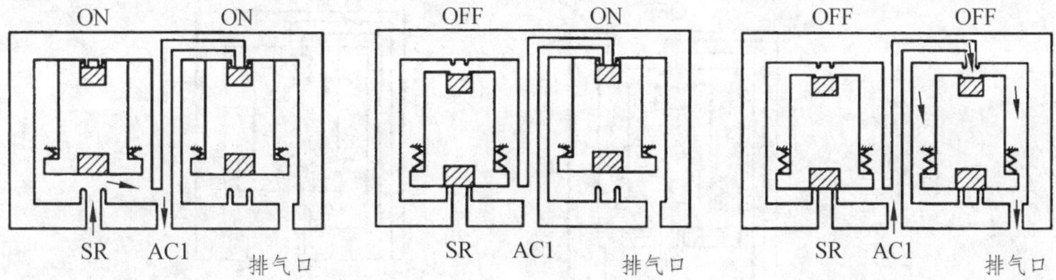

（a）供给位置　（b）重叠位置　（c）排气位置

图 2.71　常用电磁阀的工作原理

3）排气作用

线圈 1、2 被消磁，铁心被弹簧力压到下方，脱离电磁芯棒上部的阀座，在电磁芯棒下部的阀座上就位。因此，断开了与 SR 和 AC1 的连接，断开 SR 侧空气的同时，AC1 侧的空气经过通路 AC1—排气口从排气口向大气排出。

十一、紧急电磁阀

1. 基本组成及特点

紧急电磁阀的结构如图 2.72 所示，其是由本体、铁心、电磁芯棒、线圈、线圈盖、O 形密封圈、弹簧等组成，主要部件全部由本体和线圈盖覆盖着。线圈的 2 根导线露在上部。

紧急电磁阀是以小型、轻量为主要目的设计的 ON/OFF 型电磁阀，具有下述特征：

（1）因为是直动型，所以响应性好。

（2）橡胶阀、O 形密封圈的使用及部件的个数较少，容易维护。

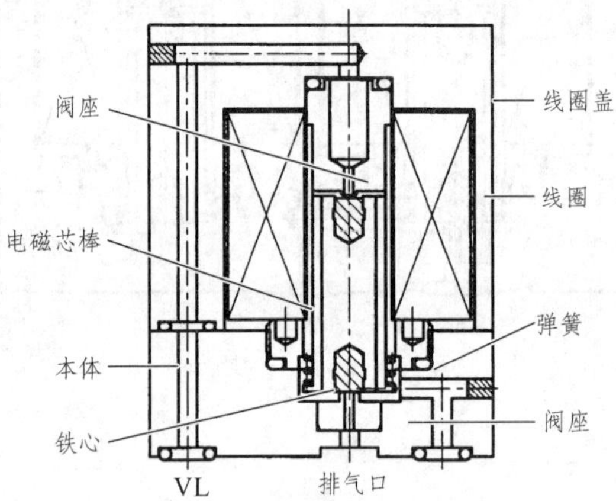

图 2.72　紧急电磁阀的结构

2. 基本工作原理（见图 2.73）

1）供给作用

如果线圈消磁，铁心被弹簧力压到下方，脱离电磁芯棒上部的阀座，在电磁芯棒下部的阀座上就位。因此，断开了与排气口和 AC2 的连接，排气停止的同时，VL 空气经过通 VL-AC2 向 AC2 侧供给。

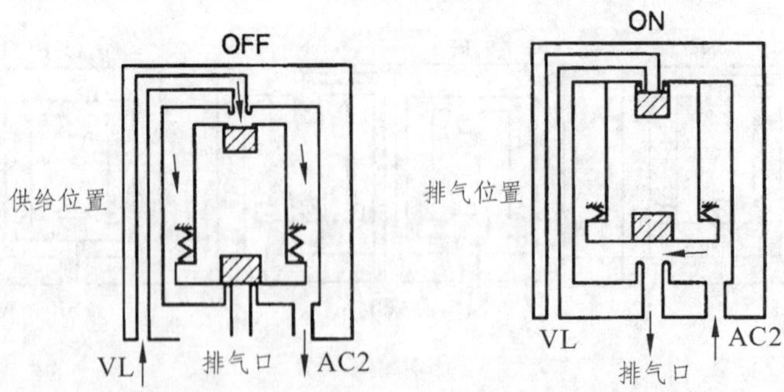

（a）供给位置　　（b）排气位置

图 2.73　紧急电磁阀的工作原理

2）排气作用

如果在线圈上施加电流，铁心就会克服弹簧被磁力吸上，脱离电磁芯棒下部的阀座，在电磁芯棒上部的阀座上就位。因此，断开了与 AC2 和 VL 的连接，断开 VL 空气的同时，AC2 空气经过通路 AC2—排气口从排气口向大气排出。

十二、高度调整杆

如图 2.74（a）所示，空气弹簧由于车体载荷的增加被压缩，杠杆向上倾斜，经过一定时间以后活塞开始动作，打开供气阀，主储气槽里的高压空气流到空气弹簧里，空气弹簧随其逐渐充满，杠杆退回到水平位置的同时，供气阀会立即关闭。

相反，减轻车体荷载时，如图 2.74（b）所示，空气弹簧恢复原状押下杠杆，使它向下倾斜后，经过一定时间，活塞向图 2.74（a）所示的相反方向动作，而放开排气阀。空气弹簧内的空气经过排气孔排放在大气中。然后，空气弹簧被压缩而杠杆回到水平位置的同时，立即关闭排气阀。

由上述可知，开放供气阀或排气阀时，给它安排规定的延迟时间，相反，关闭阀门时极快速地闭合，这是本阀门的最大特征。这项动作是以活塞来控制。下面加以更详细的说明。

如图 2.74（a）所示，杠杆顶上去，缓冲弹簧被扭转，利用其弹簧力来使缓冲悬臂下面的凸起部推压活塞，使它向右方移动。活塞备有的吸气阀有止回阀的作用，活塞的右面作为油压室，并与气缸盖上备有的节油器的功能相结合，形成阻尼器的效果。流到节油器而被阻止的油分经过主体背面的通路回流到中央的油室里。此时，节油部分产生抵抗，使它供给延时作用。

此期间活塞的左面成为负压状态，就吸气阀会放开，从中央油室流出来的油来补油。随着这种活塞的动作，缓冲悬臂开始回转，使供气阀放开，同时主储气风缸的空气移动到空气弹簧里。

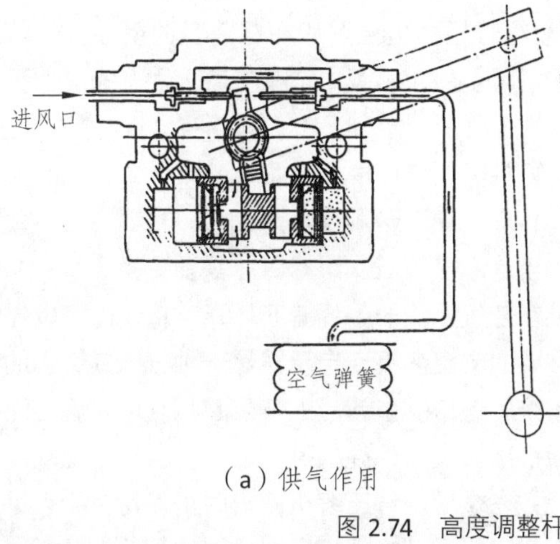

（a）供气作用

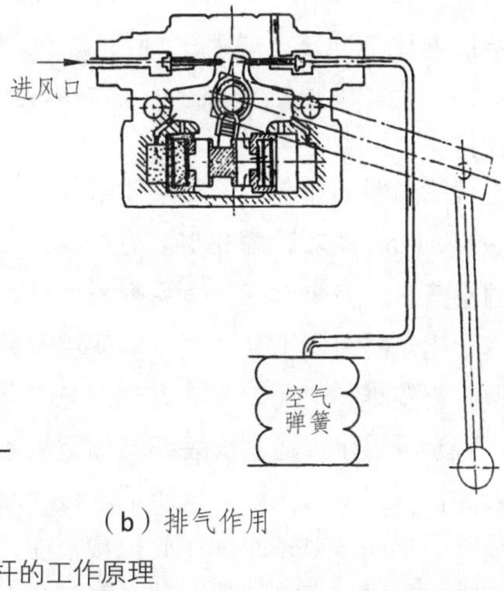

（b）排气作用

图 2.74　高度调整杆的工作原理

相反，关闭时，缓冲弹簧和缓冲悬臂的凸起部推压活塞，而使它退还到中央位置，但本阀的机构上此时不致构成缓冲作用。即如图 2.75 所示，活塞前面有流油的通路 a，所流到这里的油不承受抵抗力，更不会受到压缩力的状态从该部位流出来，因此，绝无抑制活塞的动作。该通路等到活塞退还到中央位置的同时会阻塞，而形成对下面的活塞动作给予延时功能的机构。

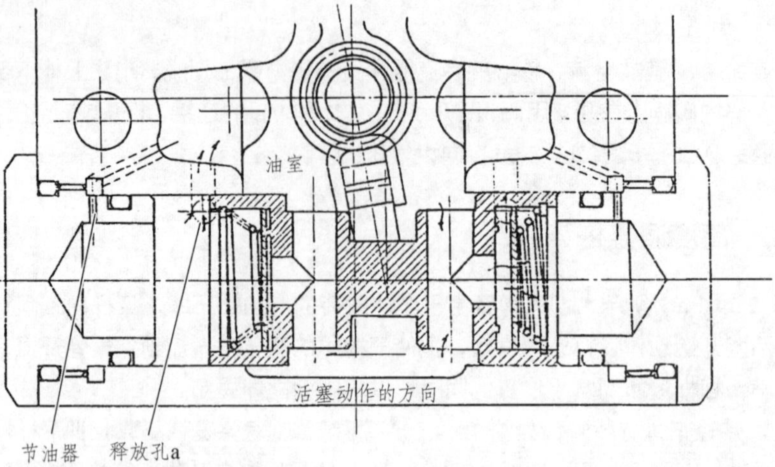

图 2.75　活塞部的作用

由这样一系列的动作，即使车辆行走中空气弹簧上发生振动，强迫地动作了弹簧臂，但由于阻止器的抵抗力，可有效防止缓冲悬臂的动作，结果空气弹簧的振动吸收到缓冲弹簧中，有效减少供气、排气的动作。从而，能够防止空气的浪费，同时，能使阀门迅速地动作，将能提高控制的稳定性。

如果车辆行走中，万一有漏气或载荷有倾向等，空气弹簧的高度超过规定位置，高度阀就会立即进行上述的过程来调整高度。

十三、空气滤清器及真空指示器

过滤良好的无尘进气，可以降低空气压缩机的磨损，延长使用寿命。因此，在空气压缩机的进气口处都配有组合式空气滤清器。它的特点是最大限度地清除尘埃。当空气从空气滤清器入口切向进入时产生旋流，它使颗粒较粗的尘土沉积在滤清器内壁上，再落入壳体后盖内。粗滤度可达 80%，从而大大延长了滤芯的寿命。沉积在壳体后盖的尘土可通过隔膜阀排出。

空气滤清器的滤芯为干式纸质过滤器，它对空气进行精细过滤，过滤精度：3 μm 的颗粒为 99.9%；1 μm 的颗粒为 99%。进行维护工作时，滤芯被卸下，安全滤芯可以防止尘土进入干净的空气口。安全滤芯的寿命很长，只有当滤芯被第五次维修时才需要更换。

真空指示器有助于最大限度地使用安装在空气滤清器中的滤芯。真空指示器可以显示出滤芯何时需要维护，而以这种方式避免不必要的支出。真空指示器是一种气压式工作的精密仪器，带光学显示，通常安装在压缩空气系统的进口。当滤芯上灰尘越积越多，滤芯流体阻力就越大，结果，一个红色指示活塞被逐渐推出，进入外壳的透明部分。当指示活塞能全部看见或箭头指向 5 kPa 时，在此位置锁住，并在螺杆空气压缩机停机时仍保持完全可见，倒掉后盖内尘土或应更换滤清器芯。重新装上空滤器后，按下指示器顶端的复位按钮复位。

十四、油路系统

油路系统由油细分离器、温控阀、油冷却器和油过滤器等组成。润滑油是利用压差原理进行循环，无油泵。当空气压缩机运行时，在油气筒内形成压力，推动油通过油过滤器，然后将油传送到螺杆组的轴承、传动机构以及注油点处。所传输的油用来润滑机器，将转子的叶片在它们的端部密封分隔开，并将压缩作用所产生的热量带走。由空气压缩机所传输的油气混合物流过输出口并打在油气筒中的隔板上，这个过程对油液起粗滤作用。然后空气再通过油细分离器细滤。在这一阶段过滤后的油液被收集在油细分离器的底部，经过空气压缩机油气筒中压力的作用，油通过回油管返回到空气压缩机螺杆组。

1. 油细分离器

油细分离器的滤芯是用多层细密玻璃纤维制成，压缩空气中所含雾状油气经过油细分离器几乎可被完全滤去，排气含油量则可低于 5×10^{-6}。至于润滑油的选择，忌使用假油或再制油。

2. 温控阀

油冷却器前装有一个温控阀，其功能是维持排气温度在压力露点温度以下，避免空气中的水汽在油气筒内凝结而乳化润滑油。刚开机时，润滑油温度低，此时温控阀自动开启通往机体的油路，油不经过油冷却器而进入机体。若油温升高到 7 °C 以上，温控阀被逐渐打开至油冷却器的通路，至 93 °C 时全开，此时油会全部经过油冷却器再进入机体内。

3. 油过滤器

油过滤器是一种纸质的过滤器，其功能为除去油中杂质，如金属微粒、油的劣化物等，以保护轴承及转子。若油过滤器未及时更换则可能导致进油量不足，造成排气温度升高，以致停机；或油过滤器内的旁通阀开启，使脏油未经过滤即进入压缩机内，损伤转子、轴承及壳体。在更换油过滤器时，应使用专用带式扳手，夹住黑色滤筒，按顺时针方向旋转，拆下旧的油过滤器，用手旋上新的油过滤器。

4. 润滑油型号

喷油螺杆空气压缩机只有在当它的油路系统正常发挥作用时才能平稳工作。为了避免损坏转子部件，润滑油必须在启动后几秒内完成以下功能：

（1）使啮合的转子与壳体之间的间隙密封。

（2）吸收并带走压缩过程产生的热量。

（3）润滑滚动轴承和受载荷的转子面。

正确选择润滑油是极其重要的。因为在铁路工作状态下，温度变化范围很大。每一种等级的润滑油都有其本身特定的温度与温度特性。随着温度的降低，油的运动黏度会加大，使空压机低温启动时油的循环难以实现。润滑油对喷油螺杆空压机性能具有决定性的影响，若使用不当或错误，会导致压缩机体的严重损坏。选择原则:抗氧化性、抗乳化性、抗气性、抗泡性、抗融性、抗磨性、抗腐蚀性能好。

【效果评价】

评 价 表

<table>
<tr><td>项目名称</td><td>项目2　城市轨道交通车辆基础制动与供风装置</td><td>学生姓名</td><td></td></tr>
<tr><td>任务名称</td><td>任务9　风源系统辅助设备</td><td>分数</td><td></td></tr>
<tr><td colspan="2">项　目</td><td>分值</td><td>考核得分</td></tr>
<tr><td colspan="2">1. 说出止回阀的结构、功能及工作原理</td><td>10</td><td></td></tr>
<tr><td colspan="2">2. 说出减压阀的结构、功能及工作原理</td><td>10</td><td></td></tr>
<tr><td colspan="2">3. 说出空气过滤器的结构、功能及工作原理</td><td>15</td><td></td></tr>
<tr><td colspan="2">4. 说出防滑阀的结构、功能及工作原理</td><td>20</td><td></td></tr>
<tr><td colspan="2">5. 说出高度调整杆的结构、功能及工作原理</td><td>15</td><td></td></tr>
<tr><td colspan="2">6. 说出常用电磁阀的结构、功能及工作原理</td><td>20</td><td></td></tr>
<tr><td colspan="2">7. 说出紧急电磁阀的结构、功能及工作原理</td><td>10</td><td></td></tr>
<tr><td colspan="4">教师简要评语：

教师签名：</td></tr>
</table>

项目小结

空气制动系统中的制动执行装置，通常被称为基础制动装置。根据制动方式的不同，基础制动装置主要有闸瓦制动和盘形制动两种形式。

一般单元制动机都将制动缸传动机构、闸瓦间隙调节器以及悬挂装置连在一起，形成一个紧凑的作用装置。有的单元制动机做成立式的，有的则做成悬挂式的，这主要取决于安装方式的不同。PC7Y 型单元制动机和 PC7YF 型单元制动机是基于地铁车辆的特点而出现的两种不同形式。

闸瓦是指制动时压紧在车轮踏面上以产生制动作用的制动块。其分为铸铁闸瓦和合成闸瓦两大类，且各自有各自的特点及使用范围。

闸瓦制动的结构虽然简单可靠，但其制动功率不大。特别是高速列车在电制动故障时，必须完全依靠空气摩擦制动使车辆停下来，这样大的制动功率会使闸瓦熔化，车轮踏面过热剥离或热裂，这些都会危及行车安全。盘式制动这种有大制动功率的制动方式就应运而生了。

停放制动纯粹是针对地铁车辆运行的特点而从制动机的作用中独立而指出的一块。

制动所需要的风源由空压机提供，地铁车辆所使用的空压机一般都采用两级压缩，干燥设备有双塔干燥的，也有真空丝膜结构进行干燥的，其作用都是给制动系统提供干燥的压缩空气。

空气的传输是通过在车底布置的风管进行传输，在风管上安装很多设备，例如用来控制管路内空气通断的截断塞门、用于控制空气倒流的单向阀、用于清洁压缩空气的滤尘器以及用于保证设备承受压力的安全阀等。

思考与练习

1. 简述基础制动装置的基本概念。
2. 简述闸瓦制动的优缺点。
3. 简述 PC7Y 型单元制动机和 PC7YF 型单元制动机各有什么特点。
4. 简述盘形制动的组成及特点。
5. 简述停放制动的能力。
6. 分析和比较铸铁闸瓦和合成闸瓦的综合性能。
7. 简述供风系统的组成和工作原理。
9. 活塞式空气压缩机的基本工作原理是什么？
10. 简述双塔干燥器的工作原理。

项目 3　城市轨道交通车辆电制动与制动控制

项目描述

“快捷、安全、舒适”是城轨车辆安全运营的基本要求。“快捷”要求列车具有足够的牵引力和制动力；“安全”要求列车的制动系统具有制动的稳定性；“舒适”要求列车在启动和制动时纵向冲击小。这些要求对城轨车辆制动系统的电制动技术和制动控制系统都有非常高的要求。

学习目标

1. 掌握城轨车辆电制动的优点、基本原理和工作过程；
2. 掌握城轨车辆制动控制的基本工作原理、特点和应用。

技能目标

1. 会分析城轨车辆电制动基本原理、工作过程和简单故障的处理。
2. 能说出城轨车辆制动控制的基本工作原理和特点。

任务 1　电制动基本原理

【活动场景】

在城市轨道交通车辆制动机检修车间进行，分析城轨车辆空气制动系统与电制动的基本过程并进行效果分析与对比，让学员通过实例分析与比较，从多个方面分析电制动的概念和优越性。

【任务要求】

1. 了解电气制动的定义及必要性；
2. 掌握电气制动的制动方式及基本组成。

【知识准备】

制动是将列车在运行中的动能转移为其他形式的能量转移或消散；列车转移动能的能力称为制动功率。在一定的制动距离的条件下，列车的制动功率与速度成三次方函数，由于城市轨道交通车辆的速度都很高，如果仅采用空气制动的方式远远不能满足制动的需求，这是因为空气制动受制动材料摩擦性能的局限及制动热容量和机械制动部件磨耗寿命的限制等，因此现代的城市轨道交通车辆采用电制动与空气制动联合作用的方式，而且以电制动方式为主要制动方式。

一、动力制动的必要性

制动是列车动能转化为热能等其他形式的能量消耗来实现列车减速、减速。城轨列车的制动方式主要空气制动、电制动（电阻制动和再生制动）两种。空气制动通过向制动缸内充入压缩空气来控制闸瓦与轮对的摩擦力实现将列车的动能转化为热能；电制动是通过电机将列车动能转化为电能，以制动电阻发热的形式散发到周围环境或反馈回电网供的方式。

空气制动方式有闸瓦踏面制动和盘形制动两种，是闸瓦与轮对踏面、制动盘之间产生摩擦生热，再通过热传递的方式将热能散发实现列车制动。如果长时间施加大的制动力时，轮对（制动盘）、闸瓦温度上升迅速，轮对（制动盘）、闸瓦的温度急剧上升，严重时会熔化闸瓦或烧灼踏面，空气制动在高速、重载的轨道车辆上已受到限制。闸瓦与踏面摩擦会产生很大的粉尘以及热量，从而对隧道相对密闭环境造成很大的污染，给乘客及隧道设备造成严重影响。根本解决此问题的最佳手段是采用电制动方式，电气制动是一种无污染的制动方式，避免了闸瓦和盘形制动的诸多不足，车辆载客越多、速度越高，电制动越能发挥自身的作用，电气制动不会产生粉尘，不会产生污染。在追求速度和效率、环保的年代，电气制动已经成为发展趋势。因此，目前城轨车辆的制动系统都是以动力制动为主，空气制动为辅，当列车速度比较低时或发生停电等紧急情况时，电制动力急剧下降或失去效力时，空气制动仍然有非常重要的作用。

二、电制动的基本原理

电制动的基本原理是：在城轨列车施行制动作用时，将牵引电机由电动机工况转变为发电工况，将列车的动力转换为电能，电能再通过不同的方式转换为有用的能量或热能消耗掉的制动方式。

图 3.1 所示为西安地铁 1 号线列车的编组情况，即 Tc+Mp+M+T+Mp+Tc，其中 Tc——有司机室的拖车，Mp——动车，M——动车，T——拖车；由图可知，西安地铁 1 号线列车，由 3 动 3 拖 6 辆组成一个列车单元，图中 M 和 Mp 车为动车，占整个列车组的 1/2，城轨列车的司机在操纵列车制动时，在列车速度很高时就主要依靠这些动车来完成列车的制动作用，这时动车的电动机就转换成发电机，然后通过列车的电器转换装置，将电能进一步转换成能反馈的制式，或通过电阻变成热能消耗。电阻制动和再生制动是目前电气制动广泛应用的两种电气制动方式，电阻制动和再生制动的基本原理都是利用电机的可逆性，将牵引电机变为发电机，把列车的动能转换为电能来实现制动的。

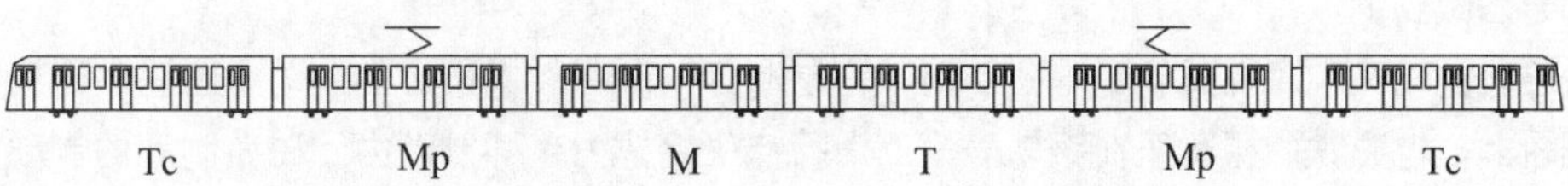

图 3.1　西安地铁 1 号线采用 3 动 3 拖 6 辆编组

从能量的角度分析，电阻制动是能耗制动，即将列车的动能转换成电能后予以消耗，而再生制动是一种能量的循环。

三、电气制动的基本要求及特点

（1）要求电系统稳定，车辆电制动时如果发生瞬时电流波动，系统能自动恢复原来的平衡；

（2）每节动车应产生同等的减速度，保证列车制动时的稳定性和平稳性；

（3）在电气制动与空气制动之间，以及电阻制动和再生制动之间过渡时应平滑，对车辆不产生明显冲击；

（4）在电气制动与空气制动之间，以及电阻制动和再生制动之间过渡时应保证总的制动力基本不变；

（5）电气制动应具有自己独立的防滑系统，在电制动出现滑行时可以检测，并可以尽快调整让其恢复黏着。

四、电气制动的基本特点

电气制动与摩擦制动相比较的优点：

（1）电制动显著提高列车的安全性。列车在高速运行时，空气制动产生的热量使闸瓦与轮对温度上升，摩擦系数随温度的上升而下降，制动效率下降，制动不稳定。电制动效果明显，系统稳定性及摩擦系数与制动时间和施加制动力的大小无关。

（2）电制动没有闸瓦与轮对的摩擦，不会产生多余的粉尘，对周围环境不会产生污染。

（3）电制动没有闸瓦与轮对踏面的磨耗，与机械制动配合使用，缩短了机械制动的作用时间，提高机械制动效率。

（4）可以提高列车的速度。由于列车速度越大越有利于电制动的发挥，列车在高速进行制动时，首先施加电制动，当速度比较低时，电制动力急剧变小，此时施加机械制动让列车停车。

（5）电气制动可以实现自动控制，在采用闭环控制后，大大提高了制动力的稳定性。

（6）电阻制动与再生制动仍然是通过轮轨关系传递，所以两者仍然属于黏着制动。

五、制动的方式

在目前城市轨道交通车辆上一般都是以电制动优先，空气制动进行补充的形式，关于电磁制动很少使用，但它作为一种新型的制动方式，在此作简单介绍。

电磁制动是一种比较新的制动设备，它是利用电磁作用从而产生一个阻碍列车运行的制动力，因此电磁制动需要消耗相当的能量。电磁制动主要有两种方式：磁轨制动方式、轨道涡流制动方式。电磁制动具有制动力大的特点，但其主要缺陷在于需要增加能耗。尽管需要能耗，电磁制动仍然在某些场合得到运用，因为其制动力不受黏着限制的特点是其他形式的制动无法做到的。

磁轨制动又称摩擦式轨道电磁制动，它是利用安装在转向架上的制动电磁铁励磁后吸附在钢轨上，电磁铁的极靴压在钢轨表面上滑行产生摩擦力，即制动力。磁轨制动的制动力取决于电磁铁的吸附力，即电磁铁对钢轨的正压力；电磁铁的吸附力越大，产生的摩擦力就越大。电磁铁的吸附力取决于励磁电流的大小，因此需要的制动力越大，励磁电流就越大，能量消耗就越大，如图 3.2 所示。

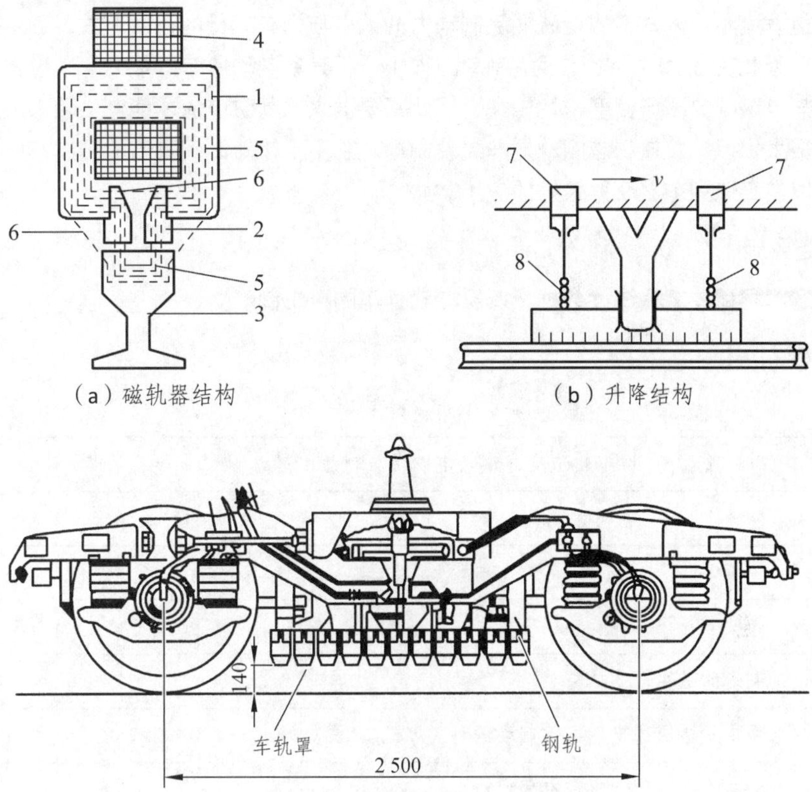

（a）磁轨器结构　（b）升降结构

（c）TCK-1 型转向架的磁轨制动机结构

1—电磁铁；2—磨耗板；3—钢轨；4—励磁线圈；5—工作磁链；
6—漏磁链；7—升降风缸；8—复位弹簧。

图 3.2　磁轨制动

磁轨制动的优点是：制动力不受黏着的限制。不足之处是：钢轨摩擦太大，滑动摩擦力小。所以磁轨制动一般只作为紧急制动时的一种辅助制动方式。

轨道涡流制动又称线性涡流制动或涡流式轨道制动，它也是把电磁铁悬挂在转向架构架下面的两个轮对之间，不同的是，制动时电磁铁与钢轨不接触。其原理如图 3.3 所示，电磁感应体是轨道。电磁涡流制动时利用电磁涡流在磁场下产生磁力，而磁力方向和物体运动方向相反。

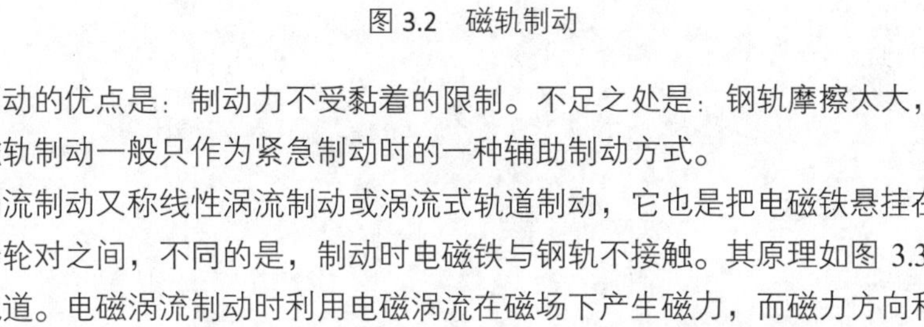

图 3.3　轨道涡流制动原理

制动时，电磁铁励磁，电磁铁 N 极和 S 极相对钢轨运动，因此在钢轨内产生交变的磁场，在钢轨上产生涡流，涡流与电磁铁的相互作用力 F_m 可以分解为一个垂直于钢轨面的吸引力和一个与车辆运行方向相反的电磁涡流制动力 F_B。

在轨道涡流制动方式下的电磁涡流制动力的大小与列车运行的速度有关，速度越高，制动力越大，因此在低速时，电磁涡流制动力很小，不具备制动停车的能力。轨道涡流制动的制动力还与电磁铁的磁场密度密切相关，因此需要很大的励磁电流才能产生较大的电磁制动力，能耗很大，但是轨道物流制动是非黏着制动，它不受轮轨之间黏着的限制，所以轨道涡流制动可以在高速列车上获得较好的应用。

【任务实施】

现场了解闸瓦的磨耗统计数据，以及城轨列车的再生制动。

【效果评价】

评 价 表

<table>
<tr><td>项目名称</td><td>项目 3　城市轨道交通车辆电制动与制动控制</td><td>学生姓名</td><td></td></tr>
<tr><td>任务名称</td><td>任务 1　电气制动基本原理</td><td>分数</td><td></td></tr>
<tr><td colspan="4"></td></tr>
<tr><td colspan="2">项　　目</td><td>分值</td><td>考核得分</td></tr>
<tr><td colspan="2">1. 说出电气制动的必要性</td><td>25</td><td></td></tr>
<tr><td colspan="2">2. 罗列目前城市轨道交通车辆电气制动的种类</td><td>25</td><td></td></tr>
<tr><td colspan="2">3. 掌握电制动与空气制动相比都有哪些特点</td><td>25</td><td></td></tr>
<tr><td colspan="2">4. 了解电制动的基本工作原理</td><td>25</td><td></td></tr>
<tr><td colspan="4">教师简要评语：

教师签名：</td></tr>
</table>

任务 2 电阻制动和再生制动

【活动场景】

图 3.4 所示为某地铁车辆制动电阻实物图，城轨列车的动车下都悬挂制动电阻，当列车进行电制动时，再生制动不能使用时，电阻制动投入，发电机将动能转化为电能再通过电阻转化为热能。

图 3.4

【任务要求】

1. 掌握电阻制动与再生制动的转换条件；
2. 掌握电阻制动、再生制动的工作原理。

【知识准备】

按照牵引电机类型分，电制动可分为直流电制动和交流电制动两种。

采用直流牵引城轨车辆在电制动工况时系统将牵引电机变换为发电机，电机产生的扭矩和牵引工况相反，转速方向和牵引方向相同，电机产生的转矩称为制动扭矩，使列车减速。

交流异步电机电气制动原理是电磁转矩用定子磁链和转子磁链的交叉表示，在牵引工况时，定子磁链带动转子磁链旋转，定子磁链在空间位置上超前于转子磁链，电机输出正转矩。在制动工况时，转子旋转频率超过定子频率，转子电流与牵引状态下方向相反，使得气隙磁场密度恒定，定子电流需要反方向以减少气隙磁场，定子电流流向中间直流环节，在空间位置上滞后于转子电流，电机输出负转矩。

由于直流电机的调速性能优于交流电机，随着电力电子及微控制技术的快速发展，交流电机的调速性能达到和直流电机一样平滑调速的性能，同时由于交流电机在运动时不需要像直流电机一样用换向器进行换向，采用交流传动就不怕在速度很高时产生环火，进而使电机产生故障，同时，在同等容量的情况下，交流电机的体积远远小于直流电机，从而使电机在车下的安装变得容易。

因为上述交流电机的这些优点，交流电机成为城市轨道交通车辆传动的主流，同时，直流电机将有被交流电机取代的趋势。下面将重点对交流传动下的电气制动进行说明。

一、再生制动

当列车在制动时，此时电动机变为发电机产生三相交流电，然后输入给牵引逆变器，此时的逆变器就变为整流器，将三相交流电整流成直流电反馈回电网。再生制动时电流流向具体见如图 3.5 所示。

二、电阻制动

电阻制动按照其安装位置不同，主要有两种形式，即制动电阻安装在列车上（悬挂在构架上）和制动电阻安装地面上（变电所）。

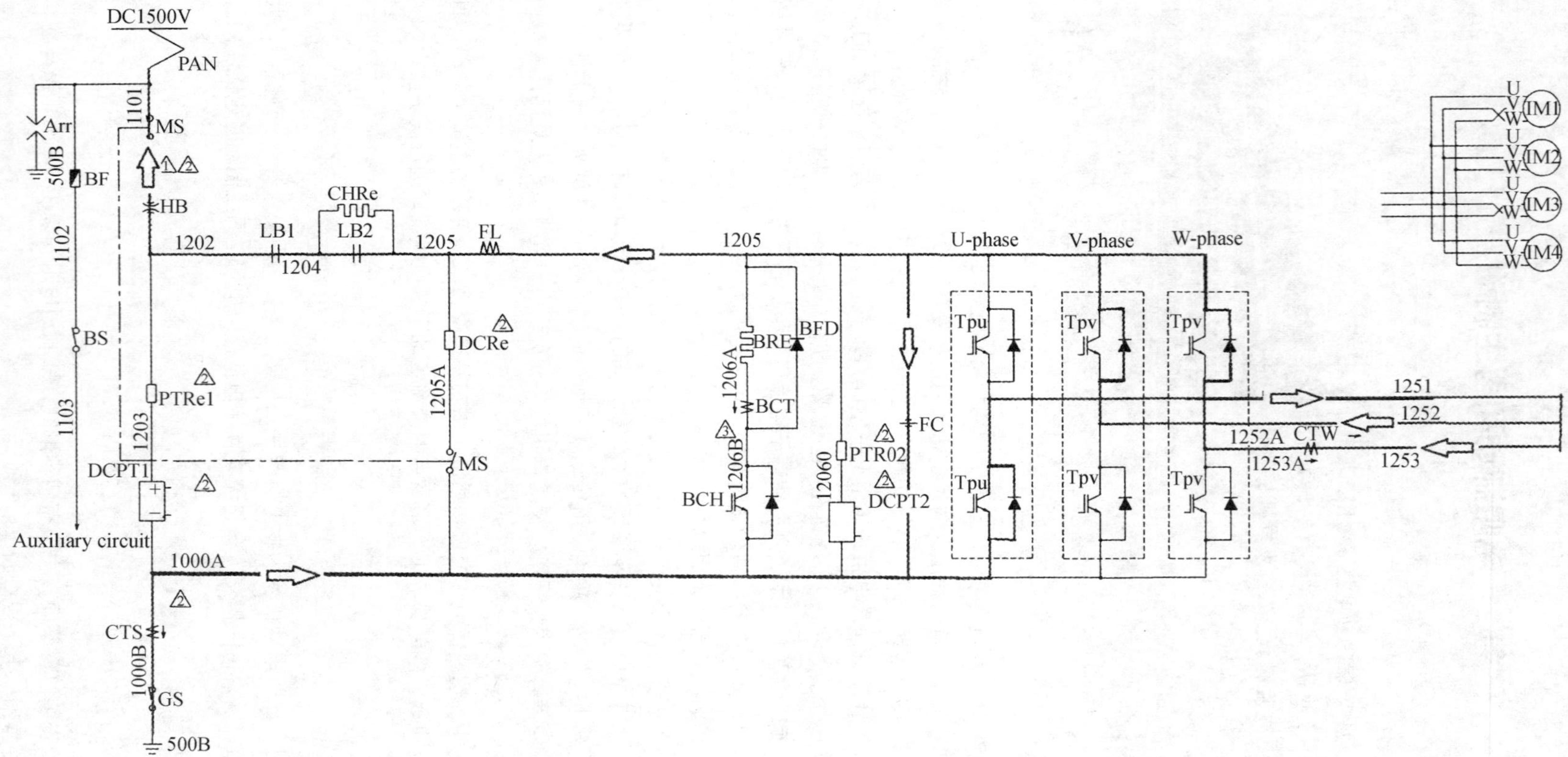

图 3.5　再生制动时的电流流向

1. 电阻安装在地面上

当列车在再生制动时，随着电能的反馈，当其他列车不能及时将反馈电能利用，此时接触网的电压会不断升高，当网压超过允许时，电制动系统将开始控制制动斩波相，将接触网上多余的电能通过地面制动电阻以热能的形式散发到大气，当网压降低到规定值时，制动斩波相关闭。具体制动电阻时的电流流向如图 3.6 所示。

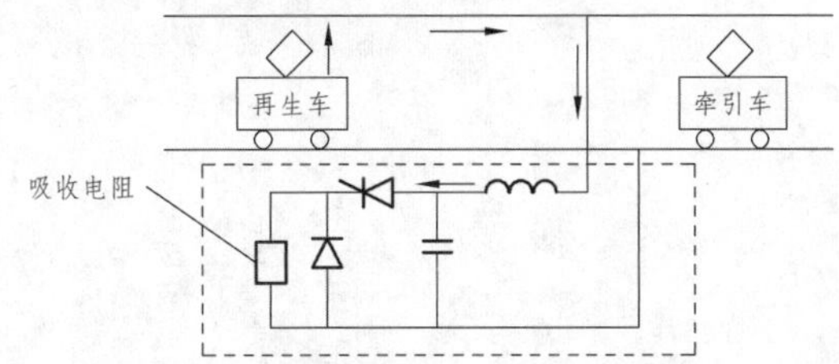

图 3.6　制动电阻安装在地面上电阻制动时的电流流向

2. 制动电阻安装在车辆上

当列车在再生制动时，随着电能的反馈，当其他列车不能及时将反馈电能利用，此时网压会不断抬高，当超过允许值时，此时系统开始控制制动斩波相，列车再生的能量不再反馈到电网，而是将再生的能量通过车上安装的制动电阻，将电能转换为电阻的热能散发到大气中。具体制动电阻时的电流流向如图 3.7 所示。

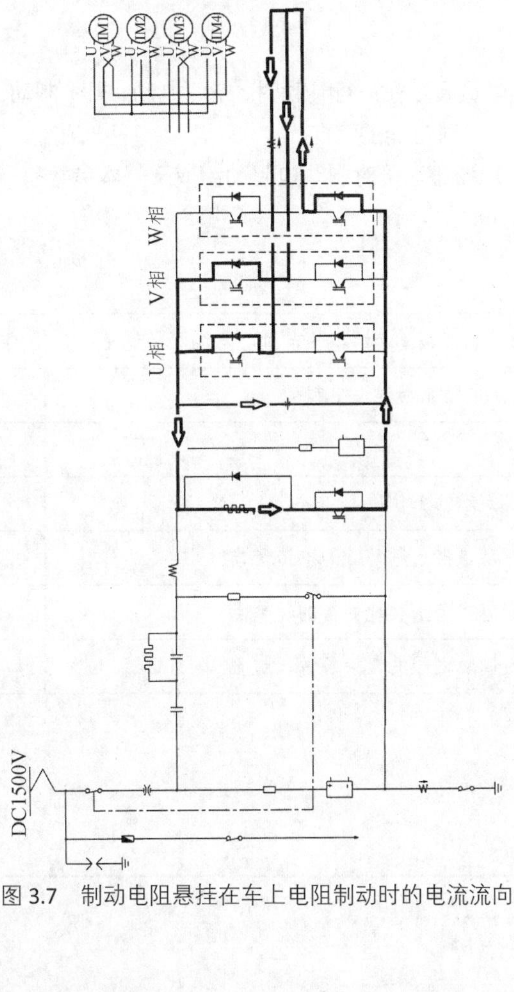

图 3.7　制动电阻悬挂在车上电阻制动时的电流流向

三、电阻制动与再生制动得到转换

图 3.8 所示为西安地铁 2 号线电制动时电阻制动与再生制动转换的示意图，当在制动时，列车优先使用再生制动，当随着网压的抬高，电压传感器检测到网压值大于 1 720 V 后，此时系统开始逐渐投入电阻制动，这时再生制动与电阻制动同时参与，随着再生电能的反馈，当检测到网压值大于 1 800 V 时，此时再生的能量不能反馈到电网，全部通过制动电阻以热能的形式散发到周围环境。

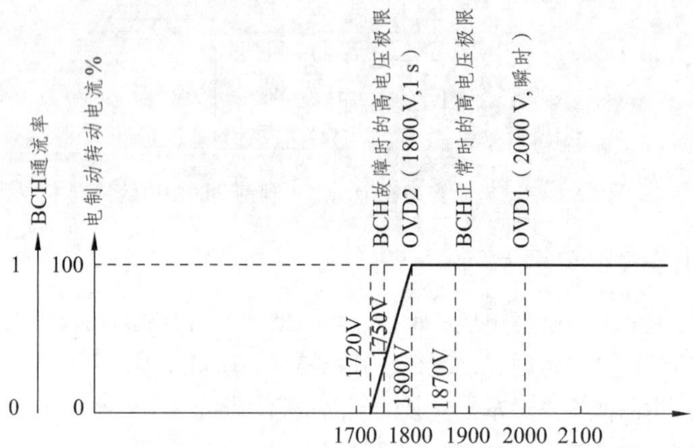

图 3.8　电阻制动与再生制动的投入时机

【任务实施】

1. 借助多媒体，给学员展示在进行制动时，空气制动、再生制动、电阻制动的投入顺序，以及在电阻制动、再生制动时电流的流向。

2. 如果条件允许，现场让学员对制动电阻的组成及基本参数有一直观的了解。

【效果评价】

评 价 表

项目名称	项目 3　城市轨道交通车辆电制动与制动控制	学生姓名	
任务名称	任务 2　电阻制动和再生制动	分数	
项　目		分值	考核得分
1. 掌握电阻制动与再生制动的工作原理		25	
2. 能够示意画出电阻制动与再生制动时的电流流向		30	
3. 能够说出制动电阻安装在车上和地面上的优缺点		20	
4. 掌握电阻制动与再生制动之间的转换条件及过程		25	
教师简要评语： 教师签名：			

任务 3　制动控制系统的组成

【活动场景】

图 3.9 所示为城轨车辆段的现场工作人员正在下载制动控制单元记录的故障数据的场景。本次任务的完成建议在城轨车辆检修车间的制动技术检修和测试班组，或在有多媒体技术能展示城轨车辆制动控制技术的教室进行教学。

图 3.9

【任务要求】

1. 掌握城市轨道交通车辆制动控制系统主要组成及其作用；
2. 掌握制动控制单元在计算制动力时都需要哪些信息，这些信息都如何得到；
3. 了解制动的优先级及控制策略。

【知识准备】

制动控制系统是制动系统在驾驶员或其他控制装置（如 ATC）的控制下，产生、传递制动信号，并对各种制动方式进行制动力分配、协调的部分。制动控制系统是空气制动系统的核心，主要负责接收城轨列车驾驶员或列车自动驾驶系统（ATO）的指令并采集车上各种与制动有关的信号，将指令与各种信号进行计算，得出列车所需的制动力，再向动力制动系统和空气制动系统发出制动信号。动力制动系统进行制动时将实际制动力的等值信号反馈给制动控制系统，制动控制系统通过运算协调动力制动和空气制动的制动量；空气制动系统将制动控制系统发来的制动力信号经流量放大后使执行部件产生相应的制动力，这就是制动控制系统的主要功能。制动控制系统主要由电子制动控制单元（EBCU）、空气制动控制单元（BCU）和电气指令单元等组成。它在整个制动系统中的位置如图 3.10 所示。

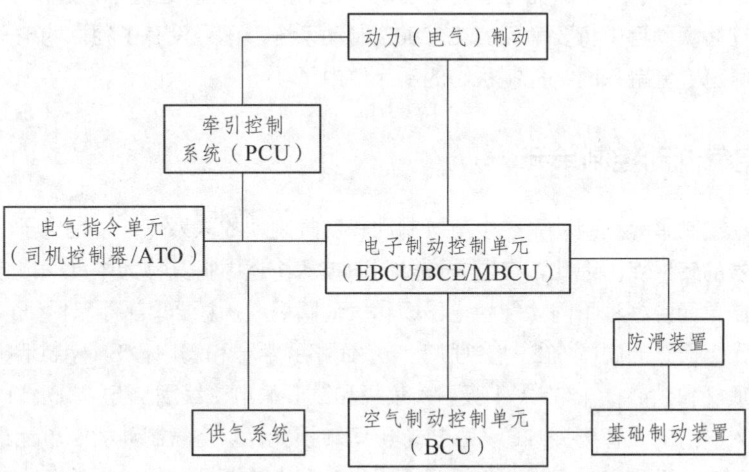

图 3.10　制动控制系统组成框图

一、电子控制单元

电子控制单元是近代城轨车辆发展的新技术，城轨列车在发展之初仅以压缩空气作为唯一的制动的信号和动力源而没有电气制动；电磁式制动机虽然采用电气指令控制，但它们作用非常简单，只是通过司机制动控制器（电空制动控制器）进行励磁和消磁，控制列车制动或缓解，根本没有其他功能。随着电子技术的迅速发展，特别是微机技术的发展，列车制动控制再也不靠司机的人工进行判断，而是由微机综合列车运行中的各种参数，经过判断和运算，给城轨列车制动系统发出准确的指令。以微机为中心的电子控制装置被称为电子制动控制单元（EBCU）、微机制动控制单元（MBCU）或制动控制电子装置（BCE）等。电子制动控制单元的主要功能如下：

（1）接收司机控制器或 ATO 的指令，与牵引控制系统协调列车的制动和缓解。设有紧急制动电路，当紧急制动指令发出时，列车能迅速调用全部空气制动能力实行紧急制动。

（2）将接收到的动力（电气）制动实际值经控导阀 EP 转换，将电信号转换成为压缩空气的气动信号发送给空气制动控制单元。在保证电制动优先作用下，空气制动能自动进行列车制动力的补偿，将制动所需压力传递给基础制动装置，从而使列车制动力保持不变。

（3）控制供气系统中空气压缩机组的工作周期，监视主风缸输出压力等参数。如果供气系统中某台设备发生故障，及时调用备用设备填补。

（4）在列车制动过程中始终收集列车所有轮对速度传感器发来的速度参数，对轮对在制动中出现的滑行进行监视。一旦发现滑行，立即发出防滑信号并采取防滑措施。

（5）对列车制动时的各种参数和故障进行监视和记录。故障记录可以在列车回库后用便携式计算机读出。

城轨列车的电子制动控制单元硬件设备只是计算机和必要的输入/输出设备，其核心技术应该是其控制软件，只有城轨列车的制动控制程序软件的编制水平不断提高，才能使得电子制动控制单元的功能越来越完美。目前，城轨列车的网络通信已经成为城轨车辆控制技术的新宠，相应的电子制动控制单元也成为列车控制网络中的重要一环。集成电子技术越来越多地融入制动系统，机电一体化元件的出现，使电子制动控制单元、微机制动控制单元和制动控制电子装置等已经逐渐被机电一体化组合件智能阀、网关阀和远程控制阀等所替代，这些新的元件不仅保留并扩大了原先电子制动控制单元的所有功能，还能承担起网络通信的职能，比如，我们在后续项目中将要学习的 EP2002 制动系统，已经没有了独立的电子制动控制单元，而其功能已完全融入网络控制系统的新元件中了。

二、空气制动控制单元

空气制动控制单元是制动系统中电气制动和空气制动的联系点，也是电子信号、电气信号与气动信号的转换点。因此，在过去许多制动技术论述中将其称为中继阀或 EP 阀。一般空气制动控制单元由各种不同功能的电磁阀和气动阀组成。主要零部件包括：① 内部有腔室及连通腔室大小通路的阀体；② 控制腔室与各通路的活塞和阀门；③ 控制活塞和阀门的膜板、弹簧、顶杆和铁心；④ 控制（吸引）顶杆和铁心的电磁线圈；⑤ 与阀体内部大小通路相连接的输入、输出气管接头；⑥ 气-电或电-气转换元件。空气制动控制单元组成部分根据各制造厂商的产品系列和电气指令的模式不同也有很大的不同，但基本上分为 EP 阀、中继阀和空重车调整阀等几种。

1. EP 阀

EP 阀又称为控导阀或模拟转换阀，是一个电气转换阀，主要由电磁线圈、铁心、顶杆和活塞等组成。当电磁线圈没有励磁时，铁心和连杆落在阀底，通路阻断或通路与大气连通；当线圈励磁，铁心被吸引上移，推动顶杆和活塞上移，通路与储风缸压力空气连通。如果励磁线圈电流增大，铁心吸引力也增大，阀腔内形成的空气压力信号也相应增大；反之，励磁线圈电流减小，阀腔内形成的空气压力信号也相应减小。从功能上来看，EP 阀具有将一个电流信号转换成一个空气压力信号的功能，并且空气压力信号与励磁电流呈线性关系。

2. 中继阀

中继阀是对空气制动控制单元中最重要的电磁阀的统称，中继阀的上部是给排阀，下部是腔室。腔室中是活塞和膜板，活塞和膜板带动有空心通路的顶杆上下移动。有些中继阀的腔室大些，数量多些，活塞和膜板也多些，结构复杂一点。充气腔室的数量不同，活塞和膜板的截面积不同，因此共同作用在顶杆上的移动力也不同。经过电磁阀的励磁和消磁的不同组合，可以引起多个充气腔室充气或不充气的组合。这些组合造成输出通路会输出与预充气腔室压力相等的空气压力。中继阀也是一个将电信号转换成压力空气的电磁阀，只是电信号的变化不是励磁电流的变化，而是通过电磁阀励磁线圈励磁和消磁状态的不同组合，将多个电信号输入转换成对应空气压力输出。此外，中继阀还具有气流放大的作用，本教材后续项目中北京地铁车辆使用的 SD 制动系统中的七级中继阀是最典型的中继阀。

3. 空重车调整阀

空重车调整阀的作用是根据车辆载重的变化，即根据乘客的多少，输出一个空气压力信号，并通过中继阀使单元制动机风缸保持一个恒定的制动力。空重车调整阀输入的是车辆二系弹簧（空气弹簧）的空气压力信号。考虑到车辆载重的不平衡，一般采取前后转向架对角的两个空气弹簧压力为输入信号，这样就能比较准确地使空重车调整阀的输出压力信号与乘客负载成一定比例关系。由于电子技术的发展，空重车信号已经直接将空气弹簧压力转换成电子信号输入 BCE 或 EBCU，空重车调整阀输出的空气压力信号在常用制动时根本不起作用。但是在紧急制动时。空重车调整阀输出的空气压力信号还是可以越过中继阀，对紧急制动起到限制冲动的作用。

4. 小　结

空气制动控制单元虽然是一个以气动元件和气路为主组成的系统，但它的控制不仅有腔室、膜板、活塞和弹簧等气动控制方式，而且有电磁线圈、铁心和电-气转换元件等电气控制方式；给定值或预置量并不都是空气压力信号，也有电流值、电压值等模拟量，还有数字量（如电磁阀励磁线圈组合）。由于空气制动控制单元结构复杂、制作困难、维修成本高，而受到越来越多新的机电一体化元件冲击。与电子制动控制单元一样，空气制动控制单元也将被机电一体化元件所替代。为了节约空间和减轻重量，目前空气制动控制单元都实现了集成化，即把所有的部件都安装在一块铝合金的气路板上，犹如电子分立元件安装在一块印刷线路板上一样，这样可以避免用管道连接而造成泄漏，同时元件所占空间也大大减少。这些空气制动控制单元还在气路板上装置了一些测试接口，如果需要测量各个控制点压力或风缸压力，只要在这块气路板上就可测得，这样日常的检修保养工作就很方便。如果空气制动控制单元在运营中发生故障，也可以将整个控制单元的气路板更换下来，列车可以马上重新投入运营，故障气路板则带回检修，处理故障和检修都很快捷。

三、电气指令单元

现代城市轨道交通车辆的制动系统均采用电气指令单元来快速、准确、可靠地传递司机控制器的指令。电气指令单元从根本上改变了压力空气作为制动信号传递和制动力控制的介质。早期的城市轨道交通车辆也曾使用过电磁直通式空气制动机，司机通过控制器对每节车上的制动电磁阀和缓解电磁阀进行励磁和消磁，以控制直通管的空气压力使各车辆中继阀工作，最终获得制动缸压力。但是电气指令的产生非常简单，传递方式依靠有触点电器，准确性差，故障率也很高。随着电子技术的迅速发展。出现了新的电气指令传递方式，即采用电气指令控制线的方式。采用电气指令控制线的主要目的是：使列车制动、缓解迅速，停车平稳无冲动，缩短制动距离。采用这种方式的制动系统被称为电气指令制动控制系统。

城市轨道交通车辆的制动控制系统是制动系统的核心，主要是接收司机或自动驾驶系统的指令并采集车上各种与制动有关的信号，将指令与各种信号进行计算，得出列车所需的制动力，再向动力制动系统和空气制动系统发出制动信号。动力制动系统进行制动时将实际制动力的等值信号反馈给制动控制系统，制动控制系统通过运算协调动力制动和空气制动的制动量；空气制动系统将制动控制系统发来的制动力信号经流量放大后使执行部件产生相应的制动力。目前，制动控制系统主要有空气制动系统和电控制动系统两大类。当以压力空气作为空气制动信号传递和控制制动力介质时，该制动系统称为空气制动系统，又称空气制动机；以电气信号来传递制动信号的制动控制系统，称为电气指令式制动控制系统。目前，城市轨道交通交通车辆普遍采用电气指令式制动控制系统，电气指令式制动控制系统按其控制方式的不同可分为两种类型：数字指令式制动控制系统和模拟指令式制动控制系统。

1. 数字指令式制动控制系统

数字式指令传递系统是指由 0 和 1 组成的二进制数，在用 3 位数组合时，其组合有 000、010、100、101、110、111 等。在制动控制过程中，使 0 对应制动控制线 OFF，1 对应制动控制线 ON。这样用只用 3 根制动控制线组合，可以得到 7 级制动。如果采用更多的制动控制线（n 根），可以得到更多（$2n+1$）级的制动模式。北京地铁曾研制和采用了这种制动机模式，从城市轨道交通车辆制动操作方便来说，通常有 7 级制动已基本够用。利用这种控制原理传递制动指令的控制系统，称为数字指令式制动控制系统，与空气制动机比较，这种控制模式具有制动指令传递速度快、制动分级多、制动力均匀等优点，缺点是仍然采用的是分级控制模式。

数字式电气指令制动控制系统操纵灵活，可控性能好。我国自行制造的北京地铁车辆使用的 SD 型制动系统即为数字式电气指令制动控制系统。

2. 模拟指令式制动控制系统

模拟式与数字式制动控制系统基本相同。唯一的区别是从驾驶室送往各车辆的制动电气指令是用模拟量传递的，所以称为模拟指令式制动控制系统。该控制系统可获得无限级制动力，即可控制制动的细微调节，因此比较适宜于 ATC 控制的列车。

模拟指令式制动控制技术是将变量输入计算机，计算机经过逻辑运算控制电磁阀，由电磁阀控制气阀，由气阀直接控制制动缸压力，从而达到控制制动力的目的，是一种先进的电空控制系统。其核心部分是电子控制单元，它输入制动命令、电制动施加与否信号、车体载荷信号（即乘客的多少）、空气制动实际值的反馈信号，经综合运算后输出电-气模拟转换和防滑控制的电信号，控制各种电磁阀，根据制动要求和实际情况不断调整制动缸压力。系统的另一个重要部件是制动控制单元，它由模拟控制阀、紧急制动阀、负载限压阀、中继阀等电磁阀组成，集成安装在一块内通管路的模板上，接收电子控制单元的指令，完成电-气转换，然后对制动风缸压力进行控制。制动系统逻辑如图 3.11 所示。

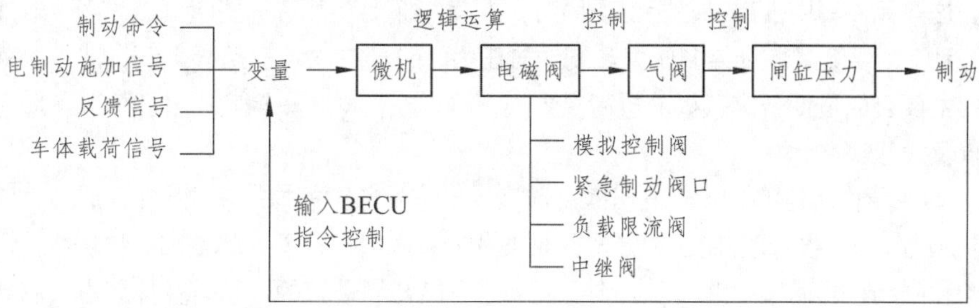

图 3.11　模拟式制动控制逻辑

模拟式电气指令制动控制系统可以实现无级制动和连续操纵。常用的模拟电信号有电流、电压、频率和脉冲等，这些模拟量可以传递制动控制的信号。理论上，模拟式电气指令制动控制系统的操纵比数字式的更方便，但它对指令传递的设备性能要求较高。如果设备性能不能满足要求，其精度会下降，从而影响制动效果。

目前，上海地铁和广州地铁使用的电气指令制动控制系统即为模拟式电气指令制动控制系统。从司机控制器发出的指令经调制器转换为脉冲宽度信号（即采用脉冲宽度调制方法，简称 PWM），不同的脉冲宽度表示不同的制动等级。制动指令传递到每节车的微机制动控制单元。微机制动控制单元采集列车的运行速度和本车的负载量，对制动指令修正给出制动力值，并根据动力制动优先的原则，计算出所需补充的空气制动力的数值，用电气指令传送给电左转换单元（EP 阀）。电空转换单元向中继阀输出空气压力指令。中继阀起着压力空气流量放大的作用，它将足够的压力空气充入制动缸，以实现不同等级的制动作用；或者将压力空气排出制动缸，以实现不同程度的缓解作用。

从发展的趋势来看，城市轨道交通车辆采用脉冲宽度调制（PWM）的模拟式电气指令制动控制系统，应当是较为先进的列车制动控制系统。

【任务实施】

本任务的实施，如果条件允许，让学员到现场参观制动控制单元的机构，以及采集各种信号来源等；控制司控器在不同的制动级位，观察显示屏上 BC 的变化；也可借助多媒体，让学员了解常用制动和紧急制动下气源的流向。

下面通过对典型的城市轨道交通车辆制动控制的不同形式进行分析，进一步理解城市轨道交通车辆制动控制的原理和方法。目前虽然城轨车辆制动系统的控制单元有许多的生产厂家，各厂生产的制动控制单元的原理和结构也不尽相同，但概括起来主要包括空气制动控制单元模块（BCU）和电子制动控制单元模块（BECU），其中空气制动控制模块主要包括：模拟转化阀、常用电磁阀、紧急电磁阀、称重阀、中继阀。下面将以城轨车辆典型的制动控制系统为例来说明制动控制单元的基本组成及工作原理。

一、Knorr 制动控制单元的认知

1. 基本组成

图 3.12 所示为德国 Knnor 制动系统制动控制单元的实物图，图 3.13 所示为制动控制单元的气路示意图。由图可知，制动控制单元 BCU 是空气制动的核心，采用模块式设计，主要包括模拟转换阀 a、紧急电磁阀 e、称重阀 c、中继阀 d、载荷压力传感器 f（将载荷压力 T 转换成相应的电信号传输给 BECU）、压力开关 h 等元件，所有零部件均安装在一块铝合金集气板上。这些元件集中安装在基板上。同时，在气路板上装置了一些测试口（图中 j、k、l、m、n），因此，要测量各个控制压力和制动缸压力，只要在这块气路板上测试即可。采用这种设计的主要目的是便于集气板的拆卸及更换，这样在不影响车辆实用性的情况下即可完成维护检查及大修。

BCU 的主要作用是将 BECU 发出的制动指令电信号通过模拟转换阀 a 转换成与之成比例的预控制压力 C_v，这个预控制压力是呈线性变化的，同时，也受到称重阀 c 和防冲动检测装置的检测和限制，再通过中继阀 d，沟通制动主风缸与制动缸的通路，并控制进入制动缸的压力，最后使制动缸获得符合制动指令的气制动压力。

2. 模拟转换阀

图 3.14 所示为模拟转换阀的结构实物图，由图可知主控制板根据输入信号计算所要求的制动力值，并将其传入电气模拟转换阀（由电子控制器及气动模拟转换器组成）。电气模拟转换阀将所要求的制动力值转化为冲击限制及载荷控制的预控压力（Cv – 压力），反馈回路由模拟转化阀上的压力传感器提供，在闭环控制下控制输出压力。

BECU 通过接收从司控器处接收制动指令信号，该制动指令信号由 BECU 根据载荷和冲击限制及混合制动需求，调节并传至电气控制单元，BCU 上的模拟转换阀将电压转化为一个成比例的预控制压力。

电信号向控制压力的转化相对于指令信号是闭环控制，控制回路由充气及排气电磁阀、压力传感器（测量实际压力）、控制两个电磁阀相对于指令信号及实际压力值间差异的调节器组成。BECU 根据预控压力传感器信号选择性地控制充气或排气电磁阀信号，使指令与制动缸压力间保持有恒定的关系。控制回路导致“电压与压力”间具有最佳的滞后（或没有）及精确的线性变化。

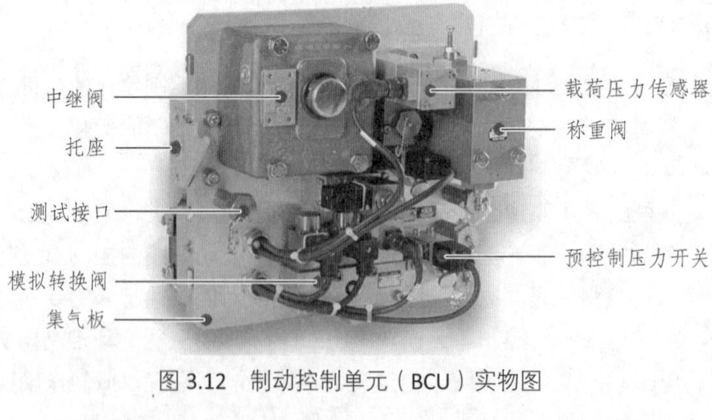

图 3.12　制动控制单元（BCU）实物图

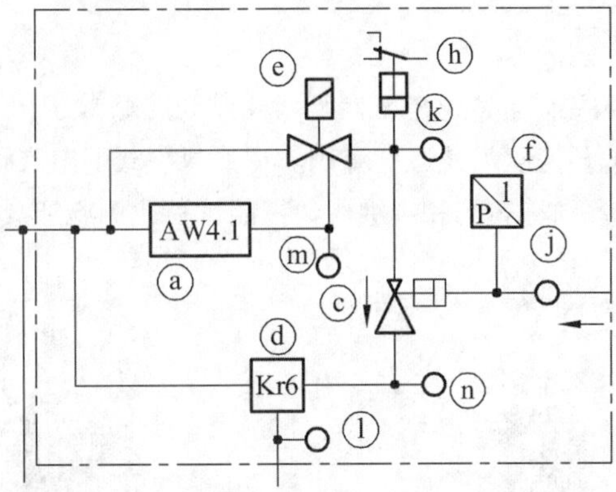

a—模拟转换阀 AW4；c—称重阀；d—中继阀 Kr6；e—紧急电磁阀；
f—压力传感器 DG10；h—压力开关 5.5 bar 测试接头。

图 3.13　制动控制单元的气路示意图

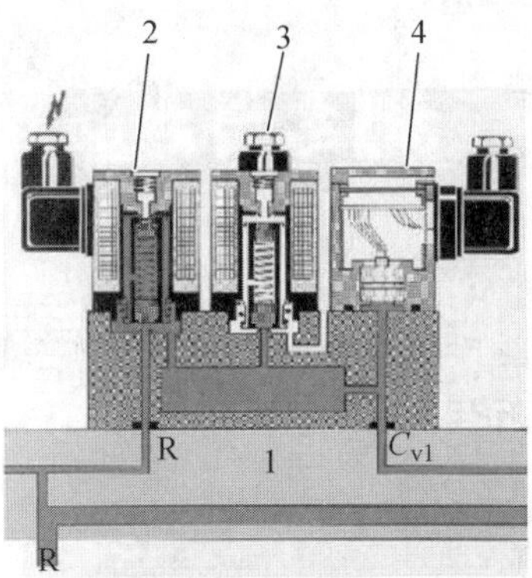

1—阀体；R—辅助风缸；2—充气电磁阀；C_{v1}—预控制压力；
3—排气电磁阀；4—压力传感器。

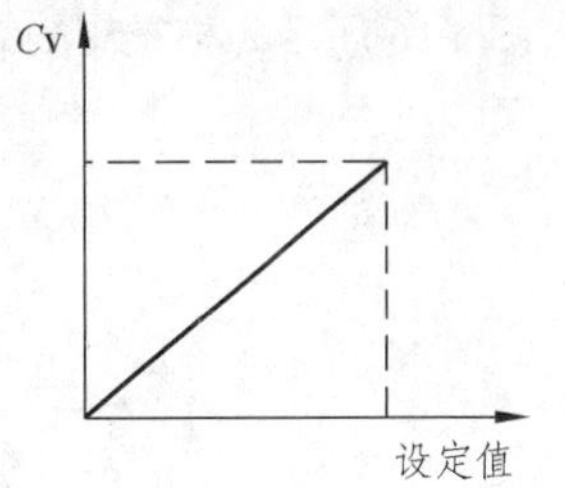

图 3.14　模拟转换阀的结构与外观

用来升压 C_v 的充气电磁阀 2 与辅助风缸 R 相连，当电磁阀由电控器驱动时，气流流入 R 的预控管线，增加 C_v 的压力水平。用来降压 C_v 的排气电磁阀 3 与耗气孔相通，当电磁阀被驱动时，空气从预控管线排放到大气中，降低 C_v 的压力水平。

压力传感器 4 在等同区域识别 C_v 压力，它的电控器输出信号是压力读数的模拟值。一旦电控器发现实际值 C_v 偏离指定值，它会驱动相应电磁阀纠正压力 C_v 到指定值，一旦压力 C_v 达到指定值，电磁阀就会关闭，这时预控管线既不排气也不充气，这种状态持续到实际值与规定值相符为止。

制动位：进气阀得电，排气阀失电，压缩空气从制动储风缸 R 进入，输出预控制压力 C_{v1} 至紧急电磁阀。

缓解位：进气阀失电，排气阀得电，R 通路被切断，预控制压力 C_v 通过排气阀直到大气。

3. 紧急电磁阀

图 3.15 所示为紧急电磁阀。紧急电磁阀与紧急制动回路相连，在正常运行的情况下通常带电，以使模拟转换阀的预控压力通过称重阀。在紧急模式下电磁阀失电（通过列车紧急回路），供风风缸的风直接通向称重阀和中继阀，按照载荷比例施加紧急制动。

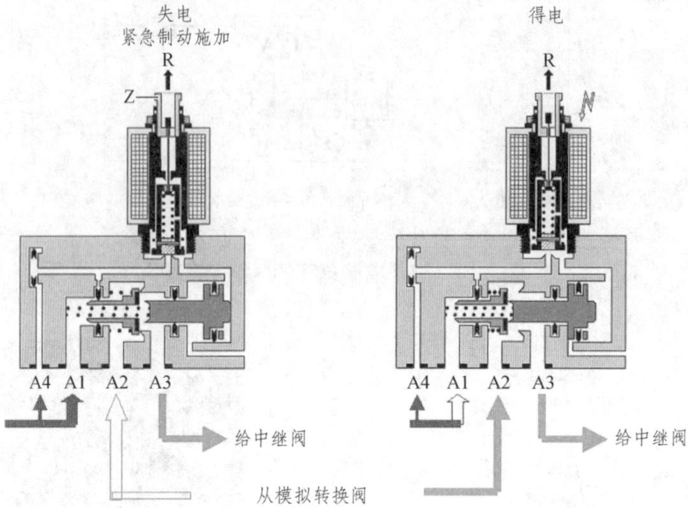

图 3.15　紧急电磁阀

4. 称重阀

图 3.16 所示为称重阀的结构，称重阀在轨道车辆制动过程中不断监控与车辆实际重量有关的预控压力，施加紧急制动时限制预控压力。具体作用简述如下：

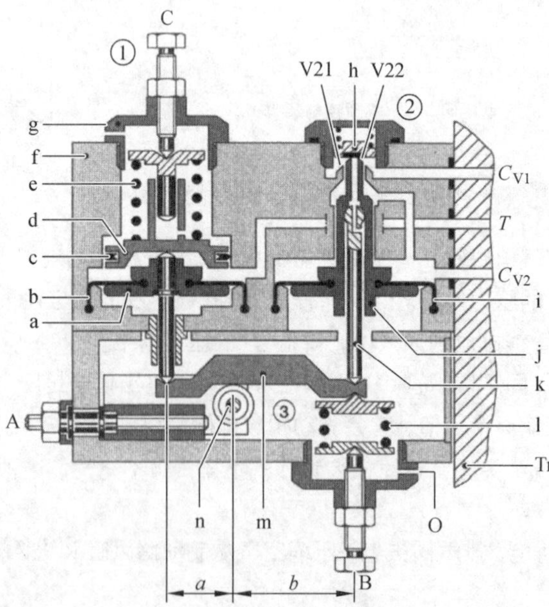

1—载荷信号转换器；2—关断阀；3—机械部分；a—隔膜活塞；b—隔膜；c—克诺尔 K 形环；d—活塞；e—压缩弹簧；f—阀体；g—螺塞；h—阀头；i—隔膜；j—隔膜活塞；k—推杆；l—压缩弹簧；m—平衡梁；n—支轴；A，B，C—调整螺钉；Tr—支架；O—排气口；V_{21}—充气阀座；V_{22}—排气阀座；C_v—预控制压力；T—载荷压力。

图 3.16　称重阀的结构

（1）常用制动位置：压缩空气 C_{v1} 通过 V_{21} 直接输出 C_{v2}。

（2）紧急制动位置：压缩空气 C_{v1} 通过 V_{21} 进入，输出 C_{v2}。随着隔膜 i 上方空气压力增大，带动隔膜活塞 j 和推杆 k 往下移，阀头 h 在弹簧力作用下，关闭 V_{21}。如果车辆载荷增加（即压力 T 增加），则隔膜 i 上方空气压力相应增大，即输出 C_{v2} 压力相应增大。

（3）T 压力失效时紧急制动位置：如果载荷 T 压力失效，则需建立的 C_{v2} 压力不足够，会造成车辆制动力不够。为避免该情况发生，预先通过弹簧 e 和活塞 d 作用在隔膜活塞 a 上，确保在 T 压力失效情况下，能正常制动。

（4）紧急制动后缓解位置：C_{v1} 压力降低时，制动缓解，C_{v2} 通过 C_{v1} 排出。

5. 中继阀

图 3.17 所示为中继阀的结构与作用示意图，其作用简述如下：

（1）起始位置：风缸 R 的压力作用于进气管座 V_1；压缩弹簧（1.6）保持进气阀关闭；排气管座 V_2 在通风位置，即风孔 C 的压缩空气流入大气中，没有预控压力 C_v 应用。

（2）施加制动：鼓膜控制活塞（1.9）的表面由预控压力 C_v 这样充气以至于排气管座 V_2 关闭，压缩弹簧（1.6）的弹力被克服，造成进气阀 V_1 的管座打开，进气阀的压力可以作为压力 C 流向制动风缸，同时流向鼓膜活塞表面 C，产生结果的 C 压力和压缩弹力（1.6）造成控制活塞返回中心位置。这意指进气阀 V_1 关闭和排气阀 V_2 保持关闭，压力 C 和 C_v 一致。

（3）缓解制动：应用于鼓膜活塞（1.9）的压力 C_v 完全放气。这样应用压力 C 打开排气管座 V_2，和压力 C 通过排气阀完全通风，排气阀 V_2 保持敞开并且鼓膜活塞保持通风。

（4）制动的逐步施加和缓解：逐步施加制动的控制程序基本与上述相同，除非目前选择的压力步骤事实上有效。压力 C 在制动缸中的步骤根据 C_v 设定形成。逐步缓解制动，压力 C_v 以一定的差压下降，使压力 C 相应降低。从 D_2 孔进入中继阀的 C_{v3} 压力空气，推动具有膜板的活塞上移，首先关闭了通向制动缸的排气阀 V_2，然后进一步打开进气阀 V_1，使制动储风缸经接口 R 进入均衡阀的压力空气通过进气阀 V_1、经接口 C 充入制动缸，制动缸活塞被推出，带动闸瓦紧贴车轮产生制动作用。从上述中可看出，均衡阀能迅速进行大流量的充、排气。大流量压力空气的压力变化是随预控制压力 C_{v3} 的变化而变化，并且互相间的压力传递比为 1∶1，即制动缸压力与 C_{v3} 相等。

同样，制动缓解指令后，将其排气阀打开，使具有预控制压力 C_{v1}、C_{v2}、C_{v3} 的压力空气都通过此阀活塞在其上方的制动缸压力空气作用下向下移动，于是均衡阀中的进气阀关闭，排气阀打开，使各制动缸中的压力空气经开启的排气阀排出，列车得到缓解。

制动施加位：当预控制压力 C_v 从 D_2 进入，推动隔膜活塞使阀导（1.7）克服压缩弹簧（1.6）上移，打开 V_1 口，关闭 V_2 口，打开 R 至 C 的通路，制动施加。在制动缸 C 压力和弹簧（1.6）的作用下，关闭 V_1 口，此时 V_2 口仍关闭，制动缸 C 压力和 C_v 压力完全相等。

制动缓解位：当预控制压力 C_v 通过模拟转换阀释放后，在弹簧（1.6）作用下，阀导（1.7）下移，关闭 V_1 口，此时 V_2 口打开，打开 C 经阀导中心到排气口的通路，将制动缸压力空气排向大气，制动缓解。

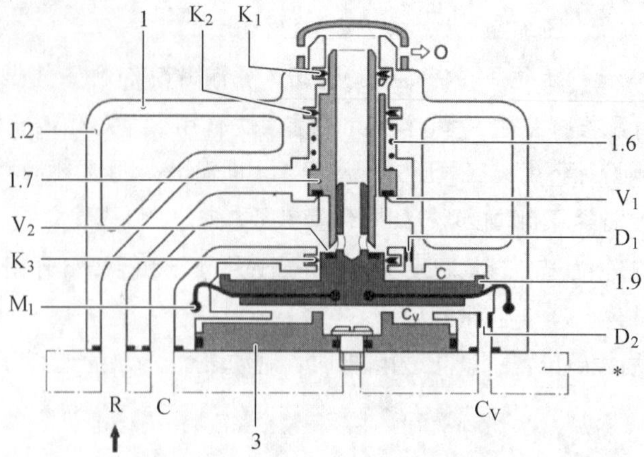

1—中继阀 KR 气压控制室；1.6—压缩弹簧；1.7—管座；9—鼓膜控制活塞；
3—附加装置进气管座、排气管座；D—阻气门；RK—塞环鼓膜；R—风缸；
V—预控压力；C—制动缸压力通风孔；*—基板（即 BCU）。

图 3.17　中继阀

6. 常用制动的施加

图 3.18 所示为常用制动施加过程，电空模拟转换阀（a）将电子制动控制单元（EBCU）的载荷制动力指令信号转换成预控制压力 C_v，并流向称重阀（f）。由于直接与制动缸相连，中继阀（d）具有较高的反馈能力，它将实际的预控制压力转换成所要求的制动缸压力。

在由于压力/电流传感器（f）不工作而引起的空气悬挂信号失效的情况下，制动指令将由 BECU 产生一个 AW_3 的载荷条件。

在没有空气载荷压力 T 的情况下，常用制动根据 AW_3 载荷值执行。

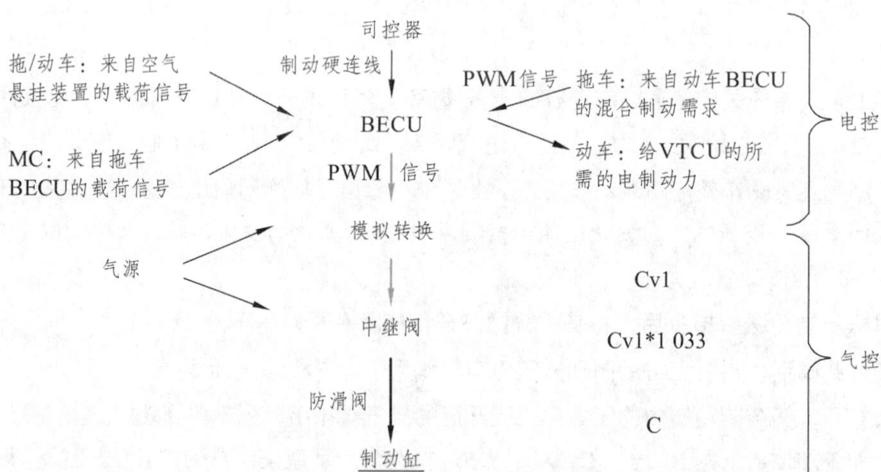

图 3.18　常用制动的施加过程

7. 紧急制动的施加

图 3.19 所示为紧急制动施加过程，在紧急制动工况下，通过列车线传输的紧急制动控制回路断开，紧急电磁阀（B01.06e）失电，并打开 R 压力端口，那么从主风缸来的 R 压力直接流向称重阀（f）和中继阀（d），触发带载荷控制的紧急制动。与负荷有关的称重阀根据负荷的大小限制送到中继阀的预控制压力的大小。在没有空气载荷压力 T 的情况下，紧急制动

根据 AW_3 载荷值执行。载荷压力由称重阀根据空气弹簧压力产生。

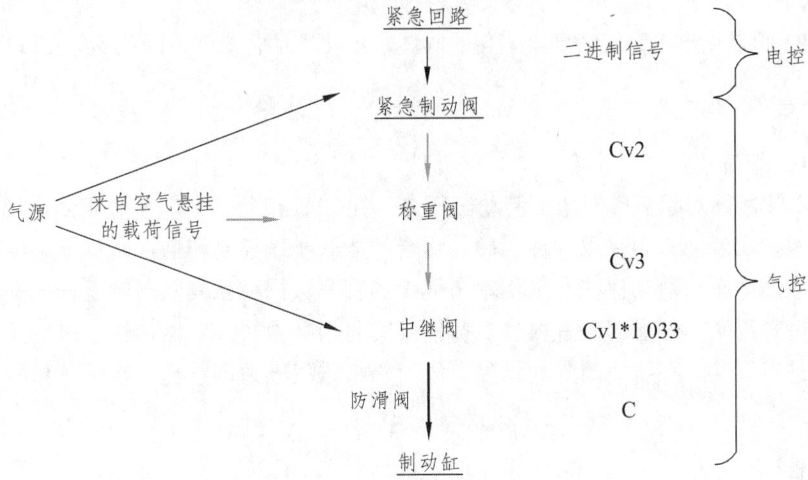

图 3.19　紧急制动的施加过程

二、Nabtesco 公司制动控制单元结构

图 3.20 所示为 Nabtesco 公司制动控制单元结构示意图，在进行常用制动时，首先电子制动控制单元 BECU 采集车重 AS1/AS2 信号、司控器发出制动级位信号，然后进行综合计算来控制常用电磁阀 SBV 的得失电，从而产生预控制压力 AC 给中继阀，最后由中继阀给制动缸 BC 压力，产生需要的制动力。同时，在中继阀的出口有一检测 BC 压力的压力传感器，此传感器将采集信号给电子制动控制单元，电子制动控制单元将此数据与理论计算数据进行比较，从而对 BC 压力进行调节，实现闭环控制。

由于在紧急制动时电子制动控制单元不参与，所以车辆的载重信号将不能转变为控制制动力大小的信号，此时就需要借助于空重车调整阀（VLV）。当施加紧急制动时，紧急电磁阀失电，阀门导通，气压通过空重车调整阀（VLV）、紧急电磁阀，然后产生预控制压力 AC 给中继阀。

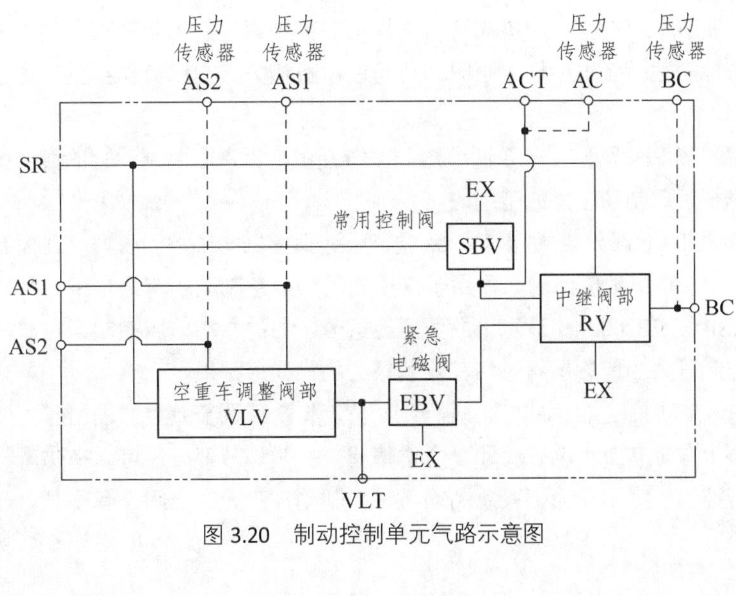

图 3.20　制动控制单元气路示意图

三、EP2002 制动控制单元的结构

EP2002 阀是克诺尔研发的高集成化的阀体，主要包括智能阀、网关阀、RIO 阀。

1. 智能阀

EP2002 智能阀是一个机电一体化的部件，它包含一个气动阀单元（PVU）和一个电子控制部分。智能阀对相应转向架上制动缸压力 （BCP）进行控制，具有常用制动、紧急制动和防滑保护功能。该阀采用软件和硬件组合的方式予以控制和监视，从而能够检测到潜在的危险故障。车轮滑动保护是采用本车取得的轴速数据和从其他阀门获得的速度数据相结合并通过专用 CAN 总线来提供的。智能阀同时根据由 CAN 网传送过来的压力要求对制动压力进行调整。在智能阀内的单独电气回路将进气压力调整至与车辆载重相应的紧急制动缸压力。

2. 网关阀

网关阀具有智能阀的所有功能。网关阀还通过集成的 RS485 网络接口卡为列车监控和管理系统提供硬线接口。网关阀接收列车总线传来的信息，进行制动计算并向 CAN 总线内所有的 EP2002 阀发出制动指令。同时网关阀还将 CAN 总线内所有阀的状态、诊断、健康信息通过列车总线上传到列车管理系统。

3. RIO 阀

除了不执行制动控制和没有网络接口卡外，RIO 阀具有与网关阀同样的输入/输出功能。RIO 阀可以读出可编程输入并通过 CAN 总线发送给网关阀。RIO 阀可编程输出的状态由网关阀进行控制。

4. 三个阀体内部气路结构

图 3.21 所示为 EP2002 阀的内部气路结构，EP2002 阀的气动部分在所有 EP2002 阀中都是相同的。其基本功能简述如下：

（1）一系调节（a 部分）：中继阀可以根据按载荷计算的紧急制动压力对送风压力进行调节。此外，当电子载荷装置出现故障时，还可以以机械方式提供最小空重车状态下的紧急制动压力。

（2）二系调节（b 部分）：一系调节器的上游装置，负责限制制动缸的最大压力，使其限制在超员状态下紧急制动压力的范围内。

（3）负载调节（c 部分）：负责向一系调节中继阀提供一个控制压力。此控制压力与空气弹簧压力（ASP）相应地成比例，作用于常用制动和紧急制动。有两个压力传感器来探测空气簧压力（ASP）。EP2002 阀计算出的两个空气簧压力的平均值以控制紧急载荷调节。空气悬挂压力与控制压力的信息是通过在其安装板上的代码塞提供。

（4）BCP（制动缸压力）调节（d 部分）：负责将一系调节装置的输出压力调节到要求的 BCP 水平。每个车轴有 2 个电磁阀和 2 个鞲鞴阀。BCP 调节部分还可以在防滑器动作时对制动缸压力进行控制；为了安全，紧急制动与常用制动控制元件之间没有联系。

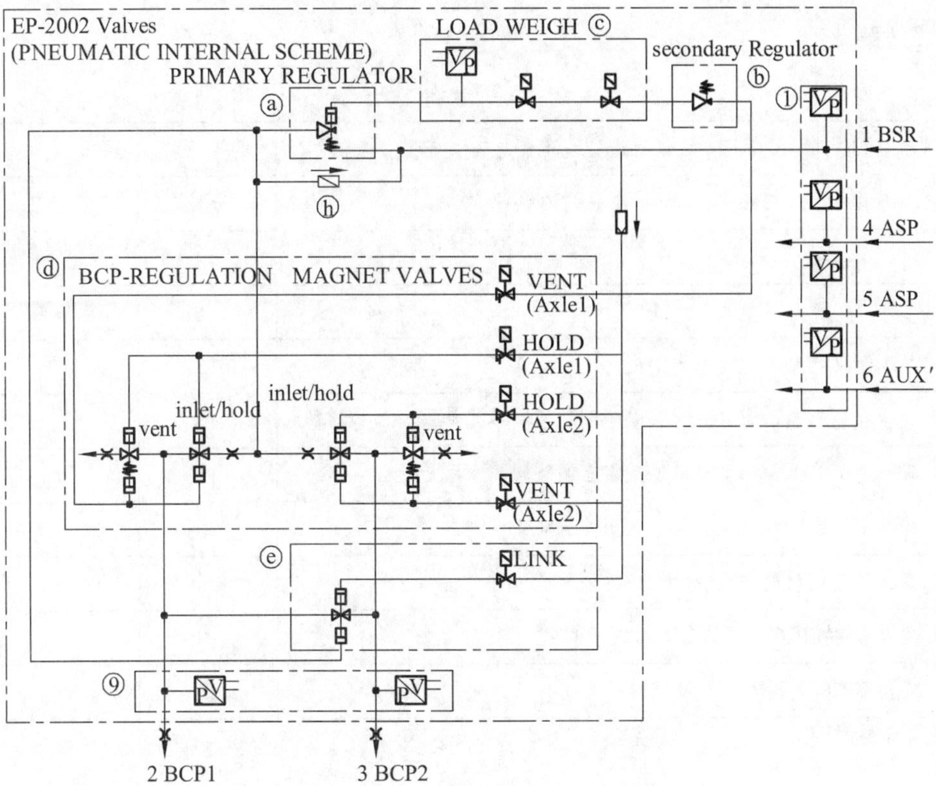

MAGNET VALVES ⓓ (Service brake)		FRAKE STATUS
HOLD	VENT	APPLY
0	0	
1	0	HOLOING
1	1	RELEASE

图 3.21　EP2002 阀内部气路结构

（5）连接阀（e 部分）：连接阀可以使对 2 个车轴的 BCP 的输出压力连通或者分开。

在常用制动和紧急制动时，2 个车轴的 BCP 输出连接到一起使同一转向架上的车轴制动压力一致。当防滑保护动作时，两个车轴之间的气路被连接阀切断，使每个车轴的制动缸压力独立控制，对产生滑行车轴的制动缸压力进行独立调整。

（6）压力传感器（f 和 g 部分）：压力传感器用来进行内部调节和/或外部指示（BSR、载荷重量、BCP、停放制动）。

注：按照如上进行功能区分组只是为了方便理解内部的气动结构。

【效果评价】

评 价 表

项目名称	项目3 城市轨道交通车辆电制动与制动控制	学生姓名	
任务名称	任务3 制动控制系统的组成	分数	
项 目		分值	考核得分
1. 罗列制动控制单元的基本组成		15	
2. 说出在进行制动力计算时，电子制动控制单元都需要哪些信号		15	
3. 简述为何在紧急制动时需要空重车调整阀，作用是什么		15	
4. 叙述常用制动和紧急制动下气源的流向		20	
5. 简述紧急制动电磁阀在什么情况下导通（得电、失电）		5	
6. 简单叙述 EP2002 阀的基本组成		10	
7. 说出 EP2002 各阀的区别		20	
教师简要评语： 教师签名：			

任务 4　城市轨道交通车辆制动控制技术

【活动场景】

城轨车辆制动控制策略主要讨论的是城轨车辆在制动时使电制动与空气制动相互协调配合，完成城轨车辆的制动作用。图 3.22 所示为制动电子控制单元，此单元主要负责制动力的计算以及与 VVVF 之间的通信。

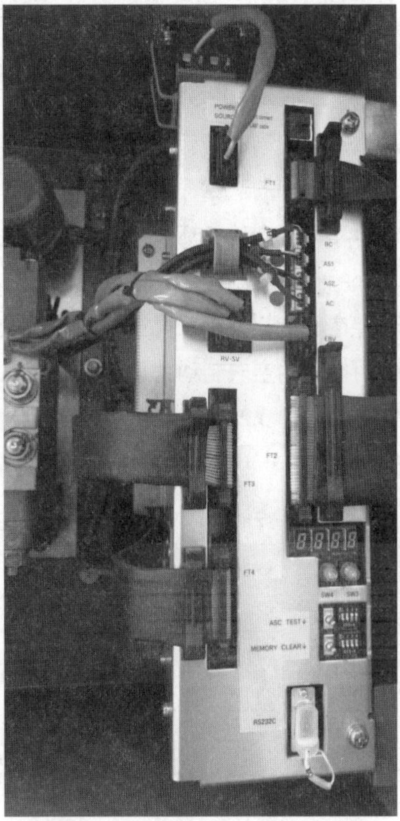

图 3.22　制动电子控制单元

【任务要求】

1. 了解 VVVF 与 BECU 之间的通信都有哪些；
2. 掌握动拖车制动力的分配；
3. 理解列车所需要的制动力如何计算获得。

【知识准备】

作为城市公共交通系统的重要组成部分的城市轨道交通系统，每日每时的载客情况变化都很大，但无论城轨车辆是空载、满载还是超员，城轨车辆都应保证列车的减速度与司机制动命令相对应。因此，列车控制系统必须检测各节车辆的负荷重量，对应于各动车和拖车的负载重量变化而自动调整各级制动缸压力。在运行过程中，司机控制器的各制动级位都可保持恒定制动率，得到恒定减速度。

列车控制系统将每节车各个空气弹簧的压力信号由压力传感器变换为电压信号后，取平均值；按照满载和空载的极限值设置上下限界，作为车辆负载信号电压输出。

车辆负载信号与制动指令（级位）相乘得到对应于各车负载的制动力指令曲线，将一个动车组单元中的各动车（M）和拖车（T）制动力指令曲线相加、放大后作为需求制动力指令曲线送入列车控制系统，就能实现恒制动率控制。

一、空气制动滞后控制

实现指令减速度目标，列车编组内的各车有多种分担制动力的方法。过去一般采用的控制方法就是各节车各自承担自己需要的制动力，即均匀制动方式。采用这种控制方式，拖车所需的制动力将全部由自己的空气制动系统承担，拖车的闸瓦磨耗要比有电气制动的动车快得多。

随着近年来逆变控制的三相感应电动机牵引系统（VVVF）的大量应用，由于三相感应电动机优良的自身再黏着特性，使黏着系数的期望值大大提高，即可以最大限度地使用电制动力而不会发生滑行。因此，各节车在分担制动力时，在其利用黏着不超过限制的范围内，提高动车的制动力而减少拖车的制动力，以实现最大利用动力制动的目的。所以，采用 VVVF 控制或斩波控制的列车，可以取较高的期望黏着系数，在不超过黏着限制的范围内充分利用动车的电气制动力，不足部分再由拖车的空气制动力补充，这样可以节约能源，降低拖车机械制动的磨耗。这种控制方式称为空气制动滞后控制。

二、拖车空气制动滞后补充控制

拖车空气制动滞后补充控制方式即拖车所需制动力先由动车的再生制动力承担，然后根据电气联合制动运算，不足部分的制动力也先由动车的空气制动力补充。这样，动车的空气制动力和再生制动力都承担了一部分拖车所需的制动力。但再生制动力的设定不能超过空气制动力的黏着限制，因为再生制动力可达到的黏着系数比空气制动力可达到的黏着力高得多。由于存在着这一制约，再生制动力的设定不能过高。动力制动不足以承担的拖车所需的制动力仍由拖车的空气制动力承担。一个以“两动一拖”（2 M1T）为单元动车组的空气制动滞后控制方式如图 3.23 所示。

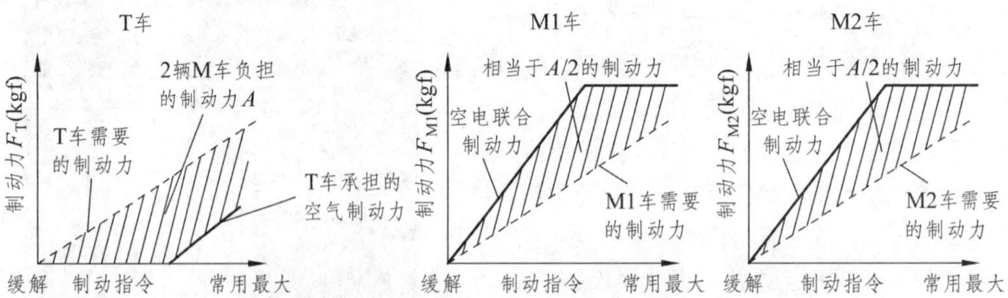

图 3.23 两动一拖编组的拖车空气制动滞后补充控制方式

三、拖车空气制动优先补足控制

拖车空气制动优先补足控制方式也是拖车所需制动力首先由动车的电气制动力承担，但当再生制动力不足时，首先由拖车的空气制动力来补充，再不足时才由动车的空气制动力补足。当再生制动失效时，动车、拖车空气制动均起作用。

在这种控制方式下，动车的空气制动力不会超过本节车自己所需的制动力，也就是说，空气制动力的黏着利用不会超过黏着限制，单纯再生制动力的设定可以比较高。因此，在拖车空气制动优先补足控制方式下，动车的再生制动力可以承担的拖车制动力比拖车空气制动滞后补充控制方式更高，节能效果更好。直流斩波调速和交流变频调速的城市轨道交通车辆都可以采用拖车空气制动优先补足控制方式。采用这种方式的“一动一拖”（1 M1T）单元动车组特性如图 3.24 所示。

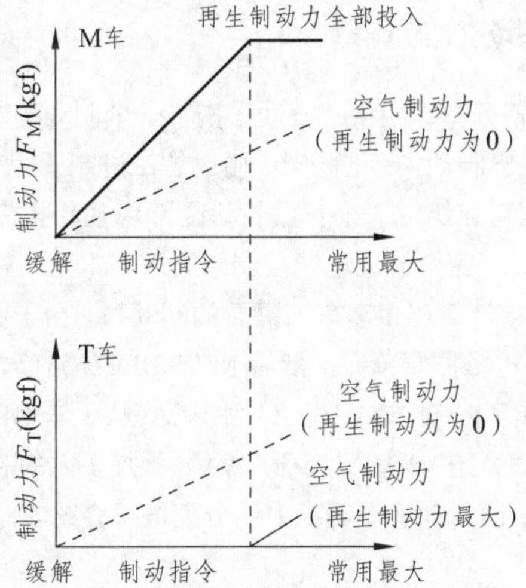

图 3.24 采用拖车空气制动优先补足控制方式的“一动一拖”车组特性

其制动力控制如图 3.25 所示，制动作用如图 3.26 所示。

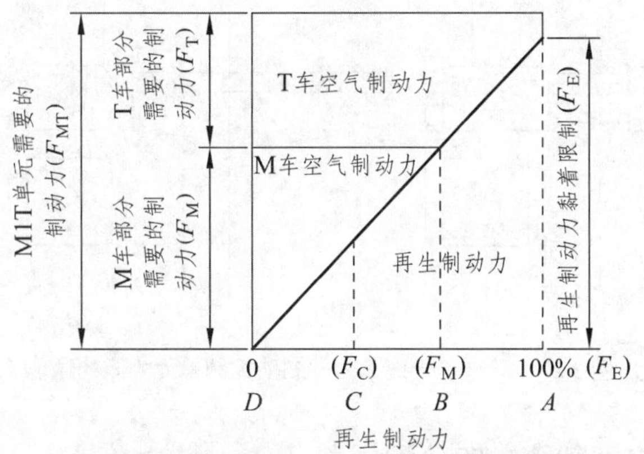

再生点	M车制动力		T车制动力	备注
	再生制动力	空气制动力		
A	F_E	开始投入	$F_{MT}—F_E$	利用再生高黏着
B	F_M	开始投入	F_T	
C	F_C	$F_M—F_C$	F_T	
D	0	F_M	F_T	MT车均匀空气制动

图 3.25 “一动一拖”车组制动力控制状态

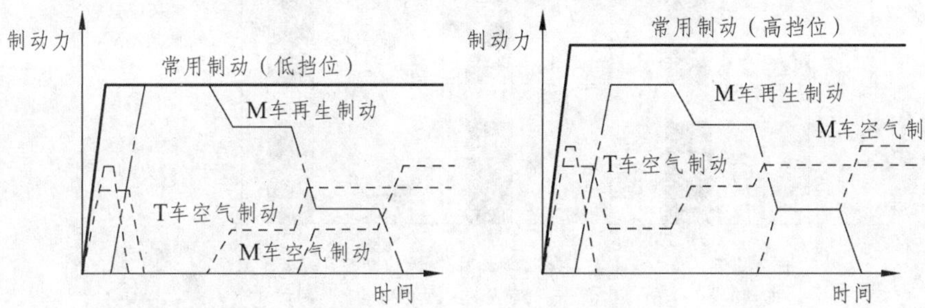

图 3.26 “一动一拖”车组制动

四、动拖车之间制动力的演算

图 3.27 所示为城轨车辆列车编组中“一动一拖”一个制动控制单元的制动控制通信图。其工作过程是，由司控器发出制动指令（此指令由 3 位二进制码组成，可以形成 2^3=8 个级位，但一般 000 码不使用，所以可以组成 7 个有效制动位），然后将指令通过网络线传给每节车的制动电子控制单元（BECU），每个制动电子控制单元采集本车的重量（通过检测空气弹簧的气压计算得到），这样就可以计算出每节车所需要的制动力。由于优先使用电制动，T 车将所需要的制动力给 M 车制动电子控制单元，然后 M 车 BECU 进行加法计算，将 M+T 总制动力传给 VVVF。这样就形成了以 M 车的 BECU 为中心，从 T 车 BECU 得到所需要的制动力，同时将两车所需要的总制动力给 VVVF，至于 VVVF 施加多大的制动力，以及 M 车、T 车需要补充多大的空气制动，下面对动拖车制动力的分配进行介绍。

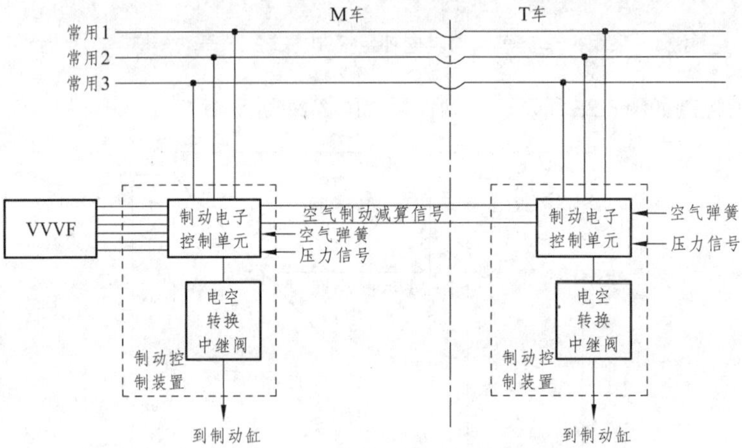

图 3.27 “一动一拖”为一制动控制单元之间的通信

五、动拖车之间制动力的分配

动拖车之间制动力的分配如图 3.28 所示。

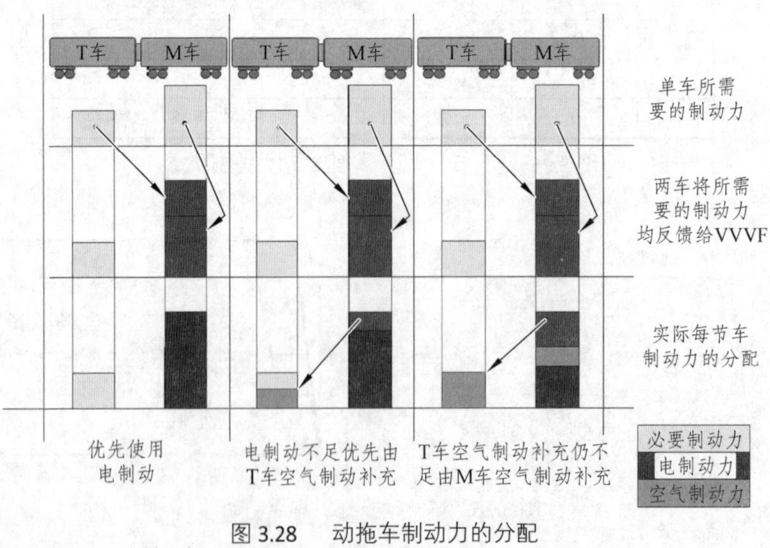

图 3.28 动拖车制动力的分配

1. 电空制动运算控制

优先使用具有高黏着特性的电气制动，通过以 M-T 单元为单元进行电空运算控制，用空气制动力补充相对于制动指令而不足调度制动力。

2. 补充制动力运算

在接收到从 VVVF 装置发出的电器制动有效信号的期间，进行电气制动与空气制动的电空协调。

（1）（电气制动力）>（M 车所需制动力）时：

M 车：全部为电气制动，空气制动的补充制动力呈“0”。但是，为了提前电气制动失效时的空气补充制动的响应，保持一定量的 BC 压力作为初始压力。同时将“（电气制动力）－（M 车所需制动力）”部分的制动力作为空气制动减法运算指令输出至 T 车中。

T 车：由空气制动补充“（T 车必要的制动力）－（空气制动减法运算指令）”部分的制动力。

（2）（电气制动力）≤（M 车所需制动力）时：

M 车：由空气制动补充“（M 车所需制动力）－（电气制动力）”部分的制动力。同时，使至 T 车的空气制动减法运算指令为“0”。

T 车：T 车所需制动力全部由空气制动补充。

【任务实施】

本次任务的实施可通过以下两种途径完成：

（1）现场观察 T 车、M 车闸瓦的磨耗情况，对发现的现象进行解释；

（2）制作动画，形象地展示动拖车制动力的分配原则。

【效果评价】

评 价 表

项目名称	项目 3　城市轨道交通车辆电制动与制动控制	学生姓名	
任务名称	任务 4　城市轨道交通车辆制动控制技术	分数	
项　目		分值	考核得分
1. 简述“一动一拖”为一制动控制单元的制动控制系统，两车 BECU 之间的通信		25	
2. 理解在进行计算单车所需制动力时，需要知道哪些参数，这些参数如何获得		25	
3. 能够说出当电制动力小于 M+T 车所需总的制动力时，为何优先采用 T 车空气制动进行补充		25	
4. 了解 VVVF 与 BECU 之间都有哪些通信		25	
教师简要评语： 教师签名：			

任务 5　城市轨道交通车辆防滑控制

【活动场景】

城轨列车在运行过程中,在遇到紧急情况需要紧急停车时,在施行紧急制动作用时,如果司机操作不当或制动系统防护不当将会导致车轮被闸瓦抱死而出现滑行现象,导致轮对踏面被擦伤,甚至造成踏面的行车事故。

图 3.29

【任务要求】

1. 认识列车防滑控制的必要性;
2. 了解当防滑系统出现故障后可能会出现的后果;
3. 了解防滑控制系统有哪些基本要求。

【知识准备】

目前城市轨道交通车辆正朝着安全、高速、环保和舒适性的方向发展，高速度不断促进单轴牵引功率和制动功率的提高，城轨车辆采用动力制动等强力制动的措施，一方面有效提高了城轨运营的安全保障，同时也带来了因制动力过大而导致列车制动滑行事故发生逐年上升的倾向；列车的制动滑行会使城轨车辆轮轨发热、轮轨表面擦伤等现象不断发生，严重时还会使城轨的线路出现失稳、产生胀轨等事故。因此，有效地防止列车制动滑行极为重要。

一、防　滑

（1）制动黏着系数是车辆制动设计和牵引设计的基本参数之一。制动黏着系数的测试研究结果表明，对应某一运行速度的黏着系数是一组成正态分布的随机变量，选取的某一个确定值，实际上是指其 5%打滑率的值。因此，只能保证车辆轮对不会滑行的概率仅仅为 95%左右。

（2）低速制动的黏着系数离散度比较大，也是我国制动黏着系数分布的特点之一。在速度为 50 km/h 以下的低速段，一般是在列车进站和出站的区段。一般情况下站台两侧轨面状态比较复杂，轨面污染也比较严重是造成黏着系数离散大的主要原因。从制动黏着系数测试结果可知，有时站台两侧测得的黏着系数甚至比速度为 120 km/h 时的黏着系数还要低。因此，列车在低速段时的车轮滑行和擦伤的问题更为突出。

（3）车轮踏面擦伤问题一直困扰着轨道交通的运营部门，虽然采取了很多措施，试图来降低轮轨表面擦伤的事故，但收效甚微，其根本原因主要是在列车制动过程中，制动力的设定基本上是一个定值，而黏着系数却是一个变化的量，黏着力不可能总是大于制动力，一旦遇到低于黏着的情况，造成制动力超过黏着力，车轮便会产生滑行，甚至可能造成车轮踏面的擦伤。

（4）城市轨道交通车辆一般都是在较高的速度下行驶，一旦出现车轮踏面擦伤，其危害也会随运行速度的提高而逐渐增加。因为车轮踏面擦伤造成的车轮踏面不圆或凹坑会产生对轨面的垂向冲击，而且车轮的垂向冲击加速度会随着运行速度的提高而加剧。从而也会降低旅客的乘坐舒适性，并且会使轴承发热，轨道受损，严重时将会危及行车安全。

总之，车轮踏面擦伤的根本原因在于列车制动过程中制动力超过黏着力。而这种可能性尤论是在高速段还是在低速段均有可能发生。因此随着列车运行速度的提高，车轮踏面擦伤所造成的后果将更具危险性。解决这一问题的途径主要是加装防滑器或防滑系统。防滑器或防滑系统能够控制车辆制动过程中的制动力，并且能使随时检测和调整制动力大小，使之始终小于并接近即时的黏着力，防止滑行的发生。

影响黏着系数的主要原因分析：

滑行是由于列车的制动力大于轮轨之间的黏着力引起，黏着力与轮轨之间的黏着系数有直接关系，但影响轮轨之间黏着系数的因素很多，主要包括下面因素：

（1）车轮踏面与钢轨表面状态。

干燥、清洁的车轮踏面与钢轨表面，它们的黏着系数高，如果踏面或轨面受到污染，则黏着系数就很快下降。有试验结果表明，干燥、清洁的轨面，其黏着系数可达 0.3；而受到雨雪浸湿的轨面，其黏着系数仅为 0.12。对城市轨道交通来说，地铁、轻轨和有轨电车的轨面由于所处环境的不同，其黏着系数有很大的差别。晴天，地面的轨面要比潮湿隧道里轨面的黏着系数高；但雨雪天气，隧道里轨面黏着系数反比地面的要高。冰霜凝结在轨面上小毛毛细雨打湿轨面时，黏着系数非常低，但大雨冲刷、雨后生成的薄锈却使黏着系数大大增加。油的污染最会使轨面黏着系数下降，撒砂则能使轨面黏着系数增加。

（2）线路质量。

钢轨越软和道床下沉越大，轨面的黏着系数越小；钢轨不平或直线地段两侧钢轨顶部在同一水平面，以及动轮所处位置的轨面状态不同，都会使黏着系数减小。

（3）车辆运行速度和状态。

车辆运行速度增加加剧了动轮对钢轨的纵向滑动和横向滑动及车辆振动，使黏着系数减小。特别是在车轮和钢轨表面被水污染的情况下，黏着系数随速度增加急剧下降。车辆运行中由于各种因素导致轴重转移，也会影响黏着系数。例如，车辆过弯道，造成车辆车轮一侧加载，另一侧减载，使黏着系数大幅下降，如果曲线半径越小，黏着系数下降就越多。牵引和制动工况对黏着系数也有一定的影响，牵引时的黏着系数比制动时的黏着系数要大一些。

由于黏着系数受上述诸多因素的影响，城轨列车在制动时，轮对发生滑行是常有的事，但由于静摩擦系数大于动摩擦系数，列车一旦发生滑行，靠自身是无法调整的，此时必须靠防滑系统来适当的减小制动力来调整再黏着，不然轮对会被抱死，将轮对擦伤，降低列车舒适性，同时也降低了制动能力，使制动距离变大。所以，防滑系统在制动系统中是非常重要的。

二、防滑控制的基本条件

1. 灵敏度高

在较高的速度范围内，由于黏着系数较低，本来就容易发生滑行，而且即使是在很短的时间内，因滑行距离较长，危害也是相当严重的，因此防滑控制系统应该具有高灵敏度，灵敏度受滑行标准、滑行检测速度和防滑装置的制动时间等诸多因素的影响。

一旦某根车轴发生了滑行，系统要迅速被检测出来，不但要采用多种标准，而且关键问题在于这些标准的具体设置。标准定得越高，检测灵敏、动作快，可以使滑行很快被制止；但标准定得太高，会使滑行控制的稳定性变差，以致一些微小的滑行也使滑行系统动作，从而延长了制动距离，危及运营安全。滑行标准若定得太低，使滑行性能不安全，同时会使滑行检测滞后时间延长。因此。制定防滑标准是一个复杂的技术工作，要充分考虑到防滑装置的结构及线路、使用的速度范围以及车轮的磨耗等因素。

2. 防滑特性良好

所谓防滑控制系统的防滑特性，就是当车轮发生滑行时，防滑控制系统检测到之后，通过逻辑线路及机械装置，立即减少制动力（减少电机电流或降低制动缸压力从而使摩擦制动力减小）；而当车轮停止滑行并恢复再黏着以后，牵引电机电流或制动缸又重新充气恢复之前状态。防滑性能不但取决于检测系统、机械部件的灵敏性，而且主要决定于防滑控制采用的控制方法和算法。防滑特性好，将取得良好的防滑效果，使制动距离延长较短等。

一个好的防滑特性可以保证制动效率高、防滑反复动作次数少、制动距离延长不是太多、节约压力空气。

电制动防护系统与空气制动防滑系统应该具有良好的配合关系。

三、防滑系统的现状与发展

最初人们发现，由于制动强度过大，车轮踏面上会摩擦出一些小平面，称为车轮踏面擦伤。踏面擦伤后，车轮由于存在不圆度就不能平稳地旋转，将会产生很大的冲击波动和噪声。最初的防滑装置被安装到机车上后，意外地发现制动距离也在减小。此后又由德国发明了 ABSC 装置，它是由装在车轮上的电磁式转速传感器和控制液压的电磁阀组成。当制动液压力上升、车轮抱死时，转速传感器的输出为零，电磁阀动作，关闭制动液进口，使制动液压力降低；制动缓解后车轮再次旋转，转速传感器的输出恢复正常，电磁阀动作，打开制动液进口，液压随之上升再次对车轮制动。1948 年，美国的一家公司开发了铁路机车专用的 ABS 防滑装置。该装置利用安装在车轴上的转速传感器测出车轴的减速度，然后使电磁闸动作，控制制动空气的压力，防止车轴滑行。防滑装置经历了不断发展完善和进步的过程。早期的列车防滑器为机械离心式或电气混合式结构。我国铁路在 20 世纪 60 年代也曾采用过电气混合式结构的列车防滑器装置。随着计算机控制技术在工业控制中的迅速发展，相继进行了微机控制的防滑系统的研究与开发。进入 20 世纪 80 年代，国外推出的高速列车已无一例外地采用了微机控制防滑器。例如德国的 MGS-1 型防滑器、法国的 TGV 列车高性能防滑器等。

我国在 20 世纪 80 年代后期一些机构（如青岛四方机车车辆研究所）也对单板机防滑系统进行了研究。20 世纪 90 年代，我国又在引进、吸收国外技术经验的基础上，对采用微机控制的防滑系统进行广泛而深入的研究，并取得很大的进展，当然与国外的先进技术水平相比还有一定的差距。近年来，我国轨道交通发展很快，防滑控制的理论研究不断提高，防滑控制的很多参考条件也不停地发生变化，需要更深入的研究与开发。但是高速车辆用防滑器则要求在具有良好防滑性能的同时，还要具有改善和提高黏着性能。但是我国很多轨道车辆安装的是国外进口的防滑控制系统，价格较为昂贵，因此设计出具有高灵敏度的防滑控制系统对于我国轨道交通的发展具有非常意义。

【任务实施】

本项目任务的实施可通过以下几种途径:

1. 在条件允许的情况下，组织学员制造轮轨滑行模型，进行滑行试验，让学员掌握轮轨之间的黏着都受哪些因素的影响。

2. 组织学员到城市轨道交通车辆检修基地进行现场教学，让学员通过观察一些典型的轮轨擦伤、路面剥离等事故，认识防滑的必要性和重要性。

3. 组织学员通过多媒体课件认识一些城市轨道交通车辆和我国铁路铁道车辆典型的轮轨事故，认识防滑的必要性和重要性。

【效果评价】

评 价 表

项目名称	项目 3　城市轨道交通车辆电制动和制动控制	学生姓名	
任务名称	任务 5　城市轨道交通车辆制动控制技术	分数	
项　目		分值	考核得分
1. 叙述防滑的必要性		30	
2. 罗列轮轨之间的黏着都受哪些因素的影响		25	
3. 简述列车的防滑包括哪两种，都在什么情况下动作		25	
4. 简述防滑控制的基本条件		20	
教师简要评语： 教师签名：			

任务 6　防滑控制的机理与判断标准探讨

【活动场景】

在城市轨道交通车辆检修车间或在具备能完整展示城轨车辆防滑控制课件的多媒体教室进行教学。

【任务要求】

1. 了解参考速度的选取原则；
2. 了解滑行的判断依据都有哪些，都有什么利弊。

【知识准备】

图 3.30　防滑阀外观

一、防滑的机理分析

1. 黏着机理

研究列车的防滑控制，必须深入了解黏着机理。黏着是表示轮轨关系的轨道交通专用术语。黏着力是指轮轨接触面切线方向传递的力。轮轨之间的黏着是轨道交通车辆形成制动力和牵引力的基本依据。

黏着系数表示轮轨黏着的利用程度，它是具有一定离散性的随机因数，符合统计学上的规律。黏着系数的大小与滑移率大小有直接相关，两者的相关规律只有通过大量试验数据才能得出。据各种试验数据分析认为：在滑移率大于 35%时，应视为黏着状态被破坏，出现宏观滑行的界限。当然，这条界限也是有些余地的，但这时黏着系数已随滑移率的增加呈明显下降趋势，而且量值已下降到 0.25 以下，难以保证列车进行正常制动。

改善黏着条件，提高黏着的利用率，不仅可以充分发挥列车的制动和牵引性能，同时还能有效地防止滑行和空转，减少对列车和线路设备等的损伤。无论是摩擦制动还是动力制动，都是利用轮轨间的黏着力的作用，都属于黏着制动。摩擦制动力过大，会把车轮抱死而发生滑行。动力制动时制动力如超过轮轨黏着力，此时车轮的反力矩过大，会导致车轮的逆转。

改善黏着的方法之一是在钢轨上撒砂，这种方法对列车启动时的防空转比较有效，但在高速制动时，由于无法保证砂子正好撒在钢轨面上，因此效果不是很理想。尽管有的国家研制出先进的撒砂器或把砂子制成悬浮体直接喷洒在轨面上取得了一定的成功，但由于成本太高，也没有得到推广应用。采用化学方法清洗轨面，尽可以明显地改善轮轨间的黏着，但这也只能用于黏着状态特别不良的区间。国际铁路联盟试验研究所也进行了电火花处理轨面的试验，清除了表面油污，使轨面活化，明显地提高了黏着，但由于电火花处理轨面消耗功率较大，以及对轨道电路和通信产生干扰等原因，所以该方法也没有被广泛应用。其实影响利用黏着的因素有很多，例如车轮滚动圆的偏心、车辆的蛇行运动、车体与转向架的垂直振动等。这些因素涉及很多技术问题，要充分利用黏着，必须全面考虑。

2. 蠕滑理论

从 20 世纪 60 年代以来，众多学者的研究指出：滑动实际上包含了利与弊两个方面。一般来说，滑动反映的是传力条件，而黏着反映的是滚动条件。在力的方向上，接触面前沿的黏着区消失，这时的滑动是有害的；反之，则是有利的。这就是著名的蠕滑理论。然而，黏着系数不代表传统的摩擦系数，根据近代滚动理论的发展，它实际上是静摩擦系数、法向压力、接触面积轴长比及材料弹性常数四者的参数。

从宏观上看，轮轨相对滚动时，传向力是切向力存在的必要条件。除了接触表面状态之外，轮轨切向力的大小还决定于轮轨相对运动状态。简单说来，蠕滑是宏观上车轮的非纯滚动的状态，由于轮轨的三维弹性形变，轮轨接触面存在着微观的黏着区和相对滑动区，因而车轮在钢轨滚动时存在着一定的相对滑动，即车轮轮心实际前进速度总是低于以车轮的圆周速度 ωR_i 计算的理论值。这是由于在旋转力矩 M 的作用下，轮轨接触面产生向后的弹性变形所致，这个现象称为蠕滑。蠕滑大小的程度可用滑移率来表示，即

$$\sigma = \frac{\omega R_i - \upsilon}{\upsilon} \tag{3.1}$$

但是在实际应用蠕滑理论控制黏着的过程，一般都把轮对的轮周速度与轮心位移速度之差与轮心位移速度的比值定义为滑移率。这是因为在列车上比较容易测出轮对转速和列车实际运行速度。虽然这种表示方法也是一种近似的表示方法，但便于获得检测信号使防滑控制系统获得控制信号。

此外在一些滚动接触理论中，滑移率定义为有一切向力作用时车轮滚过距离与无切向力作用时车轮滚过距离之差的变化率。也就是说，如果轮轨之间不存在相对滑行，那么车轮将在钢轨上做纯滚动，滚过的距离等于车轮所转圈数乘以车轮圆周长所得距离，即

$$S = n \times 2\pi R \tag{3.2}$$

然而，由于相对滑动的存在，车轮的滚动已不再是纯滚动，而是伴随着有车轮相对钢轨滑动的发生，这也反映了接触面间由于滑动干摩擦所引起能量的消耗。车轮实际滚过的距离与纯滚动距离之差的变化率用滑移率来描述，即

滑移率=（车轮实际滚过的距离－纯滚动距离）÷纯滚动距离　　（3.3）

蠕滑是一种轮轨设备都可以接受和容忍的微量滑行现象，理论上可以将这种微量滑行按其滑移量的大小划分为贯穿整个滑移发展过程的若干发展阶段。

1）正常运行区

正常运行区又可划分为以下两个阶段：

（1）微量滑移阶段（弹性形变阶段）：$\sigma \leqslant 0.2\%$；

（2）轻度滑移阶段（弹塑性形变阶段）：$0.2 \leqslant \sigma \leqslant 1\%$。

2）稳态运行区

稳态运行区又可分为以下两个阶段：

（1）稳定滑移阶段：$\sigma = 10\% \sim 25\%$；

（2）振荡滑移阶段：$\sigma = 26\% \sim 35\%$。

3）稳态运行区

非稳态运行区只有一个阶段（即打滑阶段）：$\sigma > 35\%$。

4）销轴滑行区

在销轴滑行区，轮对速度下降，直至停止转动，处于完全在钢轨上的滑行状态。防滑控制一般是在 $\sigma = 26\% \sim 35\%$ 进行，也就是在稳态运行区中进行。我们还可以把稳态运行区按照滑移程度的不同又分成三个阶段：

（1）稳定滑移阶段：$\sigma < 10\%$，此阶段可以不进行控制或只做低级控制。该阶段应充分挖掘黏着潜力，提高制动性能。

（2）自滑移阶段：$\sigma = 10\% \sim 26\%$，此阶段已有滑移量迅速扩大的趋势，必须采用防滑措施进行滑移量的控制。它是防滑控制的主要区域。

（3）临界滑移阶段：$\sigma = 26\% \sim 35\%$，此时黏着已经破坏，并已进入宏观滑行的界限，随着黏着系数的迅速下降和滑移率的增大，轮轨间已无能力产生可与连续制动力相平衡的切向力。必须在此区域实行高级别的控制以抑制滑移发展成为宏观上的滑行。

3. 车轮滑行的形成

研究表明，轮轨间的切向力与轮轨间的滑动是同时存在的。黏着控制就是要通过对微观滑移量的检测，给控制系统以控制信号，通过控制滑移使列车处于最佳的黏着条件。因此，控制滑移率也是为了提高黏着的利用率。

通过大量的实验研究和分析，在理想的、干燥的和无污染的条件下得到了滑移理论曲线。由图 3.31 可知：当黏着系数随滑移率的增大而达到最大值时，若继续增大滑移率，将会使黏着系数急剧下降。这种性质是干摩擦本身所固有的，然而对于列车运行来说却是灾难性的。如果这时制动力的下降速度赶不上黏着系数的下降速度，那么由这种下降速度不平衡而建立起来的力的不平衡，将只能由车轮自己来消化，因此产生滑行。

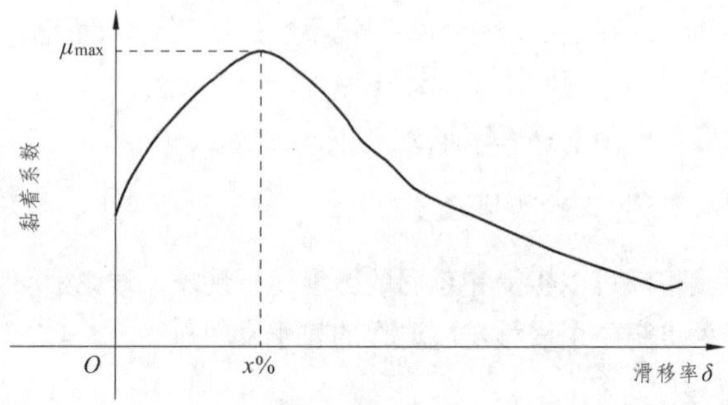

图 3.31　滑移理论曲线

二、防滑标准的判断

1. 车辆参考速度的确定

车辆的参考速度是判断轮对发生滑行的重要数据。地铁车辆参考速度的选取一般遵循如下规则：

车辆在制动工况时，系统将选取一个制动控制模块所控制的所有轴中的最大速度最为本制动控制单元滑行判断的参考速度。例如西安地铁 2 号线车辆制动系统采用车控方式，即一个制动控制模块控制一节车的 4 根轴，列车在制动时选取这 4 个轴中的最大速度作为滑行判断的参考速度。

【注意】车辆在牵引工况时，系统将选取一个牵引控制模块所控制的所有轴中的最小速度作为判断本牵引控制单元是否发生空转的参考速度。例如西安地铁 2 号线车辆一个牵引逆变器控制一节车的 4 台电机，系统在牵引时选取本节车 4 个轴的最小速度最为空转判断的参考速度。

2. 滑行的判断标准

1）速度差

当车辆某一轴车轮发生滑行时，此轴的速度比其他轴的速度明显减小，所以通过速度的差值能够判断某一轮是否发生滑行。

通过速度差判断的方法：车辆每根轴检测的速度与车辆参考速度进行比较，当差值大于规定值时，则判定此轮发生了滑行，从而使防滑行系统起作用，如图 3.32 所示。

2）滑移率

当通过速度差进行滑行判定时，如果速度差为定值，则车辆在高速运行时，虽然速度差达到了规定的标准值，可车辆此时只是微小的滑动，此时如果进行了滑行的控制，车辆就未充分利用黏着。据此，对于高速列车引入滑移率作为判定滑行的依据。一般，只有当速度差和滑移率均达到判定值则认为发生了滑行，这样既充分利用了黏着，同时又防止了车辆的滑行。

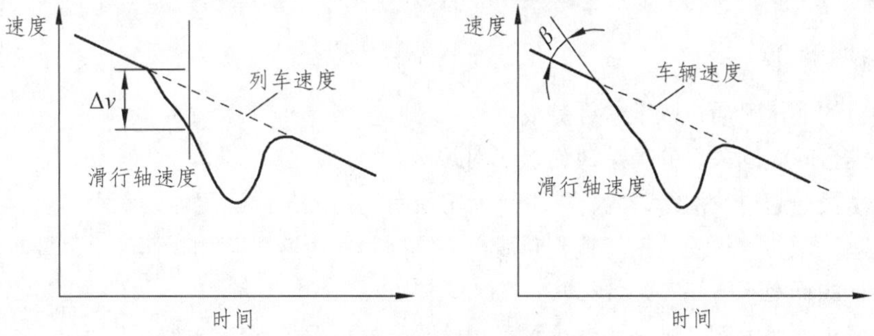

图 3.32 滑行的判断依据

3）减速度

当一节车所有轮对同时发生空转/滑行时，通过速度差已经不能判断出空转/滑，此时虽然速度差未达到标准值，可车辆已经发生了空转/滑行。在此种情况下通过减速度来作为空转/滑行的判断依据就可以解决此种问题。当车辆某一轴发生空转/滑行时，此时此轴的减速度明显增大/减小，当减速度超过规定的数值时，则认为此轴发生了空转/滑行。

4）减速度的微分

应用以上三种判定方法均不能解决如下问题：由于整个防滑系统要有一个响应时间，因此防滑排风阀的动作有了延迟，因此，减速度变化快的防滑作用不良，而减速度慢的则黏着利用不良，据此引入了减速度的微分作为判定依据。

如图 3.33 所示，有两条不同的减速度曲线，一条变化快，一条变化慢，即减速度微分的大小不同，通常情况下，防滑器在 a_1 时判断出“滑行”，经过延迟时间 Δt 后，使防滑排风阀动作，此时两个减速度值分别为 a_2、a_2'，利用这两个判据，减速度变化快的就有可能出现滑行，而减速度变化慢的很可能出现黏着不能完全利用，而制动力不足的现象。

当引入减速度微分后，如图 3.33 所示，假如根据 $a+(\mathrm{d}a/\mathrm{d}t)\times\Delta t$ 达到规定值判断为“滑行”，则经过延迟时间后，无论减速度变化快还是变化慢，防滑排风阀动作时，即制动缸压力变化时的减速度值 a_2 都是相同的。而只有控制制动缸压力变化时的减速度，才能保证良好的防滑作用和充分利用黏着。

滑移率以及减速度的微分一般在要求精度更高、速度更快的高速列车上采用。对于最高运行速度为 80 km/h 的地铁车辆而言，采用速度差和减速度来判断空转/滑行已经满足要求，西安地铁 2 号线车辆就以速度差和减速度同时达到确定值为判断依据。

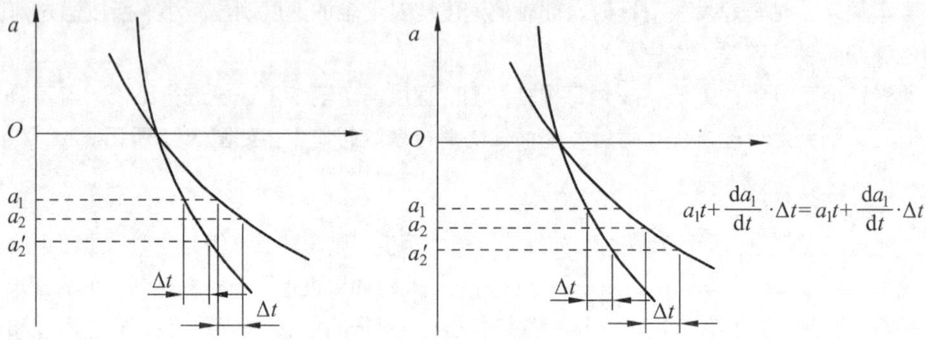

（a）根据减速度进行判断　　（b）根据减速度微分进行判断

图 3.33　滑行的判断依据

【任务实施】

本项目的实施可通过以下途径完成：

（1）结合轮轨间关系的模型讨论以下问题：

组织学员一起讨论滑行时为何选取单元车所有轮对的最大速度作为参考速度，选取最小速度不行吗？同时，目前地铁车辆判断滑行的依据为何为速度差和减速度，只要其中一个作为判断滑行的标准不行吗？为什么？

（2）分析典型案例，进一步认识防止车轮滑行的重要性和必要性。

【效果评价】

评价表

项目名称	项目 3　城市轨道交通车辆电制动和制动控制	学生姓名	
任务名称	任务 6　防滑控制的机理与判断标准探讨	分数	
项　目		分值	考核得分
1. 了解参考速度的选取原则是什么，为何要那样取		30	
2. 说出滑行判断的依据都有哪些		35	
3. 简述目前国内地铁车辆滑行的判断标准		35	
教师简要评语： 教师签名：			

任务 7 防滑系统的组成及工作原理

【活动场景】

城市轨道交通车辆的防滑系统主要由控制单元、速度传感器、机械部件和防滑电磁阀等组成。虽然我国城市轨道交通车辆的供应商不同，具体的城轨车辆的防滑系统虽然有一定区别，但总体结构和作用是一致的。

图 3.34

【任务要求】

1. 掌握城轨车辆制动防滑系统的基本组成；
2. 了解防滑系统各部件的作用及工作原理；
3. 掌握空气制动防滑系统的工作原理。

【知识准备】

通过前面的学习，我们知道城轨车辆轮对滑行即黏着失去的根本原因是制动力大于所能实现的黏着力，而恢复黏着的有效手段就是降低制动力，以满足制动力小于所能实现的黏着力，而黏着一旦被破坏，单靠轮轨系统本身是不可能恢复的，需要借助外部机构才能使黏着恢复。电子防滑控制装置就是帮助轮轨间恢复黏着的外部装置之一。防滑控制装置的基本原理就是当检测到因外界因素或制动力过大引起黏着系数下降时，就立即实施控制，尽快使黏着恢复。这种恢复应尽量接近当时条件所允许的最佳黏着，即黏着恢复必须充分提高黏着利用率。

一、防滑系统的基本结构

典型的防滑控制系统主要由控制单元、速度传感器、机械部件和防滑电磁阀组成。其中控制单元是防滑控制系统的核心部分，如图 3.35 所示。

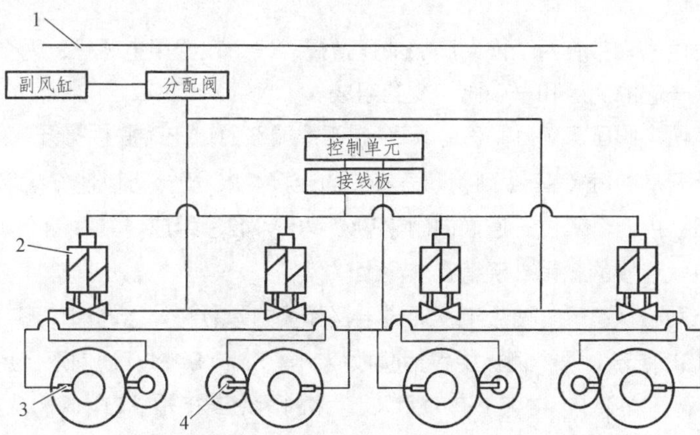

1—制动主管；2—防滑阀；3—速度传感器；4—制动缸。

图 3.35 电子防滑器控制示意图

防滑控制系统可以通过速度传感器检测出列车的正常速度以及列车与被抱死车轮间的速度差。这两个检测信号被传送到防滑控制系统的微处理器，微处理器根据比较和判断，然后发出防滑控制指令。防滑控制系统的执行装置按防滑控制指令的要求采取措施，使该车轮的制动力迅速降低，快速解除该车轮的滑行。当滑行消失时，微处理器得到消失后的速度信号后，重新发出指令，恢复该车轮的制动力。

用于检测列车速度和轮对速度的装置称为速度传感器，也称为速度信号发生器。它安装在轮对上，其结构如图 3.36 所示。速度传感器由测速齿轮和速度传感器探头以及电缆线等组成。测速齿轮与速度传感器探头之间有一个空隙，永磁式的传感器会在间隙中感应磁力线。

当车轮旋转时，齿顶、齿根交替切割磁力线，从而在永磁式的传感器中产生一个频率正比于运行速度的电脉冲信号。这个电脉冲信号就是送入微处理器的速度信号。

二、防滑电磁阀

防滑电磁阀是城市轨道交通车辆中电子防滑系统的主要组成部分，是防滑控制回路中的执行机构。防滑阀由电子开关装置控制，借助防滑阀，制动气缸压力 C 能够逐级降低或者再次升高到由控制阀设定的数值 D。目前城轨车辆所使用的电磁阀主要有 GV12A、GV12-1B、GV12-2、GV12-ES1A 等。

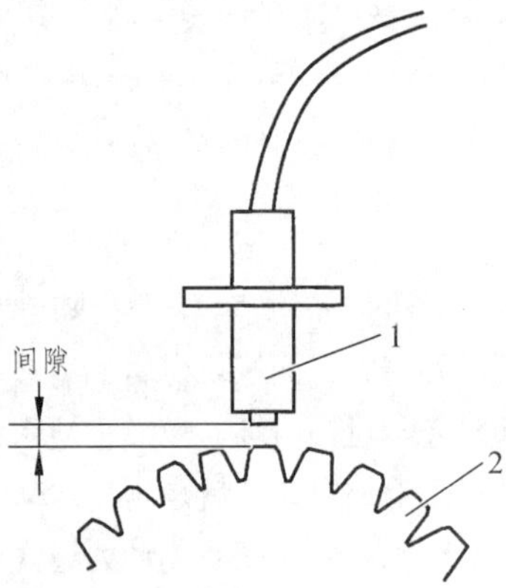

1—速度传感器探头；2—测速齿轮。

图 3.36 速度传感器示意图

1. 防滑电磁阀在城轨车辆制动系统中的排布

防滑电磁阀在城轨车辆制动系统的排布如图 3.37 所示。防滑阀 D 室与控制阀或压力转换器进行气动连接，C 室与其控制的制动气缸连接；与防滑电子装置的电气连接相对应，采用三芯线；在防滑阀上设置了一个三极插头分离点，芯线 I 和芯线 II 是用来对排气和进气的两个阀用电磁铁进行控制，芯线 I 是共用回路。

2. 结构设计

防滑阀主要由一个带有两个换向膜板的通道板、一个双阀用电磁铁、两个阀将用电磁铁与通道板连接在一起的侧板和一个阀门支架组成。

通道板上有两个阀座（V_D 和 V_C）。每个阀座都能够通过 PD 膜板打开或关闭。PD 膜板可以接通或者断开从 D 室 C 室（到制动气缸）的连接。PC 膜板可以使 C 室和 O（空气）相连。双阀用电磁铁由两个二位三通换向阀（VM1 和 VM2）组成。其线圈在一个共用的塑料外壳里。用于电气连接的触销被浇铸在外壳上。

电磁阀在未励磁状态下，两个电枢通过电枢弹簧的弹力将外面的阀口密封；内部的阀口被打开，如图 3.37 所示。两个侧板中包括膜板控制室 S_D 和 S_C 以及通向双阀用电磁铁的输入管路。阀门拧在阀门支架上。支架上有 D 和 C 管路的两个连接螺纹口。阀门从支架上拆上后，喷嘴 d_D 和 d_C 便很容易接近（并非所有的型号都配备喷嘴）。

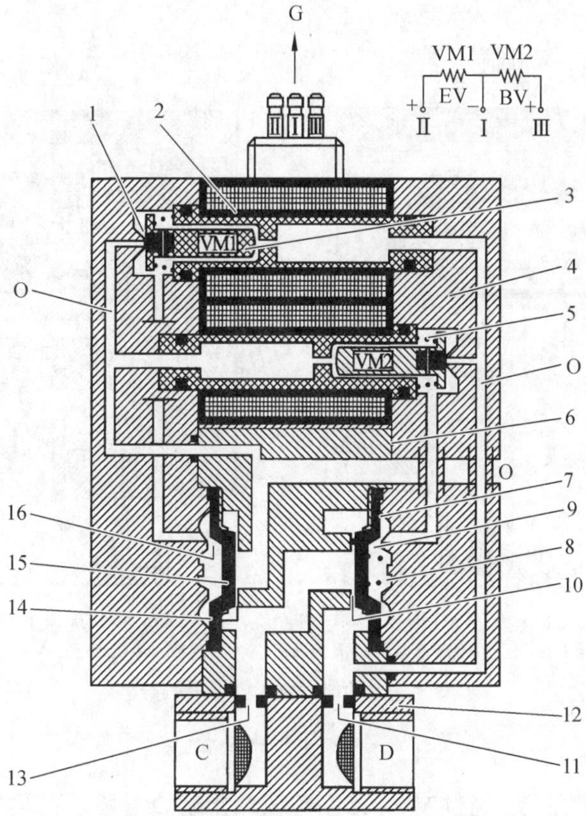

（制动解除，电磁阀失电、阀门无压力）

1—外部阀口；2—内部阀口；3—双阀用电磁铁；4—侧板；5—电枢弹簧；6—通道板；7—PD 膜板；8—锥形弹簧；9—控制室 SD；10—阀座 V_D；11—喷嘴 d_D（并非所有型号）；12—阀门支架；13—喷嘴 d_C（并非所有型号）；14—阀座 V_C；15—PC 膜板；16—控制室 SC。

图 3.37　防滑器 GV12 的原理

3. 功能说明

1）无防滑系统的制动和松闸（阀用电磁铁 VM1 和 VM2 不励磁）

（1）缓解状态。缓解状态下如图 3.37 所示，阀门处于无压状态。PD 膜板通过锥形弹簧保留在阀座 V_D 上。

（2）制动状态。制动状态下如图 3.38 所示，D 管路内的压力作用 PD 膜板，由于控制室 S_D 仍然没有压力，膜板顶着锥形弹簧压向右侧末端，阀座 V_D 开启。与此相反，通过开启的 VM1 内部阀口给控制室加载 D 管路内的压力。D 管路内的压力（与阀口 C 的面积有关）作为一种闭合力作用于 PC 膜板，阀座 V_C 被关闭，D 与 C 管路间的通道开通。车辆可以无阻碍地进行制动。

（3）制动的解除。在制动解除时阀门仍保持上述制动状态中所述位置，即 D 与 C 之间的通道是开通的，如图 3.38 所示。当锥形弹簧的弹力超过了 D 管路内压力（与膜板的有效面积有关），在 D 管路内压力小的情况下 PD 膜板就关闭。这样随着 D 管路内压力不断降低，V_C 阀座上的 C 管路内压力也会降低。

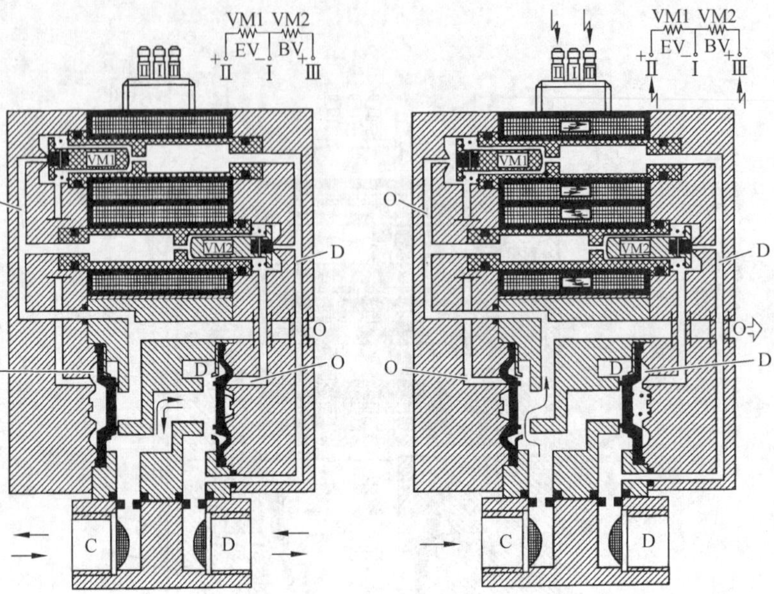

防滑阀 GV12 的结构原理（VM1 和 VM2 不励磁）
（无防滑系统的制动和松闸；通过防滑系统再次制动）

防滑阀 GV12 的结构原理
（用防滑系统松闸、VM1 和 VM2 励磁）

图 3.38　防滑阀 G12 的结构原理

2）通过防滑系统松闸

两个阀用电磁铁励磁。通过 VM2 给控制室 S_D 加载 D 管路内的压力，如图 3.38 所示。在 PD 隔膜上压力平衡，锥形弹簧将隔膜压到阀座 V_D 上，D 管路内的压力被阻断。

通过 VM1 给控制室 S_C 排气。C 管路内的压力将 PC 隔膜压向左面。阀座 V_C 打开，C 压力通过 VC 流向 O。

3）通过防滑系统再次制动

两个阀用电磁铁不励磁。控制室 S_D 排气，S_C 进气，如图 3.38 所示。功能相应于上述无防滑器所述。

4）通过防滑系统保持压力恒定

阀用电磁铁 VM1 不励磁，VM2 励磁。给两个控制室（S_D，S_C）加载 D 管路内的压力。如图 3.39 所示，隔板将阀座 V_D 和 V_C 关闭。C 管路内压力与 D 管路内和 O 的通道都关闭。

通过有效操作阀用电磁铁的控制不仅可以在排气阶段也可以在进气阶段产生恒压等级。因此，可以根据防滑系统调节逻辑的要求，快速（无级地）或慢速（一级一级地）增压或降压。

进气或排气的压力梯度（无级）是由喷嘴 d_D 和 d_C 决定的。喷嘴的大小取决于需控制的 C 管路容积（并非所有型号都配有喷嘴）。

5）防滑电磁阀在车辆上的安装

将防滑阀固定在车身上时须使排气口方向向下。为了保持尽可能低的无效时间和气流损失，须注意要使通向受控的制动气缸的输入管路要短而且不能被节流。

防滑阀（除 GV12A 外）在阀门支架上有一个 C 管路压力的测量接口。这个测量接口在车辆投入使用之前必须密闭起来。安装尺寸和技术数据参见相关的安装图纸。

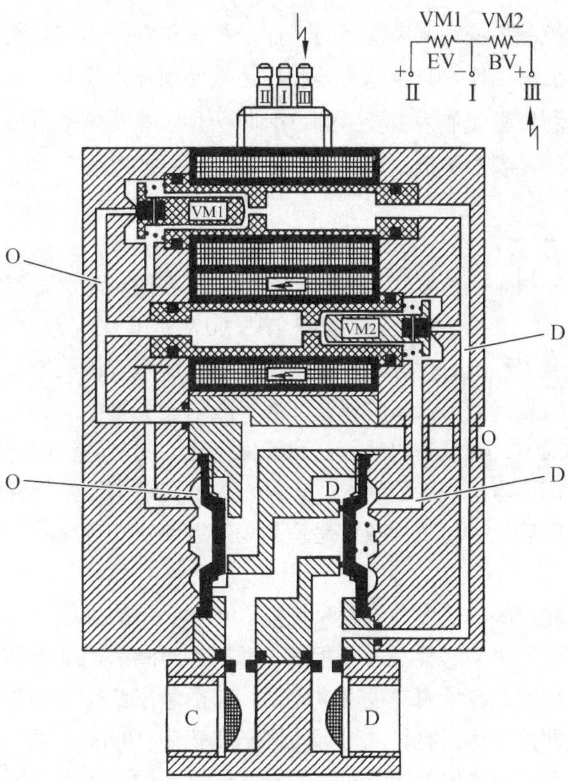

防滑阀GV12原理图
（通过防滑系统保持恒压、VM2励磁）

图 3.39 防滑阀 GV12 的结构原理

三、防滑控制

列车防滑控制的逻辑框图如图 3.40 所示。防滑控制是在制动力即将超过黏着力时，降低制动力，使车轮恢复处于滚动或滑滚混合状态，避免车轮滑行。然而防滑控制的关键是：首先要正确判断滑行即将开始的时刻。判断提前，会使制动力损失过大，无法充分利用轮轨间的黏着，使制动距离延长；判断延后，就会产生滑行，造成踏面擦伤，起不到防滑作用。

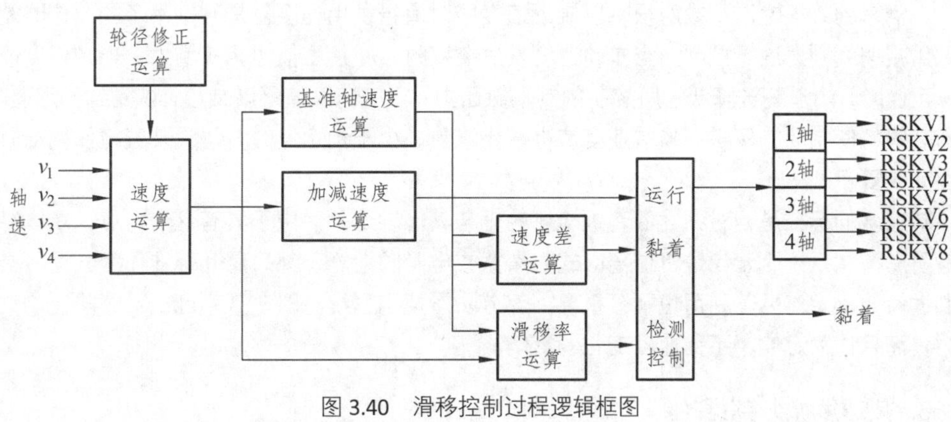

图 3.40 滑移控制过程逻辑框图

目前，各种防滑控制系统在判断滑行时，使用了多种判据。这些判据主要有速度差、减速度、减速度微分和滑移率等。其中速度差和减速度使用最为普遍。无论采用哪一种判断依据，都把防滑和充分利用黏着作为主要目的，有时两种防滑系统采用相同的判据，但效果却不同，这主要是由于判据参数的选取以及对制动力的控制的过程不同造成的。

1. 速度差判据控制

速度差是根据某一根轴的速度，与列车运行速度的差值。防滑时可针对速度差制定滑行检测标准。对于速度差标准，车轮磨耗的允许值为 60 % ~ 70 %，再加上其他公差，因此速度差范围很大。如果速度差标准定得过高，会造成防滑控制系统误动作；但如果速度差标准定得过低，也会导致灵敏度降低（日本的轨道交通一般取速度差标准值为 15 km/h）。如果按高速范围制定速度差标准值，到低速时就不一定能保证正常的防滑作用。因此，速度差标准就不能是一个固定值，而应当是速度的函数。也就是说，速度差值应随着列车速度的减小而逐渐减小，所以确定速度差是否超限的数值是随列车速度变化而变化的一个函数，这就使系统变得较为复杂。

能否精确地测定轮对间的速度差值是系统能否正常工作的关键。由于每个动轮直径不是绝对相同的，并且在运行中的磨耗也各不相同，所以轮对间的速度差总是存在的，尽管此时并没有发生滑动。这就要求在检测轮径速度差时，必须考虑此轮径差异的因素，并对轮径差异设置校正功能。我国列车运行允许的轮径差同一车辆为 10 mm，同一转向架为 7 mm。速度差控制就是当一辆车的四条轮对中的一条轮对发生滑行时，该轮对轴的速度必然低于其他没有滑行的轮对车轴的速度，将该轴速度与各轴速度进行比较并判定滑行轴的速度与参考轴的速度的差值，当比较差值大于滑行判定标准时，该车的防滑装置动作，降低所控制的该轴制动缸压力，此时该轴的减速度逐渐减小；当比较差值达到某个预定值时，防滑装置将使制动缸保压，让车轴速度逐渐恢复；当其速度差值小于滑行判定标准时，防滑装置将使制动缸压力恢复。

实践表明，轮对在连续滑行时，采用速度差判据控制，它需要把各根车轴联系在一起。同时，它往往受速度范围的制约且对于车轮磨耗造成的轮对圆周尺寸的误差特别敏感，因此速度差标准的制定和设计是个复杂的问题。

2. 减速度判据控制

一辆车的某根轴滑行或四根轴以接近速度同时滑行，用速度差是判别不了的，这时就需要采用减速度判据进行控制。当车轮速度发生突变时，减速度值也相应增大。当减速度值大于预定值时，防滑装置降低它所控制的制动缸压力；当减速度值逐渐减小，恢复到预定值时，防滑装置将使制动缸保压；当减速度值进一步恢复，小于预定值时，防滑装置将使制动缸压力逐渐恢复。

减速度的标准是相对独立的，被检测的轴与其他轴无关。由于具有这个特点，所以绝大多数防滑控制系统（无论是机械离心式防滑器或电子防滑器）都采用此标准作为判据。减速度判据值的确定对黏着利用也十分重要，部分防滑控制系统一般在 3 ~ 4 km/s^2 时降低制动缸压力，而且作为定值，不受速度变化的影响。

3. 减速度微分判据控制

上述使用减速度判据也有不足之处。由于防滑机械部分动作的延迟使制动缸的压力变化作用滞后。例如安装在法国 TGV 车上的防滑器，在使用减速度判据的同时，还引入了减速度微分进行辅助判断，因为当减速度达到判据标准时，虽然防滑装置动作，但需经过延迟时间后制动缸压力才开始变化，延迟时间内减速度的变化快慢会不同，即减速度的微分不同，这就有可能造成减速度变化快的，防滑作用不良，而减速度变化慢的，黏着利用不良。引入减速度微分控制后，就有可能解决上述问题。减速度微分控制的判据是

$$\left[a+\frac{\mathrm{d}a}{\mathrm{d}t}\Delta t\right] \tag{3.4}$$

式中　a——始检测计算时的减速度值；

$\frac{\mathrm{d}a}{\mathrm{d}t}$——速度微分；

Δt——时间。

假定判据达到了滑行的判定值，则防滑系统动作，经过延时时间后，无论减速度变化快还是慢，制动缸压力开始变化的减速度都是相同的。控制制动缸压力开始变化时的减速度，可以充分利用黏着和良好的防滑作用。但这种判断方式对防滑系统的要求较高，控制单元要求要有较高的运算速度。

4. 滑移率判据控制

滑移率是某一轴的速度与参考速度之差值和参考速度的比值。采用滑移率作为判据时，认为某一条轴的滑移率达到某一定值时就会发生滑行，防滑系统就会对该轴的制动缸压力进行控制，其控制过程与以上几种基本相同。

滑移率与黏着的利用密切相关，控制滑移率可以达到充分利用黏着的目的。日本的研究表明：当黏着系数为最大值时，滑移率将随着轨道的状况而发生变化，干燥轨道的滑移率一般在 3%～4%，所以认为“在微小滑行时，即使不产生缓解作用也会产生再黏着的情况很多，超过适当大小的滑行才会进行缓解，这样将会有助于缩短制动距离”。

针对滑移率，日本进行了专门试验，试验中把滑移率维持在 10%以下。当滑移率低于 5%时，瞬时黏着系数变化很小；当滑移率超过 5%时，黏着系数趋于下降。这表明，如果制动缸压力能被准确地控制，即车轮的滑移率能维持在确定水平，黏着就能得到有效利用，相应地也可防止滑行的产生。在日本 883 系摆式车组（最大速度为 130 km/h）的制动试验中，使用常规防滑器，制动距离延长 15%；而采用滑移率控制的防滑系统仅延长 3%以内。

综上所述，根据轮轨间极限摩擦力水平，滑行控制的主要出发点是：在合理控制滑移率量值的基础上，充分利用和挖掘列车的黏着潜力，通过控制制动力使车轮滑移率保持在一定范围内，完全能在防止滑行的基础上，充分利用黏着，防止制动距离延长过大。

四、防滑系统的基本要求

1. 灵敏度高

在较高的速度范围内，由于黏着系数较低，本身容易发生滑行，而且，即使是在很短的时间内，因滑行距离较长，危害也是相当严重的，因此防滑控制系统应该具有高灵敏度。同时，灵敏度也受滑行标准、滑行检测速度等诸多因素的影响。

一旦某根车轴发生了滑行，要迅速被检测出来，不但要采用多种标准，而且关键问题在于这些标准的具体设置。标准定得高，使检测灵敏、动作快，可以使滑行很快地被制止。但是标准定得过高，会使滑行控制的稳定性能变差，以至一些微小的滑行也使防滑控制系统动作，从而延长了制动距离，危及运行安全；滑行标准若定得过低，会使滑行性能不安全，同时会使检测滞后，时间延长。因此，制定防滑标准是一个复杂的技术工作，要充分考虑到防滑装置的结构及线路、使用的速度范围以及车轮的磨耗等诸多因素。

2. 防滑特性良好

所谓防滑控制系统的防滑特性，就是当防滑控制系统检测到车轮发生滑行之后，通过逻辑线路和机械装置，立即切断动力制动并且使摩擦制动的制动缸快速缓解；而当车轮停止滑行并恢复黏着以后，制动缸又重新充气的整个过程的特性。它不但取决于检测系统、机械部件的灵敏性，而且主要决定于防滑控制采用的控制方法及算法。防滑特性好，将会取得良好的防滑效果，使制动距离延长较短等。

通常一个具有良好防滑特性的防滑系统可以保证：制动效率高、防滑反复动作次数少、制动距离适当延长、节约压力空气等特性。

【任务实施】

本次任务的完成，是通过分析西安地铁 2 号车辆防滑的基本原理和实际效果进行的。

1. 西安地铁 2 号线车辆防滑系统的基本组成

图 3.41 所示为西安地铁 2 号线车辆空气制动防滑系统简图。空气制动防滑系统主要包括 BECU（制动控制单元）、防滑阀、防滑速度传感器等。

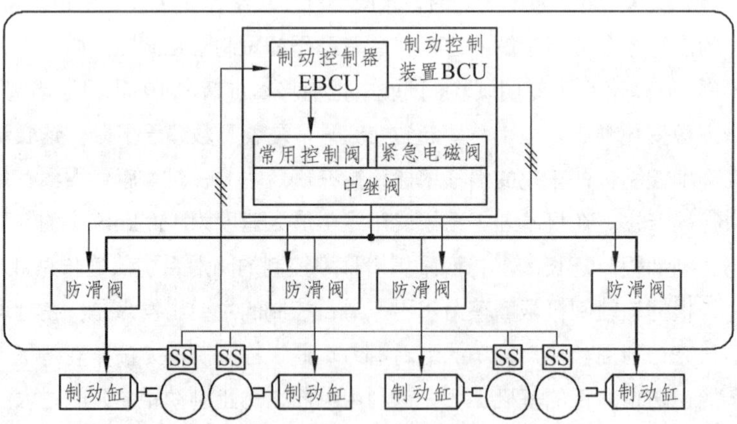

图 3.41　空气制动防滑系统简图

1）防滑阀

如图 3.41 所示，在每个制动缸进气管路上安装一防滑阀。每个防滑阀包括两个电磁阀，一个电磁阀控制制动缸的进风，另一个控制制动缸的排风。这两个阀的动作组合可形成三个不同状态：“充风”两阀均失电，空气进入制动缸；“保压”进风阀得电，排风阀失电，制动缸被隔离，空气压力恒定；“排风”两阀均得电，空气从制动缸排出。

2）防滑速度传感器

车辆在每个轴的轴端均安装防滑速度传感器，通过每个轴端安装的速度传感器时时监控各轴的瞬时速度，并传输给本节车的制动控制单元（BECU）。

图 3.42 所示为城轨车辆速度传感器的工作原理，一般采用齿式速度传感器，主要包括和车轴同轴并固定在车轴上的齿轮、永磁式的速度探头、探头与齿轮间的空气隙以及速度输出信号线等。车辆速度传感的工作原理和普通的交流电机工作原理相同。永久磁铁产生一定强度的磁场，车辆在运行时，齿圈在磁场中旋转，齿圈齿顶和探头之间的间隙（一般在 0.2～1.5 mm）不断变化，这样就会使齿圈和探头组成的磁路中的磁阻发生变化，其结果使磁通量周期性增减，此时在线圈两端产生正比于磁通量增减的交流电压信号，交流电压的频率与车轮角速度成正比，交流电压信号的振幅随转速的变化而变化。而 $v=\omega D/2$（D 为车轮的轮径值），所以产生的电压信号正比于车辆的速度。

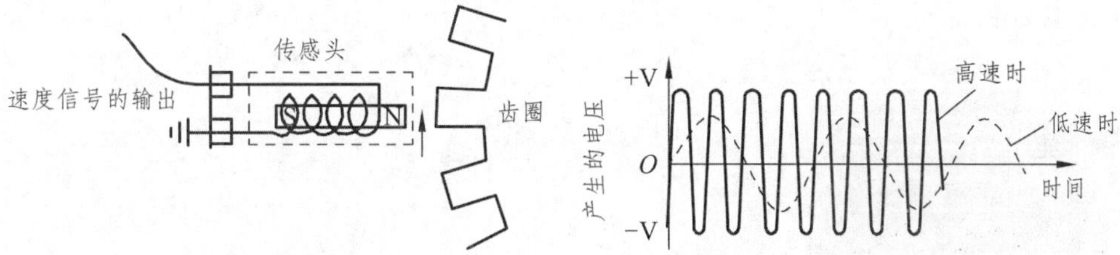

（a）速度传感器结构简图　　（b）速传感器产生的电压信号

图 3.42　速度传感器的工作原理

3）制动控制单元（BECU）

车辆在运行时，制动控制单元时时采集本节车四个轴的速度，然后通过计算各轴的速度差及减速度，判断车辆各轴是否发生滑行并进行控制。

2. 空气制动滑行控制的原理

车辆在正常空气制动时，制动控制单元接收司机发出的制动力指令和车辆的载荷信号（载重量）综合计算出本节车所需制动力，然后通过常用电磁阀产生预控制压力给中继阀，中继阀将预控制压力放大产生 BC 压力给各制动缸，从而推动闸瓦进行制动。同时车辆各轴端速度传感器将速度时时传给 BECU，BECU 将各轴的速度进行比较计算，当判断出某一轴发生了滑行时（通过速度差及减速度），BECU 将控制本轴防滑阀进行排气，此时制动缸压力降低，制动力减小，此轮对恢复黏着。如此通过“速度传感器（采集速度）—EBCU（进行判断）—防滑阀（排气/进气）—制动缸压力（降低/增大）—速度（增大/减小）—速度传感器（采集速度）”形成一闭环控制系统，通过控制防滑阀的排气、进气、保持，最终使车辆最大程度的利用黏着。

【效果评价】

评价表

项目名称	项目3 城市轨道交通车辆电制动和制动控制	学生姓名	
任务名称	任务7 防滑系统的组成及工作原理	分数	
项 目		分值	考核得分
1. 罗列防滑系统的基本组成		20	
2. 简要说明速度传感器的工作原理		25	
3. 说出防滑阀都有哪几种状态		25	
4. 叙述当列车发生滑行时，空气制动防滑系统应该如何进行调整		30	
教师简要评语： 教师签名：			

项目小结

城市轨道交通车辆制动以电制动为主、空气制动为辅，最大限度地用电制动，减小闸瓦的磨耗，电制动主要有再生制动和电阻制动两种。电磁制动包括磁轨制动和轨道涡流制动，磁轨制动取决于励磁电流的大小，钢轨磨耗大；轨道涡流制动属于非摩擦制动，利用电磁涡流在磁场下产生磁力，仅在高速列车上使用。

控制系统是空气制动的核心，接收司机或自动驾驶系统（ATO）的指令并采集车上各种与制动有关的信号，将指令与各种信号进行计算，计算出所需制动力大小，再向动力制动系统和空气制动系统发出制动信号。动力制动系统进行制动时将实际制动力的等值信号反馈给制动控制系统，制动控制系统通过运算协调动力制动和空气制动的制动量，空气制动系统将制动控制系统发来的制动力信号经流量放大后使执行部件产生相应的制动力。

城市轨道车辆制动系统方式主要有两种：一个制动控制单元控制一节车辆的制动的车控方式和一个制动控制单元控制一个转向架上两个轮对制动的架控方式。制动系统的控制策略一般都遵守以下原则：① 制动控制优先使用电制动，当电制动系统故障或不能提供充足制动力时，空气制动进行补充；② 在进行空气制动补充时，为充分利用黏着，优先在拖车上施加空气制动，当在拖车上施加的空气制动超过它所承受的制动力时，空气制动开始在动车上进行补充。

城轨车辆轮对滑行即黏着失去的根本原因是制动力大于所能实现的黏着力，而恢复黏着的有效手段就是降低制动力，以满足制动力小于所能实现的黏着力，而黏着一旦被破坏，单靠轮轨系统本身是不可能恢复的，需要借助外部机构才能使黏着恢复。电子防滑控制装置就是帮助轮轨间恢复黏着的外部装置之一。防滑控制装置的基本原理就是当检测到因外界因素或制动力过大引起黏着系数下降时，就立即实施控制，尽快使黏着恢复。这种恢复应尽量接近当时条件所允许的最佳黏着，即黏着恢复必须充分提高黏着利用率。典型的防滑控制系统主要由控制单元、速度传感器、机械部件和防滑电磁阀组成。其中控制单元是防滑控制系统的核心部分。

思考与练习

1. 简述电气制动方式及其特点。
2. 简要说明磁轨制动与轨道涡流制动的区别。
3. 如果车控和架控控制编组一致，当一个制动单元故障时，试说明两种控制方式对制动的影响程度。
4. 当电制动力不够时，为何将空气制动首先在拖车上进行补充?
5. 列车的防滑系统为何以速度差和减速同时作为判断防滑的依据，简单说明原因。
6. 城轨车辆常用的防滑控制系统由哪几部分组成?
7. 车辆制动时为什么会产生“滑行”?有什么危害?最重要的防滑方法是什么?
8. 简述防滑控制的依据和减速度判据控制的基本方法。

项目 4　EP2002 制动系统

项目描述

EP2002 是目前我国城市轨道交通车辆制动系统中应用最广泛的一种制动系统。本项目将学习 EP2002 制动系统的结构特点、工作原理和控制过程等内容；重点学习 EP2002 制动系统的控制策略、控制方式和核心部件的基本结构、网络接口和控制等内容。

图 4.1

学习目标

1. 掌握 EP2002 阀的结构及接口和网络结构；
2. 掌握 EP2002 制动系统的组成、作用及控制原理；
3. 了解 EP2002 制动系统的优缺点。

技能目标

1. 掌握 EP2002 制动系统的制动控制原理；
2. 掌握处理 EP2002 制动系统故障的一般处理方法。

任务 1　EP2002 制动系统概述及系统组成

【活动场景】

在城轨车辆生产车间或车辆段大修车间制动系统维修工班现场教学，或用多媒体展示城轨车辆 EP2002 制动系统的组成和结构。

【任务要求】

1. 掌握 EP2002 制动系统的组成和结构；
2. 掌握 EP2002 制动系统的气路原理图。

【知识准备】

一、概　述

EP2002 制动系统是由德国制造商克诺尔公司生产的城轨车辆的制动机产品。EP2002 是电气指令式制动控制系统，核心部件是 EP2002 阀组，对整个制动系统进行控制、监控和通信。

EP2002 制动控制系统采用了较为先进制动控制策略——架控方式。较传统的城轨车辆制动系统一般多采用车控的形式，即一个制动控制单元控制一辆车的两台转向架；而 EP2002 制动系统采用架控控制方式，即一台 EP2002 阀控制一个转向架，最大的优点是：如果一个 EP2002 阀出现故障，这时只需要切除一个转向架上的空气控制，另外一个转向架仍能正常工作，可使故障对列车运行的影响减到最小。

EP2002 制动系统的核心部件是 EP2002 阀，它是一个机电一体化的模块部件，可以进行空气制动系统的控制、监控及列车控制系统之间的通信。EP2002 将制动控制和制动管理电子设备以及常用制动（SB）气动阀、紧急制动（EB）气动阀和车轮防滑保护装置（WSP）气动阀都集成在各转向架（EP2002 网关阀、RIO 阀及智能阀）的机电设备集成包中。气动系统可以通过一个中心点向各个 EP2002 阀门供风或从各处向阀门供风。

整个 EP2002 制动系统包括空气压缩机、双塔干燥器、大小储风缸、控制单元和检测点，均采用模块化设计。EP2002 制动系统的主要特点可概括为：结构紧凑、质量轻，安装方式多样，使用维护方便。

二、EP2002 阀系统的组成及功能

EP2002 制动系统在整个列车控制中的位置如图 4.2 所示。由图可知，它主要由 EP2002 阀、制动控制模块、风源装置及其他辅助部件组成。

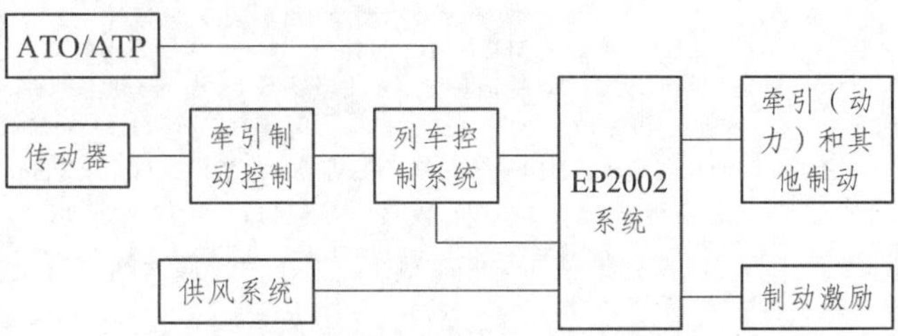

图 4.2　EP2002 制动系统框图

1. 核心阀件的组成及功能

EP2002 阀的核心部件是三个机电一体化的电磁阀，即网关阀、智能阀和远程输入/输出阀（RIO 阀）。

（1）智能阀包括一个安装在气阀上的电子控制部件，智能阀产生电控制动信号直接控制气阀，对控制的转向架的电空制动和车轮滑行进行控制。智能阀通过硬连线与列车安全回路相连，当安全回路失电时，智能阀将使其控制的转向架产生紧急制动。

（2）RIO 阀除了智能阀的所有功能外，还可以通过硬线与其控制的转向架上的牵引控制单元进行通信，使电制动和空气制动协调工作。

（3）网关阀除了具有 RIO 阀的功能外，还具有制动管理的功能。

2. 风源装置的组成及功能

EP2002 制动系统的风源装置主要由一个往复式空气压缩机（带有干式吸入式空滤器、中间冷却器、后冷却器、弹性安装装置）、电机组、细目滤油器和吸附式双塔空气干燥器组成。风源装置的所有部件被集中集成在一个安装架上。

图 4.3 所示为广州地铁 3 号线采用 EP2002 制动系统的动车的气路原理图。

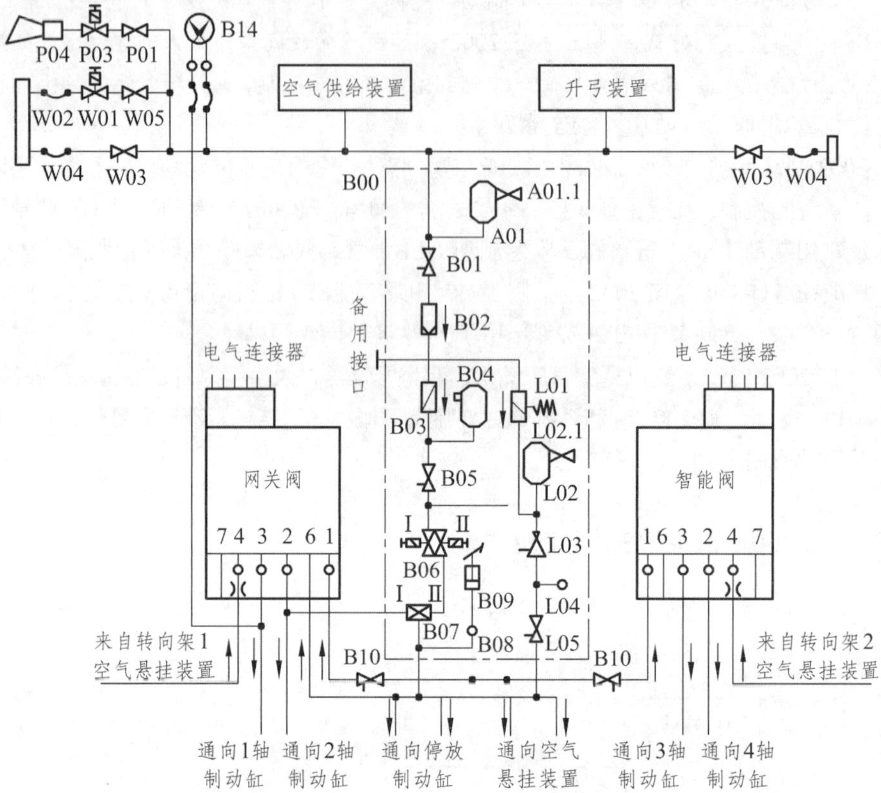

B00—制动控制模块；B10—转向架空气制动切除塞门；P04—汽笛；

W01—解钩电磁阀；W03—截断塞门。

图 4.3　广州地铁 3 号线车辆（动车）气路原理图

1）空压机

VV120（A01）型空压机采用 380 V、三相、50 Hz 交流电动机，两级活塞式压缩机和两段风冷装置。该空压机可提供约 920 L/min 的供气量。电机转速为 1 450 r/min，如图 4.4 所示。

图 4.4　空气压缩机

空压机有两个低压气缸和一个高压气缸。空压机和干燥器共同安装在一个支架上。支架可以直接用螺栓安装在车底。空压机和支架之间有弹性连接装置。由于空压机产生的振动会对车体强度有一定影响，因此，维修人员要定期检查空压机吊装支架，检查是否有变形和裂纹。

作为往复式空压机，VV120 空压机有许多先进的特点——更大的进气口、冷却风扇、电机与空压机的柔性连接和减振器等。所有的这些都使其噪声水平降到尽可能小。距离 4.6 m 处的噪声水平为 64 dB。

空压机通过入口空气过滤器吸入空气，随后在空压机第一阶段压缩，经过中间冷却器之后在第二阶段压缩。随后，压缩空气通过附加的后冷却器，经过软管进入双塔空气干燥装置。

空压机组受 Tc、Mp 车上的网关阀（B06）的控制。通过 EP2002 网关阀发出的电信号，实现对电机接触器的控制。为确保空压机最低运转要求，空压机操作采用主/辅空压机管理的概念，根据日期的单双日变化进行转换，平衡空压机的工作时间。当 2 号车的空压机作为主空压机运行时，5 号车的空压机作为辅助空压机待命。

如果总风缸压力下降到 800 kPa 时，那么主空压机启动补充压力空气，并在 900 kPa 时停止工作。当主空压机开始工作，但总风缸压力仍继续下降到 750 kPa 时，5 号车的辅助空压机也将启动，对总风缸的压力加以补充，此时从 800 kPa 上升到 900 kPa 的过程中，两台空压机同时工作。

另外，系统还设有总风压力开关（700 kPa 闭合，900 kPa 断开）作为空压机启动备份开关，即便本车网关阀故障，那么压力开关也能控制本车的空压机启动。

2）双塔干燥器

压缩空气从空压机出口流入 LTZ 015.1 H 型双塔空气干燥器。压缩空气在一个塔中干燥，而另一个塔中，干燥剂由回流的洁净空气再生。干燥器内的电子定时器对两个塔内的空气干燥和再生过程进行控制。该控制循环只有当空压机工作时才进行。这就保证了两个干燥塔使用机会均等。双塔干燥器将压力空气的湿度降低到相对湿度 35%或以下，使风缸、车辆管路以及制动控制设备具有更长的寿命。在这样湿度下，不会造成系统部件腐蚀，如图 4.5 所示。

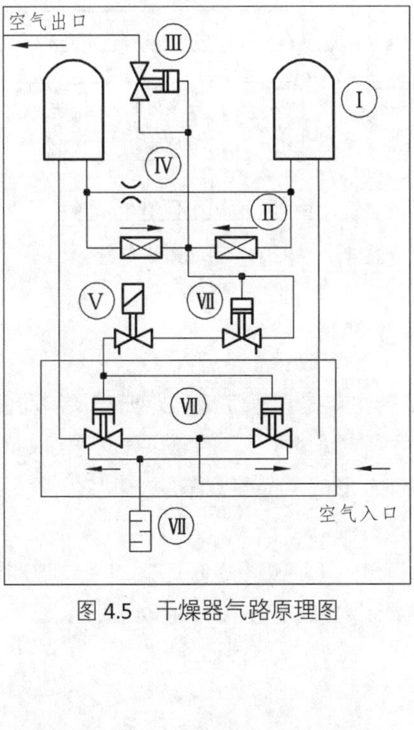

图 4.5 干燥器气路原理图

3. 总风缸

总风缸用于存储压缩空气，在总风缸前端设有安全阀，保护系统避免出现过高压力，在司机台设有双针压力表，监视总风缸的压力及制动缸的压力。

4. 风源系统的气路分布原理

图 4.6 所示为 EP2002 制动系统气路原理图（Mp 车），拖车（T/M）除不设有空气供给装置外，气路原理与动车基本一致。可以看出，该制动系统采用架控方式，即一台 EP2002 阀控制一个转向架。如果一个 EP2002 阀出现故障，只需要切除一个转向架上的空气控制，使故障对列车的运行的影响减到最小。

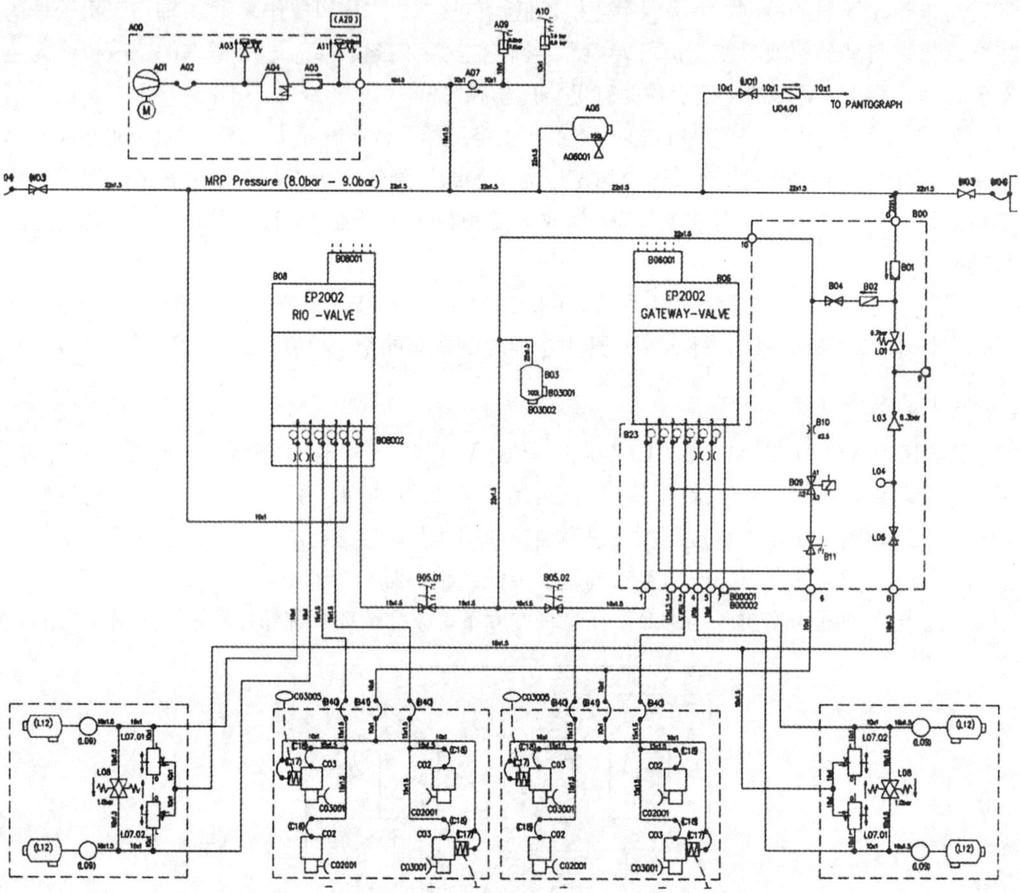

图 4.6　EP2002 制动系统气路原理图

三、EP2002 制动辅助部件

EP2002 制动系统辅助装置主要是用来完成气路充排及制动装置的动作，包括常用制动、停放制动、空气悬挂及受电弓等支路。每节车的总风管可通过截断塞门（W03）和软管（W04）经过车钩与邻车的总风管相连，形成贯穿整列车的一根总风管。来自风源装置的压缩空气通过总风管输送到每节车的总风缸内。

总风从气路板的 0 号接口进入 CUBE（B00），经过空气过滤器（B00B01）然后分别向制动系统、空气悬挂系统、停放制动系统供风，如图 4.7 所示。

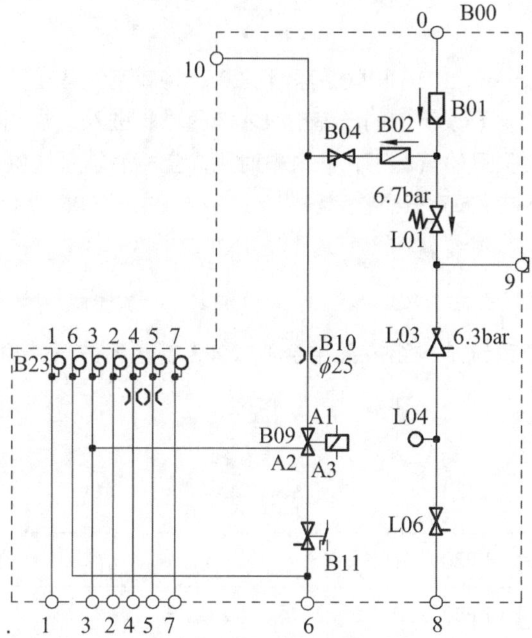

图 4.7 辅助控制板气路原理图

1. 常用制动支路

压缩空气经过单向阀（B00B02）和截断塞门（B00B04）从气路板 10 号接口进入制动风缸（B03），由制动风缸向制动系统提供空气制动用风。

容量为 100 L 的制动风缸（B03）可以快速和安全地为制动控制系统供气。来自总风管的压缩空气经过滤器（B00B01）过滤储存在制动风缸内，止回阀（B00B02）防止在总风管破损的情况下制动风缸的压缩空气反向流失，保证车辆制动用风。塞门（B00B04）可用于维修时切断向制动控制和停放制动控制装置的供风。

每个转向架附近安装的 EP2002 阀（网关阀、智能阀、RIO 阀）向该转向架提供供风管路。为了维修和切除故障基础制动装置，每个 EP2002 阀均设有一个带电触点的截断塞门（B05），通过操作截断塞门可以将 EP2002 阀的供风切断，切除该阀对应的转向架的空气制动，使该转向架的基础制动装置处于缓解状态。

截断塞门（B05）的动作通过电触点可以被列车管理系统监控。

2. 停放制动支路

节流阀（B00B10）、电磁阀（B00B09）和截断塞门（B00B11）构成停放制动支路。电磁阀（B00B09）通常状态下（失电）A1—A3 为通路，压缩空气经截断塞门（B00B11）从气路板 6 号接口进入停放制动管路，使停放制动缓解。由列车线传来的停放制动施加指令为高电平时，电磁阀得电，电磁阀动作使 A2—A3 通。停放制动管路失去 A1 补充风源，当停放制动管路压力下降到一定值时，弹簧作用下，使车辆停放制动施加。

带电触点的截断塞门（B00B11）用来隔离停放制动，它的动作可以被列车管理系统监控。同时，EP2002 阀内的压力传感器可以通过 6 号接口读取停放制动管路的空气压力，将停放制动状态上传到列车监控系统中。

3. 空气悬挂支路

溢流阀（L01）、减压阀（L03）和截断塞门（L06）构成空气悬挂供风支路。溢流阀（L01）压力设定 670 kPa，只有高于设定值的压缩空气才能通过阀进入下游，目的是在供风条件恶劣或者空气悬挂系统破裂失风的情况下，总风暂时不向空气悬挂系统供风。减压阀（L03）是将总风压力调整到 630 kPa 向空气悬挂系统供风。截断塞门（L06）用来隔离本车的空气悬挂系统的供风。

【任务实施】

阐述 EP2002 制动系统结构组成并结合 EP2002 制动系统气路原理图阐述系统的工作原理。

【效果评价】

评 价 表

项目名称	项目 1　EP2002 制动系统	学生姓名	
任务名称	任务 1　EP2002 制动系统概述及系统组成	分数	
项　目		分值	考核得分
1. EP2002 制动系统结构组成相关知识搜集、整理		10	
2. 是否有小组计划		5	
3. 城轨车辆制动系统的结构和组成		20	
4. EP2002 制动系统结构和组成的认知情况		15	
5. EP2002 制动系统空压机、干燥器的工作原理认知情况		20	
6. 编制学习汇报报告情况		20	
7. 基本素养考核情况		10	
教师简要评语： 教师签名：			

任务 2　EP2002 制动系统核心部件

【活动场景】

在城轨车辆生产车间或检修现场教学，或用多媒体展示城轨车辆 EP2002 制动系统的优缺点。

【任务要求】

1. 能够掌握 EP2002 制动核心部件的作用与要求；
2. 能够掌握 EP2002 制动系统内部气路之间的关系。

【知识准备】

一、概　述

EP2002 制动系统主要由三个排置于所需网络结构中的核心产品而构成。三个核心产品分别为 EP2002 网关阀（先导阀）、EP2002 智能阀、EP2002 RIO 阀，三台阀分别安装在其所控制的转向架上（每个转向架上对应一台阀）。三台阀通过一条 CAN 总线连接在一起。一个 EP2002 阀就相当于一般制动系统中的制动电子控制单元 BECU 和制动控制单元 BCU 的组合，EP2002 阀集成网络通信功能，具有同列车监控系统及牵引系统通信功能，EP2002 阀自身带有多个压力测试接口，可以方便地测量储风缸压力、制动缸压力、载荷压力、停放制动缸压力。

二、智能阀

EP2002 智能阀是一个机电一体化的部件，包含一个气动阀单元（PVU）和一个电子控制部分，智能阀对相应转向架上制动缸压力（BCP）进行控制，具有常用制动、紧急制动和防滑保护功能。该阀采用软件和硬件组合的方式予以控制和监视，从而能够检测到潜在的危险故障。车轮滑动保护是采用本车取得的轴速数据和从其他阀门获得的速度数据相结合并通过专用 CAN 总线来提供的。智能阀同时根据由 CAN 网传送过来的压力要求对制动压力进行调整。在智能阀内的单独电气回路将进气压力调整至与车辆载重相应的紧急制动缸压力。智能阀结构和实物如图 4.8 所示。

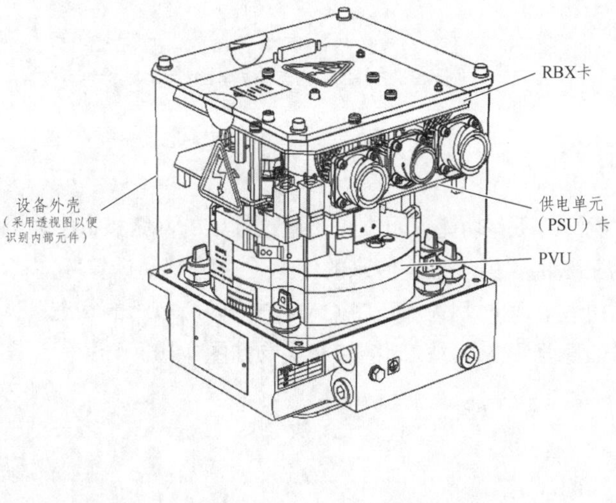

图 4.8　智能阀结构和实物图

智能阀的输入/输出接口如图 4.9 所示。

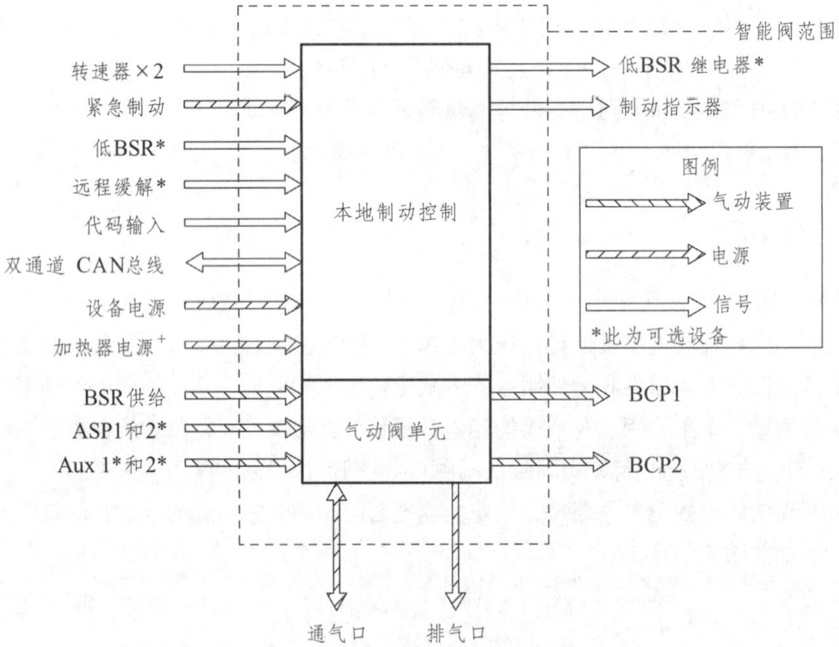

图 4.9　智能阀的输入/输出接口

三、网关阀

网关阀具有智能阀的所有功能。网关阀还通过集成的网络接口卡为列车监控和管理系统提供硬线接口。网关阀接收列车总线传来的信息，进行制动计算并向 CAN 总线内所有的 EP2002 阀发出制动指令。同时网关阀还将 CAN 总线内所有阀的状态、诊断、健康信息通过列车总线上传到列车管理系统。网关阀结构和实物如图 4.10 所示。

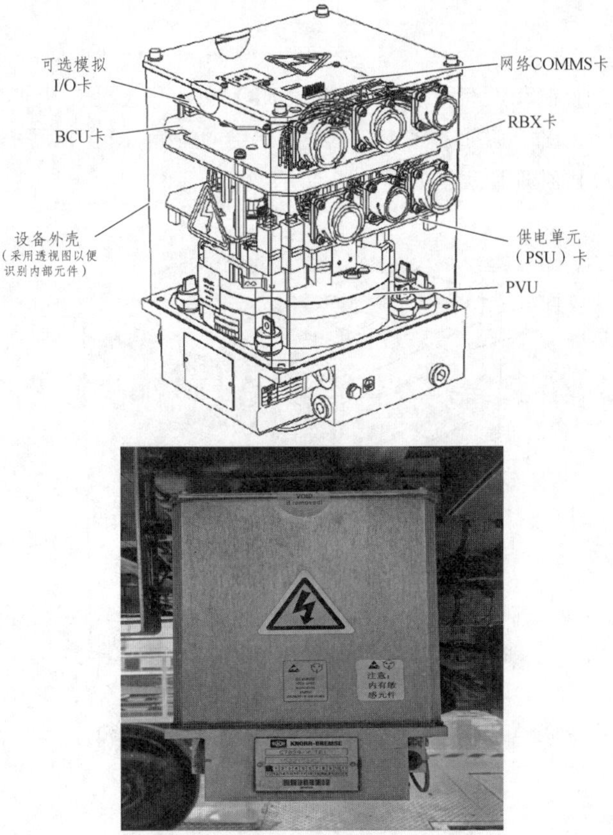

图 4.10　网关阀结构和实物图

网关阀的输入/输出接口如图 4.11 所示。

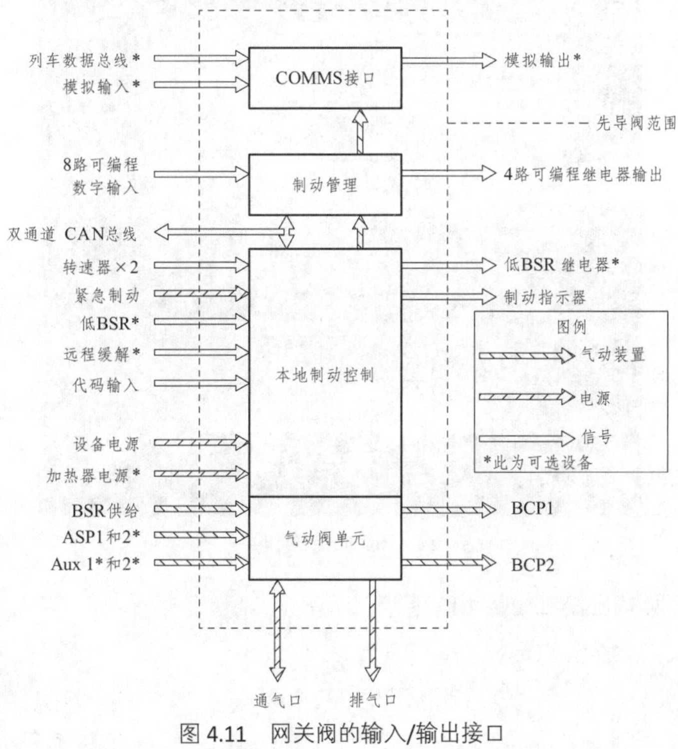

图 4.11　网关阀的输入/输出接口

四、RIO 阀

除了不执行制动控制和没有网络接口卡外，RIO 阀具有与网关阀同样的输入/输出功能。RIO 阀可以读出可编程输入并通过 CAN 总线发送给网关阀。RIO 阀可编程输出的状态由网关阀进行控制。RIO 阀结构和实物如图 4.12 所示。

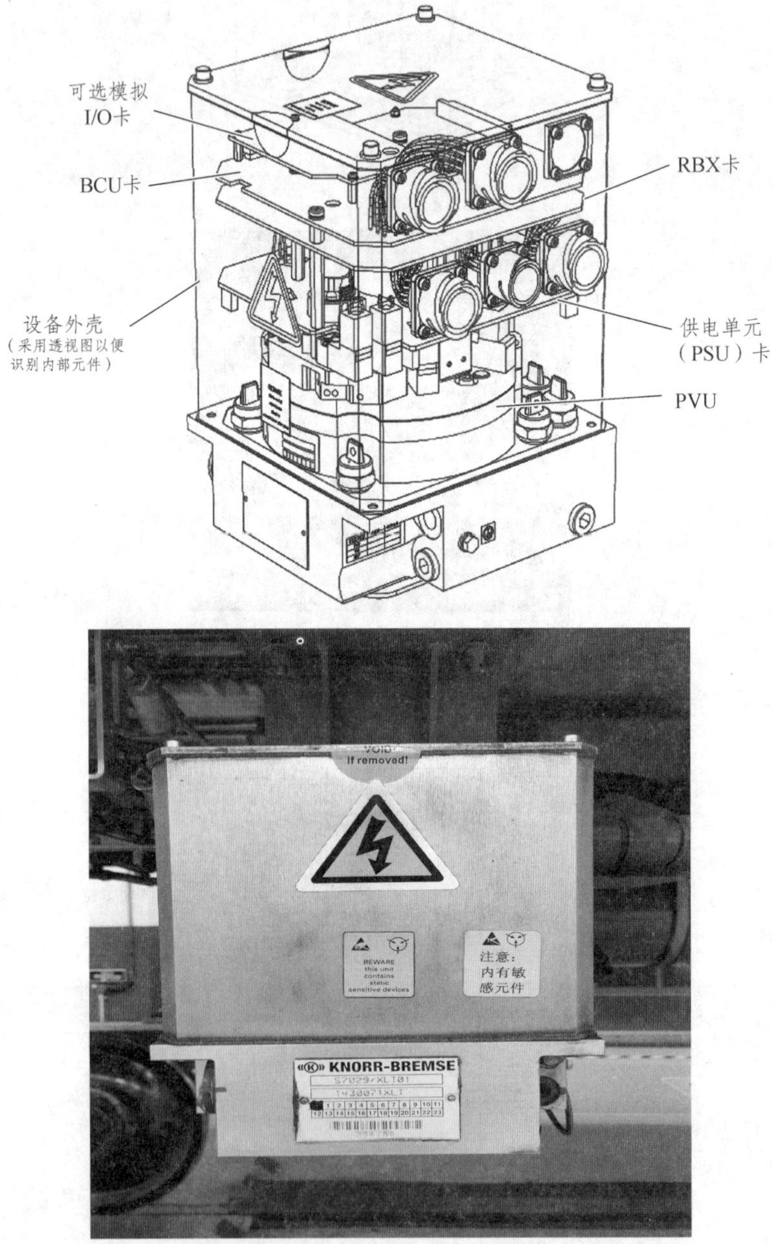

图 4.12　RIO 阀结构和实物图

RIO 阀的输入/输出接口如图 4.13 所示。

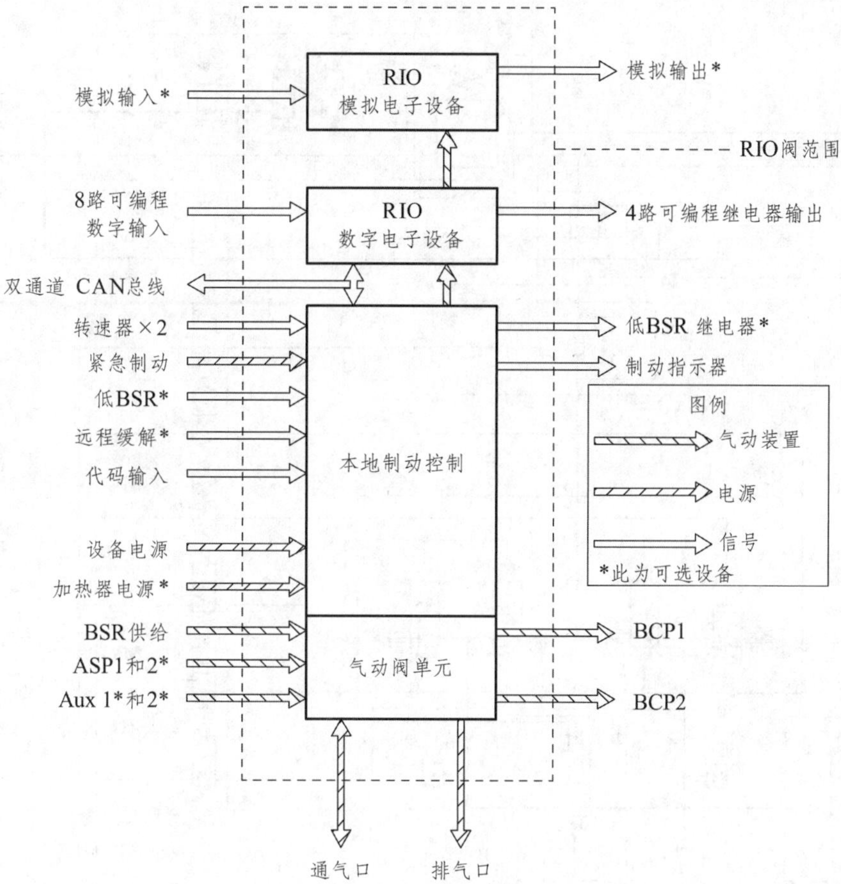

图 4.13　RIO 阀的输入/输出接口

五、内部气路结构

EP2002 阀的气动部分在所有 EP2002 阀中都是相同的。相应的功能区分组将在下面介绍。EP2002 阀内部气路结构如图 4.14 所示。

1. 一系调节（a 部分）

中继阀可以根据按载荷计算的紧急制动压力对送风压力进行调节。此外，当电子载荷装置出现故障时，还可以以机械方式提供最小空重车状态下的紧急制动压力。

2. 二系调节（b 部分）

一系调节器的上游装置，负责限制制动缸的最大压力，使其限制在超员状态下紧急制动压力的范围内。

3. 负载调节（c 部分）

负责向一系调节中继阀提供一个控制压力。此控制压力与空气弹簧压力（ASP）相应地成比例，作用于常用制动和紧急制动。有两个压力传感器来探测空气簧压力（ASP）。EP2002 阀计算出的两个空气簧压力的平均值以控制紧急载荷调节。空气悬挂压力与控制压力的信息是通过在其安装板上的代码塞提供。

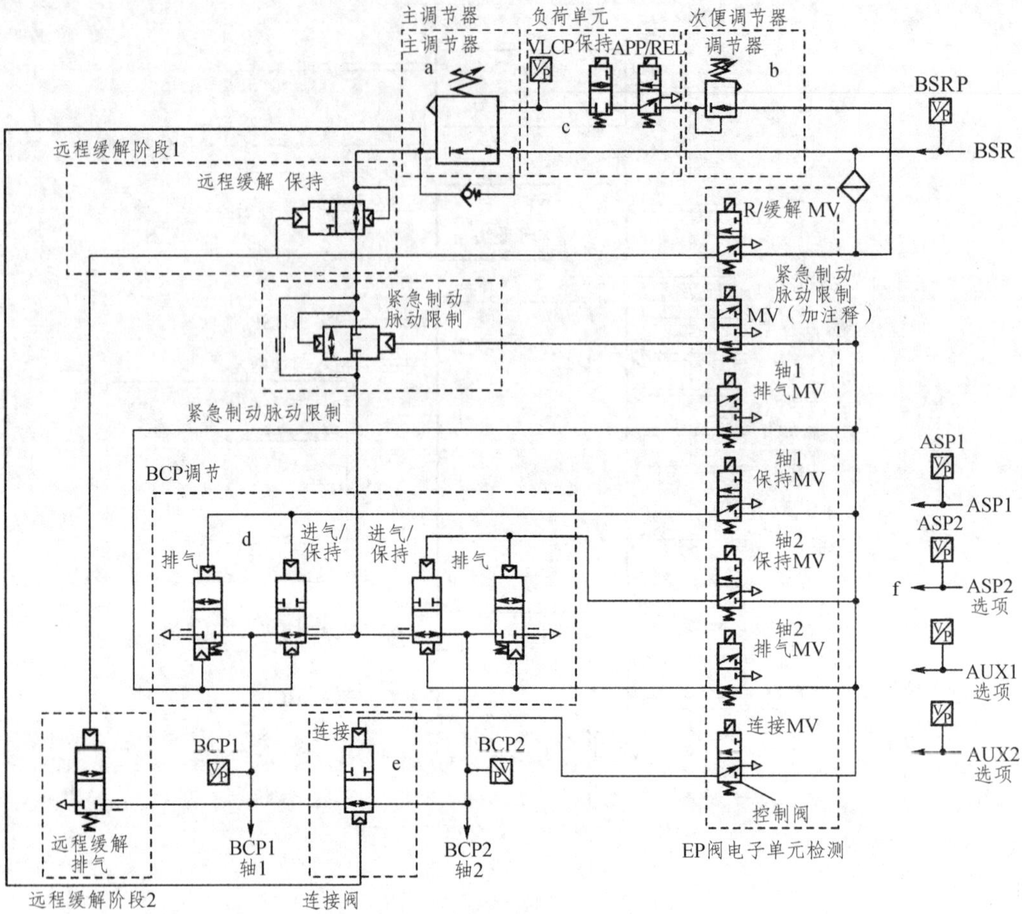

图 4.14　EP2002 阀内部气路结构

4. BCP（制动缸压力）调节（d 部分）

负责将一系调节装置的输出压力调节到要求的 BCP 水平。每个车轴有 2 个电磁阀和 2 个鞲鞴阀。BCP 调节部分还可以在防滑器动作时对制动缸压力进行控制；为了安全，紧急制动与常用制动控制元件之间没有联系。

5. 连接阀（e 部分）

连接阀可以使对 2 个车轴的 BCP 的输出压力连通或者分开。在常用制动和紧急制动时，2 个车轴的 BCP 输出连接到一起使同一转向架上的车轴制动压力一致。当防滑保护动作时，2 个车轴之间的气路被连接阀切断，使每个车轴的制动缸压力独立控制，对产生滑行车轴的制动缸压力进行独立调整。

6. 压力传感器（f 部分）

压力传感器用来进行内部调节和/或外部指示（BSR、载荷重量、BCP、停放制动）。

注：按照如上进行功能区分组只是为了方便理解内部的气动结构。

【任务实施】

本任务的实施以对 EP2002 制动系统核心部件和内部气路的认知为主要目的，学生在教师的引导下，有条件的可在城轨车辆检修的现场进行教学，或使用多媒体课件向学生展示EP2002制动系统的主要特点、核心部件的结构并讲述其作用，也可通过查阅资料等方式认知EP2002制动系统。要求掌握：

（1）EP2002制动系统核心部件的重要作用；

（2）EP2002制动系统核心部件的结构特点；

（3）EP200制动系统核心部件的工作原理、主要优缺点；

（4）EP2002制动系统的内部气路。

【效果评价】

评 价 表

<table>
<tr><td>项目名称</td><td>项目2　EP2002制动系统</td><td>学生姓名</td><td></td></tr>
<tr><td>任务名称</td><td>任务2　EP2002制动系统核心部件</td><td>分数</td><td></td></tr>
<tr><td colspan="2">项　目</td><td>分值</td><td>考核得分</td></tr>
<tr><td colspan="2">1. EP2002制动系统核心部件的相关知识、图片的搜集、整理</td><td>10</td><td></td></tr>
<tr><td colspan="2">2. 是否有小组计划</td><td>5</td><td></td></tr>
<tr><td colspan="2">3. EP2002制动系统核心部件的认知情况</td><td>25</td><td></td></tr>
<tr><td colspan="2">4. 城轨车辆EP2002制动系统控制方式讨论</td><td>15</td><td></td></tr>
<tr><td colspan="2">5. EP2002制动系统核心部件的分工的讨论与研究</td><td>30</td><td></td></tr>
<tr><td colspan="2">6. 编制学习汇报报告情况</td><td>10</td><td></td></tr>
<tr><td colspan="2">7. 基本素养考核情况</td><td>5</td><td></td></tr>
<tr><td colspan="4">教师简要评语：

教师签名：</td></tr>
</table>

任务 3　EP200 制动系统的网络结构

【活动场景】

用多媒体展示 EP2002 制动系统的网络结构。

【任务要求】

1. 掌握 EP2002 制动系统的网络结构；
2. 掌握 EP2002 制动系统两种网络结构的优缺点。

【知识准备】

学习掌握 EP2002 制动系统的网络结构关系非常重要，因为它关系城轨列车制动控制和制动力分配等关键问题。

EP2002 制动系统具有很高的兼容性，可以和 MVB、RS485、LONBUS、FIP 等多种总线结构兼容；但是城轨车辆制动系统网络结构的设计要从安全性、可靠性、经济性等方面综合考虑，因此 EP2002 的网络结构主要有以下几种。

一、半列车 CAN 总线网络结构

半列车 CAN 总线网络结构是将半列车所有的 EP2002 阀用 CAN 总线相连，并由 B 车和 C 车上的两个网关阀，并由 B 车和 C 车上的两个网关阀通过 MVB 总线（或其他总线）与列车控制系统进行通信。其中一个网关阀被定义为主网关阀，另一个被定义为从网关阀。当主网关阀出现故障时，从网关阀会自动接替主网关阀的工作，两个网关阀互为备份，可以保证系统的冗余性。如果 MVB 总线（或其他总线）出现故障，网关阀则按照默认状态工作。此外，CAN 总线由两对对绞线组成，同样具有良好的冗余性。半列车 CAN 总线网络结构如图 4.15 所示。在 B 车和 C 车上各设有一台 RIO 阀，其目的是：RIO 阀可以通过硬线与其控制的转向架上的牵引控制单元进行通信，使电制动与空气制动协调配合。这种方法也不是唯一的，RIO 阀与本转向架牵引控制单元的通信工作也可以用网关阀与 MVB 总线（或其他总线）之间的通信来代替，这样 B 车和 C 车上的 RIO 阀就可以用智能阀来代替。

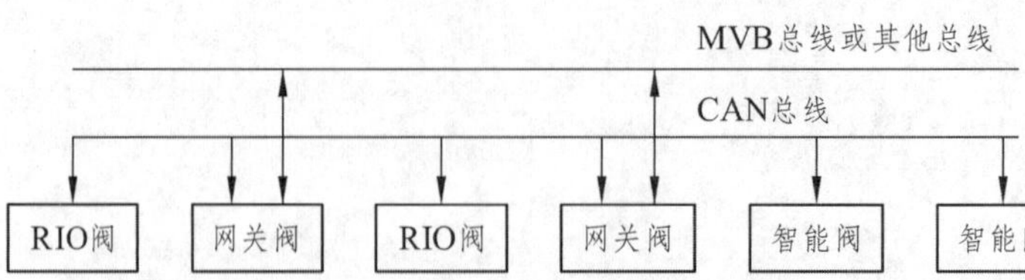

图 4.15　半列车 CAN 总线网络结构

二、单节车 CAN 总线网络结构

单节车 CAN 总线网络结构是将每节车上的两个 EP2002 阀用 CAN 总线连接，并由每节车上的网关阀通过 MVB 总线（或其他总线）与列车控制系统进行通信。如果 MVB 总线（或其他总线）出现故障，网关阀则按默认状态工作。单节车 CAN 总线网络结构如图 4.16 所示。

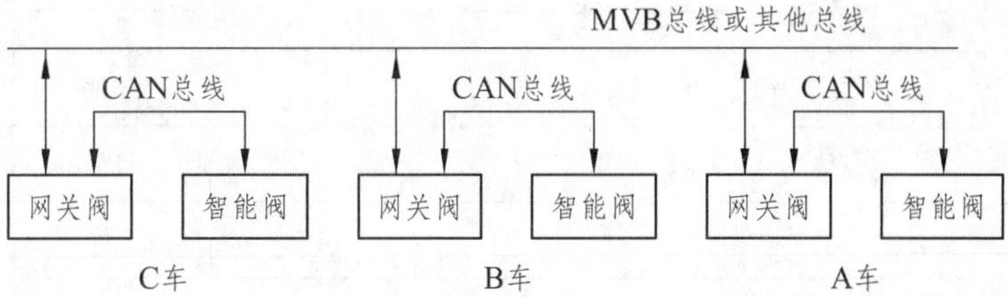

图 4.16　单节车 CAN 总线网络结构

三、两节车 CAN 总线网络结构

两节车 CAN 总线网络结构通常是将“一动一拖”两节车上的四个 EP2002 阀用 CAN 总线连接，并由每节车上的网关阀通过 MVB 总线（或其他总线）与列车控制系统进行通信。其中一个网关阀被定义为主网关阀，另一个被定义为从网关阀。当主网关阀出现故障时，从网关阀会自动接替主网关阀的工作，两个网关阀互为备份，可以保证系统的冗余性。如果 MVB 总线（或其他总线）出现故障，网关阀则按照默认状态工作。两节车 CAN 总线网络结构如图 4.17 所示。

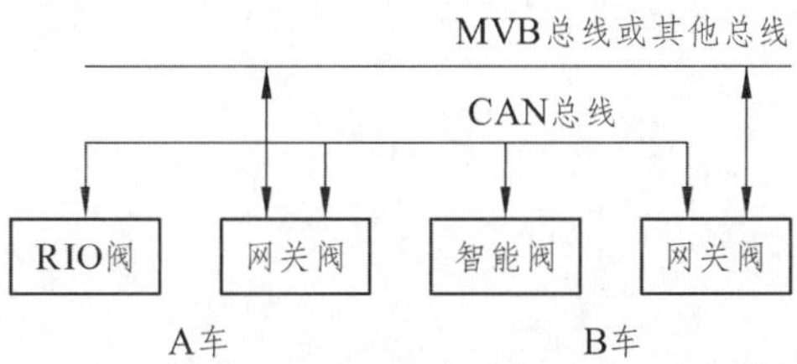

图 4.17　两节车 CAN 总线网络结构

从可靠性角度分析，两节车 CAN 总线网络结构中的从网关阀作为主网关阀的备份，具有良好的冗余性。如果 A 车中的主网关阀故障，A 车本身的空气制动失效，B 车的备份网关阀工作，B 车可以对 A 车进行空气制动力补偿；半列车 CAN 总线网络结构中如果 CAN 总线在 A 车和 B 车之间断开，将导致 A 车中的空气制动失效。而如果单节车 CAN 总线网络结构中的某节车的网关阀出现故障，则该节车的空气制动失效；如果某节车上的 CAN 总线断开，则另一个转向架上的空气制动失效。由此可见，就可靠性而言两节车 CAN 总线网络结构和半列车 CAN 总线网络结构略高于单节车 CAN 总线网络结构。

【任务实施】

本任务的实施以对 EP2002 制动系统网络结构的认知为主要目的，学生在教师的引导下，有条件的可在城轨车辆检修现场进行教学，或使用多媒体课件向学生展示 EP2002 制动系统各种网络结构的优缺点。

【效果评价】

评 价 表

项目名称	项目 4　EP2002 制动系统	学生姓名	
任务名称	任务 3　EP2002 制动系统的网络结构	分数	

项　　目	分值	考核得分
1. EP2002 制动系统网络结构相关知识搜集、整理	15	
2. 是否有小组计划	5	
3. 城轨车辆制动系统的网络结构认知情况	25	
4. EP2002 制动系统网络结构的认知情况	15	
5. 编制学习汇报报告情况	30	
6. 基本素养考核情况	10	

教师简要评语：

教师签名：

任务 4　EP2002 制动系统的作用原理

【活动场景】

在检修现场教学，或用多媒体展示城轨车辆 EP2002 制动系统的控制过程及作用原理。

【任务要求】

1. 掌握 EP2002 制动系统常用制动、快速制动控制原理；
2. 掌握 EP2002 制动系统紧急制动、停放制动和保压制动控制原理；
3. 掌握 EP2002 防滑保护控制原理。

【知识准备】

EP2002 制动系统具有以下功能：常用制动控制、快速制动控制、紧急制动控制、停放制动控制、保压制动控制、防滑控制、状态监控等。

一、常用制动系统

1. 常用制动控制

制动系统收到来自司机控制器（或 ATO）或列车监控系统发出的常用制动指令后施加常用制动。常用制动过程中优先采用节能环保的电制动，电制动优先选用再生制动，当再生制动达到能力上限时，系统自动转为电阻制动。当电制动不能满足整列车制动力需求时，空气制动适时补足。通常情况下，空气制动优先使用拖车的空气制动力，拖车制动力达到上限要求时仍满足不了制动力需求时，动车的空气制动进行补充。制动过程中电制动与空气制动协调配合。常用制动具有防滑功能且受到列车冲击极限的限制。

常用制动施加时，主网关阀从司机控制器（或 ATO）或列车监控系统接收制动指令信号，结合车辆载荷信息进行制动力计算。常用制动采用载荷重量补偿的方式，对每个转向架上的空气弹簧压力进行测量，对每辆车上两个转向架的空气弹簧压力输入进行平均，然后用来计算车辆重量。计算后的制动指令将会转换为相应的压力指令，经过 CAN 总线传送给本单元内的其他控制阀。在常用制动时，制动风缸（BSR）的压力将会根据空气簧压力（载荷）水平通过一系调节装置降低到紧急制动缸压力水平。在常用制动过程中如果防滑控制产生作用，两个 BCP 压力调节器将分别控制单轴的 BCP 压力控制在足够的水平上。

2. 电空制动混合功能

常用制动过程中优先采用节能环保的电制动，电制动优先选用再生制动，当再生制动达到能力上限时，系统自动转为电阻制动。当电制动不能满足整列车制动力需求时，空气制动适时补足。空气制动优先使用拖车的空气制动力，拖车制动力达到上限要求时仍满足不了制动力需求时，动车的空气制动进行补充。控制方案如下：

1）电制动控制

（1）ATI 将司控器发出的制动指令通过列车总线发送给每个车的网关阀。每个 CAN 总线单元内的主网关阀根据收到的制动指令和车辆载荷（空气簧压力），并考虑到冲动限制参数，计算本单元的制动力。

（2）RIO 阀将所需要的电制动力发送给 VVVF。

（3）VVVF 收到电制动力请求，施加电制动，并将最后实际的电制动力反馈给 RIO 阀。RIO 阀将通过 CAN 总线将数据传给网关阀。

2）空气制动控制

网关阀得到 VVVF 的实际电制动力反馈，计算车辆所需补充的空气制动。

首先将空气制动力平均分配到 CAN 总线内所有拖车转向架上。电制动无效的动车被视为拖车。

拖车制动力达到最大值时，如果制动仍满足不了需求，剩余的制动力由动车承担。

如果一个或多个转向架的空气制动不可用，损失的制动力将在 CAN 总线内的其他转向架上平均分配，考虑到最大空气制动力限制。

二、快速制动控制

制动系统收到来自司机控制器（或 ATO）或列车监控系统发出的快速制动指令后施加快速制动。快速制动控制方式与常用制动控制方式相同，也是优先使用电制动，电制动不足时由空气制动承担，当电制动故障时，制动力全部由空气制动承担；减速度与紧急制动的减速度相当，但是快速制动是可逆的，快速制动同样具有防滑保护功能及受到列车冲击极限的限制。

三、紧急制动控制

紧急制动控制系统，采用时常带电的紧急制动环路进行控制。在列车正常工作时，无论是在牵引、惰行、常用制动及快速制动时都不会发生紧急制动，不论任何原因造成紧急电路失电，全列车将自动实施紧急制动。紧急制动减速度通常为 $1.2\ \text{m/s}^2$，且无冲动限制。紧急制动同样具有防滑保护功能。

四、停放制动控制

停放制动采用带弹簧制动器的单元制动机，利用释放弹簧存储的弹性势能来推动弹簧制动缸活塞，带动两级杠杆使闸瓦制动。停放制动的缓解则需要向弹簧制动缸充气，通过活塞移动使弹簧压缩，从而使制动缓解。这种单元制动机还具有手动缓解停放制动的功能。EP2002 阀将实时监控停放制动的空气压力。

五、保压制动控制

1. 保压制动施加条件

当地铁列车施加制动后，速度传感器检测到列车的速度约为 1 km/h 时（该速度值可以调整)，由 EP2002 阀激活保压制动，以防止列车溜车。保压制动可使 AW_3 载荷的列车停放在最大坡道上而不产生溜车。

2. 保压制动缓解条件

保压制动缓解的条件有以下几项：

（1）司机将主控制器手柄放在牵引位上，每个牵引系统将牵引力的实际值发送给列车主 VCU（车辆控制单元）。

（2）主 VCU 计算列车牵引力实际值的总和。

（3）牵引力实际值的总和足以启动列车（不会引起列车后溜）。

（4）主 VCU 向 EP2002 阀发出“缓解保压制动”信号。

空气制动的状态信号将反馈给 VCU，VCU 通过该信号确认制动是否缓解，如果空气制动在某一时间内没有缓解，则主 VCU 向各牵引系统发出中断牵引的指令，并再次施加保压制动。

六、防滑保护控制

EP2002 制动控制系统通过 EP2002 电空阀（网关阀、智能阀、RIO 阀）以转向架为基础对基础制动单元进行控制。制动控制系统和防滑器采用微机控制。克诺尔提供的防滑器集成在 EP2002 阀内，每个车轴都装有一个速度传感器和相应的测速齿轮，为防滑保护系统提供轴速。

防滑保护装置在紧急制动和常用制动时起作用。当车轮滑动控制装置处于激活状态时，一旦车轮出现滑动现象，控制阀会控制出现滑行的每个车轴的制动力。从相应的转向架上接收车轴速度数据，并与制动总线单元中的其他阀共享。克诺尔的防滑器采用主动型速度传感器。主动型速度传感器相对于被动型（5 km/h）的优点是其测速范围更低（低于 2 km/h），这在低速运行时非常重要。同时，主动型速度传感器采用两种方式来确定持续的低黏着情况的存在：

（1）单个车轴的减速度异常；

（2）一旦从上述任何一种情况下检测到车轮滑动存在，控制系统会通过缓解制动总线中一个车轴上的制动力的控制方式定期更新用于 WSP 计算的真正的列车速度。

采用此种技术，系统可以准确控制滑动程度，确保踏面清扫器产生作用，从而确保了后面车轮的黏着性，在低黏着状态下最大限度地提高了制动力，同时不会出现车轮损坏。

系统交替实施两个车轴的制动缓解。当 WSP 装置认为黏着条件已经恢复时，系统回到初始制动控制状态，通过缓解车轴进行的对列车速度的定期更新会停止。

七、状态监控

1. 制动状态监控

系统通过列车监控系统和各种硬线输入信息提供系统控制状态报告。其中包括列车载荷、制动压力和制动系统输入报告。系统连续监控制动总线上各种阀的状态并将信息发送给列车监控系统。

2. 阀类和系统状态监控

各种阀和系统的状态监控主要分为两种：①运行测试；②自检。

运行测试是连续的，不会影响阀的正常工作。运行测试的目的是在正常控制信号状态下监控和评价阀的状态。运行测试还监控其他部件，例如 CAN 总线和外部设备（如速度传感器）。

列车监控系统或通过服务终端 PC 发出自检指令。制动系统进行自检，测试制动系统所有的主要控制功能。

【任务实施】

描述 EP2002 制动系统常用制动、快速制动的控制过程；描述 EP2002 制动系统紧急制动的控制过程；描述 EP2002 制动系统停放制动的控制过程；描述 EP2002 制动系统保压制动施加、缓解条件；描述 EP2002 制动系统防滑控制原理。

【效果评价】

评 价 表

项目名称	项目 4　EP2002 制动系统	学生姓名	
任务名称	任务 4　EP2002 制动系统的作用原理	分数	
项　目		分值	考核得分
1. EP2002 制动系统控制原理相关知识搜集、整理		10	
2. 是否有小组计划		5	
3. 城轨车辆制动系统控制原理认知情况		20	
4. EP2002 制动系统控制原理认知情况		15	
5. 城轨车辆防滑控制原理的认知情况		20	
6. 编制学习汇报报告情况		20	
7. 基本素养考核情况		10	
教师简要评语： 教师签名：			

任务 5　EP2002 制动系统的特点和故障管理

【活动场景】

在城轨车辆生产车间或检修现场教学，或用多媒体展示城轨车辆 EP2002 制动系统。

【任务要求】

1. 能够掌握 EP2002 制动系统的优缺点；
2. 能够掌握 EP2002 阀故障信息；
3. 能够掌握 EP2002 阀内部气路结构。

【知识准备】

一、概　述

EP2002 城轨车辆制动控制系统集成度高，整体质量较小，制动控制采用架控方式，EP2002 单个阀故障，只会导致单架制动力失去，丢失部分可以在同一制动总线单元内重新分配。EP2002 阀在维修方面难度较大，互换性较差。EP2002 阀还具备故障信息检测管理功能。

二、EP2002 制动系统的优点

EP2002 制动系统的优点主要表现在以下几个方面：

（1）单点故障不会影响运营。如果一个 EP2002 阀出现故障，只会导致一个转向架制动力丢失；同时，丢失部分可以在同一制动总线单元内重新分配。而如果采用车控方式的制动系统，单个制动控制单元出现故障，整节车将丢失制动力，列车需要对本节车损失的制动力进行补偿。因此，使用架控方式的 EP2002 制动系统尤其适合于短编组的地铁列车。

（2）系统集成度高。通过高度集成降低了产品重量，比传统产品轻 30%，同时还可以节省安装空间、减少布管和布线数量。

（3）制动响应时间缩短。EP2002 制动系统的制动响应时间小于 1.5 s，比常规制动系统响应时间缩短约 0.2 s。

（4）提高制动精度。常规制动控制系统的精确度约为±0.2 bar，而制动控制系统提供给制动缸制动力的精确度可以达到±0.15 bar。

（5）空气消耗量减少。由于 EP2002 阀靠近转向架安装，从 EP2002 阀到制动缸的管路长度减小，所以在制动时的空气消耗量将减小，同时空气泄漏量也将减小。

（6）可靠性高，故障率低。根据克诺尔的计算，EP2002 制动控制系统的故障率比常规制动控制系统的故障率减少了约 50%。

（7）控制精确度高。EP2002 制动控制系统可以根据每个转向架的载荷压力调整施加在本转向架上的制动力，比常规制动控制单元以每节车载荷压力进行制动力控制更加精确和优化。

（8）维护工作量小。EP2002 制动控制系统部件集成化程度较高，需要维护的部件较少，大修期从常规制动控制系统规定的 6 年提高到 9 年。

（9）总体成本降低。EP2002 制动控制系统的产品价格基本与常规制动控制系统价格相同。但是使用 EP2002 制动控制系统，电气线路、大部分分散部件及管路几乎消失。同时由于缩短了安装和调试时间以及后期维护费用降低等原因，制动控制系统的总体成本将低于一般制动控制系统。

三、EP2002 制动系统的缺点

EP2002 制动系统的缺点主要表现在以下几个方面：

（1）关键部件维修难度大。由于 EP2002 阀的技术含量和集成化程度很高，万一 EP2002 阀出现故障，基本上都需要将整个阀送回制造厂家进行维修，维修周期长；而如果常规制动控制系统出现故障，只需有经验的工作人员直接查找并更换故障部件，如压力传感器、防滑阀、印刷电路板等，就可缩短维护周期，减少对车辆产生的影响。

（2）互换性差。在制动控制系统中如果一个 EP2002 阀出现故障，只能够用相同类型的阀进行更换；而常规制动控制系统中的制动电子控制单元甚至制动电子控制单元中单独的印刷电路板在所有车上都可以互换。

（3）无直观的故障显示代码。常规制动控制系统中的制动电子控制单元安装在车上电器柜内或者车下电气箱内，可以提供 7 位数字的故障代码显示，有利于工作人员查找故障；而 EP2002 制动控制系统没有直观的数字故障代码显示功能，工作人员只能通过专用软件才能查找故障，无形中加大了故障处理难度。

四、EP2002 制动系统的应用

由于 EP2002 制动控制系统与常规的制动系统相比有比较突出的优点，目前已经在国内许多新建新造的城市轨道交通车辆中获得了广泛的应用，如西安地铁 1 号线、3 号线、4 号线，广州地铁 3 号线，上海地铁 6 辆编组改 8 辆编组列车已采用这种制动方式，并取得了良好和效果，其中广州地铁 3 号线是世界上第一个在地铁车辆上使用 EP2002 制动系统的城轨车辆项目，随着 EP2002 制动系统技术的不断改进，它将更广泛应用于北京、天津、南京、上海、深圳、西安等城市的地铁车辆上。

五、故障管理

1. 紧急制动故障

如果出现紧急制动回路故障，EP2002 阀会提供一定的机械保护。紧急控制阀采用机械方式防止制动缸输出压力超过或低于设定值。在出现紧急控制故障时，会发出一个“降级”故障指示。当出现供电故障时，加权载荷压力保持在最后的载荷水平上。

2. 空气弹簧故障

一个转向架上的空气簧传感器故障导致空气簧的读数被设定在超员的水平。这个数值会与另一个转向架上的空气簧压力进行平均。这一平均压力值可以被用作常用制动载荷计算。如果一辆车的两个空气簧传感器都出现故障会给常用制动发出一个替代的平均“超员”空气压力值。

空气簧的压力探测最低点设在最小 100 kPa。在空气簧压力过低时，空气簧压力默认为超员。这一数值将与车上另一个转向架的其他空气簧压力进行平均。这一平均数值用于常用制动载荷重量计算。两个转向架的空气簧都过低将导致常用制动默认的数值为超员。紧急制动时空气簧的压力探测最低点设在最小 100 kPa。在空气簧压力过低时，该车型车辆的紧急制动压力默认为超员状态时的水平。空气簧传感器的故障会导致紧急制动缸压力默认为超员状态下的压力水平。

3. 制动总线故障

如果在正常运行时出现单个制动总线故障，通过冗余总线，整个控制系统会得到保证。当两条总线都出现故障时，控制阀会缓解制动。这个故障模式将会被检测到并发送给 ATI。如果故障排除，则常用制动控制可以恢复到正常。这个制动缓解操作可以被紧急制动指令替代。

4. 网关阀故障

主网关阀出现断电或 ATI 通信故障时，制动管理和 ATI 通信由辅助网关阀承担。在主网关阀故障和辅助网关阀接替的过渡期间（大约 1 s），制动缸的压力和所有的可编程输出保持在各自最后的程序状态。阀损失的制动力将被平均分配到制动总线中的其他 EP2002 阀上。

5. 智能阀/RIO 阀故障

故障的智能阀/RIO 阀所控制的转向架处于缓解状态，损失的制动力将被平均分配到制动总线中的其他 EP2002 阀上，所承担的制动力受最大制动力限制。

【任务实施】

本任务的实施以对 EP2002 制动系统的整体认知为主要目的，学生在教师的引导下，通过查阅资料、现场参考等方式认知 EP2002 制动系统。要求掌握：

（1）EP200 制动系统在我国城市轨道交通车辆中的应用情况；

（2）EP2002 制动系统的模式；

（3）EP2002 制动系统的主要优缺点；

（4）分析 EP2002 阀故障的原因和影响。

【效果评价】

评 价 表

项目名称	项目 4 EP2002 制动系统	学生姓名	
任务名称	任务 5 EP2002 制动系统的特点和故障管理	分数	
项 目		分值	考核得分
1. EP2002 制动系统相关知识搜集、整理		10	
2. 是否有小组计划		5	
3. EP2002 制动系统优缺点认知情况		30	
4. EP2002 制动系统的应用情况		25	
5. 编制学习汇报报告情况		20	
6. 基本素养考核情况		10	

教师简要评语：

教师签名：

项目小结

EP2002 制动系统是由德国克诺尔公司生产的电气指令式制动控制系统，其核心部件中的 EP2002 阀，负责空气制动系统的控制、监控及车辆控制系统的通信。

EP2002 制动控制系统与常规的一般的制动系统最大的区别在于设计制造的思路不同，一般的城轨车辆采用的是车控形式，即一个制动系统控制单元控制一辆车的两台转向架，而 EP2002 制动系统采用了新的理念，在其集成机电设备包中采用分散式结构，采用架控控制方式：即一台 EP2002 阀控制一个转向架。其主要优点是如果一个 EP2002 阀出现故障，只需要切除一个转向架上的空气控制，使故障对列车运行的影响减到最小。

EP2002 制动系统的核心部件是 EP2002 阀，是一个机电一体化的模块部件，可以进行空气制动系统的控制、监控及列车控制系统之间的通信。EP2002 将制动控制和制动管理电子设备以及常用制动气动阀、紧急制动气动阀和车轮防滑保护装置气动阀都集成在各转向架的机电设备集成包中。气动系统可以通过一个中心点向各个 EP2002 阀门供风或从各处向阀门供风。

整个 EP2002 制动系统包括空气压缩机、空气干燥塔、大小储风缸、控制单元和检测点，均采用模块化设计。EP2002 制动系统的主要特点可概括为：结构紧凑、质量小，安装方式多样，使用维护方便。

EP2002 制动系统作为城市轨道交通车辆制动系统技术较为先进的新一代制动系统，广泛应用于城市轨道交通车辆上。通过对本项目的学习，有利于城市轨道交通车辆相关专业学生加深对 EP2002 制动系统的认识，掌握 EP2002 制动系统的结构组成和制动控制原理，为城市轨道交通车辆的检修作业奠定基础。

思考与练习

1. EP2002 制动系统采用架控制动方式还是车控控制方式？EP2002 制动系统包括哪几种制动阀？

2. EP2002 制动系统网络结构有哪两种形式？各有什么特点？

3. EP2002 制动系统有哪几部分构成？

4. EP2002 制动系统常用制动、快速制动、紧急制动、停放制动、保压制动的作用原理？

5. EP2002 制动系统如何进行防滑控制？

6. EP2002 制动系统空压机的动作原理？

7. EP2002 制动系统有何优缺点？有哪些需要改进的地方？

8. 简述 EP2002 制动系统网络结构的主要作用和结构特点。

9. 简述 EP200 制动系统网络结构的工作原理和内部气路分析。

项目 5　国产城市轨道交通车辆制动系统

项目描述

我国自主研发城市轨道交通车辆制动系统目前主要由中国铁道科学研究院集团有限公司研究开发、实施生产，主要在重庆轨道交通 6 号线、北京地铁 15 号线、沈阳地铁 2 号线等城轨项目中应用，并取得良好的、经济的技术效果，国产城轨车辆制动系统按其控制方式主要有车控式和架控式两种。

学习目标

1. 掌握国产城轨车辆制动系统的结构组成；
2. 熟悉国产城轨车辆制动系统的网络结构；
3. 掌握国产城轨车辆制动系统的作用及控制原理。

技能目标

1. 掌握国产城轨车辆制动系统的特点；
2. 掌握国产城轨车辆制动系统一般故障的处理方法。

任务 1　车控式制动系统

【活动场景】

用多媒体展示国产城轨车辆制动机系统，或在安装有国产城轨车辆制动系统的城轨车辆生产车间或检修现场进行实践教学。

【任务要求】

1. 了解车控式制动系统的组成及供风系统、控制系统的原理；
2. 掌握车控式制动系统的网络结构、常用制动、快速制动、紧急制动控制过程及作用原理；
3. 掌握车控制动系统制动载荷补偿原理和防滑控制原理。

【知识准备】

一、系统概述

国产车控式铁科院研制制动系统是采用微机控制的模拟式电-空制动系统，控制系统采用一辆车整车控制的方式，简称车控式，每辆车都配有一套电空制动控制装置（BCU），BCU内设有监控终端，具有自诊断和故障记录功能。空气制动系统能在司机控制器、ATO或ATP的控制下对列车进行阶段或一次性的制动与缓解。系统具有反应迅速、操纵灵活、能与电制动混合使用、防滑控制、紧急制动等功能。

以下将以重庆轨道交通6号线制动系统为例对车控式制动系统进行说明。重庆地铁6号线制动系统的风路系统主要包括风源系统、控制系统、基础制动、空气制动、防滑控制装置、空气悬挂装置。

二、系统组成

1. 风源系统（A组）

全列车有两个压缩机单元，包括空压机启动装置、空气干燥器、安全阀等。压缩机采用螺杆式空气压缩机，TSA-0.9ARⅡ型螺杆式空气压缩机采用380 V、50 Hz三相交流电驱动，可提供30.9 m/min的供气量，电机额定转速为1 460 r/min。螺杆空气压缩机的螺杆组由两个互相啮合的螺旋形转子（或螺杆）组成，通常把节圆外具有凸齿的转子称为阳转子（或阳螺杆）；把节圆内具有凹齿的转子称为阴转子（或阴螺杆）。阴、阳转子具有非对称的啮合型面，平行安装在一个铸铁壳体内做回转运动。

图5.1所示为重庆轨道交通6号线车辆制动系统气路原理图。

TSA-0.9ARⅡ型螺杆空气压缩机系统包括空气系统、润滑油系统和冷却系统。空气系统由空气滤清器、进气阀、主机、油气筒、油细分离器、压力维持阀和后冷却器组成。空气由空气滤清器（5）滤去尘埃后，再由进气阀（6）进入主机压缩室压缩，并与润滑油混合。与油混合的压缩空气由压缩机排至油气筒（7），经油细分离器（8）、压力维持阀（9）及后冷却器（10）之后送入干燥器中。当空压机组超过设备工作压力时，其内部的安全阀具有泄压排风作用，保护空压机组设备的安全，设定值为1 250 kPa。同时在总风管路上安装有安全阀，保证总风压力不超过系统的工作压力，设定值为1 000 kPa。图5.2所示为空气压缩机组系统原理图。

2. 制动控制系统

图5.3所示为重庆轨道交通6号线制动控制系统的电气原理图，由图可知，控制系统主要包括微机控制的模拟电空制动控制装置（B13）和辅助控制装置（B7）等。电空制动控制装置具有常用制动控制、紧急制动控制以及空气制动防滑控制等功能。

制动控制装置（BCU）由制动微机电子控制单元（EBCU）和气动执行单元（PBCU）两部分组成，EBCU和PBCU 都有安装在制动控制装置机箱中。

EBCU 采用6U插件机箱，由制动控制插件板、防滑控制插件板、开关量输入/输出插件板及通信插件板等组成，EBCU 用于实现制动和防滑的控制计算及以与外部电气接口和通信。PBCU 主要由气路集成板及其上面电磁阀、中继阀等气动执行部组成。制动控制装置根据制动指令产生要求的制动缸预控压力，再通过中继阀输出制动缸压力，制动控制装置根据空气簧的压力信号实现不同载重的压力控制，并根据纵向冲击率的限制来控制制动缸预控压

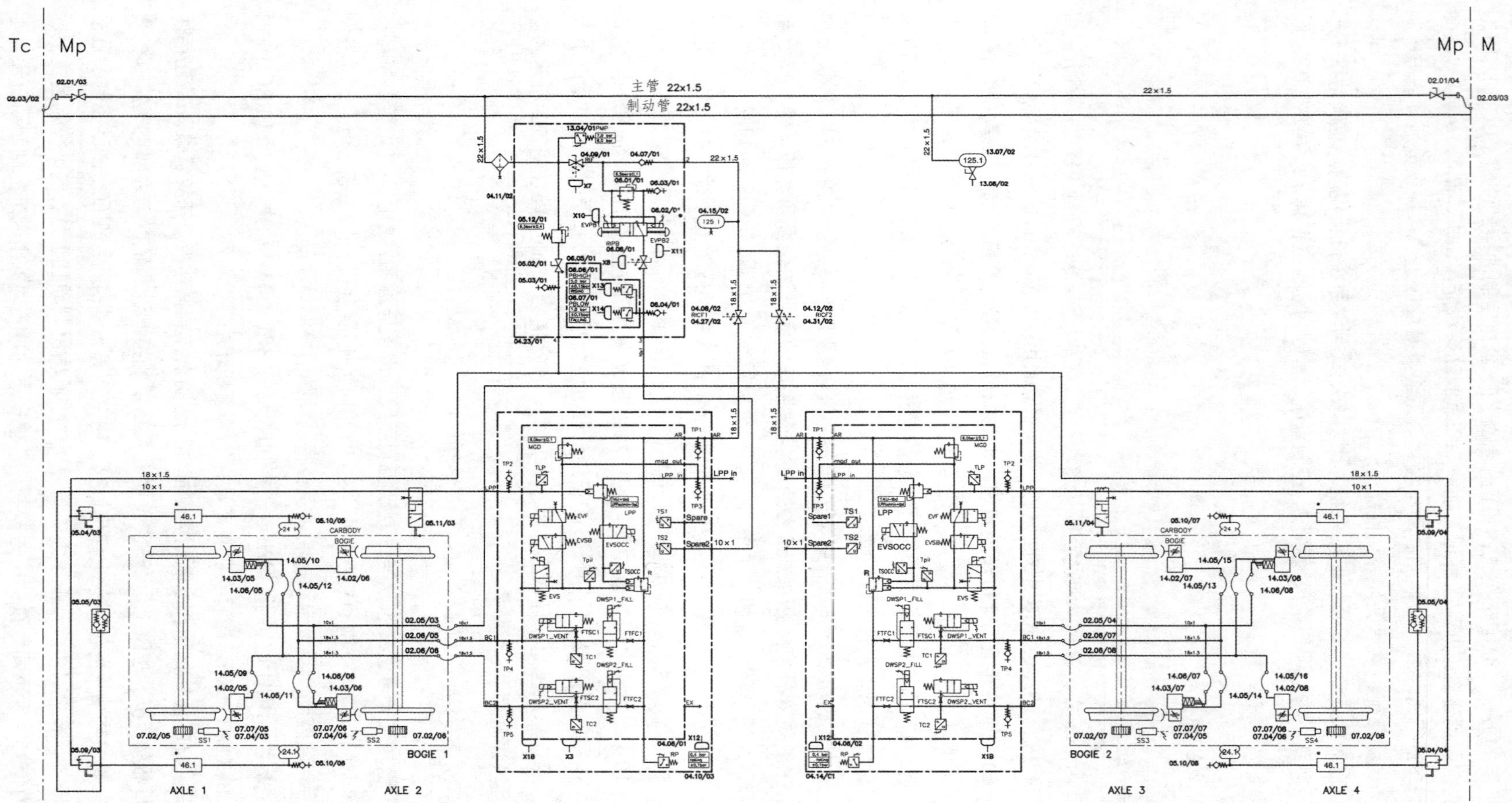

图 5.1　重庆轨道交通 6 号线制动系统气路原理图

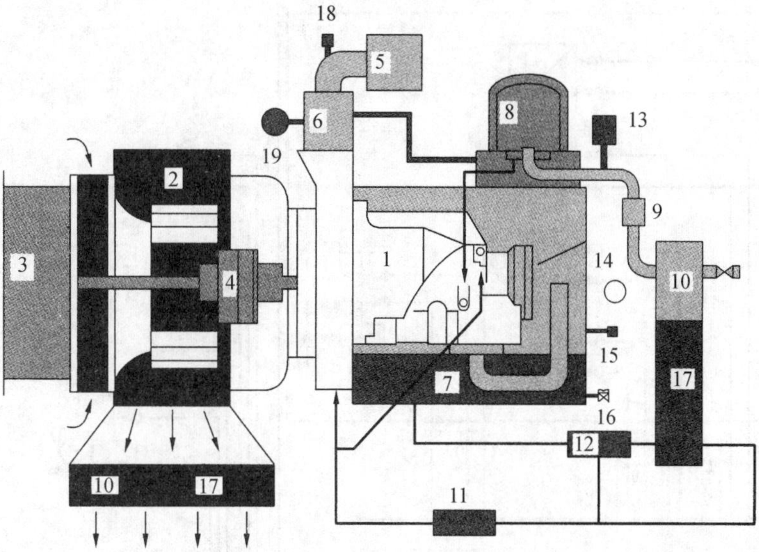

图 5.2　螺杆空气压缩机组系统原理图

力的上升速率。中继阀采用双膜板结构，有紧急制动和常用制动两个预控压力输入，输出压力根据二者之间取高的原则，由紧急制动和常用制动两个预控压力中压力较高的控制。制动气动执行部件集成在一个气动板上，易于维护和更换，与电子制动控制装置一起实现常用制动、紧急制动等功能。

制动控制装置电气原理图如图 5.3 所示，制动控制板上有 4 路（或）压力传感器输入通道和 2 路电磁阀驱动输出。制动控制板用于的制动力的实时计算，包括空电混合制动时的电制动力分配和空气制动力补充，并实施对制动缸压力控制。

制动控制装置具有自诊断功能，可以对制动系统的关键部件和性能进行监测，并通过车辆总线及时将故障信息通知列车监控系统。同时 BCU 还可以把故障信息记录在 BCU 内部的存储介质上，并能通过测试软件将故障信息下载分析。

辅助控制装置气动原理图如图 5.4 所示，该装置主要由双脉冲电磁阀、减压阀、压力开关、压力测点、滤清器、带电节点排风塞门、溢流阀等组成，用于实现停放制动的控制，提供总风压力信号和向空簧供风等功能。双脉冲电磁阀可以用脉冲电压控制转换，在外部控制电压作用下转换后，能够保持转换后的位置而不需要连续地施加控制电压。此外脉冲阀两端还有手动按钮，可以通过手动按钮进行控制转换，手动按钮为自复位方式，手控转换后不会影响脉冲阀的电压控制。因此，在电信号出现故障或者需要人工干预的情况下，可人工施加和缓解停放制动。

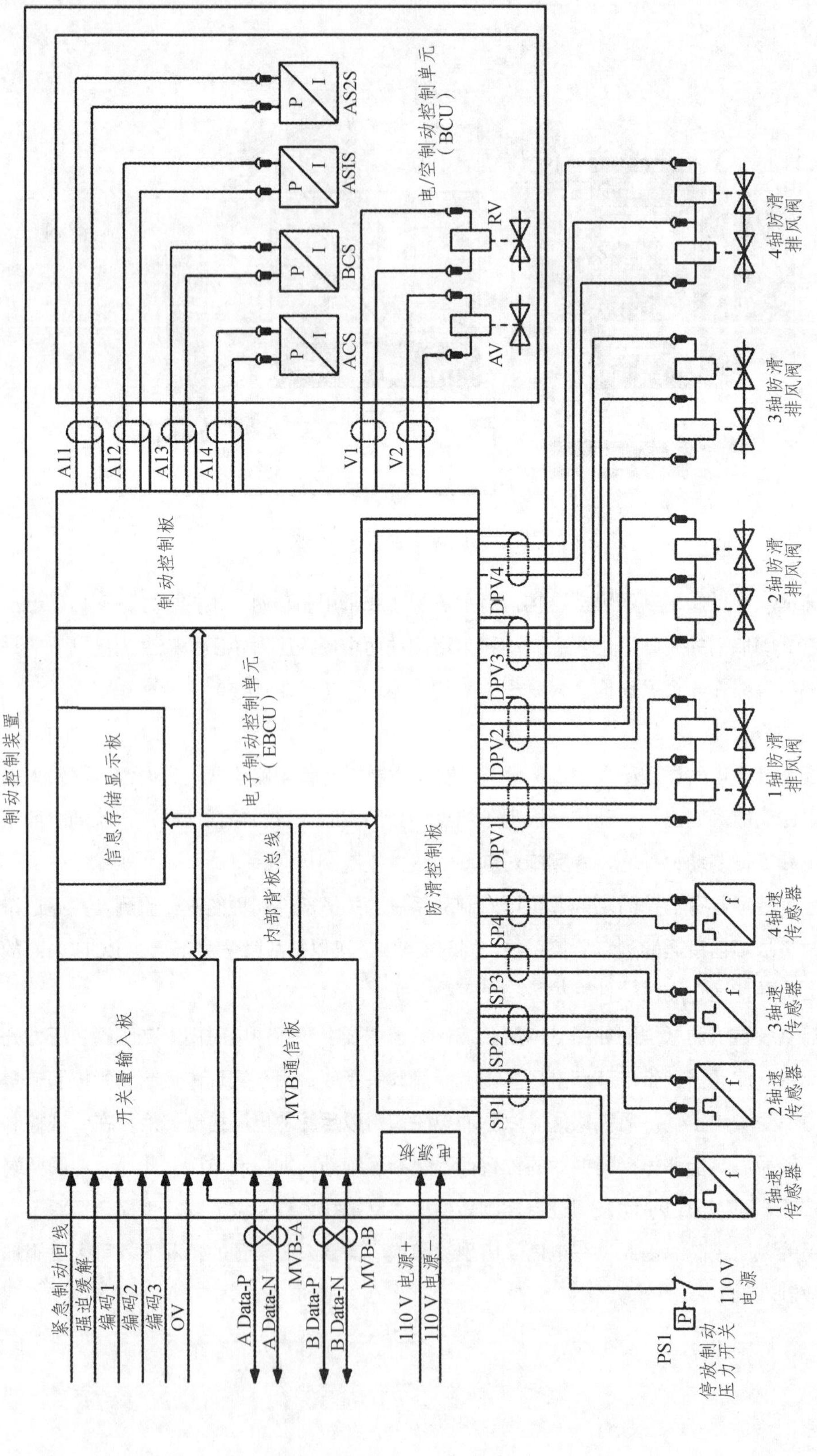

图 5.3　制动控制装置电气原理图

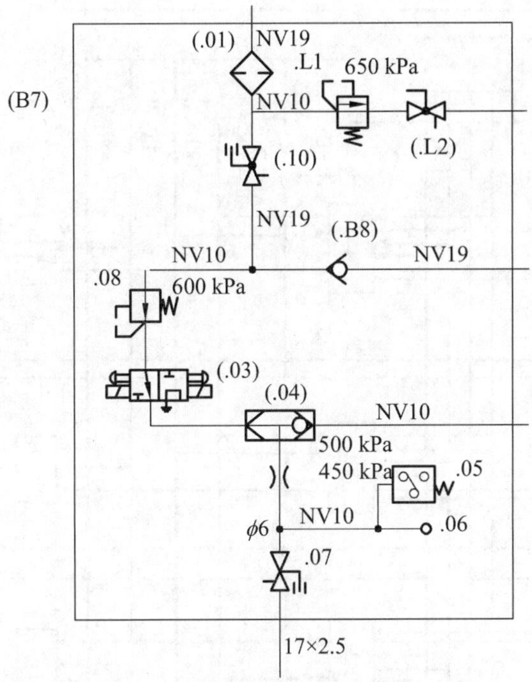

图 5.4　辅助控制装置气动原理图

3. 空气制动防滑控制装置

每个车的空气防滑控制装置包括 4 个防滑排风阀及轴装的 4 路速度传感器。

4. 基础制动装置

基础制动装置主要包括踏面制动和盘形制动两种形式。其中踏面制动主要由踏面制动单元缸、带停放的复合缸及闸瓦等组成；盘形制动主要由制动夹钳单元、制动盘及闸片等组成，具体构成方案见基础制动装置方案说明。

5. 空气悬挂装置

空气悬挂装置主要包括进行空簧充排风调节的高度阀和差压阀。

三、系统的网络结构

图 5.5 所示为制动电气控制系统网络框图，司机控制器可以同时产生模拟和数字两种制动控制指令，模拟控制指令由列车控制系统的模拟量输入模块采集，然后通过 MVB 总线传送到每一个车的制动控制装置（BCU）。数字 7 级编码指令通过制动编码列车线直接送到 BCU，当网络控制系统正常时，优先使用由网络传送的模拟制动指令，当网络系统故障无法传送制动指令时，BCU 使用由列车线传送的 7 级数字编码指令。

制动编码列车线除了传送司控器的冗余 7 级编码外，还用于回送时的制动控制。

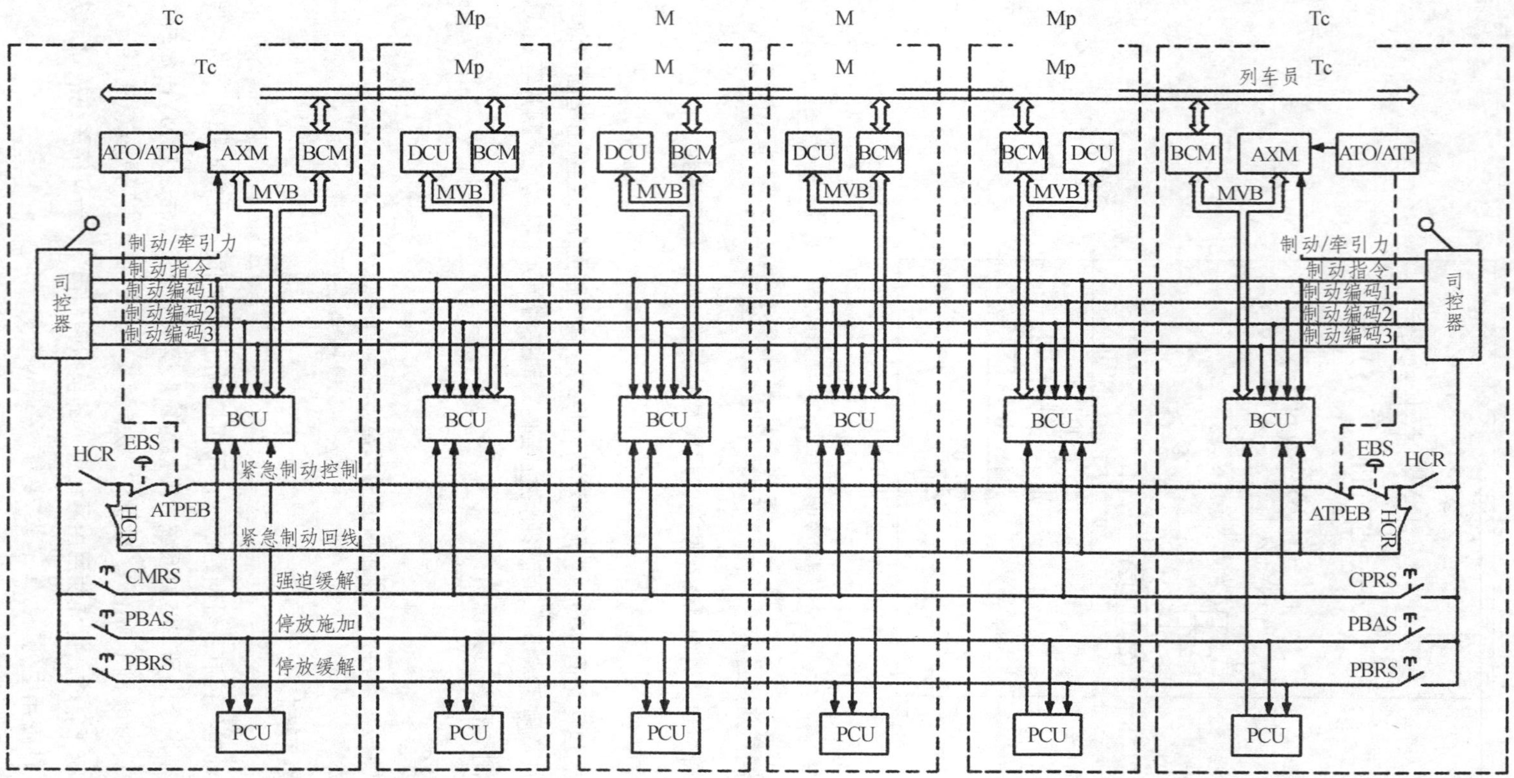

BCU 制动控制单元　PBS1 停放制动施加按钮　EBS 紧急制动按钮　HCR 头车继电器　DCU 牵引控制单元　CPRS 强迫缓解按钮
PCU 停放制动控制装置　PBS2 停放制动缓解按钮　ATPBE ATP 紧急制动继电器　AXM 模拟量输入/输出模块

图 5.5　制动电气控制系统网络框图

四、制动系统的控制过程和作用原理

列车制动采用电制动与空气制动实时协调配合，电制动优先使用、空气制动延时投入的混合制动方式。当电制动不足时，优先在拖车上补充空气制动。全列车交叉混合制动时，当总电制动力能够满足全列车制动力的需求时，各车都不需要补充空气制动；当总的电制动力不满足全列车的制动力需求时，则先在拖车上根据拖车载荷来补充剩余所需要的制动力，此时，如果总电制动力大于动车所需要的制动力时，动车上不需要补充空气制动；如果总电制动力不能满足动车所需要的总制动力时，拖车根据本车的载荷施加本拖车所需求的制动力，动车所需要空气补充的制动力也按拖车载荷比例分配到拖车上，即由拖车的空气制动进行补充，拖车上施加的总空气制动力受黏着极限限制，当拖车上的空气制动力未达到极限时，动车上不需要补充空气制动；当拖车上的空气制动力达到极限时，剩余所要补充的制动力平均分配到动车的空气制动上，每辆动车上所施加的电制动力和空气制动力的总和同样受黏着极限限制。

若在制动过程中出现电制动滑行造成制动力的损失，空气制动不进行补偿，以便于电制动的防滑控制。

在有电制动时，即使不需要施加空气制动，制动缸也要保留一定压力（30 kPa 左右），以补偿在电制动衰减时空气制动补充的滞后。

当列车制动在电动快要衰减时由 VVVF 发出一个电制动退出（衰减）预告信号，BCU 收到电制动退出预告信号后，按预定速率预补空气制动。

1. 常用制动控制

常用制动采用减速度控制模式，制动控制单元根据指令的减速度和车辆载重来计算目标制动力。常用制动具有冲击率限制功能，以改善乘坐的舒适性；常用制动采用空电混合制动并优先使用电制动。BCU 根据目标制动力计算出本车应施加的制动缸目标压力。制动缸压力控制如图 5.6 所示，制动缸压力的控制是通过对作用风缸压力（预控压力）的闭环控制实现的。

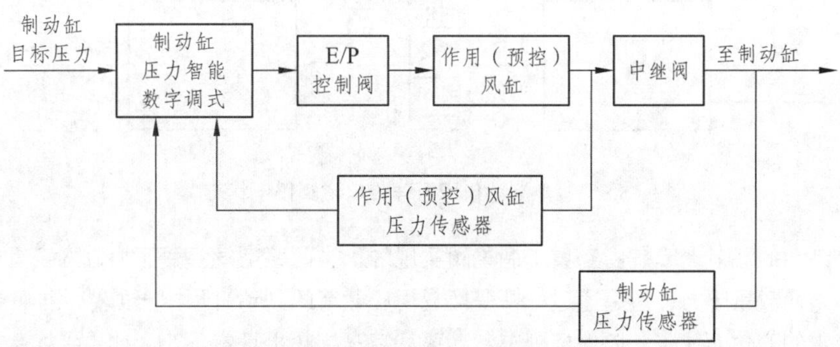

图 5.6　压力控制原理

微控制器的制动缸压力智能数字控制，是根据制动缸目标压力的和压力传感器检测的作用（预控）风缸压力以及制动缸压力，来控制 E/P 转换阀对作用风缸的充风或排风，实现对中继阀预控压力的闭环控制。中继阀受预控压力控制输出大流量的制动缸压力，中继阀的输出压力滞后影响在智能数字控制时进行补偿。图 5.7 所示为制动作用单元气路图。

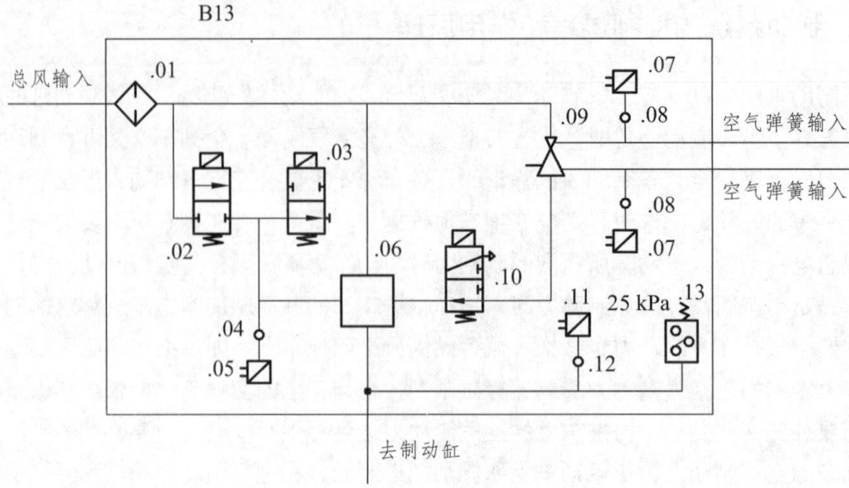

图 5.7　制动作用单元气路图

2. 紧急制动控制

紧急制动采用纯空气制动，紧急制动是由紧急制动安全回路直接控制的，当紧急制动安全回线失电时，列车中的所有车辆即同时实施紧急制动。紧急制动一旦实施，紧急制动安全回路的控制电路可以保证紧急制动将一直保持施加状态直到列车完全停下。为了在应急情况下能缓解紧急制动，紧急制动环路中设有紧急制动旁路开关，但此旁路开关不会将紧急制动按钮开关旁路，以保证在需要时列车仍可实施紧急制动。紧急制动电磁阀是一个两位三通常开电磁阀，正常情况下处于得电的状态，切断了空重阀输出口与中继阀的紧急制动预控压力口的通路，同时将中继阀的紧急制动预控压力排向大气。当紧急制动电磁阀失电时，紧急制动电磁阀将接通空重阀输出口与中继阀的紧急制动预控压力口的通路，从而使中继输出紧急制动的制动缸压力。紧急制动作用原理如图 5.8 所示。

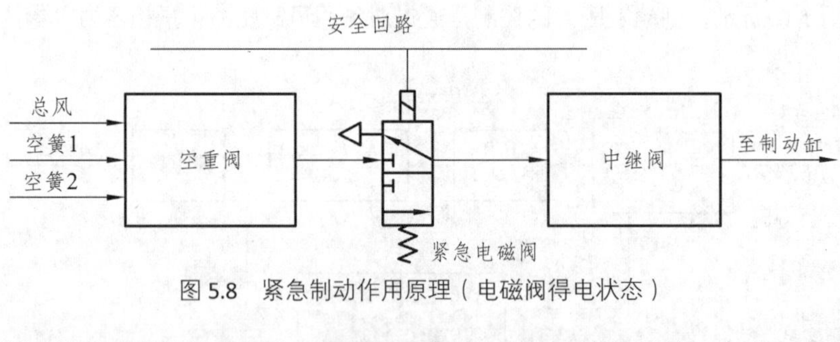

图 5.8　紧急制动作用原理（电磁阀得电状态）

紧急制动的载荷调节是由空重车调整阀实现的，当两路空气弹簧压力进入空重阀后，会产生一个平均载重压力，然后通过杠杆变换成相应载荷的制动缸预控压力，从而使制动缸压力能随载重的变化而调整，以保证列车制动率从空车到超员基本不变。如果平均载重压力小于预调的空车载重压力，则空重车调整阀会在预调的弹簧力作用下，产生相当于空车的制动缸控制压力，从而保证了最小制动缸压力。

3. 制动载荷补偿

常用制动的空重车调整是根据空簧压力进行控制的，即将两个转向架的空气簧（取对角位置）压力通过 P-E 转换装置得到与该转向架载重相对应电信号，由两个转向架载重来计算车辆载荷。根据车辆载荷情况对列车制动力进行相应调整。

当一端空气簧破裂或 P-E 转换电路的输出小于空车的信号或大于超员时的车重信号时，则用另一端的载重来代替以整车计算载重；当两端空气簧破裂时，则按超员载荷的 2/3 计算；当两端空气簧 P-E 转换电路的输出同时小于空车的信号时，按空车载荷计算；当两端空气簧路 P-E 转换电路的输出同时大于超员时信号时，按超员载荷计算。

4. 防滑控制

空气制动防滑功能在紧急制动和常用制动时都可以起作用。图 5.9 所示为防滑控制单元的结构，该控制单元具有以下特点：采用微机控制，计算速度快，检测精度高；根据速度差、减速度等多个判据的变化进行防滑控制；具有自检和故障存储功能，自动监督速度传感器和排风阀状态及控制输出状态，同时控制单元进行自动监督；能进行轮径补偿；具有临轴互补功能；能充分利用黏着等；具有冲击率控制功能；用有源速度传感器，能在低速运行时（低于 2 km/h）还可以有很稳定的信号输出。

空气制动滑行控制系统采用速度差和减速度判据进行滑行检测。

（1）检测速度差：当某一轴速度低于参考速度（基准速度）达到判定滑行数值；

（2）检测减速度：当某一轴速度的减速度达到判定滑行数值。

当出现以上任何一种情况时，就判定该轴发生制动滑行，防滑控制系统首先会通过防滑排风阀切断中继阀到该轴制动缸的通路，对制动缸进行保压，如果滑行较大或保压后滑行持续增大，防滑阀还可排出一部分制动缸的压力空气，减小该轴上的制动力，以减小该轴上的滑动程度，使该轴恢复到黏着状态。在黏着恢复再制动充风时，防滑控制系统首先会采用阶段充风方式，一方面可以限制黏着恢复时再制动的纵向冲击率，同时还可以减小黏着恢复过程中的再滑行概率。

当 4 个轴同时出现滑行时，或 4 个轴的减速度都远高于正常的制动减速度时，防滑系统会定期短时缓解某一基准轴的空气制动，以便对基准速度进行周期性的修正，减小基准速度的累加偏差，以准确地控制滑动程度，从而确保了在低黏着状态下最大限度地提高制动力，同时不会出现车轮擦伤。在发严重滑行时，将切除电制动，以利于黏着恢复。

防滑控制单元在进行滑行控制时会自动限制排风和保压的持续时间，以限制空气制动力的减少时间。防滑控制单元还具有独立于主微控制器的监控微控制器，当主微控制器出现异常时，监控微控制器能够切除主微控制器的防滑控制输出，以防止空气制动力的持续减少。

5. 系统故障诊断

制动控制装置（BCU）具有系统自动检测及故障诊断功能，自检方式包括上电自动检测（POT）、在线运行自检、命令自检等方式。

通电自动检测是指在控制电源加电时自动进行的检测，通电自动检测的主要内容包括 CPU 外设接口自检、EEPROM 自检、E/P 控制阀检测、防滑排风阀检测、MVB 通信接口等。

在线运行检测是在系统正常工作时不需要外部干预也进行的自动检测，在线运行检测内容主要包括压力传感器检测、速度传感器检测、MVB 通信故障检测等。

系统的自检是由监控系统（TCMS）通过车辆总线发出的系统检测指令，或由检修人员通过按压 EBCU 系统自检按钮启动的自检。自检内容包括通电自检和在线自检内容，同时还可以进行空气制动自动试验和故障诊断。

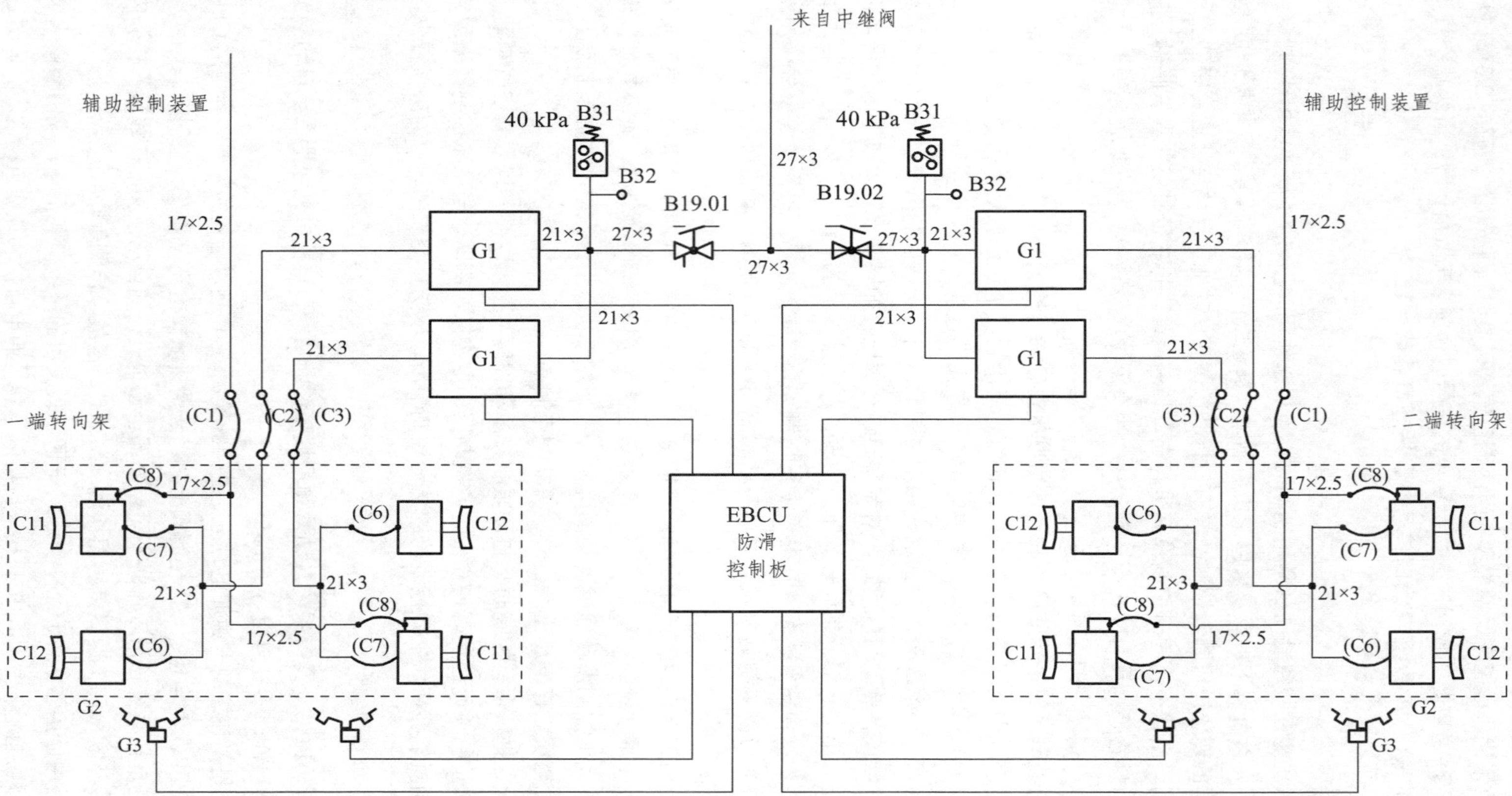

图 5.9　防滑控制单元的结构

系统的故障诊断主要是对系统的功能进行诊断，如制动和缓解功能故障。

当诊断系统有故障时，故障信息能够通过 MVB 总线发送给列车监控系统（TCMS），并能够在司机显示屏显示，根据故障的影响程度，提示司机进行适当的处理。系统故障信息及发生故障前后一段时间的数据同时在 BCU 中存储，BCU 中的存储显示卡采用了大容量的记录存储介质，可以存储大量控制数据及故障信息，存储信息可以通过通信接口下载分析。

存储卡中存储的制动控制信息主要包括制动指令、作用风缸压力、制动缸压力、电制动力、E/P 控制阀状态等；存储的防滑控制信息包括各轴速度、减速度、参考列车速度、滑行检测和各防滑阀工作状态等。

【任务实施】

描述采用车控控制方式的铁科院制动系统的网络结构；描述采用车控控制方式的铁科院制动系统常用制动时压力控制原理；描述采用车控控制方式的铁科院制动系统紧急制动动作原理；描述采用车控控制方式的铁科院制动系统防滑控制原理。

【效果评价】

评价表

项目名称	项目 5　国产城市轨道交通车辆制动系统	学生姓名	
任务名称	任务 1　车控式制动系统	分数	
项　　目		分值	考核得分
1. 国产制动系统网络结构相关知识、图片的搜集、整理		10	
2. 国产制动系统控制原理相关知识、图片的搜集、整理		10	
3. 是否有小组计划		10	
4. 采用车控控制方式的铁科院制动系统网络结构、制动控制原理的认知情况		30	
5. 编制学习汇报报告情况		30	
6. 基本素养考核情况		10	
教师简要评语： 教师签名：			

任务 2　架控式制动系统

【活动场景】

在城轨车辆生产车间或检修现场教学，或用多媒体展示国产城轨车辆制动系统。

【任务要求】

（1）掌握架控式制动系统的组成，以及供风系统的工作原理和制动控制装置的电气原理；

（2）掌握架控式制动系统的网络结构、常用制动、快速制动、紧急制动控制过程及作用原理；

（3）掌握采用架控控制方式的铁科院制动系统的防滑控制原理。

【知识准备】

一、系统概述

架控式制动系统采用架控方式的微机控制模拟式直通电空制动系统，每辆车都配有两套电空制动控制模块。图 5.10 所示为北京地铁 15 号线车辆制动系统气路原理图。

二、系统的组成

系统主要包括风源系统和制动控制系统两大部分。

1. 风源系统

整列车有两套风源装置，每个动力单元内装设一套，包括空气压缩机（见图 5.11）、干燥器（见图 5.12）、油水分离器、安全阀、压力开关等。采用 TSA-0.9 R Ⅲ 型空气压缩机，为制动系统提供压缩空气。空压机采用单双日控制。列车正常运行过程中，空压机通过网络信号进行控制；压力开关备用。正常运行时总风压力到达 900 kPa 时，停止打风。当初充风时，两台空压机同时打风，达到 900 kPa 时停止；当总风压力低于 800 kPa 时，单台空压机打风；当总风压力低于 750 kPa 时，两台空压机同时打风。

网络故障时，当压力低于 700 kPa 时压力开关控制空压机打风至 900 kPa 后停止工作。

三相电机由法兰安装，机头安装于油气筒内，并且采用内置油分离器。在油气筒上还安装有油过滤器及温控单元，来控制油路循环系统。

风机后盖与蜗壳刚性连接在一起。蜗壳内装有离心式风扇，固定于机头的联轴器上。蜗壳上装有空-油冷却器，由冷却风扇对压缩空气和润滑油进行冷却。空气经过滤清器（1）并由进气阀进入机头的吸气端（3）在机头（17）的吸气终点进行压缩，压缩后的空气通过连接在机头上的排气管进入油气筒（10）内。如果空压机在无负载时启动，最小压力阀将保持关闭状态，使油气筒内迅速建立压力，从而形成润滑油的循环。当油气筒内压力达到 650 kPa 时，最小压力阀开始打开，向空气系统输送空气。当系统压力达到设置值时，空压机停机，此时最小压力阀关闭，而保持系统压力。随后将通过卸荷阀（8）释放油气筒内的压力。空压机每次停机时，油气筒内的压力会通过气控卸荷阀自动卸放掉，最小压力阀和进气阀此时也处于关闭状态。停机时，油气筒内的压缩空气会倒流到进气口，从而使卸荷阀打开，油气筒内的压缩空气会通过空气滤清器排向大气，短时间内将压力释放到 300 kPa 以下。剩余的压力通过进气阀上的排气小孔排出，直到油气筒内的压力为 0 kPa。

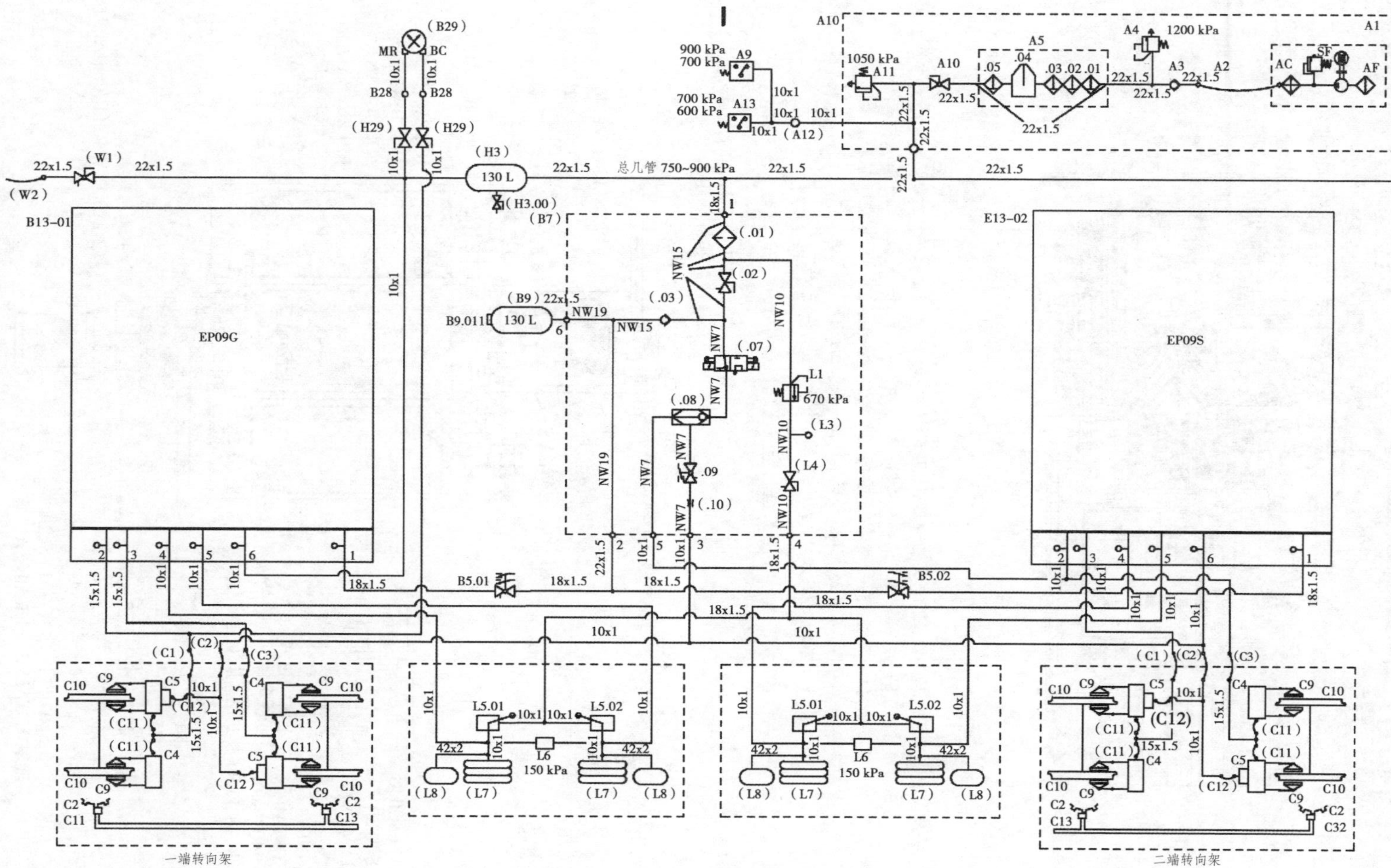

图 5.10 北京地铁 15 号线车辆制动系统气路原理图

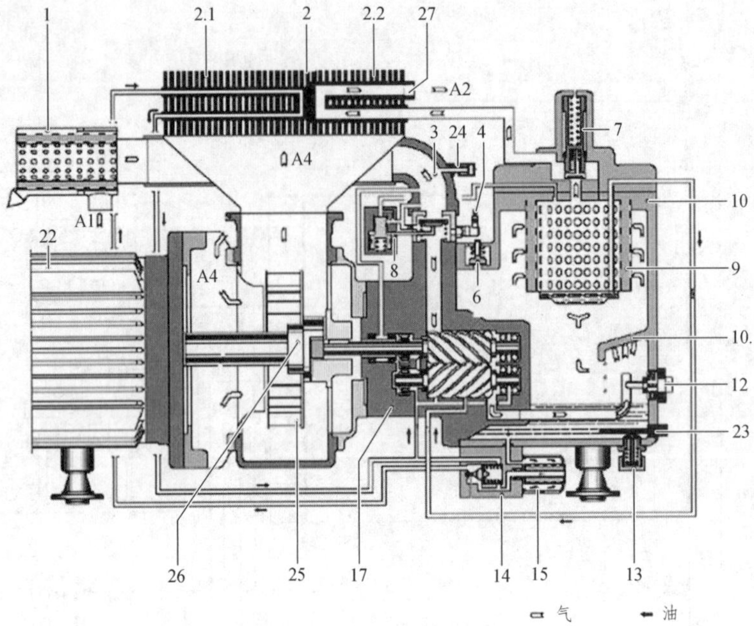

1—空气滤清器；2—冷却器；2.1—后冷却器；2.2—油冷却器；3—进气阀；4—压力开关；6—安全阀；
7—压力维持阀；8—卸荷阀；9—油细分离器；10—油气筒；10.1—隔板；12—温度开关；
13—放油阀；14—温控；15—油过滤器；17—机头；22—电动机；23—电加热器（可选）；
24—真空指示器；25—离心式风扇；26—联轴器；27—空气供给口；
A1—空压机空气入口；A2—压缩空气出口；A4—冷却空气。

图 5.11　空气压缩机

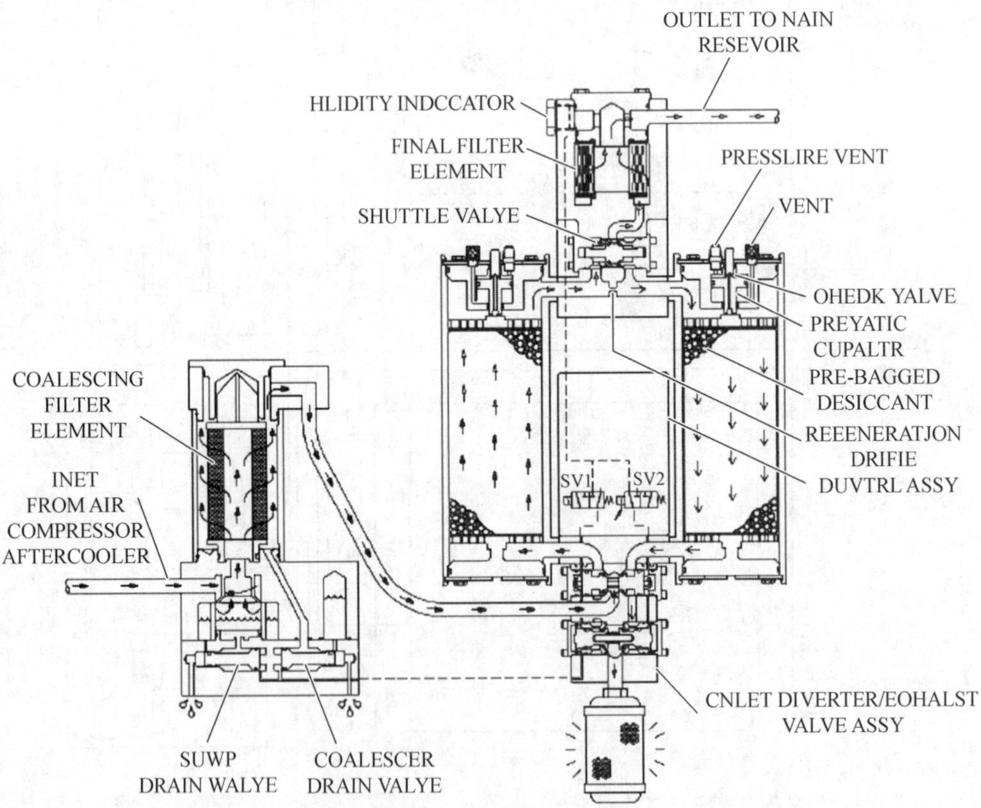

图 5.12　干燥器的工作流程

该控制过程将极大地抑制润滑油产生气泡。在 7 ± 1 s 后，能够低负荷再次启动。

空气处理单元由前置过滤系统和干燥过滤系统组成。含有污染物的空气进入前置过滤器，之后通过前置过滤器的离心作用将污染物分离出来。大体积的液体物质被收集到过滤器的液体收集部分，之后通过卸放阀进行卸放。由于空压机的连续运行的要求，此卸放阀每 60 s 卸放一次。空气在进入干燥器之前会先经过一个高效的集成过滤单元。这个大容量的部件可以收集油以及凝聚的小水滴。收集起来的液体通过第二个卸放阀来卸放。为了保证安全，这里设计安装了两个相同的卸放阀。它利用中间收集装置来进行卸放，从而将卸放带来的空气损失降到最小。此外集成过滤器还可以将气体中的固体污染物分离出来。固体颗粒物被吸附在集成过滤器的纤维上，这样就能提高部件的使用寿命。此部件的尺寸比较大从而能够最高限度地降低污染物对设备的损坏。

由于前置过滤器的作用，进入干燥系统的空气中的液态水的含量已经得到了很大程度的减少，但是气态水的含量仍然处在饱和状态。空气经过干燥系统之后气态水的含量将会降低到出口空气的露点值以下。空气通过干燥系统的进气口之后通过一个进气转向阀使空气进入干燥机层中。进气转向阀通过一个被电磁阀控制的空气控制信号来驱动。此控制信号同时控制着另外一个干燥塔的卸放阀，通过这个卸放阀干燥塔将会得到泄压。一小部分经过干燥的空气将通过反吹孔进入另一个已经卸完压的干燥塔中，之后穿过该干燥塔的干燥剂层通过卸放阀卸放入空气中。此干燥空气反吹的作用是带走干燥剂层中吸收的水分。这个带走干燥剂中收集的水分的过程被称为再生。一个出口处的自动换向阀使得通过干燥室的空气能够进入出气口处并且能够阻止处在再生状态的干燥室中的空气进入干燥塔。

两个干燥塔的干燥与再生是由一个时间继电器来控制的。在一个循环开始时，空气进入一个干燥塔，同时另一个干燥塔的卸放阀打开并且进行再生。在 48 s 之后处于再生状态的干燥塔的卸放阀关闭 12 s。在这 12 s 中，再生的干燥塔通过反吹孔被外部的气流充满压力。这个渐进的升压过程可以使得该塔之后的干燥过程可以避免气流的突然增大带来的再生耗气率过高或者干燥剂吸附能力的损坏。当此 12 s 结束的时候，气流通过换向阀进入刚刚完成再生的干燥塔，同时原来的干燥塔变为再生状态，并且泄放阀打开。这个 60 s 的循环过程会在两个塔之间交替进行。

2. 制动控制系统

制动控制系统包括微机控制的模拟电空制动控制模块和微机控制的空气防滑控制装置等。

每车配有 1 套辅助控制模块，该模块集成了停放控制功能及空簧供风用的溢流阀、减压阀、塞门以及风缸等部件。

EP09 制动控制单元采用气电分离的设计，由独立的电子控制单元（EBCU）和气动控制单元（PBCU）组成。PBCU 接收 EBCU 的指令实施制动、缓解的操作。EP09 制动控制模块的气动原理图如图 5.13 所示。

从结构上，制动控制模块分为以下功能模块：

（1）空重车调整模块：包括 C2、A6、A5、P8 和 C1。

C2 为减压阀，按重车的紧急制动缸压力设定；A6、A5 为电子称重阀，输出为实际车重的紧急制动缸压力；P8 为压力传感器和压力测点，用于调整后的压力；C1 为主调节阀，最小

（即无电子称重压力输入）输出为空车紧急制动缸压力。正常输出根据电子称重压力输入调整。

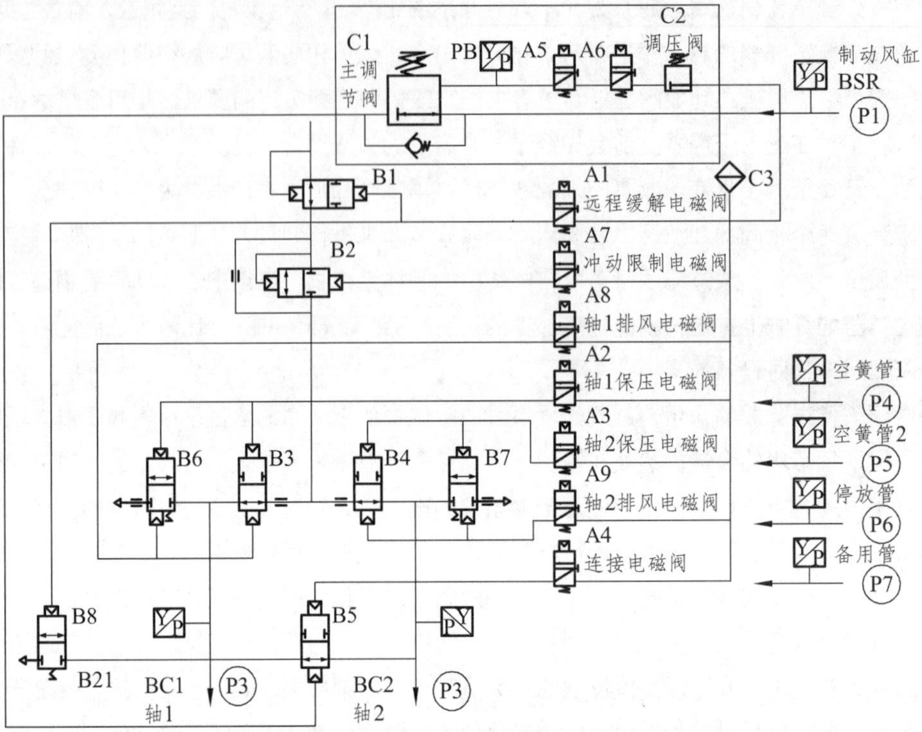

图 5-13　EP09 制动控制模块的气动原理图

（2）远程缓解模块：包括 A1、B1、B8。

紧急缓解时电磁阀 A1 得电，阀 B1 和 B8 动作，在切断输入压力的同时，排出制动缸的压力空气。

（3）紧急冲动限制模块：包括 A7 和 B2。

常用制动时，电磁阀 A7 得电，B2 阀打开，使压缩空气不受限制地进入制动控制回路；紧急制动时，电磁阀 A7 失电，B2 阀关闭，使压缩空气经限流后进入制动控制回路，从而具有冲动限制功能；当取消紧急冲动限制功能时，可在电磁阀处安装一块带排风孔的遮断板。

（4）制动控制模块：该模块有相同的两组，分别为 A8、A2、B6、B3 和 A3、A9、B4、B7。这两组阀的功能全部相同，都是根据不同的制动级别，产生相应的制动缸压力。正常情况下，只有一组阀作用，另一组备用。下面以一组阐述。

充风时，电磁阀 A8、A2 失电。阀 B6 关闭，阀 B3 打开，向制动缸充风。

排风时，电磁阀 A8、A2 得电。阀 B6 打开，阀 B3 关闭，制动缸的风经 B6 排出。

保压时，电磁阀 A2 得电，电磁阀 A8 失电。阀 B6 关闭，阀 B3 关闭，制动缸处于保压状态。

（5）连通模块：包括 A4 和 B5。

正常状态下，电磁阀 A4 失电，阀 B5 处于连通状态，制动时，制动控制模块产生的制动缸压力同时进入同一转向架的两根轴，即正常状态下，制动方式采用架控方式。当滑行产生时，电磁阀 A4 得电，阀 B5 关闭，两组制动控制模块分别对每根轴进行控制，即滑行状态下采用轴控方式。

（6）传感器和压力测点模块：包括 P1、P2、P3、P4、P5、P6、P7 和 P8。

压力传感器用于对制动风缸压力、空气弹簧压力、制动缸输出压力、停放制动缸压力进行采集；压力测点可以在必要时进行检测。

EP09 的电子制动控制单元（EBCU）从设计、生产和检修、维护的标准化要求出发，采用了标准的模块化结构，按系统的功能要求划分为若干个功能模块，每个功能模块为一个电子插件板，电子插件板采用 3U × 160 mm 的标准尺寸，模块的基本宽度为 4 HP，单个功能可插入 3U 标准插箱中，插箱采用 42 HP 的半宽标准机箱。机箱中的模块插件包括 EPC 制动控制插件板、MVB 通信插件板、CAN 通信插件板、VLD 载荷控制插件板、EXB 继电器输出扩展插件板、DIO 数字量输入/输出插件板、CDP 显示插件板、CDR 记录插件版、AIO 模拟量输出/输入插件板、PW1 和 PW2 电源插件板等组成，根据 EP09G/EP09S/EP09R 的功能不同进行配置。机箱中的插件板的布置和功能如图 5.14 所示。

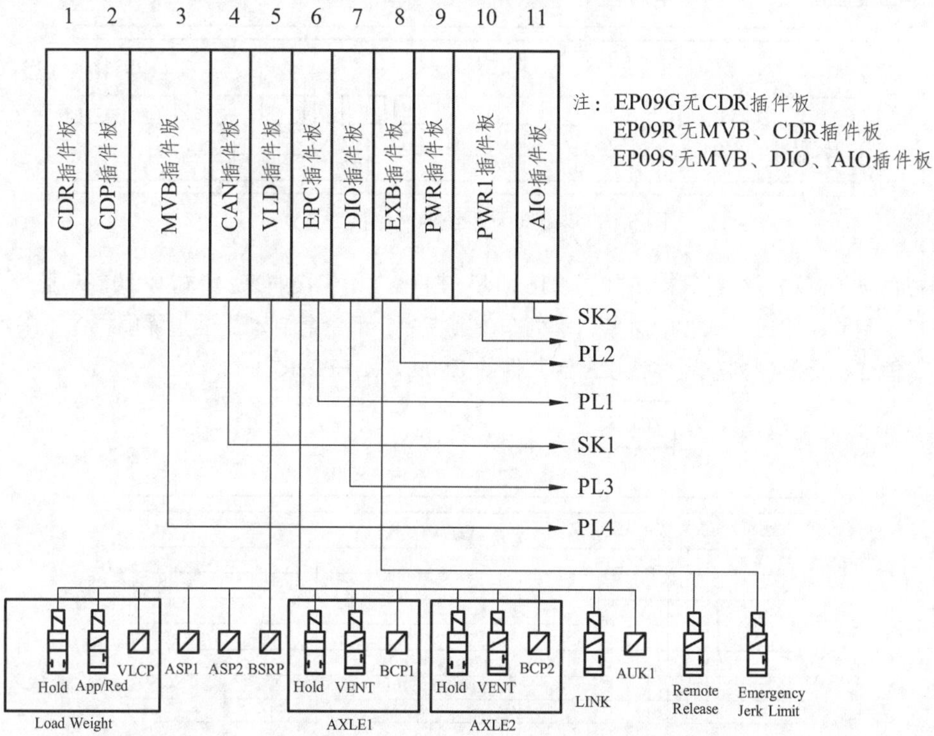

图 5.14 EBCU 电气控制模块和功能

3. 基础制动

基础制动装置采用盘形制动方式，包括制动夹钳、制动盘及闸片。

4. 空气防滑装置

每个车配有 4 路速度传感器及相应的测速齿轮。

5. 空气悬挂辅助装置

每转向架配一个高度阀，并配置有差压阀。

三、系统的网络结构

一般每辆车有两套制动控制单元，从功能上可以分为制动网关单元（EP09G）、制动控制单元（E09S）和制动扩展单元（EP09R）。制动网关单元负责和车辆制动系统的通信，并进行制动计算，分配制动力给其他单元。制动控制单元执行相关转向架的制动控制，制动扩展单元（EP09R）不进行制动控制计算，没有安装网络接口，但具有模拟和数字量接口功能。EP09G 负责和 TMS 通信，还接收列车硬线信号执行相应的操作模式和制动级别。对于采用 MVB 总线结构，架控制动系统的网络接口方式如图 5.15 所示，每个“两动一拖”单元中配置 2 个 EP09G 单元，负责与 MVB 总线的网络接口，EP09G 单元通过 MVB 总线接收制动指令和电制动信号，并计算出本单元中各个转向架上应施加的空气制动，然后通过制动系统 CAN 总线传送给本单元的各架控 EP09S/EP09R。正常情况下，一个单元内的 EP09G 只有一个工作在主控模式，另一个作为备用，工作在从控模式。

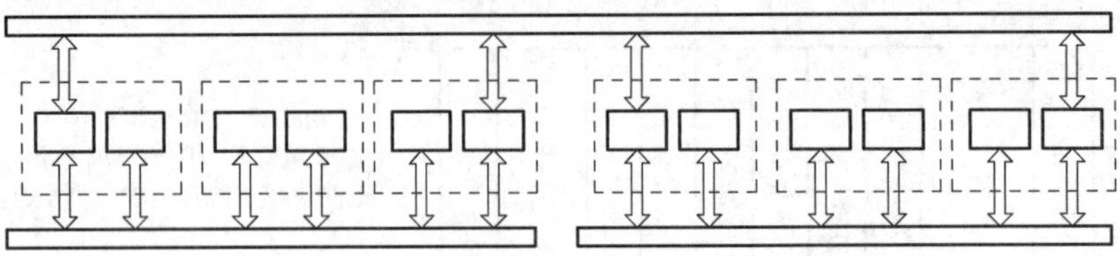

图 5.15　架控制动系统的网络接口方式

每辆车的制动系统电气接口如图 5.16 所示，EP09G 不仅接收来自 MVB 的制动指令，同时还接收制动、回送模式、应急牵引等列车硬线指令，而紧急制动、强迫缓解指令不采用网络总线传送，而是由列车硬线直接控制其他的 EP09S 和 EP09R。

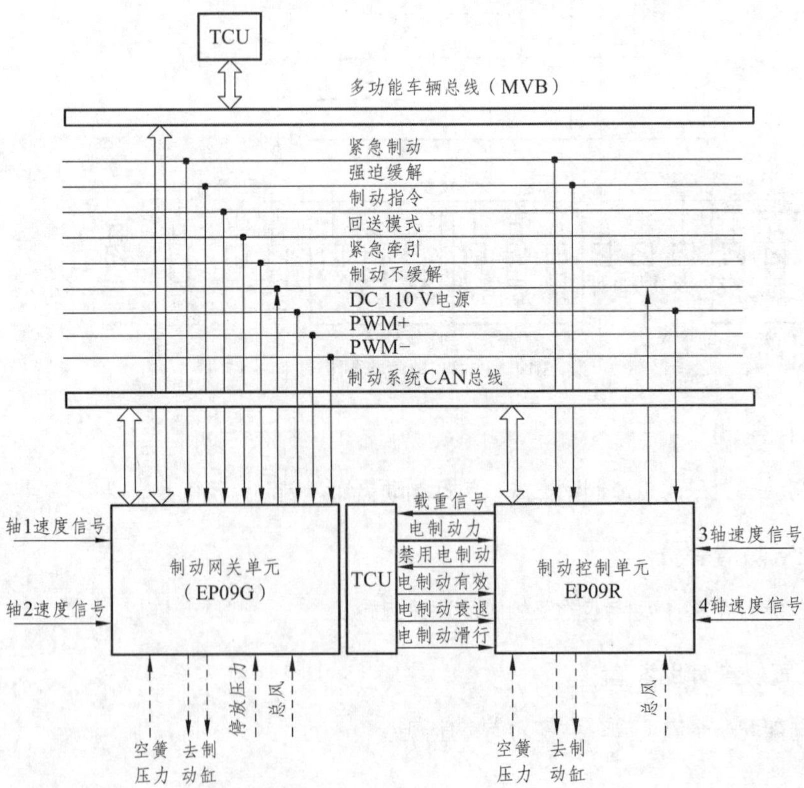

图 5.16　制动系统电气接口

每个制动控制单元都具有制动控制模块、继电器扩展模块、CAN 通信模块、VLD 模块等，每个制动控制模块都具有 2 路（扩展到 4 路）速度传感器接口功能，可以接入 2 路（或 4 路）电压输出或电流输出的速度传感器信号。

四、制动系统的控制过程和作用原理

列车制动采用电制动与空气制动实时协调配合，电制动优先使用、空气制动延时投入的混合制动方式。当电制动力不足或丧失时，可由空气制动来补足，或替代所需的总制动力。

空电混合制动时，EP09G 将一个单元所需的制动力根据动车各转向架的载重按比例分配给每个动力转向架，当单元内的电制动力可满足一个单元所需的制动力时，所有转向架都没有空气制动，当单元内的总的电制动力不能满足一个单元所需的制动力时，则首先在拖车上补充空气制动，补充的空气制动力的大小为一个单元所需的制动力与单元内总的电制动力的差值；当某动力转向架的电制动力还不够本转向架自身所需的制动力时，则在该动力转向架上也补充空气制动，补充的空气制动力大小为本转向架自身所需制动力与电制动力的差值。

当电制动力减速接近停车前，为保证平稳停车，将以空气制动力来替代快速衰退的电制动力。

本项目实施该类混合制动时的速度切换值设定为不大于 6 km/h（可调整）。

快速制动时，以空-电混合制动方式达到与空气紧急制动等效的减速率。

1. 常用制动控制

常用制动的压力控制是以每转向架为单位施加的，并根据该转向架的空气悬挂压力（ASP）进行随载荷变化的压力补偿，使 BCP 压力达到所要求的目标值。

本系统采用失电制动、得电缓解的模式，满足故障导向安全的原则。它除了接收由司控器发出的手动控制指令外，还可接收 ATO 指令实施列车自动制动控制；或监控列车的目标速度，为超速时自动实施 ATP 的最大常用制动防护。设计的常用制动平均减速率（100 km/h →0）为 1.0 m/s^2，冲击极限率为 0.75 m/s^3。

2. 紧急制动控制

紧急制动的压力控制是以每转向架为单位施加的，并根据该转向架的空气悬挂压力（ASP）进行随载荷变化的压力补偿。该控制功能一直处于激活状态。其紧急制动的最大压力被次级调整减压阀的设定所限制，而最小的空车压力又被主调节阀的弹簧设定所保证，这就使万一电子称重失效时，既可防止紧急制动压力的完全失去，又可避免制动缸压力过量施加的弊端。紧急制动由纯摩擦制动提供，达到最高制动缸压力 90%的时间小于 1.6 s，而且在 100 km/h 速度下的平均减速率为 1.2 m/s^2，且不受冲击极限率的限制。

3. 快速制动控制

由司机快速制动位的控制，在此位置将实施与紧急制动减速率等效的空-电混合制动控制。在电制动充分发挥的基础上，不足制动力由摩擦制动来补偿，只有当主控制器手柄移回“0”位时，快速制动才予缓解，有利于减少摩擦制动的使用。

在快速制动作用过程中，列车具有防滑保护功能，且减速率受冲击极限率的限制。

快速制动的平均减速率（100 km/h→0）≥1.3 m/s^2，冲击极限率 0.75 m/s^3。

4. 车轮防滑保护

当列车制动时检测到了滑行使 WSP 被激活时，由架控的制动控制自动转为各轴制动力的单独控制，并同时检测和修正车轮的滑行。每根轴上装有一个速度传感器，一个 CAN 网段内各轴的速度信息可被本制动单元的各阀所共享。检测低黏着状态的判据为：

（1）单一车轴上的减速率超限；

（2）每轴转速与车轴最高转速之间的速度差超限。

一旦检测到上述两种之一的滑行，控制系统就进行规定间隔时间内的地面速度测试，使计算的实际列车速度得到更新，用以判断并修正车轮滑行的程度，使轨道黏着条件得到恢复，实施了低黏着情况下制动力利用最大化，而又不会对车轮造成擦伤。当根据滑行防护判定的黏着条件回复到正常时，系统就回复到初始状态，并停止在规定时间间隔内的地面速度的测试。为保证防滑控制时的制动装备不会处于长时间的保压或排风，通过看门狗定时硬件，可对连续保压超过 8 s，以及连续排风超过 4 s 的设定进行监控。

【任务实施】

描述采用架控控制方式的铁科院制动系统的组成；画出采用架控控制方式的铁科院制动系统系统的气路原理图。

【效果评价】

评 价 表

项目名称	项目 5　国产城市轨道交通车辆制动系统	学生姓名	
任务名称	任务 2　架控式制动系统	分数	
项　目		分值	考核得分
1. 国产制动系统相关知识、图片的搜集、整理		10	
2. 是否有小组计划		5	
3. 铁科院制动系统的认知情况		10	
4. 采用架控控制方式的铁科院制动系统的认知情况		10	
5. 采用架控控制方式的铁科院制动系统的气路原理认知情况		25	
6. 采用架控控制方式的铁科院制动系统的电气控制模块功能认知情况		25	
7. 编制学习汇报报告情况		10	
8. 基本素养考核情况		5	
教师简要评语： 教师签名：			

项目小结

制动技术是城市轨道交通车辆的关键技术之一，国产化是发展的必然趋势。

国产车控式制动系统是采用微机控制的模拟式电空制动系统，每辆车配一套电空制动控制装置（BCU），BCU 内设有监控终端，有自诊断和故障记录功能。空气制动系统能在司机控制器、ATO 或 ATP 的控制下对列车进行阶段或一次性的制动与缓解，具有反应迅速、操纵灵活、能与电制动混合使用、防滑控制、紧急制动等功能。

国产架控式制动系统采用架控方式的微机控制模拟式直通电空制动系统，每辆车都配有两套电空制动控制模块。每辆车有两套制动控制单元，分为制动网关单元、制动控制单元和制动扩展单元。制动网关单元负责和车辆制动系统的通信，并进行制动计算，分配制动力给其他单元。制动控制单元执行相关转向架的制动控制，制动扩展单元（EP09R）不进行制动控制计算，没有安装网络接口，但具有模拟和数字量接口功能，还接收列车硬线信号执行相应的操作模式和制动级别。对于采用 MVB 总线结构，架控制动系统的网络接口方式是每个“两动一拖”单元中配置 2 个 EP09G 单元，负责与 MVB 总线的网络接口，EP09G 单元通过 MVB 总线接收制动指令和电制动信号，并计算出本单元中各个转向架上应施加的空气制动，然后通过制动系统 CAN 总线传送给本单元的各架控 EP09S/EP09R。正常情况下，一个单元内的 EP09G 只有一个工作在主控模式，另一个作为备用，工作在从控模式。

思考与练习

1. 国产车控式和国产架控制动系统结构的主要区别是什么？
2. 简述国产车控和架控制动系统网络结构的主要区别。
3. 按车控和架控方式分别说明制动防滑控制的主要区别与联系。
4. 简述国产制动系统的主要优缺点。

项目 6　HRDA 制动系统

项目描述

日本Nabtesco公司的模拟式电空制动系统——HRDA制动系统在我国城市轨道交通车辆中有一定的运用，系统采用车控方式，“一动一拖”一个制动单元设计，采用网络总路线控制列车的制动及列车主要设备的状态、故障监测和诊断。通过本项目的学习，我们要熟练掌握HRDA制动系统的组成、制动控制原理及优缺点等内容。

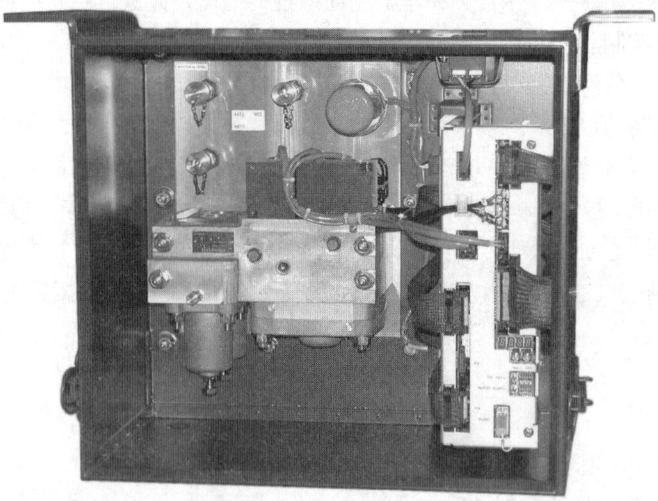

图 6.1

学习目标

1. 掌握HRDA制动系统的结构和组成；
2. 熟悉HRDA制动系统的功能；
3. 掌握HRDA制动系统控制原理；
4. 熟悉HRDA制动系统的优缺点。

技能目标

1. 熟悉HRDA制动系统组成结构；
2. 掌握HRDA制动系统的气路原理；
3. 熟悉HRDA制动系统的控制原理；
4. 掌握HRDA制动系统故障的一般处理方法。

任务 1　HRDA 制动系统组成

【活动场景】

在城轨车辆生产车间或检修现场教学，或采用多媒体展示 HRDA 制动系统的结构与作用。

【任务要求】

1. 能够掌握 HRDA 制动系统的控制方式及功能；
2. 能够掌握 HRDA 制动系统组成，重点掌握制动控制单元的作用。

【知识准备】

一、概　述

日本 Nabtesco 公司为适应城轨车辆发展的需要研制了一套采用微机控制的模拟式电空制动系统——HRDA 空气制动系统，它内设监控终端，具有自诊断和故障记录功能。HRDA 制动系统采用车控方式，“一动一拖”为一个单元，是一套高应答性、高可靠性的电气指令式制动系统，它以事故导向安全为设计原则，对列车的运营提供充分的安全保障。

二、制动系统的组成及原理

HRDA 制动系统主要由供风系统和制动系统组成，其中制动系统包括制动控制装置、基础制动装置、停放制动装置、防滑监测保护及其附属设备等部件。

1. 供风系统

整列车配备两套供风系统，每套供风系统均配有一套风源启动装置，当任意风源装置内的压力开关检测到主风压力达到启动值时，两台空气压缩机同时启动，检测到达到关闭压力值时，两台空压机同时停止。风源系统供风能力能够满足整列车在各种工况的用风需求，一般情况均留有一定的裕度，以保证在紧急情况下整列车制动性能的安全。总体看来，该项目风源系统的集成度较低、所占空间大，给整车的设备布置带来较大困难。

1）风源装置的组成

HRDA 制动系统的风源装置由空气压缩机（包括启动装置）、冷却器、中空丝膜式干燥器、滤清器、储风缸、安全阀、总风压力开关、压力调节装置等组成。供风系统为制动系统提供的干燥、足够的压缩空气。空压机和干燥器的外观如图 6.2 和图 6.3 所示。

图 6.2　空压机的外观 1

图 6.3　空压机的外观 2

空压机性能参数如表 6.1 所示。

表 6.1 空压机性能参数

<table>
<tr><th colspan="3">项 目</th><th colspan="2">规 格</th></tr>
<tr><td rowspan="11">空气压缩机部</td><td colspan="2">型号</td><td colspan="2">HS10-3</td></tr>
<tr><td colspan="2">方式</td><td colspan="2">往复式单动 2 级压缩</td></tr>
<tr><td colspan="2">气缸排列</td><td colspan="2">水平对置式 4 缸</td></tr>
<tr><td colspan="2" rowspan="2">气缸直径×行程×个数</td><td>低压级</td><td>$\phi100\times54\times2$</td></tr>
<tr><td>高压级</td><td>$\phi55\times54\times2$</td></tr>
<tr><td colspan="2">旋转速度/（r/min）</td><td colspan="2">1 435</td></tr>
<tr><td colspan="2">变位容积/（L/min）</td><td colspan="2">1 230</td></tr>
<tr><td colspan="2">排出压力/kPa</td><td colspan="2">最大 900（计量压）</td></tr>
<tr><td colspan="2">容积效率</td><td colspan="2">75%以上</td></tr>
<tr><td colspan="2">润滑方式</td><td colspan="2">齿轮泵式强制润滑</td></tr>
<tr><td colspan="2">冷却方式</td><td colspan="2">自然风冷</td></tr>
<tr><td rowspan="13">电动机部</td><td colspan="2">型号</td><td colspan="2">A6538A</td></tr>
<tr><td colspan="2">方式</td><td colspan="2">笼式</td></tr>
<tr><td colspan="2">外壳形式及冷却方式</td><td colspan="2">全密封自冷方式（自然风冷）</td></tr>
<tr><td rowspan="6">额定</td><td>额定时间/min</td><td colspan="2">30</td></tr>
<tr><td>旋转速度/（r/min）</td><td colspan="2">1 435</td></tr>
<tr><td>输出/kW</td><td colspan="2">6.5</td></tr>
<tr><td>电压/V</td><td colspan="2">AC 380</td></tr>
<tr><td>频率/Hz</td><td colspan="2">50</td></tr>
<tr><td>电流/A</td><td colspan="2">16</td></tr>
<tr><td colspan="2">极数</td><td colspan="2">4 极</td></tr>
<tr><td colspan="2">相数</td><td colspan="2">3 相</td></tr>
<tr><td colspan="2">绝缘种类</td><td colspan="2">F 类</td></tr>
<tr><td colspan="2">起动方式</td><td colspan="2">直接启动</td></tr>
<tr><td>动力传递部</td><td colspan="2">方式</td><td colspan="2">橡胶联轴节</td></tr>
<tr><td colspan="3">质量/kg</td><td colspan="2">285</td></tr>
<tr><td colspan="3">噪声</td><td colspan="2">机侧 4.6 m 处 65 dB（A）以下</td></tr>
</table>

除湿装置性能参数如表 6.2 所示。

表 6.2　除湿装置性能参数

<table>
<tr><th colspan="3">项　目</th><th>规　格</th></tr>
<tr><td rowspan="3">A-20
后冷却器</td><td colspan="2">方式</td><td>带有 23 个交错排列的散热片</td></tr>
<tr><td colspan="2">表面积</td><td>7.4 m^2</td></tr>
<tr><td colspan="2">内容积</td><td>7.5 L</td></tr>
<tr><td rowspan="9">油水分离器</td><td colspan="2">油分离性能</td><td>0.001 25 mg/m^3（进气温度 38 °C 时）</td></tr>
<tr><td rowspan="3">排水阀</td><td>方式</td><td>遵循先导空气压力指令的动作方式</td></tr>
<tr><td>形式</td><td>二通自动排水阀</td></tr>
<tr><td>加热器</td><td>110 V，80 W</td></tr>
<tr><td rowspan="5">电磁阀</td><td>形式</td><td>SJ-3P 电磁阀</td></tr>
<tr><td>方式</td><td>ON 型</td></tr>
<tr><td>工作电压</td><td>110 V</td></tr>
<tr><td>消耗功率</td><td>8 W</td></tr>
<tr><td>额定</td><td>连续</td></tr>
<tr><td rowspan="4">干燥器</td><td colspan="2">干燥方式</td><td>中空丝膜式</td></tr>
<tr><td colspan="2">处理空气量</td><td>1 300 L/min</td></tr>
<tr><td colspan="2">使用最高压力</td><td>960 kPa</td></tr>
<tr><td colspan="2">进气温度</td><td>60 °C 或 60 °C 以下</td></tr>
<tr><td>止回阀</td><td colspan="2">容量</td><td>1 L</td></tr>
<tr><td colspan="3">干燥性能</td><td>相对湿度 30%RH 或 30%RH 以下</td></tr>
<tr><td colspan="3">吹洗空气消耗率</td><td>（处理空气量）×15%</td></tr>
<tr><td colspan="3">质量</td><td>75 kg</td></tr>
</table>

2）风源系统的气路分析

图 6.4 所示为动车（MP）的气路工作原理图，拖车（T/M）除不设有空气供给装置外，气路工作原理与动车基本一致。整个制动系统采用车控方式，即一个控制单元同时负责两个转向架的制动控制，车控方式与架控方式相比更适用于多辆编组的列车。

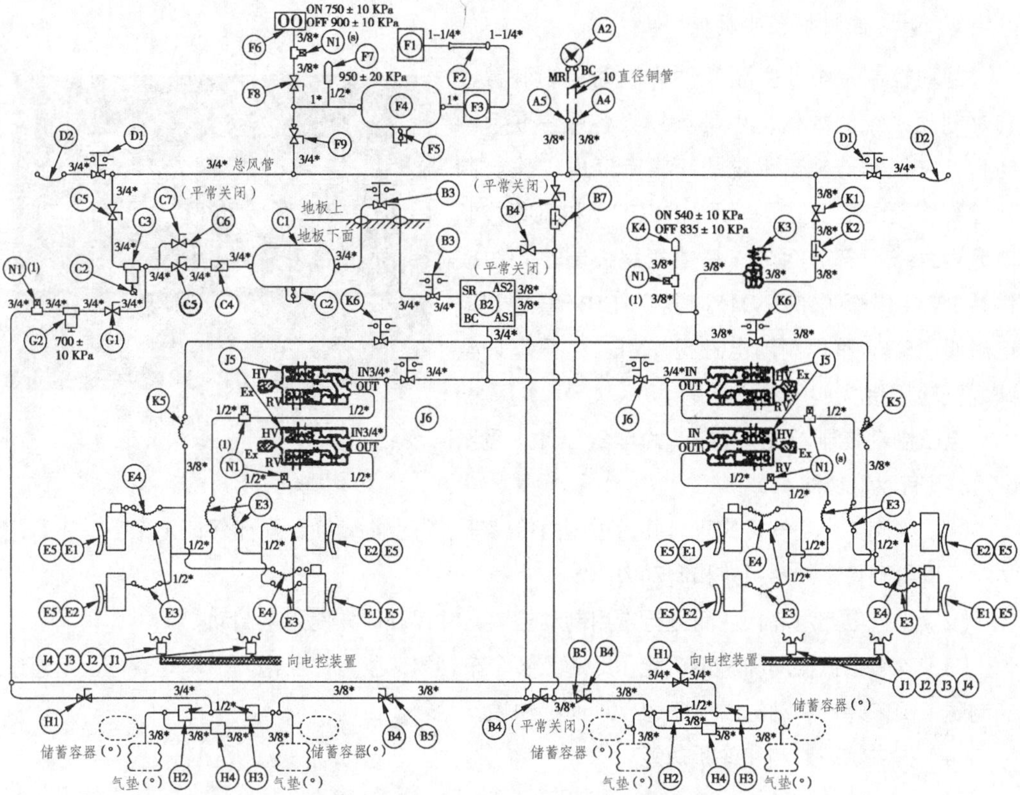

图 6.4　HRDA 制动系统空气原理图

图 6.4 中（F1）是风源系统的核心部件——空气压缩机，采用往复单动 2 级压缩，交流电机驱动，空压机启动由压力调节开关控制。为维护保养、拆装的方便，除湿装置、油面观察孔、都集中装配于空气压缩机侧面。由压缩机产生的压缩空气经特氟龙软管（F2）输送到贯穿全车的车辆主风管，软管能吸收压缩机组上所产生的运动，减少振动传递到主管路。（F3）是除湿装置，安装于空气压缩机侧部，可除去空气中的水蒸气、雾状的油及水，也可除去灰尘，在此装置内藏设有一个止回阀，当空气压缩机发生故障或空压机软管破损时，可防止空气从原气缸管排出。（F4）为附带有排水塞门（F5）的主风缸，给整列车提供足够的用风储蓄，保证各用风设备的正常工作，其容积大小需根据列车的用风量计算来确定。（F6）是空气压缩机启动装置，其内置压力调节开关，它能根据风压的变化控制空气压缩机的启动、停转。（F7）是主风安全阀，用来防止主风压力过高对风源设备造成损坏，安全阀压力值可根据风源系统容量进行调节。（F8）、（F9）为截断塞门，（F8）带有侧排气功能。

2. 制动控制系统

每辆车配备一套制动控制装置（头车制动控制单元内部配备有总风低压压力开关，此信号将串联至紧急回路），用于进行带有空重车调整的常用制动和紧急制动以及滑行保护等的控制，此外具有自诊断等诸多功能。制动控制系统主要分为电子制动控制单元 BECU 和气路制动控制单元 BCU。制动控制装置内部部件布局如图 6.5 所示。

1）制动控制装置的组成

制动控制系统的主要部件为制动控制装置，它是制动系统的中枢，也是与外界各系统联系的纽带，它控制着整套系统的正常有序的工作。制动控制装置由电子控制单元（BECU）和气路控制单元两大核心部分组成，其中气路控制单元组成包括 RV 中继阀（带压力传感器）、EBV 紧急制动电磁阀、SBV 常用制动电磁阀、VLV 空重车调整阀、试验用接头、压力开关等。

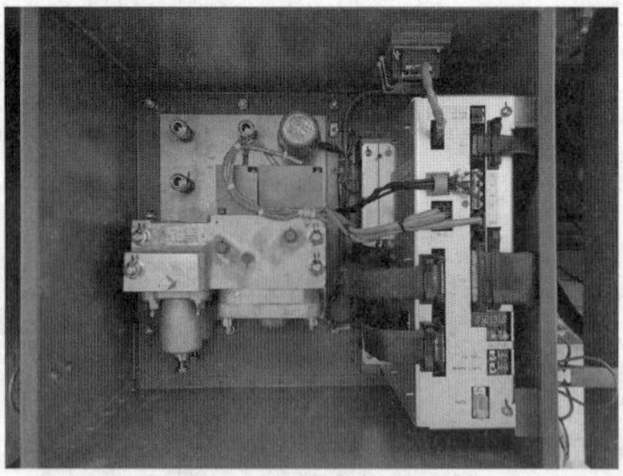

图 6.5 制动控制装置

电子制动控制单元 BECU 为电气部件（见图 6.6），具有以下功能：

（1）检测 2 个空气簧的压力并通过压力传感器进行空电转换，从而保证无论空车还是超员均可以得到稳定的牵引力和制动力。

（2）进行电空演算，从而进行常用制动控制，并保证优先使用电制动。

（3）具有滑行检测和矫正功能。即测定各个车轴的速度，一旦检测出车轮滑行，则通过控制防滑阀来降低制动缸内部压力，从而尽快恢复黏着。

（4）提供状态监测和诊断功能。

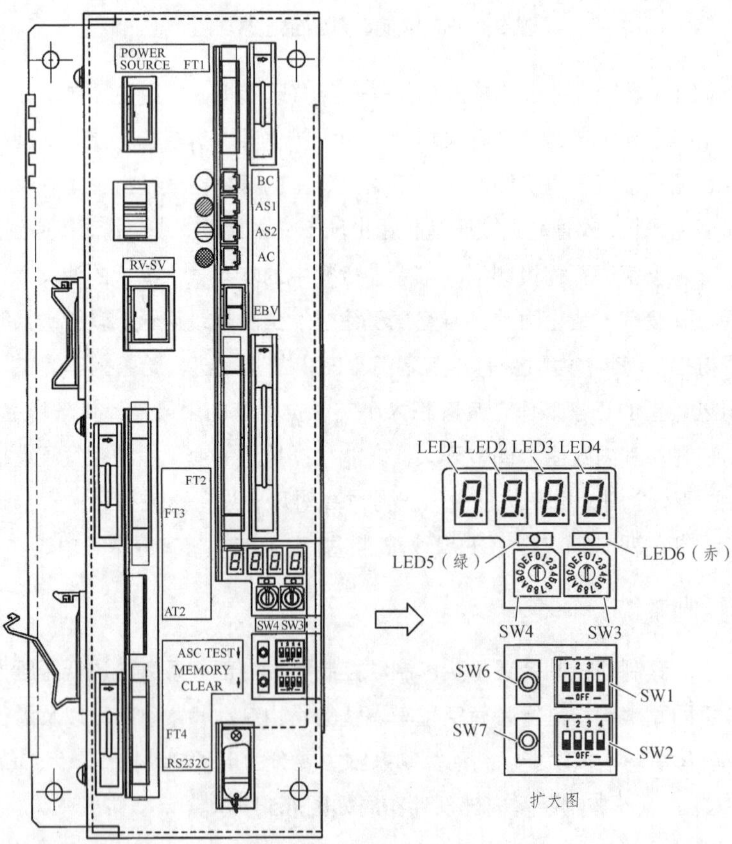

图 6.6 电子制动控制单元

2）气路控制单元

气路控制单元 BCU 如图 6.7 所示，主要包括常用制动和紧急制动的电空阀和压力传感器。

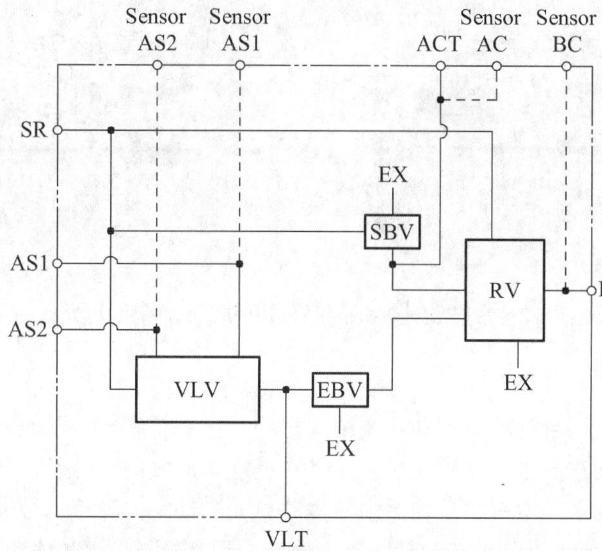

AS—空气弹簧压力；BC—制动缸；EBV—紧急电磁阀；EX—排气；RV—中继阀；
SBV—常用电磁阀；SR—供给储气器；VLV—空重车调整阀。

图 6.7　制动控制单元内部气路图

（1）中继阀（RV）：中继阀为气动操作阀，可将大量压缩空气由制动风缸提供给制动缸。供风压力等同于中继阀通过变载截断阀从制动/缓解和紧急阀获得的压力信号。如果压力信号保持一定，中继阀将保持恒定的闸缸压力以防泄漏，并自动补充发生的任何泄漏。

（2）空重车调整阀（VLV）：空重车调整阀为机械变压限制装置，它可将中继阀信号阀口的供风压力限制在称重紧急制动所需的压力以下。空重车调整阀只影响紧急制动的压力并正比于空气簧压力。此外通过两个连接管路上的节流孔来减小空气弹簧的压力产生波动。当没有空气弹簧压力信号时（例如空气簧爆裂），空重车调整阀将默认空载紧急制动值为缺省值。在紧急制动施加期间，通过空重车调整阀进行空重车调节。

（3）常用电磁阀（SBV）：电子制动控制单元通过压力传感器来感应空气簧的压力，通过总线接收常用制动指令，从而计算出制动缸的压力，并通过控制常用电磁阀中的供给阀和排气阀得电和失电，使实际的制动缸的压力与计算出的制动缸压力相符。

（4）紧急制动电磁阀（EBV）：紧急制动电磁阀采用得电缓解、失电制动的形式。因此，车辆在正常运行期间，紧急制动电磁阀必须得电，无论何种原因导致失电，列车将立即施加紧急制动。

3. 基础制动装置

列车每根轴上均配备一套带停放制动和不带停放制动的踏面制动单元，用于执行停放制动、常用制动和紧急制动，如图 6.8 所示。

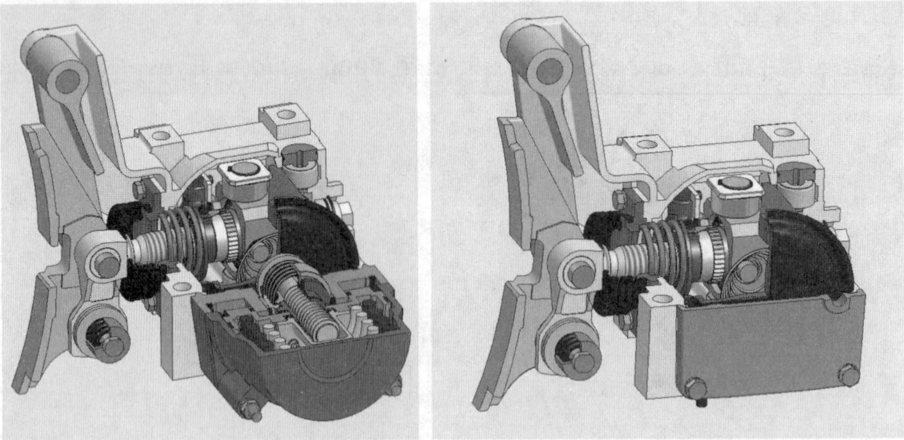

图 6.8　带停放制动和不带停放制动的踏面制动单元

1）常用制动

常用制动为电空联合制动，制动系统由“一动一拖”组成一个单元，当制动控制装置收到制动指令时，动车的电制动优先投入，其次是拖车的气制动补足，最后再由动车的气制动补充。常用制动中的空气制动均是由气推动单元制动缸内弹簧，推进闸瓦拖带动闸瓦从而施加摩擦制动，相反排除单元制动空气后闸瓦在弹簧自复位力的作用下离开车轮踏面，制动缓解。

2）停放制动

停车制动通过停放制动单元制动缸内弹簧施加，充气时推回弹簧闸瓦离开踏面，排气时弹簧复位推动闸瓦施加制动。可通过操作司机台停放制动按钮或当列车停放时间过长导致主风压力下降过大施加停放制动，停放制动缓解可通过司机台停放制动缓解按钮缓解，另外每个停放制动装置均配有一个手动缓解停放制动的拉绳，可通过操作拉绳缓解对应停放制动。

3）闸　瓦

每个车轮上配有一个 Nabtesco 提供的 NC3443 型合成闸瓦。闸瓦材料为无石棉材料。闸瓦的使用情况与施加制动的频率、级别、载荷情况以及电制动的使用情况均密切相关，因此闸瓦的更换周期需要根据实际情况而定，磨耗到限的标记如图 6.9 所示，所有的踏面制动装置都配有闸瓦间隙自动调整器，用以保持闸瓦与车轮间的正确间隙，补偿闸瓦与车轮的磨耗。踏面间隙调整装置能保证在新车轮和新闸瓦的情况下能够顺利安装闸瓦，在磨耗到限的车轮以及磨耗到限的闸瓦能够正常施加常用和紧急制动。

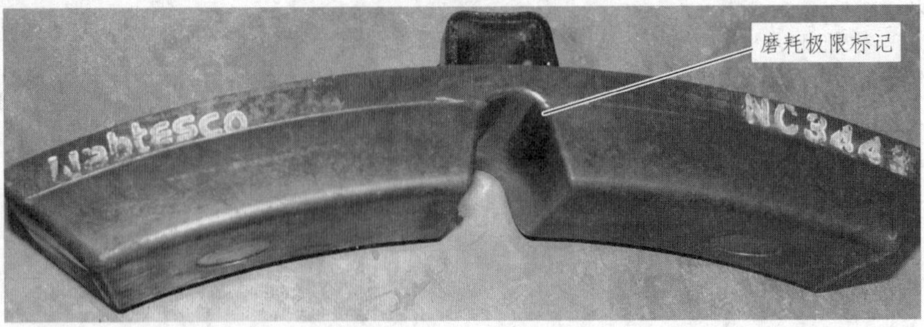

图 6.9　闸瓦

4. 防滑控制功能

车轮滑动保护系统采用基于单轴的滑动检测和矫正功能，即每个轴配备一套速度传感器和防滑阀。防滑系统由速度传感器、防滑阀等部件构成。速度传感器安装于转向架轴端，将相应速度的脉冲信号传递到 BECU。BECU 通过接收的信号来控制各条车轴的防滑阀，而使它操作制动缸的压缩空气，即实现 BC 压力的排出、供气和保持。防滑阀及防滑传感器如图 6.10 所示，防滑控制的原理如图 6.11 所示。

图 6.10　防滑阀及传感器

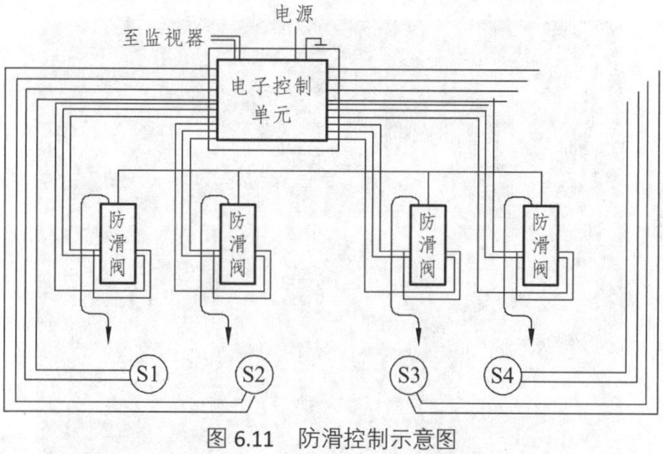

图 6.11　防滑控制示意图

防滑控制主要通过两种方式实现：

（1）防滑检测：每根轴的轴端均有检测器，产生车轴转速的信号，WSP 处理器监测这些信号。防滑系统确定相对轴速，并使用它们来检测是否有滑动发生，通过检测轴的减速度是否超过设定值，此设定值高于所有正常制动状态下预计的最大值减速度；或检测 WSP 系统监测的四根轴中的任一根轴的相对转速的改变。

（2）防滑保护：车在常用制动、紧急制动模式下均具有滑动保护功能。制动过程中，如果轮轨间黏着力不足以满足制动要求，车轮会产生滑动损坏车轮，并会延长制动距离。车轮滑动保护就是要防止车轮擦伤发生，使列车充分利用黏着进行制动，缩短制动距离。车体安装的防滑阀按每根轴控制一个制动缸压力。每个阀包括两个电磁阀，用以控制相应制动缸的空气压力。一个电磁阀控制制动缸的进风，另一个控制制动缸的排风。这两个阀的动作组合可形成三个不同状态：

① “充风”两阀均失电，空气进入制动缸。

② “保压”进风阀得电，排风阀失电，制动缸被隔离，空气压力恒定。

③ “排风”两阀均得电，空气从制动缸排出。

5. 主风低压开关

每辆头车上设有一个压力开关（制动控制单元内），用以监控主风压力。当主风压力降至设定值 6 bar 以下时，列车紧急回路将断开，列车将立即实施紧急制动。当压力升到 7 bar 以上，紧急制动才可能进行缓解。

6. 司机台仪表

司机台上设置一双针压力表，它在驾驶车上显示主风压力和制动缸压力。红针用于显示主风缸的压力，黑针用于显示头车第一根轴的制动缸压力。

7. 制动缸隔离塞门

HRDA 制动系统设置有基础制动强迫缓解赛门 J06，如图 6.12 所示，分别对转向架制动力进行缓解。车辆正常运行期间，此塞门的手柄应该与管路平行，一旦操作（即手柄垂直于管路），与其相连的转向架的空气制动将丢失，鉴于安全方面的考虑，此塞门的状态信息将要报告给列车管理系统。

图 6.12　强迫缓解赛门 J06

三、可变负载及其他功能

1. 可变负载

可变负载功能即空重车调整功能。地铁列车的乘客量波动大，乘客量对车辆总重有较大的影响。为了保证列车制动具有一定的减速度，制动系统具备可变负载功能，即实时地将载荷值传递到 BECU，转换成对应的制动力输出。HRDA 制动系统通过前后转向架空气弹簧压力信号的平均值来计算车辆重量，这种信号是由 EP 电空中继阀里的压力传感器提供。BECU 接收载荷信号后计算出应施加的列车总制动力，然后再根据电制动能力得出应分配到各辆车的空气制动力大小，并以电信号的形式传递到 EP 电空中继阀。EP 电空中继阀输出相应的空气压力，而后进入制动缸。当空气弹簧发生破裂或压力传感器接收的压力信号小于空车信号时，系统默认按空车状态的 80%进行计算；若接收的信号过大，将按照满车重量的 120%进行计算。当然，根据实际情况可对计算系数作相应调整。

2. 其他功能

HRDA 制动系统除具有上述基本功能外，为改善列车的运行性能还开发了其他一些功能。为防冲击而确保列车乘坐舒适，系统具有冲动控制功能。BC 压力滞后补正功能将补偿 EP 转换中继阀产生的制动气缸压力滞后现象。初充气功能旨在解决由于制动气缸回位弹簧力所致的制动力减少，以及减弱电气制动力时制动气缸无行程的气压制动动作的迟滞现象。系统还能够通过接收输入信号检测制动是否缓解，即检测制动不能缓解功能。产生制动不能缓解的状态时，它可通过强迫缓解开关给强迫缓解指令回路供电，从而控制不能缓解车辆的压力控制阀，实现缓解制动。另外，BECU 通过压力传感器能检测出施加制动力的不足，此时，紧急制动辅助继电器动作施加紧急制动，确保列车安全。

【任务实施】

概述 HRDA 制动系统的控制方式；描述 HRDA 制动系统的组成；描述 HRDA 制动系统电子制动控制单元 BECU 的功能；描述 HRDA 制动系统可变负载功能作用原理；描述 HRDA 制动系统防滑控制功能作用原理。

【效果评价】

评价表

项目名称	项目 6　HRDA 制动系统	学生姓名	
任务名称	任务 1　HRDA 制动系统组成	分数	
项　　目		分值	考核得分
1. HRDA 制动系统相关知识、图片的搜集、整理		10	
2. 是否有小组计划		5	
3. 城轨车辆制动系统的认知情况		25	
4. 城轨车辆制动系统控制方式		15	
5. HRDA 制动系统的认知情况		30	
6. 编制学习汇报报告情况		10	
7. 基本素养考核情况		5	
教师简要评语： 教师签名：			

任务2　HRDA 制动系统作用原理

【活动场景】

在检修现场教学，或用多媒体展示城轨车辆 HRDA 制动系统控制过程及作用原理。

【任务要求】

能够掌握 HRDA 制动系统的控制过程及作用原理。

【知识准备】

HRDA 制动系统的内部控制单元原理如图 6.13 所示。HRDA 制动系统主要包括常用制动、快速制动、紧急制动、停放制动和防滑控制等功能，下面逐一进行分析与学习。

一、常用制动控制

制动系统收到来自司机控制器（或 ATO）或列车监控系统发出的常用制动指令后施加常用制动。常用制动过程中优先采用节能环保的电制动，电制动优先选用再生制动，当再生制动达到能力上限时，系统自动转为电阻制动。当电制动不能满足整列车制动力需求时，空气制动适时补足。通常情况下，空气制动优先使用拖车的空气制动力，拖车制动力达到上限要求时仍满足不了制动力需求时，动车的空气制动进行补充。制动过程中电制动与空气制动协调配合。常用制动具有防滑功能且受到列车冲击极限的限制。

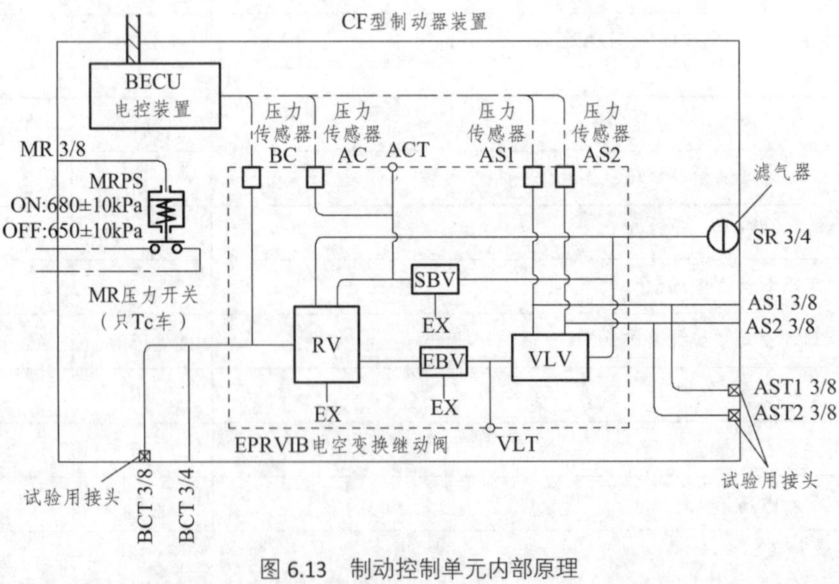

图 6.13　制动控制单元内部原理

常用制动的指令以 PWM 信号方式向 BECU 发出指令。当 BECU 检测到电制动能力达不到所接收指令需要的制动力时，则发出补足制动力的命令到 EP 电空转换中继阀，通过空气制动力补足。EP 电空转换中继阀由常用控制阀、紧急电磁阀以及双活塞中继阀等构成，它将所接收的电信号转换成气压信号。常用控制阀根据电信号输出一个反馈压力，该压力通过

AC 压力传感器反馈给 BECU 进行大小的调整。调整后的反馈压力进入中继阀增加流量，将其压力输出作为制动力大小进入制动缸，常用制动得以施加。

常用制动制动力分配采用电制动优先投入、拖车气制动随后投入原则，以 T-M 组合“一动一拖”的情况为例，M 车的电子控制装置通过检测出自身车厢以及拖车的空气弹簧压力，同时计算并分配 M 车自身以及 T 车的制动作用力。M 车的控制系统除用本车的电制动和气制动外，优先传达电制动指令，在电制动不能满足制动要求时，优先通过拖车的空气制动力补充电制动不足。

二、快速制动控制

制动系统收到来自司机控制器（或 ATO）或列车监控系统发出的快速制动指令后施加快速制动。快速制动控制方式与常用制动控制方式相同，也是优先使用电制动，电制动不足时由空气制动承担，当电制动故障时，制动力全部由空气制动承担；减速度与紧急制动的减速度相当，但是快速制动是可逆的，快速制动同样具有防滑保护功能及受到列车冲击极限的限制，快速的制动施加后不停车也可缓解，紧急制动施加后必须停车后才能缓解。

三、紧急制动控制

列车在运行过程中遇到紧急情况，司机可以通过操作司机台上紧急制动开关，或者当列车分离风源压力超低时，BECU 都将接收到紧急制动指令，从而导致紧急电磁阀动作而施加基本的制动力。紧急电磁阀将压力输入至中继阀过程同常用控制阀一样，输入的气体在中继阀被放大，所放大的压缩空气输入制动缸并转换成相应的制动力施加制动。在拖车的制动控制装置内还设有一个总风压力开关，它的气路连接总风管，电路部分与紧急制动复式环路相接。当总风压力低于一定值时，紧急制动回路立即断开，系统施加紧急制动。紧急制动减速度通常为 1.2 m/s^2，且无冲动限制，紧急制动同样具有防滑保护功能。

紧急制动为独立系统，并采用“得电缓解”形式，紧急制动由空气制动系统根据车重独自承担，并且具有 0 速联锁功能，防止在紧急制动期间出现意外。

紧急制动系统考虑在车辆紧急回路失电情况下会导致紧急电磁阀动作从而保证基本的制动力，并且电空转换中继阀会通过负载的变化而实时地修改所要输出的制动力。紧急电磁阀将压力空气输入至中继阀，同常用电磁阀一样，输入的压缩空气在中继阀被放大，放大的压缩空气进入制动缸实施紧急制动。当制动连续回路断开时，所有车辆的牵引将被切断。紧急制动实施后不可撤销，直至停车。

任何以下装置的动作均会断开紧急制动回路，使每辆车的紧急制动电磁阀失电，从而施加紧急制动。触发司控器中的警惕装置；按下司机室控制台上的紧急制动按钮（击打式按钮）；列车脱钩；总风欠压；紧急制动电气列车线环路中断或失电；DC 110 V 控制电源失电；ATO 系统发出紧急制动指令；ATP 系统发出紧急制动指令；当列车运行时，如方向手柄拉至“0”位，则列车产生紧急制动。

关于冲击极限，当制动指令同时传递到所有车辆上，作用时间不属于时间延迟，常用制动在所有车上均以冲击极限（0.75 m/s^3）同时实施。制动时间采用电子制动控制单元进行控制。紧急制动同时在所有车上以机械的方式进行实施，由于安全的原因，将超过常用制动的“冲击极限”。

四、停放制动控制

由于列车断电停放时，制动缸压力会因管路漏泄无压力空气补充而逐步下降到零，所以停放制动不同于一般的充气—制动，排气—缓解，它是通过弹簧作用力而产生制动作用，能满足列车较长时间断电停放的要求。除在司机台上设有停放制动施加/缓解按钮，可以对列车施加缓解停放制动外，当主风压力降低到某一设定值时，停放制动会自动施加，当主风压力升到某一设定值时，停放制动自动缓解。停放制动与空气制动使用同一套闸瓦将制动力施加在轮对上。同时这种单元制动机还具有手动缓解停放制动的功能，通过操作停放制动手动缓解装置，可以手动缓解停放制动。

停放制动电磁阀在车辆正常运行状态下为失电状态，此时停放制动缓解，并通过停放制动压力开关进行反馈，压力设定为 500 ~ 700 kPa（该压力可以根据需要调整），即高于 700 kPa 列车停放制动缓解，低于 500 kPa 列车制动将随着压缩空气压力的降低而逐渐施加。安装在制动模块上的停放制动隔离塞门由主风进行供风，更换闸瓦时，可操纵此塞门将停放制动装置隔离并排风以实现手动缓解。

五、坡起保持控制

保持制动功能，一方面是在 ATO 模式下，另一方面是在人工操纵驾驶时通过按压坡道启动按钮，列车牵引发生时相当于携带 3 级常用制动力大小的制动力进行牵引，列车牵引运行速度达到要求后可通过 ATO 信号系统控制或人工操纵复位该按钮，使保持制动退出。保持制动可以防止列车由制动施加状态转为牵引状态时由于牵引力不足引发的列车在坡道上后溜情况。

六、防滑控制

由于受气候环境等影响，轮轨间的黏着将会有较大的变化，当黏着低至一定值而不能与制动距离要求相适应时，将出现打滑。HRDA 制动防滑系统的工作原理主要是由制动电子控制单元检测出受制动力的车轮趋于抱死时，发出指令，使系统迅速释放部分制动力，恢复轮轨间的黏着，防止车轮擦伤。

HRDA 制动系统可靠性较高，在国内外都有成熟的使用业绩，广泛应用在北京、成都、武汉、西安等城市的地铁列车上。

七、HRDA 制动系统的优点

（1）直观的故障显示功能。HRDA 制动系统的制动控制单元 BECU 具有故障记录功能，并将故障信息发送给列车监控系统，可以提供 7 位数字的故障代码显示，有利于工作人员查找故障。

（2）互换性好。除 M 车的制动控制单元 BCU 与 T 车的不能互换外，HRDA 制动系统同一型号的部件都可以互换。

（3）具有制动力补偿功能。HRDA 制动系统单节车故障失去制动力后，其余车会重新分配制动力，确保整列车制动力满足制动要求。

八、HRDA 制动系统的缺点

（1）单点故障对运营影响较大。HRDA 制动系统采用车控控制方式，单节车的制动控制单元故障会导致整节车制动力丢失，对列车运营造成较大影响。

（2）系统的集成化不高。虽然制动控制单元 BCU 与电子制动控制单元 BECU 采用集成设计，但整套 HRDA 制动系统以散件居多，配管、布线占用很大空间，在模块化设计上还有很大的开发空间。

（3）网络控制功能薄弱。HRDA 制动控制系统大都采用硬线控制，这不利于提升系统的制动精度。

（4）制动精度低。HRDA 制动控制系统的精度约为 ± 0.2 bar，而克诺尔的 EP2002 制动控制系统提供给制动缸制动力的精度可以达到 ± 0.15 bar。

【任务实施】

能够描述 HRDA 制动系统常用制动、快速制动的控制原理；能够描述 HRDA 制动系统紧急制动的控制原理；能够描述 HRDA 制动系统停放制动的控制原理；能够描述 HRDA 制动系统常用制动时制动力的分配原则。

能够描述 HRDA 制动系统有哪些优点和不足，以及 HRDA 制动系统还有哪些地方需要改进。

【效果评价】

评 价 表

项目名称	项目 6　HRDA 制动系统	学生姓名	
任务名称	任务 2　HRDA 制动系统作用原理	分数	
项　　目		分值	得分
1. HRDA 制动系统控制原理相关知识的搜集、整理		10	
2. 是否有小组计划		5	
3. 城轨车辆制动系统控制原理认知情况		15	
4. HRDA 制动系统控制原理认知情况		20	
5. 城轨车辆制动力分配相关知识的认知情况		20	
6. 编制学习汇报报告情况		20	
7. 基本素养考核情况		10	
教师简要评语： 教师签名：			

项目小结

城轨车辆 HRDA 制动系统是由日本 Nabtesco 公司为适应城轨车辆发展的需要而研制的一套采用微机控制的模拟式电空制动系统，这种制动系统内设监控终端，具有自诊断和故障记录功能。

HRDA 制动系统采用车控方式，是一套高应答性、高可靠性的电气指令式制动系统，它以事故导向安全为设计原则，对列车的运营提供充分的安全保障。

HRDA 制动系统作为城市轨道车辆制动系统技术较为先进的新一代制动系统，广泛应用于城市轨道交通车辆上。通过对本项目的学习，有利于城市轨道交通车辆相关专业学生加深对 HRDA 制动系统的认识，掌握 HRDA 制动系统的结构组成和制动控制原理，为城市轨道交通车辆的检修作业奠定基础。

HRDA 制动系统主要由供风系统和制动控制系统组成，其中制动控制系统中的制动控制单元为 HRDA 制动的核心部件。

HRDA 制动系统具有以下功能：①可变负载功能，即空重车调整功能。地铁列车的乘客量波动大，乘客量对车辆总重有较大的影响。为了保证列车制动具有一定的减速度，制动系统具备有可变负载功能，即实时地将载荷值传递到 BECU，转换成对应的制动力输出。② 防滑控制功能。防滑系统由速度传感器、防滑阀等部件构成。速度传感器安装于转向架轴端，将相应速度的脉冲信号传递到 BECU。

HRDA 制动系统具有常用制动、快速制动、紧急制动、停放制动和防滑控制等功能。该系统具有直观的故障显示功能、互换性好、制动力补偿功能等优点，具有单点故障对运营影响较大、系统的集成化不高、网络控制功能薄弱、制动精度低等缺点。

思考与练习

1. 简述 HRDA 制动系统控制方式和构造。
2. 简述 HRDA 的常用制动、快速制动、紧急制动、停放制动的原理和防滑控制方式。
3. HRDA 制动系统有哪些优缺点？有哪些需要改进的地方？

项目 7　KBGM 和 KBWB 制动系统

项目描述

KBGM 和 KBWB 制动系统在我国城市轨道交通车辆虽有使用，但使用较少，因此本书只作简要介绍。KBGM 制动系统是模拟式电气指令式制动系统，本项目以上海地铁 DC01 型车的 KBGM 制动系统为例学习其组成及工作原理。KBWB 制动系统是由英国 Westinghouse 设计制造的模拟式电气指令控制制动系统，本项目以南京地铁 1 号线和上海地铁 AC03 型车所使用的 KBWB 模拟式电气指令制动系统为例学习其基本工作原理、组成及特点等知识。

学习目标

熟练掌握 KBGM 和 KBWB 型制动系统的组成及工作原理。

能力目标

1. 了解 KBGM 模拟式电气指令制动系统的基本原理及组成特点，并掌握其制动原理及控制过程；
2. 掌握 KBGM 型制动控制系统的设计、组成、特点及控制和发展；
3. 掌握 KBWB 模拟式电气指令制动系统的基本原理及组成特点；
4. 能简要说明 KBWB 制动系统的控制过程。

任务 1　KBGW 制动系统基础知识

【活动场景】

利用多媒体展示 KBGM 模拟式制动系统的组成。

【任务要求】

1. 掌握 KBGM 模拟式电气指令制动系统的设计原理；
2. 了解上海地铁 DC01 型车的制动参数。

一、KBGM 制动系统基本认知

1. KBGM 制动系统控制系统概述

图 7.1 所示为 KBGM 型电空制动控制系统的控制简图。KBGM 模拟式电气指令制动系

统是由德国克诺尔公司研制生产的，KBGM 系统采用一条列车线贯穿整列车，形成控制电路，同时采用脉冲宽度调制 PWM 电气指令，实现无级控制和防滑控制，整个控制高度集成在电子控制单元 BCU 中，制动方式优先采用电制动（再生制动、电阻制动），空气制动用来补偿电制动力不足。

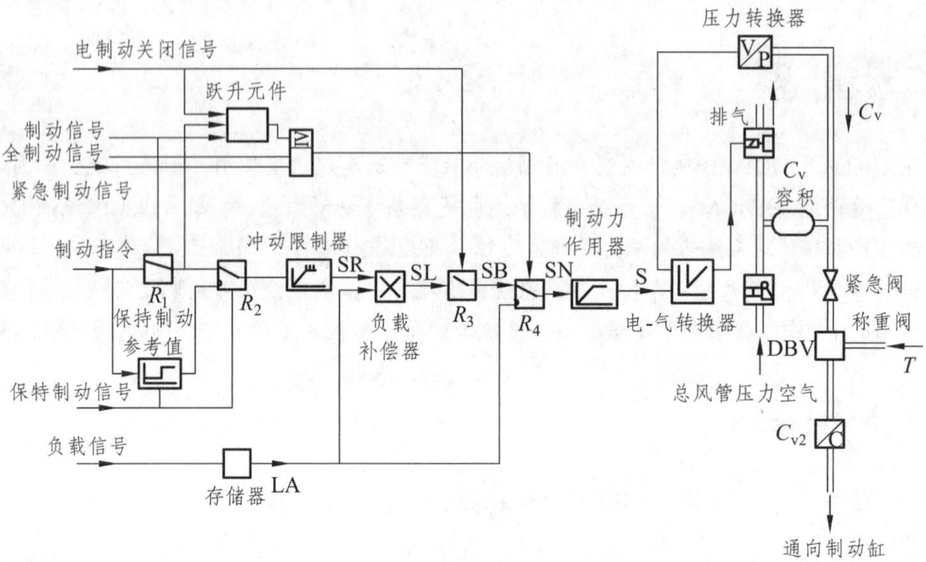

图 7.1　KBGM 型电空制动控制系统

KBGM 系统的基本工程过程是当列车开始制动时，首先是动力制动，即再生制动和电阻制动。每个动车的电制动为主制动，且优先于空气制动，由于在电制动时不存在制动闸片或制动盘的磨损，这种方式更经济。电制动力对于特定速度和负载条件，可以满足列车单元（一动车与一拖车）在没有摩擦制动系统支持条件下的减速。电阻制动用于承担不能再生的那部分制动电流。如果再生制动失败，则由电阻制动承担全部动力制动。一旦电制动不能提供司机主控制器所要求的制动力，那么不能提供的部分制动力将由空气制动补充。当列车速度降低到 6 km/h 以下时，电制动将被全部切除，所有给定的制动力全由空气制动提供。在一般常用制动模式中，每个动车的电制动都能使自己的动车和拖车减速到特定的速度和负载条件相对应的制动参考值。如果相对应的参考值和负载的制动力设定值超过最大可用的电制动力，那么剩余的制动力最先由相应的拖车的电空制动补充，其余的由动车补充。

2. KBGM 制动系统工作过程的具体分析

（1）制动指令的输入。制动指令是微机根据变速制动要求，即司机施加制动的百分比（常用制动为 100%）所下达的指令。

（2）制动信号。制动信号是城轨列车制动指令的一个辅助信号，表示运行的城轨列车即将要采取制动措施。

（3）负载信号。这个信号来自空气弹簧承载荷的信息。

（4）电制动关闭信号。此信号为信息信号，它的出现意味着空气制动要立即替补即将消失的电制动。

（5）紧急制动信号。这是一个安全保护信号，它可以跳过电子制动控制系统，直接驱动制动控制单元 BCU 中的紧急阀动作，从而实施紧急制动。

（6）保持制动（停车制动）信号。这个信号能防止车辆在停车前的冲动，能使车辆平稳地停止。

3. KBGM 系统的使用

目前，许多城市轨道交通列车的编组将由四节扩编到六节编组，最终扩编成八节编组，下面以上海地铁 DC01 型车为例来进行说明。上海地铁 DC01 型车是我国第一个采用 KBGM 制动系统的车辆，该型车近期为六节编组，编组形式为 A-B-C-B-C-A，其中 A 为拖车，B、C 为动车，C 车配备有制动空气压缩机组。为满足城市客流增长的需求，远期将采用八节编组形式，即 A-B-C-B-C-B-C-A。

DC01 型在制动控制方面的主要参数表述如下：

（1）DC01 型列车的设计构造速度为 80 km/h，平均旅行速度为 35 km/h，平均减速度为 1.15 m/s^2。

（2）在试验中，选定制动初速度为 80 km/h 时，对应的停车时间为 19.3 s(±15%)，60 km/h 时，对应的停车时间为 14.5 s(±15%)，40 km/h 时，对应的停车时间为 11.1 s(±15%)，20 km/h 时，对应的停车时间为 5.6 s(±15%)；紧急制动平均减速度可达 1.3 m/s^2，同样选取制动初速度分别为 80 km/h、60 km/h、40 km/h、20 km/h 时，对应的停车时间分别为 17.1 s(±15%)、16.7 s(±15%)、8.6 s(±15%)、5.6 s(±15%)。

二、KBGW 系统供风单元

由图 7.1 所示的 KBGM 型模拟式电气指令制动控制系统可知，此系统主要由供气单元、制动控制单元（BCU）、微机制动控制单元（ECU）、防滑系统和单元制动机五个部分组成。在本次任务中，我们主要分析供气系统的组成和工作过程，以下分析请参阅图 7.2 所示的 KGBM 模拟空气制动管路系统。

1. 供气单元的组成

分析图 7.2 可知，KBGM 制动系统的供气单元向整列车制动系统、受电弓、客室气动门、空气悬挂装置、雨刮器等提供压缩空气，主要由 VV230/180-2 型活塞式空气压缩机组 Al、单塔空气干燥器 A7 和风缸组成。其中风缸分为：总风缸（250 L）、空气悬挂系统（空气弹簧）风缸（100 L）、制动储风缸（50 L）及客室风动门风缸（50 L）。

VV230/180-2 型活塞式空气压缩机组 Al 主要安装于 C 车上，即一列六编列车有两套空气压缩机组；在 1 500 V 直流电动机的驱动下以 1 520 r/min 转的速度旋转，每分钟可提供 10 bar 的压缩空气 1 500 L。安装方式：采用弹簧索弹性吊挂在车体上，起到缓冲和降低振动的作用。

2. 供气所单元的组成

（1）单塔空气干燥器 A7：主要安装于 C 车上，由油水分离器、干燥筒、排泄阀、电磁阀、再生储风缸及消音器等组成，起干燥作用。

（2）风缸：每节车均安装有风缸，主要是用于储存压缩空气，用钢板制成，具有较高的耐压性，属于压力容器。C 车上还安装有空气干燥器用 50 L 再生储风缸。

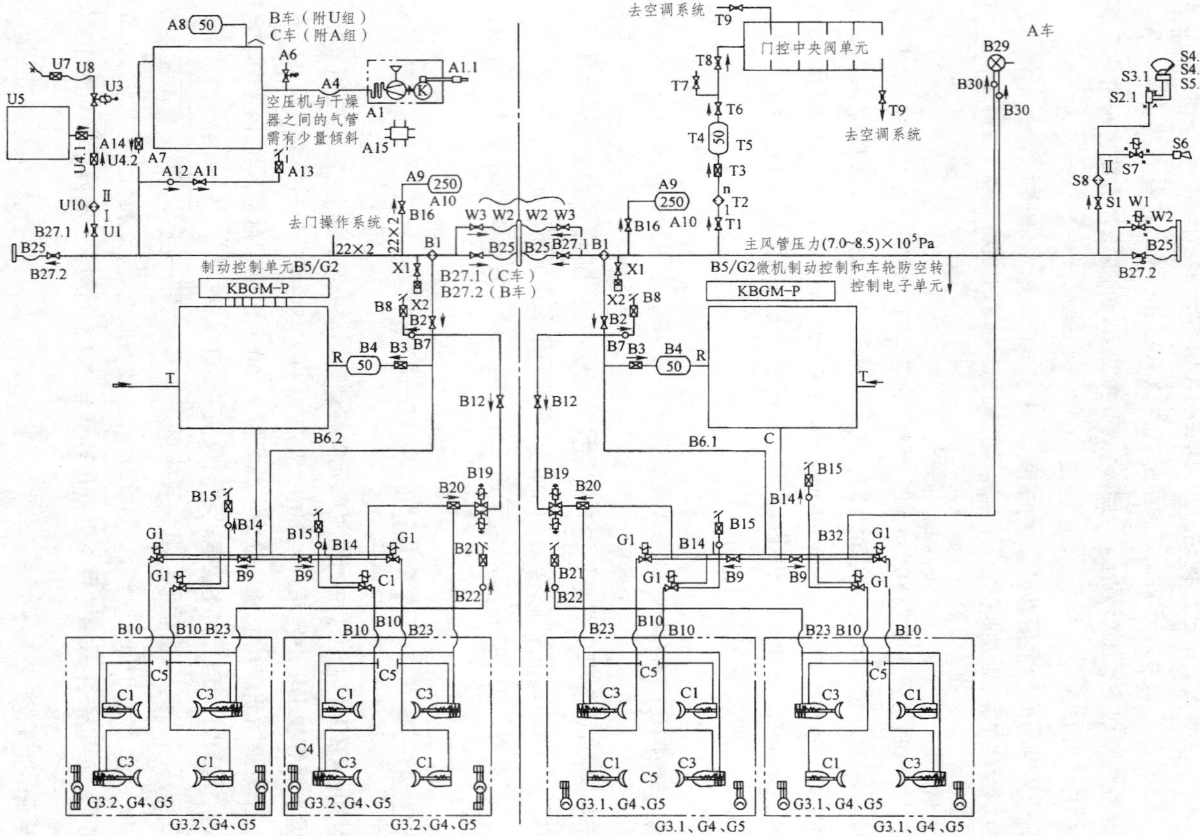

A—供气装置；B—制动控制设备；C—基础制动装置；G—防滑保护设备；L—空气悬挂装置；
S—气喇叭和雨刮器装置；T—门操作装置；U—受电弓驱动装置；
W—车钩操纵装置；X—车间供气。

图 7.2　KBGM 型模拟空气制动系统管路系统

（3）空气压缩机组 Al：将压力空气输出给干燥器 A7，经干燥器干燥后向每个车组 A—B—C 或 B—C 提供压力空气，由安全阀 A6 和压力继电器（气电开关）A13 对空气压力进行监控，以保证整列车用风设备的安全性。安全阔的设定值为 1 000 kPa，以保证总风压力；压力继电器是空气压缩机组的控制元件，它的开启压力为 700 kPa，切断压力为 850 kPa。由司机室驾驶台上的双针压力表 B29 用白色和红色指针分别显示总风管压力和制动缸压力。

空气制动系统中，制动储风缸的空气在经微处理机和制动控制单元的控制下，经数个截断塞门 B9 和排气（防滑）阀 Gl 等和制动控制单元后，进入单元制动机。排气阀主要是在防滑系统控制下完成防滑功能，在正常的制动和缓解过程中，排气阀只是作为进出制动缸的通道，不产生任何动作。

总风管压力空气经截断塞门 B2、减压阀 B12、电磁阀 B19、双向阀 B20 向具有停放功能的单元制动机 C3 供风，由司机在驾驶室内操纵电磁阀 B19 来完成停放制动的施行或缓解。

双向阀 B20 的另一端与不带停放制动的单元制动机 Cl 相连，主要是为了防止常用制动与停放制动同时施加而造成制动力过大的安全回路。

【任务实施】

1. 上海地铁 1 号线的制动技术简述

上海地铁 1 号线（锦江乐园至上海火车站）长 16.67 km，有 13 座车站，平均站间距离为 1.39 km，设计的运行间隔时间为 2 min。上海地铁车辆有三种类型：A 车为无动力的拖车，一端设有驾驶室；B 车为设有受电弓的动车；C 车为装有空压机组的动车。列车的近期编组为 6 辆车一列，为 A-B-C-B-C-A；远期为 8 辆编组，即 A-B-C-B-C-B-C-A。A 车长度为 23.54 m，B、C 车长度为 22.1 m；宽度均为 3 m。B、C 车一般为固定编组，其连接采用半永久车钩，而 B、C 车与 A 车之间的连接则采用半自动密接式车钩（即机械挂钩为自动的，电气连接为人工的）。

上海地铁车辆采用德国克诺尔（Know）制动机公司生产的模拟式电空气控制制动系统，它用一条电缆贯通整个列车，形成连续回路。模拟式制动系统的操作指令是采用电控制空气、空气再控制空气的方法。制动电指令是利用脉冲宽度调制，能进行无级控制。制动方式有再生制动、电阻制动和空气（摩擦）制动三种，它们分别为第一、第二和第三优先制动。再生制动取决于接触网的接收能力，亦即取决于网压高低和负载利用能力；电阻制动承担电机电流中不能再生的那部分制动电流。再生制动电流加电阻制动电流等于制动控制要求的总电流，此电流受电机电压的限制。当地铁列车速度降至 10 km/h，电制动被全部切除时，所有给定的制动力全由空气制动提供。

图 7.1 是上海地铁 DC01 型列车使用的 KEGM 模拟式电气指令制动系统，它由供气单元、制动控制单元（BCC）、微机制动控制系统（MBCU）、防滑系统和单元制动机五个部分组成。

2. 上海地铁供气单元认知

由图 7.3 可见，上海地铁 DC01 线列车的供气单元主要由 W2301180-2 型活塞式空气压缩机组、单塔空气干燥器和多个风缸组成。空气压缩机组和空气干燥器只在 C 车上安装，即一个 6 节编组列车有 2 套供气机组，而一个 8 节编组列车则有 3 套供气机组。其他每节车，无论拖车还是动车，都装有 4 个风缸，即 250 L 总风缸、100 L 的空气悬挂系统（空气弹簧）风缸、50 L 制动储风缸和 50 L 客室风动门风缸。在每个 C 车上另外还有一个 50 L 的用于空气干燥器的再生风缸。空气压缩机组 A1 要为每个车组（A-B-C 或 B-C）提供足够的所需的干燥压力空气，在供气过程中由安全阀 A6 和压力继电器（气-电开关）A13 对空气压力进行监控。安全阀的锁定值为 1 000 kPa；压力继电器是空气压缩机组电动机的控制元件，它的开启压力为 700 kPa，切断压力为 850 kPa。整个供气系统除了为空气制动供气外，还为受电弓升降、客室气动门、空气悬挂系统和雨刮器等提供压缩空气。

单塔空气干燥器 A7 输出的压力空气通过单向阀 A14 和总风管到达每辆车的总风缸 A9、制动储风缸 B4、空气弹簧风缸和客室车门风缸。司机室驾驶台上的双针压力表 B29 用白色和红色指针分别显示总风管压力和制动缸压力。

在空气制动系统中，由制动储风缸进入制动控制单元 B6 的压力空气，在微处理机和制动控制单元的控制下，进入各个单元制动机，中间要经过数个截断塞门 B9 和排气（防滑）阀 G1 等。排气阀仅受微处理机的防滑系统控制，在制动和缓解过程中，排气阀仅作为进出制动缸的压力空气的通道而已，不产生任何动作。

此外，总风管还通过截断塞门 B2、减压阀 B12、电磁阀 B19 及双向阀 B2，通向具有弹簧（停车）制动器的单元制动机 C3。这条通路是由司机在驾驶室内操纵电磁阀 B19 来控制停放制动的施行或缓解的，而双向阀 B20 的另一端与一般的单元制动机 C1 相连，这主要是为了防止通常制动与停放制动同时施加而造成制动力过大的安全回路。

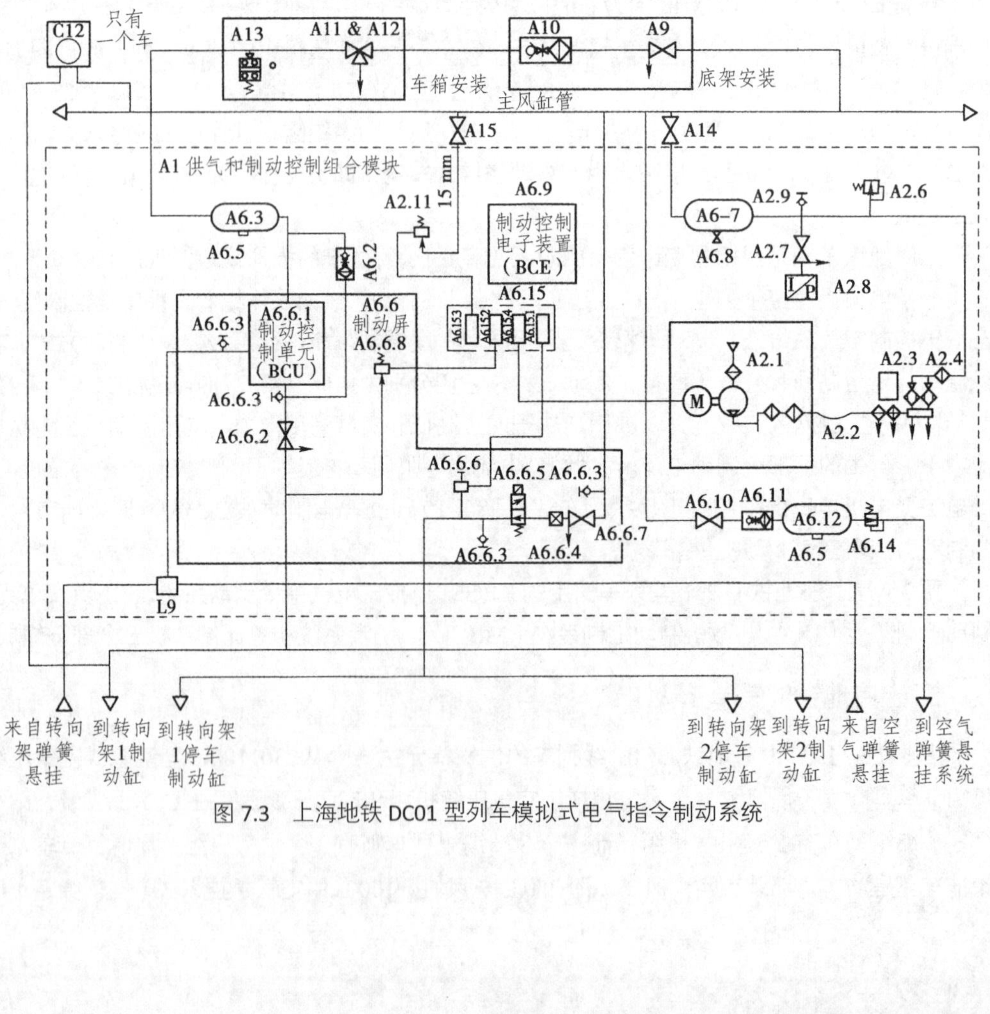

图 7.3　上海地铁 DC01 型列车模拟式电气指令制动系统

【效果评价】

评价表

项目名称	项目7 KBGM和KBWB制动系统	学生姓名	
任务名称	任务1 KBGW制动系统基础知识	分数	
项　　目		分值	考核得分
1. KBGM模拟式电气指令制动系统相关知识、图片的搜集、整理		10	
2. 是否有小组计划		5	
3. KBGM模拟式电气指令制动系统列车设计		35	
4. KBGM模拟式电气指令制动系统主要参数		35	
5. 编制学习汇报报告情况		10	
6. 基本素养考核情况		5	
教师简要评语： 教师签名：			

任务2　KBGM 制动控制单元

【活动场景】

利用多媒体技术展示 KBGM 制动系统的组成和作用。

【任务要求】

1. 掌握 KBGM 模拟式电气指令制动系统的组成；
2. 掌握 KBGM 模拟式电气指令制动系统的作用。

KBGM 模拟式电气指令制动系统由供气单元、制动控制单元（BCU）、微机制动控制系统（EBCU）、防滑系统及单元制动机等重要的组成部分组成，下面重点结合上海地铁 DC01 型车对该系统进行讲解。

制动控制单元（BCU）主要由模拟转换阀（EP 阀）、紧急阀、称重阀和均衡阀等组成，是制动控制的核心。如图 7.4 所示，制动控制单元（BCU）如同印刷线路板一样，是一个高度集成的控制单元，将模拟转换阀（EP 阀）、紧急阀、称重阀和均衡阀等安装在一块铝合金的气路板上，气路板上设置了部分测试接口，用于测量各个控制压力和制动缸压力，操作非常简便。安装于车底的一个箱子里，打开箱盖便可以进行整机或部件的测试、检修。

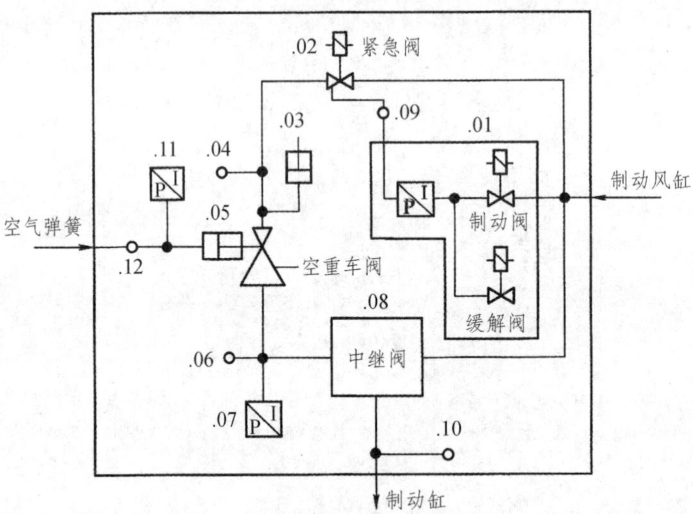

图 7.4　BCU 气路图

一、模拟转换阀（EP 阀）

1. 结　构

模拟转换阀（EP 阀）属于电气转换装置，由电磁进气阀（类似于控导阀）、电磁排气阀和气-电转换装置组成。模拟转换阀的结构如图 7.5 所示。

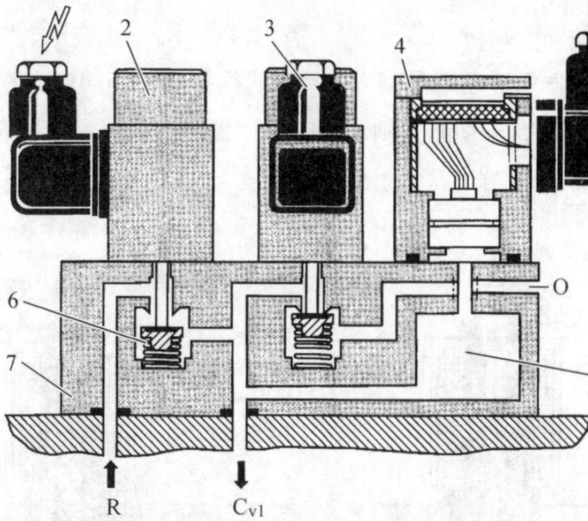

1—气-电转换器；2—电磁排气阀；3—电磁进气阀（图示线圈处于励磁状态）；4—阀座；5—阀；6—弹簧；7—阀体；R—由制动储风缸引入压力空气；C_{V1}—预控制压力空气引出；O—排气口。

图 7.5　模拟转换阀的结构

2. 动作原理

如图 7.5 所示，当模拟转换阀的电磁进气阀（3）线圈接收来自微处理机提供的空气制动力大小的电指令后，线圈励磁，打开阀口，使制动储风缸压力空气通过 R 口进入，经该进气阀转变成与电指令要求相符的压力空气（即预控制压力）。此时，空气通路分为三路，一路通过 C_{V1} 口，经气路板向紧急阀 A2 口输出；一路通向电磁排气阀；一路通向气-电转换器，气-电转换器将该压力信号转换成相对应的电信号，反馈回微处理器，由微处理器将此信号与制动指令信号进行比较，如果该信号大于制动指令，则关小进气阀并通过电磁排气阀通路进行排气，如果该信号小于制动指令，则继续打开电磁进气阀，直到预控制压力与制动电指令的要求相符为止。

从模拟转换阀出来的 C_{V1} 压力空气通过气路板内的气路进入紧急阀的 A2 口，下面我们分析紧急阀的结构与原理。

二、紧急阀

1. 结　构

图 7.6 所示为紧急电磁阀的结构，由图可知紧急阀是二位三通电磁阀，励磁情况下，连接常用制动空气通路，消磁情况下，连接紧急制动空气通路。它有三条空气通路，分别为：A1 连接制动储风缸，A2 连接模拟转换阀输出口，A3 连接称重阀输入口。

2. 动作原理

（1）在紧急制动时，紧急电磁阀处于消磁状态，如图 7.6（a）所示，A4 为控制空气通路，O 为排气口。滑动阀受弹簧压力向右侧滑动，制动储风缸通过 A1 口、A3 口与称重阀连通，此时通过切断 A2 口、A3 口来切断了模拟转换阀与称重阀的通路，使压力空气直接通过称重阀作用在单元制动机上。

（2）常用制动时：其处于励磁状态，如图 7.6（b）所示，A4 为控制空气通路，O 为排气口。滑动阀在线圈磁力的作用下压缩弹簧向左滑动，模拟转化法通过 A2 口、A3 口与称重阀连通，通过切断 A1 口、A3 口来切断了制动风缸与称重阀的通路，由于通道阻力，预控制压力 C_{v1} 经过紧急阀时略有下降，此时，输出预控制压力 C_{v2} 给称重阀。

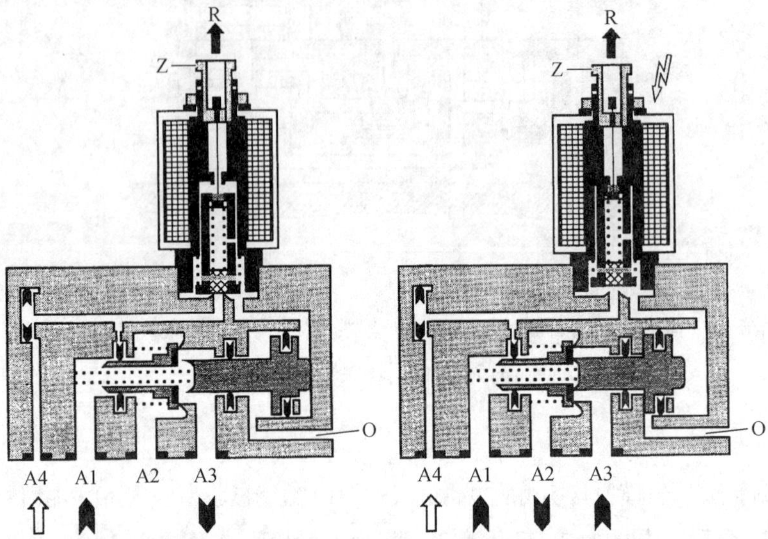

（a）不励磁工况　　（b）励磁工况

A1—通制动储风缸；A2—通模拟转换阀；A3—通称重阀；A4—控制空气的通路；O—排气口。

图 7.6　紧急阀的结构（两种工况）

三、称重阀

1. 结　构

称重阀又称空重车调整阀，为杠杆膜板式结构，图 7.7 所示为 KBGM 阀的结构与原理图，由图可知，称重阀主要由阀体、K 形密封圈、膜板、活塞、调整螺钉、节点滚轮、杠杆、调整螺钉、管座、弹簧、空心杆、橡胶夹心阀、充气阀座、排气阀座、排气口等组成。

2. 动作原理

称重阀由左侧的负载指令部分、右侧的压力调整部分和下方的杠杆部组成。称重阀主要是用来限制制动力过大时使用。如图 7.7 所示，空气弹簧将车重信号（车辆载荷信号）通过称重阀管座的 T 口、阀内通路进入活塞（6）和膜板（5）上方的气室，该压力空气产生向下的作用力，通过与活塞连接的作用杆将该作用力传递到杠杆（9）的左端，杠杆绕支点滚轮逆时针旋转，右端推动空心杆向上移动，使橡胶夹心阀（16）离开其充气阀座（19）而被打开。此时，从紧急阀输出的预控制压力 C_{v2} 通过阀内通路经打开的橡胶夹心阀阀口进入活塞（14）和膜板（15）上方的气室内，推动活塞（14）向下移动，当向下作用力达到某一值，与杠杆向上的作用力平衡，此时，杠杆处于平衡状态，橡胶夹心阀阀口关闭，这时活塞（14）和膜板（15）上方气室的空气压力作为预控制压力 C_{v3}，经管座的接口及气路板内的通路输出给均衡阀，作为均衡阀的控制压力。

【小贴士】通过调整螺钉（10）可调整改变杠杆（9）两端力臂 α、b 的大小。微处理器发出的制动指令本身是由车辆的载荷、车辆的运行速度和制动控制器给出的制动力要求发出的。

（1）在常用制动中，模拟转换阀输出的预控制压力 C_{v1} 已受微处理器的控制，此时，称重阀几乎不起作用，仅仅是为了预防模拟转换阀控制失灵，属于冗余。

（2）在紧急制动时，压力空气未受模拟转换阀的控制，直接由制动储风缸经紧急阀到称重阀，此时，紧急阀仅作为空气通路，不起作用，因此，在紧急制动时，预控制压力（即最大的预控制压力）只受称重阀的控制。

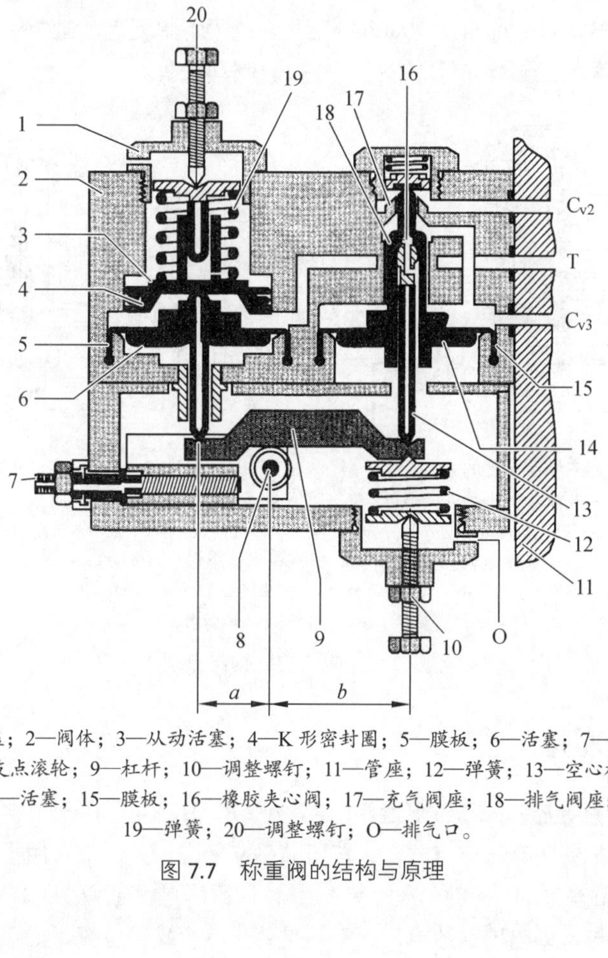

1—螺盖；2—阀体；3—从动活塞；4—K 形密封圈；5—膜板；6—活塞；7—调整螺钉；8—支点滚轮；9—杠杆；10—调整螺钉；11—管座；12—弹簧；13—空心杆；14—活塞；15—膜板；16—橡胶夹心阀；17—充气阀座；18—排气阀座；19—弹簧；20—调整螺钉；O—排气口。

图 7.7　称重阀的结构与原理

四、均衡阀

1. 结　构

均衡阀的结构如图 7.8 所示，主要由膜板、均衡阀安装面、气路板、活塞、节流孔、排气阀座、进气阀座、弹簧、K 形密封圈、带橡胶阀芯的空心导向杆、阀体、制动储风缸接口、单元制动缸接口、称重阀预控制压力、排气口等结构组成。

2. 均衡阀的作用分析

（1）作用：能迅速给制动缸进行大流量的充/排气。

（2）动作原理：

制动时：称重阀输出的预控制压力 C_{v3} 经节流孔（4）进入活塞（5）下方气室，推动活塞（5）上移，关闭通向单元制动缸的排气阀口（下方的橡胶阔面与排气阀座 7 密贴），打开进气阀（上方的橡胶阀面离开进气阀座 8），此时，制动系统空气通路为：制动储风缸压力空气—R 口—进气阀口，此时空气通路分为两路，一路经过 C 口进入制动缸，制动施加；另一路通过节流孔（6）进入活塞（5）上方气室 C 中，当 C 室压力与活塞（5）下方气室的压力 C_{v3} 相等时，进气阀口关闭。由此可见，均衡阀充、排气压力随预控制压力 C_{v3} 的变化而变化，即制动缸压力与预控制压力 C_{v3} 相等。

缓解时：如果预控制压力 C_{v3} 消失，均衡阀气室 C 在制动缸压力空气作用下推动活塞（5）向下移动，打开排气阀口，此时，制动系统空气通路为：单元制动缸中压力空气—C 口—排气阀口—带橡胶阀面的空心导向杆（11）—O 口，制动缓解。

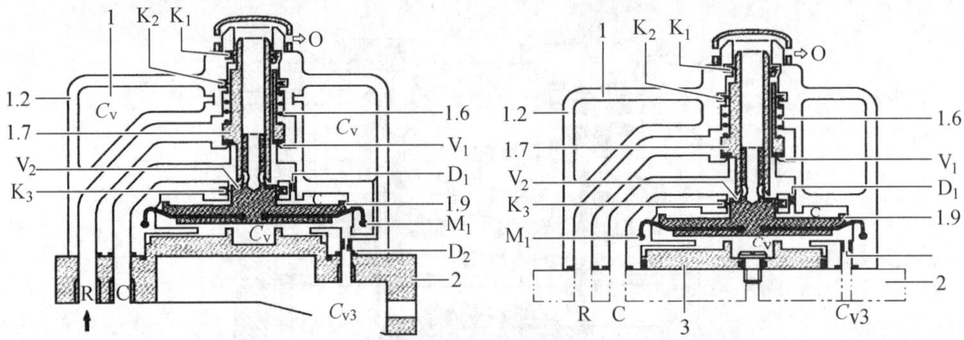

（a）KR-5（带有效的 C_V 室）　　（b）KR-6（不带有效的 C_V 室）

D_1，D_2—节流孔；V_1—进气阀座；V_2—排气阀座；M_1—膜板；1.2—阀体；1.6—弹簧；1.7—带橡胶阀面的空心导向杆；1.9—活塞；K_1，K_2，K_3—克诺尔密封圈；R—通向制动储风缸；C—通向各个单元制动缸；C_{v3}—来自称重阀的预控制压力；O—排气口。1—控制室 C_V；2—气路板；3—均衡阀安装面。

图 7.8　均衡阀的结构与原理

五、停放脉冲阀

停放脉冲阀是先导控制的二位五通阀（R，A，P，B，S），用于气电控制回路中，如果电脉冲被触发，则控制腔充气或排气，或按照顺序交替进行。例如，用于单作用风缸或双作用风缸（操作弹簧驻车制动，控制门风缸等）。其作用原理是：当阀磁铁 1 和阀磁铁 2 失电时，城轨车辆处在缓解位，即电磁铁断电，活塞总是处于一个端部位置（如图 7.9 所示，活塞处于左端）。进气口 P 和排气口 A 形成通路。

当阀磁铁 1 得电时，控制空气经阀座 5 到活塞，使活塞移到右端位。当电脉冲终止时，衔铁同其底座被弹簧压在阀座 5 上，流进活塞的控制空气被切断，活塞仍留在原处（右端位）。操作气流 A 经排气口 R 排入大气。当阀磁铁得电时，压力空气驱动活塞运动到左端位。

当断电情况一下，可以手动操作脉冲电磁阀，按下按钮到停正位，使活塞移到左右两端中的一端，松开手后，按钮复原，活塞停留在原处。

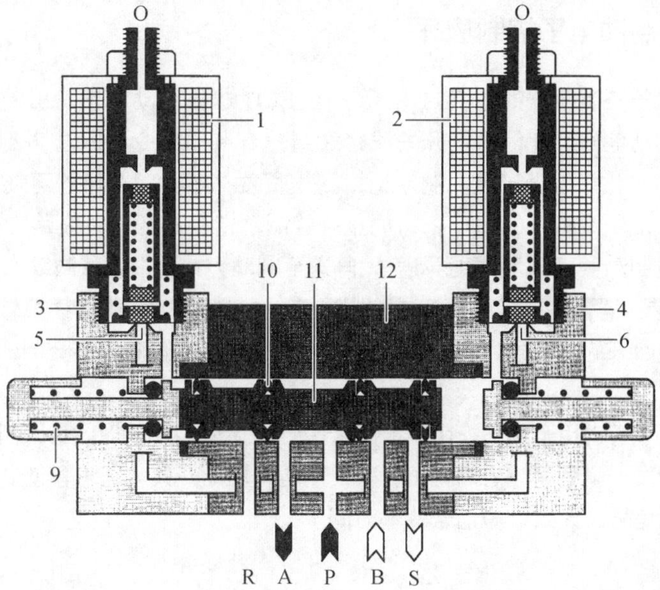

1，2—阀用电磁铁；3，4—阀盖；5，6—阀座；7，8—手动操作按钮；9—弹簧；10—K形密封环；11—活塞；12—底阀；A，B—用气设备接口；O—排气口；P—压缩空气接口；R，S—排气口。

图 7.9　脉冲电磁阀

六、微机制动控制系统

通过以上对制动控制单元各部件的系统学习，我们知道在 KBGW 制动系统中用于控制电空制动和防止车轮滑行控制的微机处理单元被称为制动控制单元BCU。制动控制单元BCU各部件在 KBGW 制动系统的气路板上的安装位置如图 7.10 所示。

图 7.10 是按气路连通关系绘制的展开图，它可以很清晰地显示各部件之间的气路关系、气路板内的通路，也简略地显示了各部件的外形。

制动控制单元的作用是当列车在运行中施行制动时，所有与制动有关的参数将被送到该微机处理器中，微机处理机当即计算出一个当时所需要的制动指令，这个指令由模拟转换阀转换成一个与电指令呈一定比例的预控制空气压力，然后再由预控制压力通过均衡阀使单元制动缸充入空气，并使单元制动缸与预控制压力空气相对应。

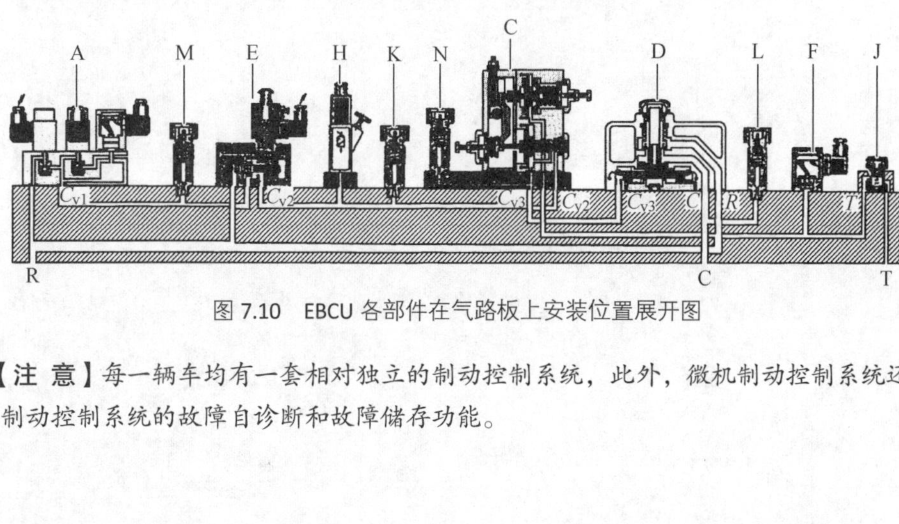

图 7.10　EBCU 各部件在气路板上安装位置展开图

【注 意】每一辆车均有一套相对独立的制动控制系统，此外，微机制动控制系统还具有整个制动控制系统的故障自诊断和故障储存功能。

七、电空制动电子控制原理

电空制动电子控制原理如图 7.11 所示。当 ECU 根据制动要求发出制动指令时，伴随着指令也出现制动信号。此信号使开关线路 R 导通，制动指令能通过 R 到达冲动限制器，检验其减速度的变化率是否过大。制动指令到达负载补偿器，补偿器可以根据信号存储器中的负载大小检测制动指令的大小，将调整好的制动指令送至开关线路 R（为防止制动力过大，R_3 只有电制动关闭触发才能导通），再送至制动力作用器。从制动力作用器出来的电信号送至电-气转换器，将电信号转换成控制电流，去控制 BCU 中的模拟转换阀，并且接收模拟转换阀反馈回来的电信号，进一步调整控制电流。当列车速度低于 4 km/h 时，制动指令将被保持。

当列车需要施行常用全制动（100%制动指令）或者紧急制动时，最大制动信号或者紧急制动信号可以触发一个旁路或者门电路，输出高电平驱动开关电路 R，使制动作用器直接接收负载存储器的信号，大大缩短信号传输时间。

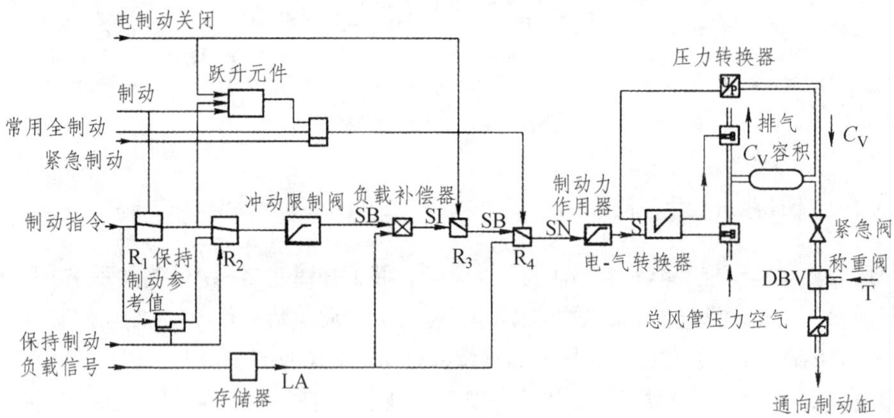

图 7.11　电空制动电子控制原理

【任务实施】

以学习小组的形式，利用多媒体进行交流学习，熟练掌握 KBGM 模拟式电气指令制动系统的组成，掌握各组成部分的动作、常用制动、紧急制动原理以及防滑控制策略。

【效果评价】

评 价 表

<table>
<tr><td>项目名称</td><td>项目 7　KBGM 和 KBWB 制动系统</td><td>学生姓名</td><td></td></tr>
<tr><td>任务名称</td><td>任务 2　KBGM 制动控制单元</td><td>分数</td><td></td></tr>
<tr><td colspan="2">项　目</td><td>分值</td><td>考核得分</td></tr>
<tr><td colspan="2">1. KBGM 模拟式电气指令制动系统相关图片、知识的搜集和整理</td><td>10</td><td></td></tr>
<tr><td colspan="2">2. 是否有小组计划</td><td>5</td><td></td></tr>
<tr><td colspan="2">3. KBGM 模拟式电气指令制动系统的组成</td><td>20</td><td></td></tr>
<tr><td colspan="2">4. KBGM 模拟式电气指令制动系统各组成部分的作用</td><td>25</td><td></td></tr>
<tr><td colspan="2">5. KBGM 模拟式电气指令制动系统常用制动、紧急制动及防滑控制策略</td><td>25</td><td></td></tr>
<tr><td colspan="2">6. 编制学习汇报报告情况</td><td>10</td><td></td></tr>
<tr><td colspan="2">7. 基本素养考核情况</td><td>5</td><td></td></tr>
<tr><td colspan="4">教师简要评语：

教师签名：</td></tr>
</table>

任务 3　KBGM 空气制动系统和防滑作用原理

【活动场景】

利用多媒体重点对 KBGM 模拟式电气指令制动系统的组成、各部分作用的常用制动、紧急制动原理及防滑控制策略进行讲解。

【任务要求】

1. 掌握 KBGM 制动系统的组成；
2. 掌握 KBGM 模拟式电气指令制动系统各部分的组成和作用；
3. 掌握 KBGM 模拟式电气指令制动系统的防护控制策略。

在任务 2 中我们学习了 KBGM 模拟式电气指令制动系统的供气单元和制动控制单元（BCU）、微机制动控制系统（EBCU）、防滑系统及单元制动机等重要组成部分，下面结合上海地铁 DC01 型车对该系统进行重点讲解。

一、空气制动系统作用原理

1. 基本原理

空气制动系统的主要作用是将来自微处理制动控制系统 EBCU（ B5/G2）的电子模拟信号通过 B6 制动控制单元中的模拟转换阀转换成一个与其相对应的预控制（空气）压力，这个预控制压力是呈线性变化的，以后还受到称重阀和防冲动检测装置的检测和限制，最后使制动缸 C1 和 C3 获得符合制动指令的空气制动压力。制动控制单元的工作原理如图 7.12 所示。

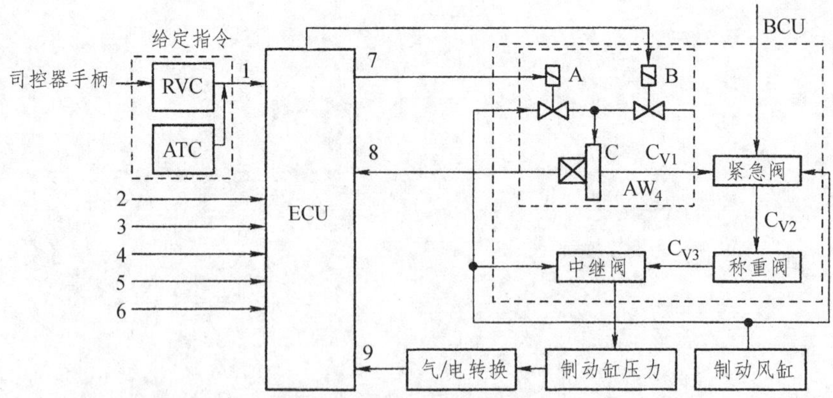

图 7.12　空气制动控制原理

KBGM 模拟式电气指令制动系统主要是依靠制动控制单元（BCU）中的模拟转换阀将来自微机控制单元（EBCU）的制动电子模拟信号转换成一个与其对应呈线性变化的，受称重阀和冲动检测装置限制的预控制压力，利用该压力使制动缸获得所需制动指令的空气制动压力。KBGM 制动系统的原理如图 7.13 所示。

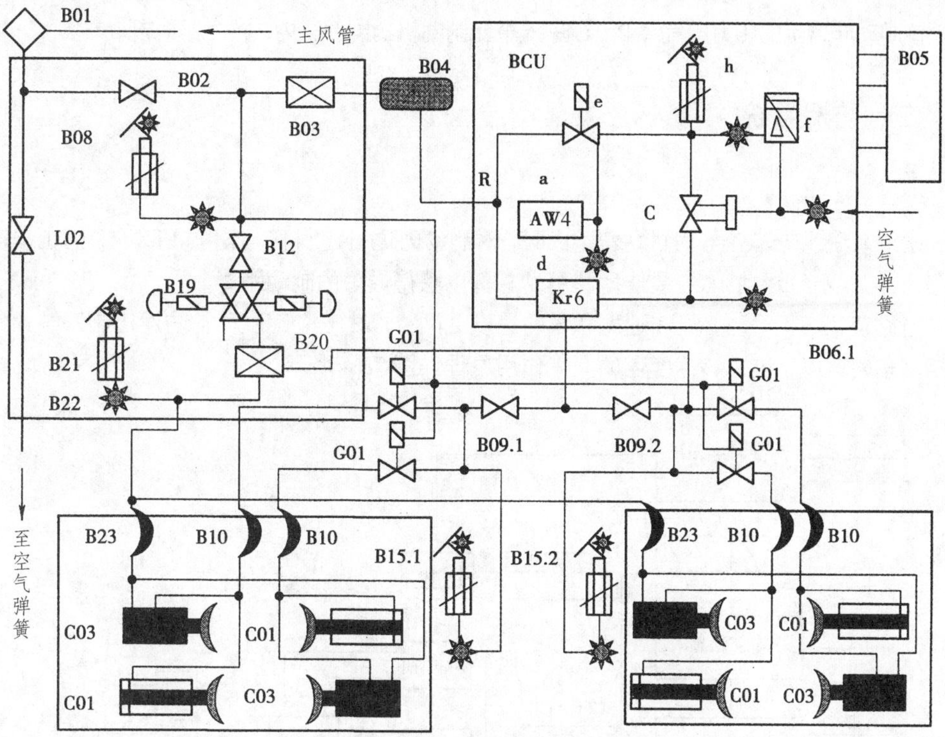

图 7.13　系统原理总图

2. 常用制动

1）制动施加

制动控制单元（BCU）接收来自微机控制单元（EBCU）摩擦制动电指令时，模拟转换阀的电磁进气阀的线圈加电励磁，阀芯克服弹簧压力向下移动，制动储风缸中的压力空气经 R 进入模拟转换阀，并通过该进气阀转变成与电指令要求相符的预控制压力 C_{v1}。此时紧急阀处于加电励磁状态，滑动阀处于左侧位置，接 A2 和 A3 导通，空气通路为：制动缸压力空气 R 进入模拟转换阀—电磁进气阀—转换成预控制压力 C_{v1}—紧急阀 A2—紧急阀调整为预控制压力 C_{v2}—紧急阀 A3—进入称重阀，称重阀根据车辆载荷情况对进行调整，输出预控制压力 C_{v3}—进入均衡阀，推动活塞上移，打开进气阀，此时，制动储风缸压力经均衡阀 R、C 进入单元制动机的制动缸内，常用制动得以施加。

2）制动缓解

制动控制单元（BCU）接收来自微机控制单元（MBCU）摩擦制动缓解电指令时，打开电磁排气阀打开，排出预控制压力 C_{v1}，此时，C_{v2}、C_{v2} 预控制压力也在相应的紧急阀和称重阅输出消失，均衡阀活塞在制动缸压力作用下向下移动，排气阀口开启，使单元制动缸中的压力空气通过排气阀和空心导向杆及排气排入大气，常用制动得以缓解。

3. 紧急制动

施加紧急制动时，紧急阀失电消磁，紧急阀的滑动阀在弹簧作用下右移，接通紧急阀 A1、A3，此时制动储风缸的压力空气通过绕过模拟转换阀直接进入称重阀，由称重阀根据车重载荷信号输出最大的预控制压力，该压力进入均衡阀后打开进气阀口，导通均衡阀 R 与 C 的通路，使制动储风缸的压力空气经 R、C 进入单元制动机的制动缸内，产生紧急制动。

二、防滑系统

1. 概　述

防滑系统用于车轮与钢轨黏着不良时，对制动力进行控制。其作用如下：① 防止车轮即将抱死；② 避免滑动；③ 最佳地利用黏着，以获得最短的制动距离。

当黏着状态不好时，列车速度和车轮速度之间将产生一个速度差，防滑控制系统就是用来控制车轮速度，消除该速度差的。其作用原理如图 7.14 所示。

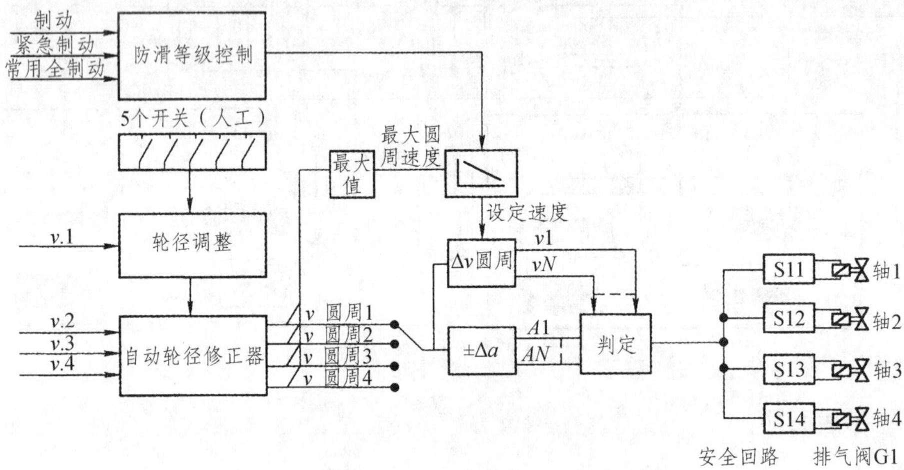

图 7.14　防滑控制系统作用原理

列车启动后，防滑系统就对每个轮对的圆周速度进行检测，然后形成一个参考速度以取代列车速度，并用排气阀 G1 来控制车轮的滑行和减速度。轮对的速度和减速度与设定的标准相比较就形成控制排气阀的指令。

由于轮对踏面加工直径和磨耗的差别，轮对的线速度有稍微差别，所以在防滑控制系统中设置了人工的轮径调整装置。这个装置就是图 7.14 中的五个开关，利用这些开关分和合的不同位置，将车轮直径分成 32 挡。将每辆车中的一根轴调整到它的规定标准，而其他轴也将会根据轴端的速度传感器输出的速度信号进行自动调整。

2. 空转、滑行的判断

（1）空转。牵引力大于黏着力，发生空转的轮对转速大于列车速度。

（2）滑行。制动力大于黏着力，发生滑行的轮对转速小于列车速度。

列车的实际速度由 A 车轮轴上的速度传感器提供，与动车上的电动机速度信号分别比较，判断轮对是否发生空转或滑行。

3. 摩擦制动滑行控制

ECU 实时监控每根轴的转速，轮对发生滑行，都能迅速向该轮轴的防滑阀发出指令，沟通单元制动缸与大气的通路，使单元制动缸迅速排气，从而解除该轮对的滑行现象，实现 ECU 对各轮对滑行的单独保护控制。

4. 电制动滑行控制

由于一辆动车中的一台 VVVF 逆变器并联向 4 台牵引电动机供电，当 DCU 监测到任一轮对出现电制动滑行时，会向 VVVF 发出降低电制动力的指令，使本车的 4 个轮对的制动力矩同时下降，待滑行消除后再恢复。

电制动滑行时，如果黏着力小于 50%并超过 3 s 时，DCU 将切除电制动，由 ECU 补充气制动。制动和防止车轮滑行的微处理机，具有对整个制动控制系统的故障自诊断和故障存储功能，是 KBGM 模拟式电气指令控制系统的核心部件，在车辆运行中，若施加制动，微机制动控制系统将收集所有与制动有关的各类参数，并计算出所需制动力的制动指令，并将该指令输出给制动控制单元（BCU），制动控制单元（BCU）中的模拟转换阀将该指令转换成一个与该指令成一定比例的预控制压力，然后将该压力通过均衡阀使单元制动缸充入压力空气，并保证单元制动缸压力与预控制压力相互对应。

防滑系统的主要功能是当列车由于制动力过大，轮轨间黏着遭到破坏时，通过控制排气阀动作，恢复轮轨间黏着力，消除车轮滑行，是制动控制系统的重要组成部分，独立进行工作的。

动作原理：制动时，当某一轮对上的制动力过大，而使该车轮滑行时，防滑系统控制该轮对应的排气阀 G1 迅速连通制动缸与大气的通路，使制动缸迅速排气缓解，从而解除了该轮的滑行现象。防滑系统通过车轮测速装置 G3、G4、G5 监视同一车辆上四个轮对的转速，并通过控制对应的排气阀 G1 来实现防滑控制的。

防滑系统是制动控制系统的一部分，它可独立工作，在每根车轴上都设有一个对应的排气阀 G1，它们由防滑系统所控制。当某一轮对上的车轮的制动力过大而使车轮滑行时，防滑系统所控制的、与该轮对应的排气阀 G1 迅速连通制动缸与大气的通路，使制动缸迅速排气，从而解除了该轮的滑行现象。防滑系统通过车轮测速装置 G5（见图 7.14）始终监视着同一车辆上 4 个轮对的转速，并控制着 4 个对应的排气阀 Gl。

5. 防滑控制

当黏着状态不好时，列车速度和车轮速度之间将产生一个速度差，防滑控制系统就是用来控制车轮速度并消除该速度差的，其作用原理如图 7.14 所示。

列车启动后，防滑系统就对每个轮对的圆周速度进行检测，然后形成一个参考速度以取代列车速度，并用排气阀 G1 来控制车轮的滑行和减速度。轮对的速度和减速度与设定的标准相比较就形成控制排气阀的指令。

参考速度可通过以下方法取得：在牵引时取 4 根轴中的最大速度，在制动时取最小速度，然后让其余 3 根轴的速度与其比较，以判定是否在牵引时空转或在制动时滑行。如果确定是空转或滑行，防滑系统将切断牵引回路或减小牵引力以消除空转，打开制动缸的排气阀 G1 以消除滑行现象。

车辆在运行时，防滑系统实时对每个轮对的速度进行检测，获取一个参考速度来取代列车的运行速度，车辆在施加制动时，因制动力过大而产生滑行时，列车速度与滑行车轮间就会产生一个速度差，此时防滑系统根据轮对的速度和减速度与设定的标准相比较形成的控制指令向排气阀发出排气指令，依靠排气阀排气，恢复轮轨间的黏着力，消除该轮对滑行，提高轮对的使用寿命。

轮对在加工过程中，其直径和磨耗都存在着差别，导致轮对运行中的线速度存在差别，为获取更好地控制效果，在防滑控制系统中设置有人工的轮径调整装置，该装置就由五个开关组成，利用这些开关分和合的不同位置，将车轮直径分成 32 挡（每挡 3 mm），将每辆车中的一根轴调整到它的规定标准，其他轴根据安装在轴端的速度传感器输出的速度信号进行自动调整。

防滑系统是制动控制系统的一部分，它也是独立工作的，在每根车轴上都设有一个对应的排气阀 G1，它们由防滑系统所控制。当某一轮对上车轮的制动力过大而使车轮滑行时，防滑系统所控制的与该车轮所对应的排气阀 G1 迅速连通单元制动缸与大气的通路，使单元制动缸迅速排气，从而解除该轮的滑行现象。防滑系统通过车轮测速装置 G3.1、GAL 及 G5 始终监视着同一车辆上四个轮对的转速，并控制着四个对应的排气阀。防滑系统一般由微机制动控制单元（B）、防滑阀、测速传感器组成。

防滑阀是城市轨道交通车辆中电子防滑系统的重要组成部分，它是防滑控制回路中的执行机构。防滑阀由电子开关装置控制，借助防滑阀，单元制动气缸中的空气压力能够逐级降低或者再次升高到设定的数值。GV12 防滑阀的结构如图 7.15 所示。

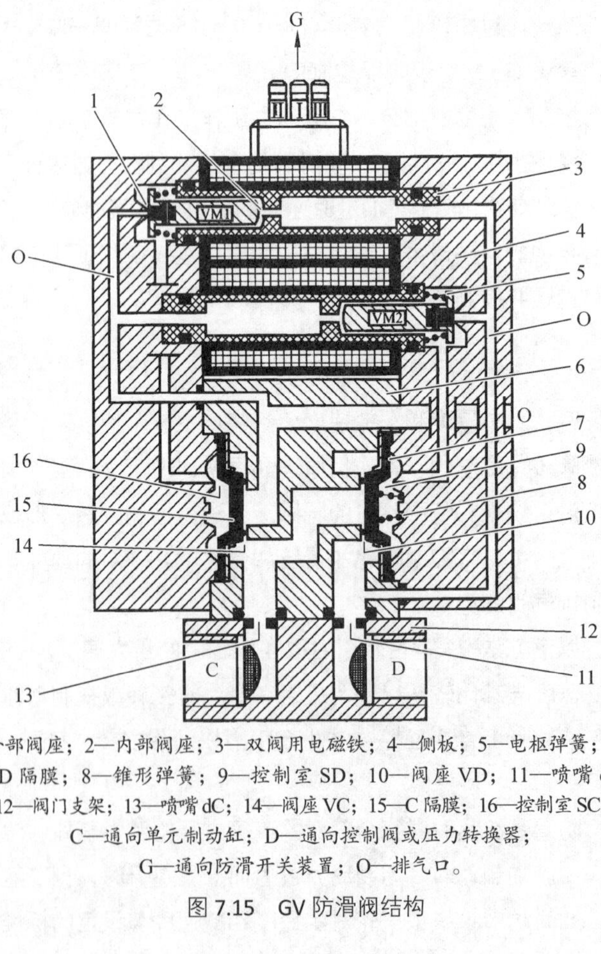

1—外部阀座；2—内部阀座；3—双阀用电磁铁；4—侧板；5—电枢弹簧；6—外壳；
7—D 隔膜；8—锥形弹簧；9—控制室 SD；10—阀座 VD；11—喷嘴 dD；
12—阀门支架；13—喷嘴 dC；14—阀座 VC；15—C 隔膜；16—控制室 SC；
C—通向单元制动缸；D—通向控制阀或压力转换器；
G—通向防滑开关装置；O—排气口。

图 7.15　GV 防滑阀结构

防滑阀主要由一个带有两个换向隔膜的外壳、一个双阀用电磁铁、两个将阀用电磁铁与外壳连接在一起的侧板和一个阀门支架组成。外壳有两个阀座。每个阀座都能够通过隔膜打开或关闭。D 隔膜可以接通或者断开从 D 室到 C 室（到单元制动缸）的连接。C 隔膜可以使 C 室和 O 排气口相连。双阀用电磁铁由两个二位三通换向阀（VM1 和 VM2）组成，其线圈在一个共用的塑料外壳里。

在未励磁状态下两个电枢通过电枢弹簧的弹力将外面的阀座密封，内部的阀座被打开，如图 7.15 所示，控制室 SD 和 SC 以及通向双阀用电磁铁的输入管路。

1）未通过防滑系统的制动和缓解

阀用电磁铁 VM1 和 VM2 不励磁。

（1）缓解，如图 7.15 所示，阀门处于无压状态。D 隔膜通过锥形弹簧保留在阀座 VD 上。

（2）制动，如图 7.16 所示，D 压力作用于 D 隔膜。由于控制室 SD 仍然没有压力，隔膜顶着锥形弹簧压向右侧末端，阀座 VD 开起。与此相反，通过开启的 VM1 内部阀座给控制室 SC 加载 D 压力。D 压力（与阀座 VC 的面积有关）作为一种闭合力作用于 C 隔膜，阀座 VC 被关闭，D 到 C 的通道开通，车辆可以无阻碍地进行制动。

（3）制动的解除，如图 7.16 所示，在制动解除时阀门仍保持制动时的位置，即 D 和 C 之间的通道是开通的。一旦锥形弹簧的弹力超过了 D 压力（与隔膜的有效面积有关），在 D 压力小的情况下 O 隔膜就关闭。这样随着 D 压力不断降低 VC 阀座上的 C 压力也会降低。

2）通过防滑系统制动与缓解

如图 7.15 所示，两个阀用电磁铁励磁，通过 VM2 给控制室 SD 加载 D 压力。在 D 隔膜上压力平衡，锥形弹簧将隔膜压到阀座 VD 上，压力 D 被阻断，通过 VM1 给控制室 SC 排气，C 压力将 C 隔膜压向左面，阀座 VC 打开，C 压力通过 VC 流向 O。

3）通过防滑系统再次制动

如图 7.16 所示，两个阀用电磁铁不励磁，控制室 SD 排气，SC 进气。其作用与未通过防滑系统的制动相同。

4）通过防滑系统保持压力恒定

如图 7.16 所示，阀用电磁铁 VM1 不励磁，VM2 励磁。给两个控制室 SD，SC 加载 D 压力，隔板将阀座 VD 和 VC 关闭，C 压力与 D 和 O 的通道关闭。通过有效操作阀用电磁铁的控制，不仅可以在排气阶段，也可以在进气阶段产生恒压等级。

因此，可以根据防滑系统调节逻辑的要求，快速（无级地）或慢速（一级一级地）增压及降压。进气或排气的压力梯度（无级）是由喷嘴 dD 和 dC 决定的。喷嘴的大小取决于需控制的 C 容积（但并非所有型号都配有喷嘴）。

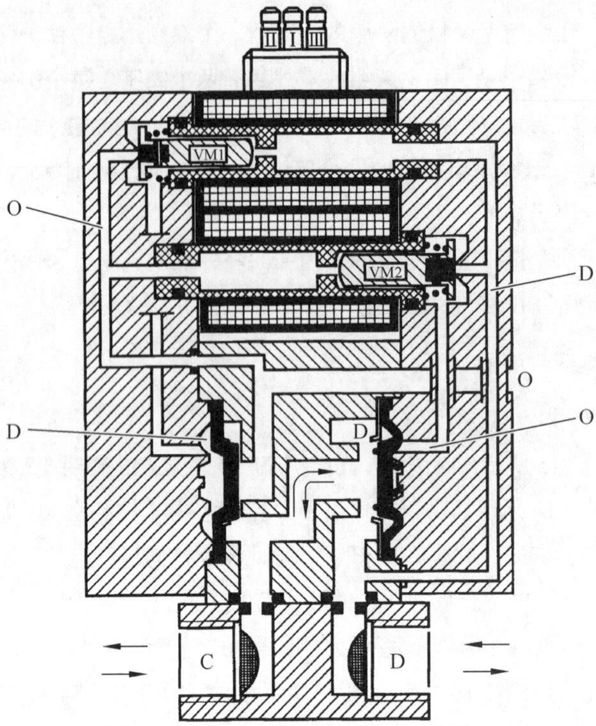

图 7.16　防滑阀（阀用电磁铁 VM1 和 VM2 不励磁）

【小帖士】上海地铁车辆选用两种单元制动机，即 PC7 Y 型和 PC7YF 型，我们在前面的项目中已经详细地介绍了它们的特性、功能和工作原理，在此不再赘述。每个转向架安装两个 PC7Y 型单元制动机和两个带有停车制动功能的 PC7 YF 型单元制动机。同一类型的单元制动机成对角线安装，即每个轮对各有一个 PC7Y 型和 PC7YF 型单元制动机。

【任务实施】

以学习小组的形式，利用多媒体进行交流学习，熟练掌握 KBGM 模拟式电气指令制动系统的组成，掌握各组成部分的动作、常用制动、紧急制动原理及防滑控制策略。

【效果评价】

评 价 表

项目名称	项目 7　KBGM 和 KBWB 制动系统	学生姓名	
任务名称	任务 3　KBGM 空气制动系统和防滑作用原理	分数	

项　　目	分值	考核得分
1. KBGM 模拟式电气指令制动系统相关图片、知识的搜集和整理	10	
2. 是否有小组计划	5	
3. KBGM 模拟式电气指令制动系统的组成	20	
4. KBGM 模拟式电气指令制动系统各组成部分的作用	25	
5. KBGM 模拟式电气指令制动系统常用制动、紧急制动及防滑控制策略	25	
6. 编制学习汇报报告情况	10	
7. 基本素养考核情况	5	

教师简要评语：

教师签名：

任务 4 KBWB 模拟式电气制动系统认知

【活动场景】

利用多媒体展示 KBWB 模拟式电气指令制动系统的设计原则、特点及模块化结构。

【任务要求】

1. 掌握 KBWB 模拟式电气指令制动系统的设计原则；
2. 掌握 KBWB 模拟式电气指令制动系统的特点；
3. 了解 KBWB 模拟式电气指令制动系统的模块化结构。

【知识准备】

模拟式指令式制动控制技术是将变量输入微机，微机经过逻辑运算控制电磁阀，由电磁阀控制气阀，再由气阀直接控制制动缸压力，从而达到制动的目的。这一制动技术目前是城轨车辆中较先进的技术，其核心部件是电子控制单元，它输入制动命令、电制动施加信号、车体载荷信号、空气制动实际值的反馈信号，经综合运算后输出电-气模拟转换和防滑控制的电信号，控制各种电磁阀，并根据制动要求和实际情况不断调整制动缸压力。系统的另一个重要部件是制动控制单元，它由模拟控制阀、紧急制动阀、负载限流阀、中继阀等电磁阀组成，集成安装在一块内通管路的模板上，接收电子控制单元的指令，完成电-气转换，实现对制动风缸压力的控制。

一、KBWB 制动控制系统概述

KBWB 模拟式电气指令制动系统是由英国 Westinghouse 公司设计的制动系统，现已并入德国克诺尔制动机公司。该系统按照模块化原则设计，将微机制动控制单元、空气制动控制单元、风缸和风源等设备安装在一个高度集成的模块内，具有自诊断和故障保护显示功能，因此这种城市轨道交通车辆的制动系统具有重量轻、结构简单、便于维护等特点。

二、KBWB 制动系统的特点

KBWB 模拟式电气指令制动系统很好地适应了城市轨道交通车辆站间距短、运行速度高、加速及停车频繁等要求。KBWB 制动系统由电制动（动力制动）系统和空气制动系统组成，采用 PWM 传递制动指令，制动控制单元采用四个电磁间进行 EP 转换，已达到对控制室充放气的闭环控制。KBWB 模拟式电气指令制动系统具有反应迅速、制动力大、制动距离短、停车精度高、安全可靠等特点。

KBWB 制动系统实现了空气制动与电制动的高度结合，在系统上保证了车辆运行的安全。列车制动时不仅满足了电气优先的要求，而且实现了电空制动的平滑过渡，还设有冲动限制，以提高乘客乘坐的舒适度。KBWB 制动控制系统的特点可概括为以下几点：

（1）采用模拟式电气指令制动控制系统，模拟方式为 PWM；

（2）采用“拖车空气制动滞后控制”的制动控制策略，充分利用动力制动；

（3）采用各两个电磁进行充气、排气的精确闭环控制实现 EP 信号转换；

（4）常用制动采用空重车调整信号加微机计算给定信号；

（5）紧急制动为纯空气制动，采用单独回路控制、失电控制，并根据空重车调整信号进行冲动控制；

（6）防护控制采用动力制动和空气制动分别控制；

（7）整个制动系统采用模块化设计，结构紧凑，重量轻；

（8）具有故障诊断、故障存储及故障显示功能，同时通过网络进行数据交换和监控。

三、KBWB 制动系统的结构与基本作用

1. KBWB 制动系统的结构

KBWB 制动系统按照整车模块化设计的原则，集成化程度很高。图 7.17 所示为 KBWB 模拟式电气指令式制动系统集成化布置图，由图可见，其将微机控制单元、空气制动控制单元、风缸和风源等全部安装在一个构架上，因此从结构上讲，它具有结构简单、集中、维护保养方便、质量小等特点。

2. KBWB 制动系统的基本控制过程

KBWB 制动控制系统采用模拟指令制动控制技术，是将变量输入微机，微机通过电磁阀控制气阀，气阀控制制动缸压力，从而达到制动力控制的目的；其核心部分为电子控制单元，它将制动指令、电制动施加信号、车重载荷信号、空气制动实际反馈信号进行综合运算，输出电-气模拟转换机防滑控制信号，控制各种电磁阀、气阀，实时调整制动缸压力，从而实现不同工况下的制动目的，适用于 ATC 控制的列车。

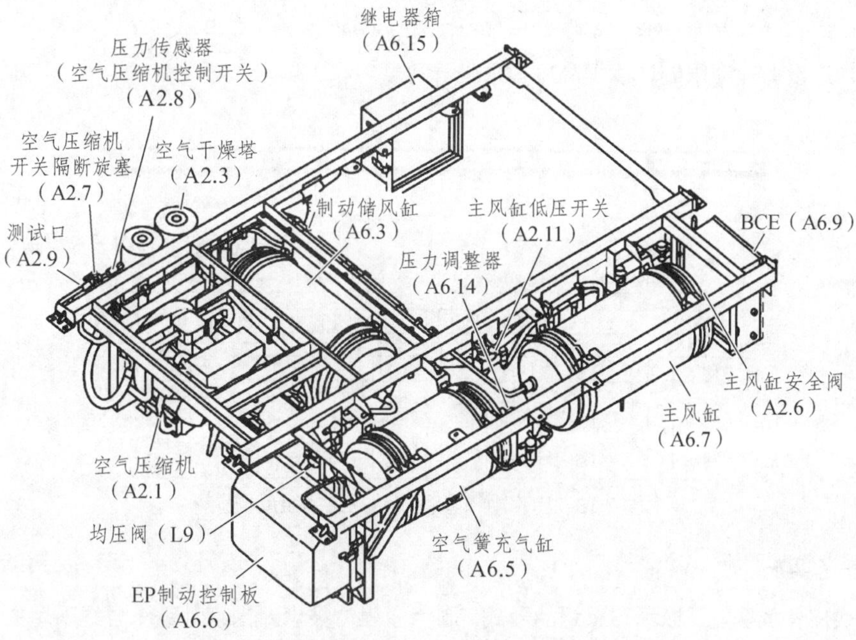

图 7.17　KBWB 模拟电气指令制动系统集成化布置图

四、KBWB 制动系统的应用

目前KBWB模拟式电气指令制动系统在我国上海地铁AC03型列车和南京地铁1号线列车均有使用，下面简要介绍这两条地铁线的基本情况。

1. 上海地铁 AC03 线

上海轨道交通3号线（又称上海地铁明珠线1期），其中上海南站至江湾镇段于2000年11月投入运营，北延伸（江湾镇至江场北路）于2006年12月投入运营。上海地铁3号线的车辆现为6节编组，由法国阿尔斯通公司和我国中车联合制造。车辆的制动系统采用的是由原来的英国 Westinghouse 公司（现已并入克诺尔制动机公司）设计的 KBWB 模拟式电气指令制动系统。

2. 南京地铁 1 号线

南京地铁1号线列车采用6辆A型车编组，1 500 V 接触网受电，制动系统采用原英国 Westinghouse 公司设计的 KBWB 模拟式电气指令制动系统。图 7.18 所示为南京地铁 1 号线列车制动系统的组成框图，列车制动系统由电制动系统、空气制动系统、制动控制装置和防滑装置组成。在两端拖车的司机室操纵台上，安装有牵引/制动控制器，用于产生制动指令，安装在动车上的牵引传动系统在列车运行在制动工况时产生电气制动力；安装在每辆车上的空气制动系统在电制动力不足时产生空气制动力；安装在每辆车上的制动控制装置（BCE）实现对电制动、空气制动、防滑装置工作的控制；安装在每辆车上的防滑装置在某一轮对出现滑行时消除轮对的滑行。车辆制动系统采用拖车空气制动滞后控制策略，即拖车所需制动力先由动车的再生制动承担，然后根据电-空联合制动运算，不足部分先由动车的空气制动力补充，动车不足以承担的拖车所需制动力再由拖车的空气制动力承担。该制动系统实现了空气制动与电制动的高度结合，不仅满足了电制动优先的要求，而且实现了电空混合制动的平滑过渡，还设有冲动限制，以提高旅客乘坐舒适度。

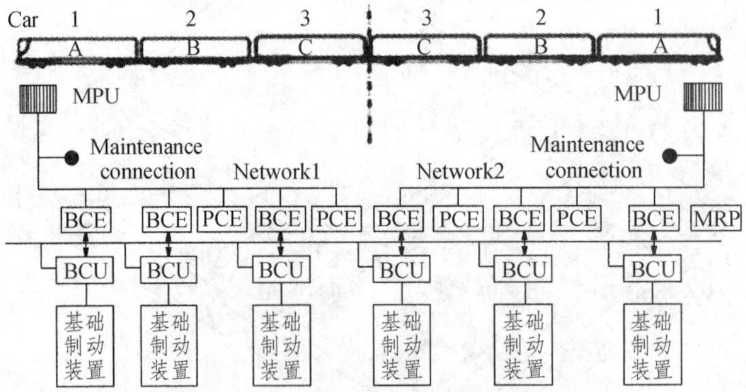

图 7.18　南京地铁车辆制动系统的组成框图

【任务实施】

本次任务的实施，以学习小组的形式，利用多媒体技术对南京地铁1号线采用的KBWB制动系统进行学习，熟练掌握 KBWB 模拟式电气指令制动系统的设计原则、特点及模块化结构。

【效果评价】

评 价 表

项目名称	项目7　KBGM和KBWB制动系统	学生姓名	
任务名称	任务4　KBWB模拟式电气制动系统认知	分数	

项　　目	分值	考核得分
1. KBWB模拟式电气指令制动系统相关知识、图片的搜集和整理	10	
2. 是否有小组计划	5	
3. KBWB模拟式电气指令制动系统的设计原理	25	
4. KBWB模拟式电气指令制动系统的特点	25	
5. KBWB模拟式电气指令制动系统模块化结构	20	
6. 编制学习汇报报告情况	10	
7. 基本素养考核情况	5	

教师简要评语：

教师签名：

任务 5　KBWB 制动控制系统的组成与作用

【活动场景】

利用多媒体展示或在城轨车辆检修车间对 KBWB 模拟式电气指令制动系统的制动力分配、构成及各部分的工作原理进行学习。

【任务要求】

1. 掌握 KBWB 模拟式电气指令制动系统的制动力分配；
2. 掌握 KBWB 模拟式电气指令制动系统空气制动系统的构成；
3. 掌握 KBWB 模拟式电气指令制动系统空气制动系统的各部分工作原理。

【知识准备】

KBWB 模拟式电气指令制动控制系统主要由供气单元、微机制动控制单元、空气制动控制单元、防滑控制单元、基础制动装置、空气悬挂辅助装置及各种控制线路组成。本次任务我们主要分析供风单元、微机控制和空气制动控制单元。

一、供风单元系统构成

图 7.19 所示为 KBWB 型制动系统的供气单元简图，由图可知，安装 KBWB 制动系统的列车中带司机室的拖车都带 1 套供气单元，每列车有 2 套，供气单元按奇偶日期定义为主供气或辅助供气单元。由图 7.19 可知，每套供气单元由空气压缩机组、空气干燥器及控制装置组成，下面逐一进行介绍。

1. 空气压缩机组

空气压缩机组主要是向整个用风系统提高压缩空气，是用风系统的风源装置，安装于整个模块框架内。

KBWB 模拟式电气指令制动控制系统供风单元采用 VV120 型空气压缩机（A2.1），该机组作为供气和制动控制组合模块（AI）的一部分由三个往复式压缩气缸、中间和后冷却器以及驱动电机组成。通过弹簧索安装于带司机室的拖车上，其驱动电机电源为 AC 400 V/50 Hz，由辅助逆变器提供。

空气压缩机是由两个低压活塞和一个单一的高压活塞以及一根通用曲轴组成的 W 形结构。驱动电机通过联轴节的法兰与空气压缩机相连接，采用飞溅润滑方式，飞溅到曲轴箱呼吸器上的润滑油经外接过滤器单元分离、干燥后重新流回曲轴箱，供曲轴箱润滑，曲轴箱油面可通过可视玻璃进行检查。

空气压缩机工作原理（空气压缩流程）：空气—纸质过滤器—低压活塞压缩—通过安全阀（设定值为 5×10^5Pa）—中间冷却器（对低压活塞压缩后的空气进行降压，并提升空气温度）—高压活塞压缩—安全阀（设定值为 14×10^5Pa）—后冷却器冷却—干燥器（A2.3）干燥后，向整列车供风。其中，安全阀主要起到过载保护作用。

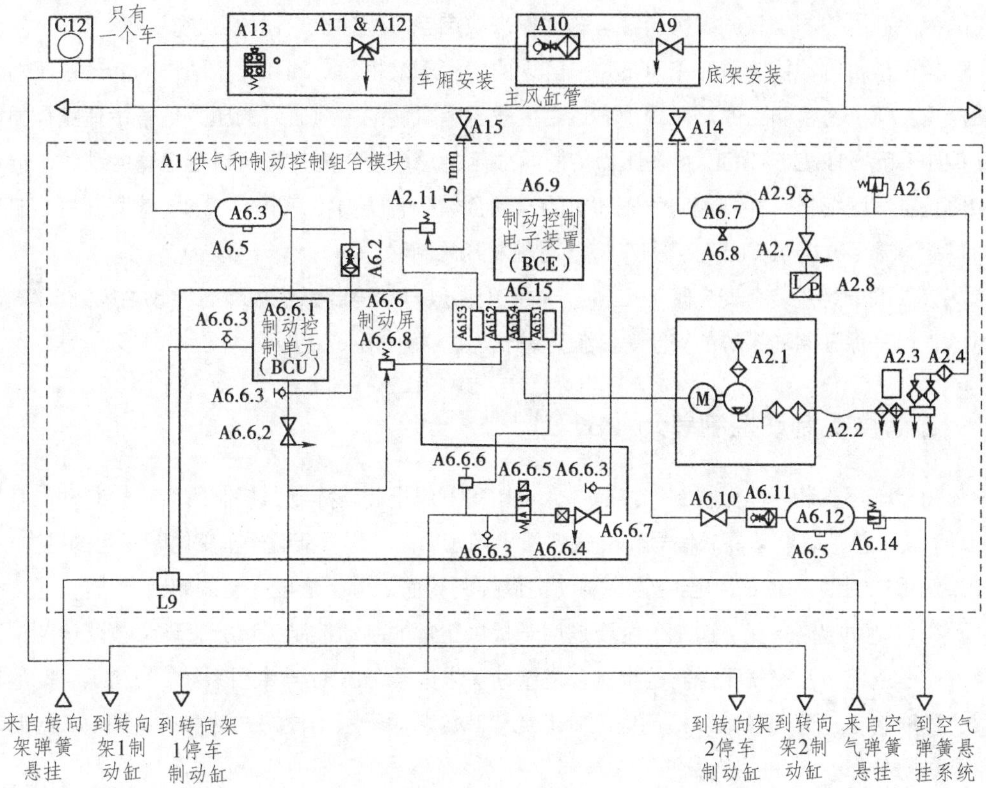

A2.1—空气压缩机；A2.6—主风缸安全阀；A6.6.1—制动控制单元；A6.6.5—停放制动实施电磁阀
A6.6.6—停放制动缓解电磁阀；A6.7—主风缸；A6.9—制动控制电子装置（BCE）；
A13—制动实施和缓解电磁阀；A6.15—继电器阀箱；L9—压力中继阀。

图 7.19　KBWB 制动系统的供气单元简图

车辆在正常情况下运行时，当一台压缩机能够满足整列车用风需求时，则仅启动主供风单元的空气压缩机；车辆在辅助模式或降级模式下运行时，需同时启动主、辅供风单元的空气压缩机。当司机室发生变化时（上、下行变化），激活端司机室的确认信号通过列车 FIP 网络传送给微机制动控制单元（BCE），微机控制单元控制主供风单元也随之变化，采用这种控制方式主要是为保证空气压缩机的工作周期和工作时间均衡，防止出现润滑油乳化等现象。

2. 空气干燥器

空气干燥器主要是将空气压缩机压缩出的压力空气进行干燥，为整个用风系统提供干燥、优质的压缩空气，安装于整个框架外的横梁上。

供风单元采用双塔再生式空气干燥器对压缩空气进行干燥，双塔交替工作。在正常工况下，两个空气干燥塔交替轮流工作，首先向一个空气干燥塔增压 2 min 后，再向另外一个空气干燥塔增压 2 min；如果空气压缩机停止时，某个空气干燥塔工作时间不到 2 min，此时，该空气干燥器的计时器便会记下该空气干燥塔已工作的时间，当空气压缩机再次工作时，首先向该塔进行增压，增压时间按从计时器中断时刻开始计时，当增压时间达到 2 min 后，向另一个空气干燥塔增压，来保证两个空气干燥塔具有相同的工作时间。

3. 控制装置

控制装置主要是根据总风管的压力来控制空气压缩机的启动和停止的，同时根据主风管压力大小通过控制空气压缩机的继电器动作来决定空气压缩机启动的台数。

通过微机制动控制单元（BCE）来实现的空气压缩机的启动和停止动作的。通过压力传感器（A2.8）将检测到的总风管（靠近主空气压缩机侧的主风缸）的压力信号传递给微机制动控制单元（BCE），BCE 根据压力传感器显示的总风管压力信号通过继电器的动作来启动和停止空气压缩机，并判定空气压缩机的启动台数。若压力传感器（A2.8）检测到主风缸压力持续下降到 0.6×10^{5}Pa 时，列车将自动触发紧急制动。

该供气单元还装有安全阀（A2.6），防止因供风自动控制系统故障而导致主风缸（A6.7）过压，用来保证制动系统的安全，其设定动作压力为 10.5×10^{5}Pa。

二、微机制动控制单元（BCE）

每节车都安装一套微机制动控制单元（BCE）用于制动控制，控制所有空气制动的常用制动，其中包括随制动需求信号和空气弹簧平均压力（车重载荷信号）变化而变化的压力值。如果使用电制动，BCE 为电-空混合制动提供控制界面划分，形成完整的制动系统。

微机制动控制单元（BCE）主要是用于提供正常的制动控制、运行管理和故障检测，以及对空气压缩机及空气干燥器的控制，是制动需求信号、BCU 与牵引系统（PCE）之间的桥梁；同时将运行管理及故障检测信息传递给 TIMS，便于利用便携式计算机（PTU）对制动系统进行故障诊断和维修。

常用制动时，空气弹簧将其平均压力信号（车重载荷信号）传递给 BCE，BCE 根据该信号计算出车辆所需制动力，同时将该信号传递给 FIP 网络系统。具体是：拖车空气弹簧压力信号通过 FIP 网络传送到动车的 BCE 和牵引控制装置；动车的载荷信号也传递给相应的牵引控制电子装置。牵引控制单元经过计算，决定制动力的分配。对于动车，电制动和空气制动系统同时存在，无论采用司控器或 ATO 控制，动车都能实时得到连续的电制动和空气制动。

BCE 还对空气压缩机（A2.1）和空气干燥器（A2.3）进行控制。

三、空气制动控制单元

拖车和动车由于车辆载重不同，安装的空气制动控制单元（BCU）也略有不同。制动控制单元（BCU）由 EP 控制板、称重阀和主控阀三部分组成，具体结构如图 7.20 所示。

1. EP 控制板

EP 控制板是制动控制单元（BCU）的基座，它是一块布置有空气管路及接口，可安装称重阀、主控阀等其他部件的氧化铝板，其上布置有空气气路及接口、压力测试点、电气接口插座等。在其前端装有钢盖，用来保护 EP 控制板中的设备，钢盖采用不锈钢插销锁闭，为保证锁闭安全，还设置了两个安全挂钩。其位置位于图 7.20 所示的下部。

EP 控制板的主要空气气路接口有 5 条，均采用 BSP 型内螺纹，分别为：连接制动储风缸（BSR）的接口 1、连接空气弹簧（AS）的接口 3、连接单元制动机（BC）的接口 4、连接主风缸（MR）的接口 5、连接停放制动风缸（PB）的接口 7。除这些接口外，还在制动风缸排气端口，该端口安装有消音器。

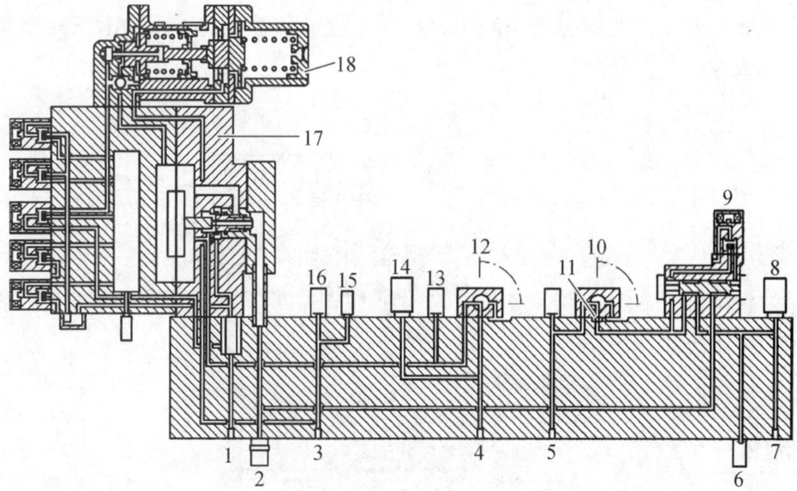

1—制动风缸接口；2—制动消音器；3—空气弹簧接口；4—制动机压力接口；5—主风缸压力接口；
6—停放制动测试点；7—停放制动风缸接口；8—停放制动缓解开关；9—停放制动消音器；
10—停放制动截断塞门；11—主风缸测试点；12—主风缸截断塞门；13—制动机压力测试点；
14—制动机压力开关；15—空气弹簧压力转换器；16—空气弹簧压力测试点；
17—主控阀；18—称重阀。

图 7.20　制动控制单元

EP 控制板的压力测试点有 4 个，可在不拆卸端盖的情况下进行压力测试。分别为：停放制动压力测试点 6、主风缸压力测试点 11、单元制动缸压力测试点 13 和空气弹簧压力测试点 16，其中停放制动压力测试点位于 EP 控制板的背面，其余均处于前面。

EP 控制板的电气接口为 19 路电气插座接口，共有 2 个，位于控制板的背面，分别为：空气弹簧转换信号接口 C_1 和 BCU 驱动信号接口 C_2。

EP 控制板背面设置有接地装置，端盖下部设置有元器件接地装置。

2. 称重阀

称重阀又称空重车调整阀，是接收来自空气弹簧的压力（车辆载荷信号），限制 BCU 的空气压力输出，是一种混合压力限制装置。若空气弹簧破损等原因造成无压力输出时，无论车辆处于哪种工况，称重阀均认为车辆在 AW_3（超载）工况下，BCU 控制列车施加紧急制动。称重阀有三种规格，可根据车辆载重进行选择。由于主控阀控制腔室 X 内的压力受 BCE 的控制，而 BCE 的制动指令本身又是根据车辆的负载、车速和制动要求给出的，因此，在常用制动中称重阀几乎不起作用，仅起预防作用，以防主控阀的五个电磁阀控制失灵。其具体结构如图 7.21 所示。

称重阀上部是一个进排气阀，与紧急电磁阀相连通。制动储风缸的压力空气—经紧急电磁阀—进入进排气阀的进气阀座—进排气阀下的输出口—控制腔室 Y。此外，还有一个输出压力室和一个检测阀与输出口相通。阀体中间是两个膜板腔室，主膜板与上膜板之间是排气腔室，排气杆中间有排气通道，并可上下移动，主弹簧对其产生向上作用力。上膜板与下膜板之间是控制腔室，主要接收来自空气弹簧的压力。下膜板下方是活动阀片，偏置弹簧对其产生向上作用力。

当空气弹簧故障无压力输出时：上膜板和下膜板均于滑动块密贴，此时，偏置弹簧、活动阀片、下膜板、滑动块、上膜板、主弹簧、主膜板和排气杆共同形成向上的作用力，排气杆打开进排气阀，使从紧急电磁阀来的压力空气通过进气阔座口进入输出压力室并通过输出口进入控制腔室 Y，产生紧急制动。

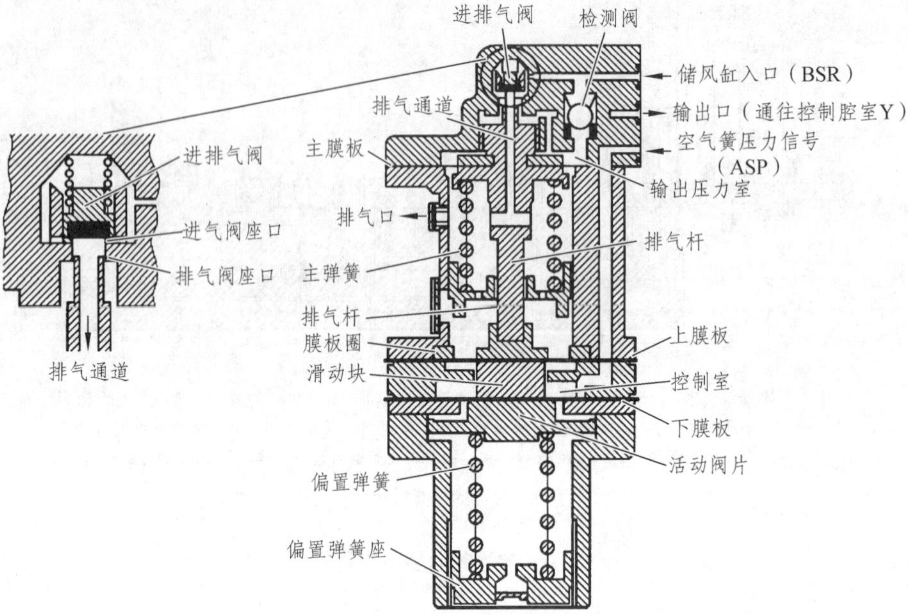

图 7.21　称重阀

空气弹簧信号正常时：空气弹簧压力信号（ASP）进入称重阀控制室，控制室内充满压力空气，使上膜板和下膜板均与滑动块分离，压力空气对下膜板和偏置弹簧产生向下反作用力，对上膜板和排气杆产生向上作用力，但作用力减小，并与空气弹簧压力信号成正比。这时进入控制腔室 Y 的空气压力随空气弹簧压力变化，产生相应的制动力。

3. 主控阀

主控阀可分为两部分：一部分为电-气转换部分（相当于 KBGM 模拟式电气指令制动系统的 EP 阀），另一部分为输出放大部分（相当于 KBGM 模拟式电气指令制动系统的均衡阀），具体结构如图 7.22 所示。

与主控阀连接的主要设备：气-电转换器、单元制动机、制动储风缸、空气弹簧和称重阀等。

1）电-气转换部分

电-气转换部分主要由缓解电磁阀（2 个，分别为精调电磁阀和粗调电磁阀）、紧急电磁阀、充气电磁阀（2 个，分别为精调电磁阀和粗调电磁阀）、控制腔室 X 和气-电转换器组成。其气路连接如下：

电磁阀气路连接：5 个电磁阀的一端与控制腔室 X 相连接，缓解电磁阀的另一端与大气相连接，充气电磁阀的另一端经过滤器与制动储风缸相连接，紧急电磁阀的另一端与称重阀相连接。

控制腔室 X 连接：控制腔室一端与 5 个电磁阀相连接，另一端与气-电转换器相连接。

气-电转换器作用：主要是将控制腔室 X 内的空气压力转变成电信号，反馈给微机制动控制单元（BCE）。

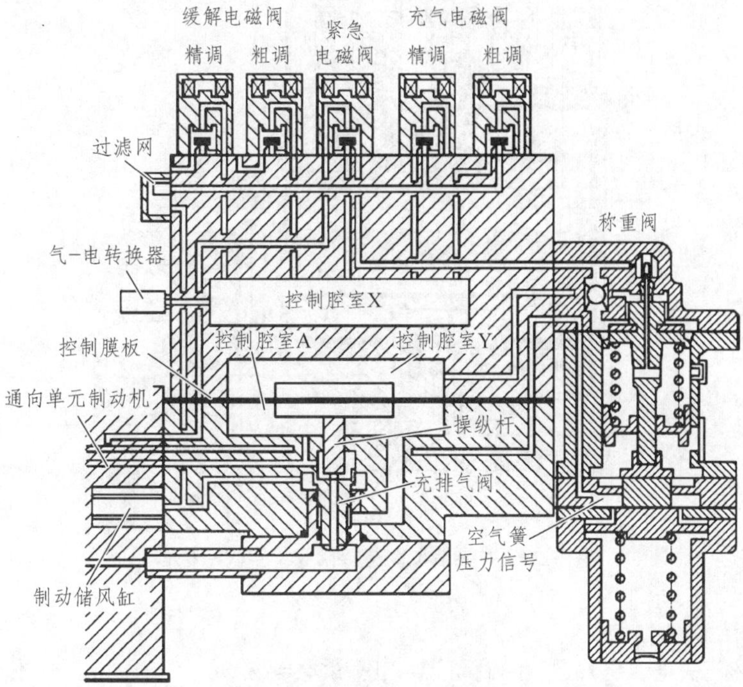

图 7.22　主控阀

2）输出放大部分

输出放大部分主要由控制腔室 Y、控制膜板、控制腔室 A、操纵杆和充排气阀组成。气路连接：控制腔室 Y 通过称重阀、紧急电磁阀与控制腔室 X 相连通；控制腔室 A 通过充排气阀与单元制动机相连通。

固定在控制膜板上的操纵杆向下移动，打开充排气阀的上口并切断充排气阔的排气通道，此时，制动缸储风缸的压力空气—控制腔室 A—充排气阀上口—单元制动机，同时根据控制腔室 Y 的压力向单元制动机输出给定的制动压力，制动施加；固定在控制膜板上的操纵杆向上移动，关闭充排气阀上口切断制动储风缸和控制腔室 A 与单元制动机的连接并打开排气通道，单元制动机的压力空气从排气口排出，制动缓解。

4. 制动控制单元（BCU）工作原理

1）常用制动

由 BCE 发出制动充气指令，主控阀上两个充气电磁阀加电励磁，给控制腔室 X 充气，充气过程中，主控阀上气-电转换器实时将控制腔室 X 内的空气压力信号转换成电信号后，反馈给 BCE，BCE 根据反馈信号实时调整制动充气指令，持续到控制腔室 X 内的空气压力与 BCE 发出的制动指令值一致。此时，控制腔室 X 与称重阀的进排气阀相连通，称重阀上、下膜板于滑动块分离，排气杆上移，打开进排气阀进气阀座口，连通主控阀控制腔室 X 与控制腔室 Y，控制膜板在向下作用力作用下，带动操纵杆下移，打开充排气阀的上口并切断充排气阀的排气通道，将制动储风缸和控制腔室 A 与单元制动机相连接，同时，根据控制腔室 Y 的压力向单元制动机输出给定的制动压力空气，直到控制腔室 A 和控制腔室 Y 平衡，关闭充排气阀的上口，保持关闭充排气阀的排气通道，施加制动。其空气通路如图 7.23 所示。

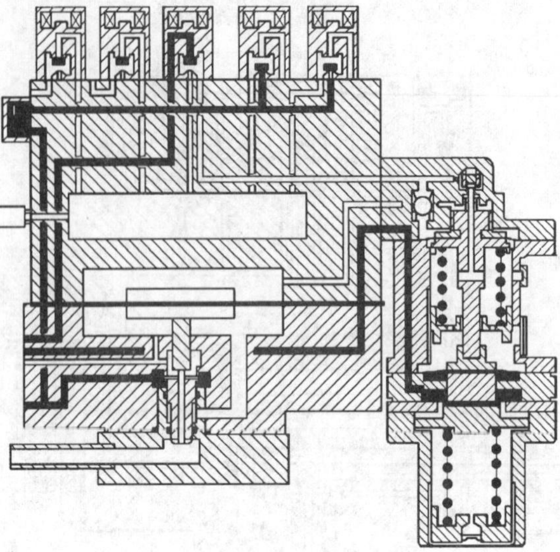

图 7.23　常用制动时主控阀和称重阀的状态

2）紧急制动时

紧急电磁阀失电，压力空气由制动储风缸—紧急电磁阀（仅是通路，不对压力大小进行控制）—称重阀，压力空气未进入主控阀控制腔内，不受主控阀控制。此时若有空气弹簧压力信号，则空气弹簧压力空气—EP 控制板接口 3—进入称重阀控制室，推动称重阀排气杆打开进排气阀，压力空气制动储风缸—紧急电磁阀（仅是通路，不对压力大小进行控制）—称重阀—称重阀输出控制室—主控阀控制腔室 Y（当称重阀输出控制室内充入压力空气后，对主膜板产生向下的作用力，该作用力克服主弹簧的弹力和上膜板向上的作用力，使排气杆向下移动，关闭进排气阀。此时，主控阀控制腔室 Y 中压力比常用制动时大），固定在主控阀控制膜板上的操纵杆向下移动，打开充排气阀。此时连通制动储风缸与单元制动机，当控制腔室 A 与控制腔室 Y 中的空气压力平衡时，固定在主控阀控制膜板上的操纵杆向上移动，关闭充排气阀上口，并保持充排气阀排气口关闭，施加紧急制动。其空气通路如图 7.24 所示。

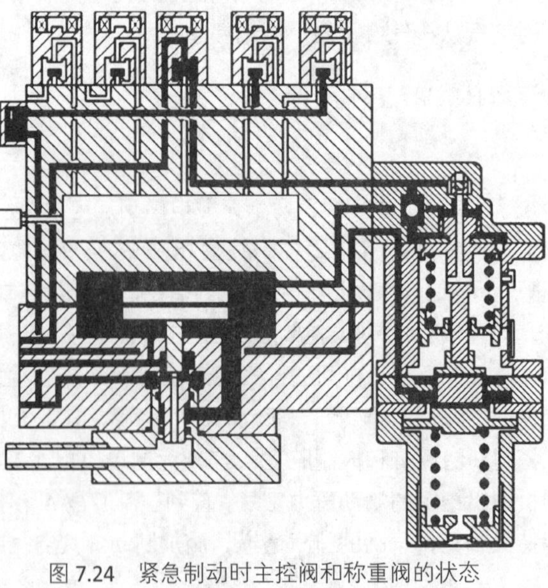

图 7.24　紧急制动时主控阀和称重阀的状态

【小贴士】此时紧急制动力的大小受称重阀限制。

【任务实施】

上海明珠线地铁列车采用 3+3 编组形式，每单元由 1 辆带司机室的拖车、1 辆带受电弓的动车和 1 辆不带受电弓的动车组成，制动力的分配按单元进行设计采用电空混合制动。由于动车可进行动力制动和空气制动，拖车只能进行空气制动，所以存在制动力协调配合的问题，同时，应最大限度地使用动车的电制动，减少空气制动。因此，列车制动力的分配十分重要。

明珠线 AC03 地铁车辆采用“拖车空气制动滞后控制”。控制方法为：拖车所需制动力由动车的电制动力来承担。根据电空混合运算，电制动力的不足部分由动车的空气制动补充，最后才使用拖车的空气制动。AC03 型车制动系统设计时，规定如果动车电制动力不能满足制动减速度的要求，那么动车空气制动立即进行补充，动车上的电制动力和空气制动力的总和最大可利用到 15%的黏着。在 AW_3 工况（超员情况）下，如果动车总制动力还不能满足制动减速度的要求，此时，由拖车空气制动进行制动力补偿。

当列车制动时要求的减速度为 1.0 m/s^2 时，动车的空气制动力被限定只能使用 10%的黏着，其余不足的部分由拖车空气制动补偿，当列车运行速度小于 5 km/h 时，动车上的 PCE 将向本车 BCE 发送电制动关闭信号，电制动全部关闭，BCE 根据该信号增加空气制动进行补偿；当列车运行速度小于 0.5 km/h 时，空气制动力开始减小，当列车完全停止时，空气制动减少到常用全制动的 70%左右，一直将该制动力保持到列车重新开始牵引为止。

上海明珠线 AC03 型地铁车辆共配备 2 套供风单元，分别安装于每个单元的带司机室拖车上，2 套供风单元为主辅关系，主供风单元为司机室激活端供风单元，反之为辅助供风单元，从而保证风源系统的工作效率。

【效果评价】

评价表

项目名称	项目 7　KBGM 和 KBWB 制动系统	学生姓名	
任务名称	任务 5　KBWB 制动控制系统的组成与作用	分数	
项　目		分值	考核得分
1. KBWB 模拟式电气指令制动系统空气制动系统制动力分配、构成等相关知识的搜集和整理		10	
2. 是否有小组计划		5	
3. KBWB 模拟式电气指令制动系统空气制动系统制动力分配及构成		30	
4. KBWB 模拟式电气指令制动系统空气制动系统各部分作用原理		40	
5. 编制学习汇报报告情况		10	
6. 基本素养考核情况		5	
教师简要评语： 教师签名：			

任务6　KBWB 制动系统的组成和控制过程

【活动场景】

利用多媒体展示 KBWB 模拟式电气指令制动系统常用制动、快速制动、紧急制动及停放制动控制过程。

【任务要求】

1. 掌握 KBWB 模拟式电气指令制动系统常用制动控制过程；
2. 掌握 KBWB 模拟式电气指令制动系统快速制动控制过程；
3. 掌握 KBWB 模拟式电气指令制动系统紧急制动控制过程；
4. 掌握 KBWB 模拟式电气指令制动系统停放制动控制过程。

【知识准备】

通过本项目前面任务的学习，我们知道 KBWB 模拟式电气指令制动控制系统主要由供气单元、微机制动控制单元、空气制动控制单元、防滑控制单元、基础制动装置、空气悬挂辅助装置及各种控制线路组成，前面我们已经学习了供风单元和空气制动控制单元，本次任务我们学习防滑控制单元、基础制动装置和制动控制过程。

一、防滑控制单元（WSP）

KBWB 制动系统的防滑控制单元（WSP）集成在 BCE 中。防滑控制单元（WSP）主要功能是当列车由于制动力过大，轮轨间黏着遭到破坏时，通过控制排气阀动作，恢复轮轨间黏着力，消除车轮滑行，是微机制动控制单元（BCE）重要的组成部分。

防滑控制单元（WSP）控制时，将进行单根车轴减速度与设定减速度之间和每辆车相对速度与设定速度之间计算比较，通过双防滑阀排气消除滑行。

KBWB 模拟式电气指令制动控制系统在列车的每根车轴上设置一套速度传感器，实时将制动时每根车轴的速度传递给 BCE 的防滑控制单元（WSP），通过防滑控制单元（WSP）进行防滑控制。如果 WSP 监测到某根车轴减速度过快或是某根车轴转速与最大转速的车轴转速之差超出某个值，BCE 通过装在转向架上双防滑阀的通气和排气的控制来实现的减防滑控制。

电制动时，列车微机牵引控制单元（PCE）通过自行设置的车轮滑行检测系统获取滑行信号后，PCE 通过控制减少电制动力来纠正车轮滑行，同时向 BCE 反馈低电平信号，防止 BCE 进行空气制动的补偿，如果该信号持续时间超过 2 s，BCE 将控制切除电制动，利用空气制动防滑系统（WSP）来纠正车轮滑行。如果 BCE 检测到大滑行时，制动控制单元将发给 PCE 的 WSP 信号置于高电平，PCE 在接到该信号后，迅速退出电制动，此时，空气制动也不投入，车辆处于惰性状态，当 WSP 输入信号再次变为低电平时，制动力将逐步恢复。制动力恢复分两阶段进行，第一阶段时以接近冲击极限的速率恢复，直到达到设定值，第二阶段是制动力在逐步恢复到滑行出现时的设定值，此时，防滑系统控制完成。

双防滑阀由两个完全对称的单防滑阀组合而成，每个单防滑阀控制一个转向架上的一条轮对，其上部设置有两个电磁阀，一个通气电磁阀，一个排气电磁阀，通过两个电磁阀的加电励磁和失电消磁情况，共有三种工况：充气、保压、排气。其具体结构如图 7.25 所示。

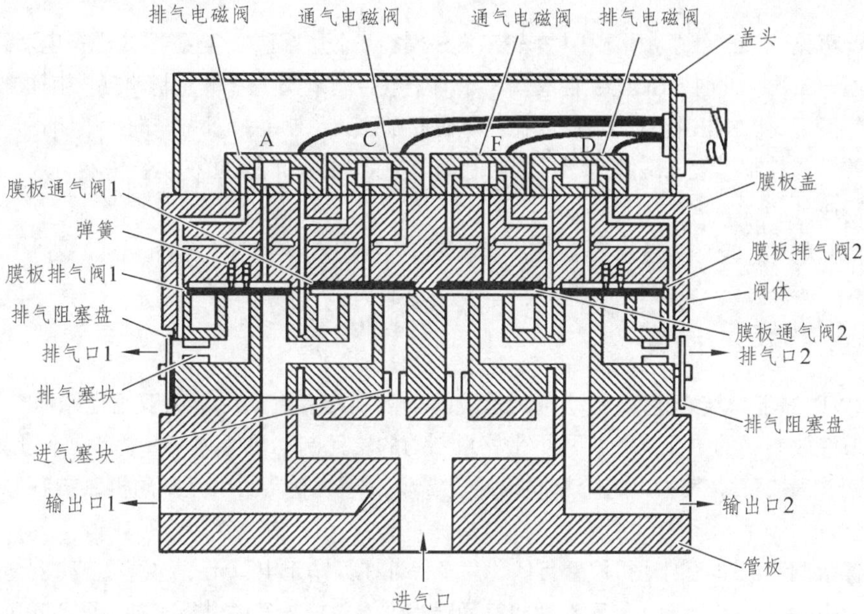

图 7.25　双防滑阀的结构

1. 充　气

电磁阀励磁情况：排气电磁阀 A、通气电磁阀 C 失电消磁（此时 A 和 C 阀的阀板均在左侧）。

压力空气经进气口进入，通过排气电磁阀 A 进入膜板排气阀 1 的上部，与弹簧共同形成向下的作用力，关闭排气口 1 和输出口 1；此时，由于通气电磁阀 C 阀板处于左侧，压力空气无法进入通电电磁阀 C 内，无法对膜板通气阀 1 形成向下的作用力，压力空气经进气口进入膜板通气阀 1 下部气室，推动膜板通气阀 1 上移，导通进气口和输出口 1，压力空气通过防滑阀进入单元制动缸内。

2. 保　压

电磁阀励磁情况：排气电磁阀 A 失电消磁、通气电磁阀 C 加电励磁（此时 A 阀阀板处于左侧，C 阀板处于右侧）。

排气电磁阀 A 失电消磁，压缩空气向制动缸充气，通气电磁阀 C 加电励磁，阀板处于右侧，压力空气经进气口进入通气电磁阀 C 内，作用于膜板通气阀 1 上，推动膜板通气阀 1 下移，关闭进气口与输出口 1 的通路，此时，处于保压状态。

3. 排　气

电磁阀励磁情况：排气电磁阀 A、通气电磁阀 C 均加电励磁（此时 A 和 C 阀的阀板均在右侧）。

排气电磁阀 A 加电励磁，阀板处于右侧，导通排气口 1 与膜板排气阀 1 上部气室，膜板排气阀 1 在制动缸压力空气作用下克服弹簧力向上移动，导通输出口 1 和排气口 1，使制动缸压力排入大气；同时，由于通气电磁阀 C 加电励磁，阀板处于右侧，压力空气经进气口、通气电磁阀 C 进入膜板通气阀 1 上部，推动膜板通气阀 1 下移，关闭进气口与输出口的空气压力。

由此可见，在正常制动情况下（车轮未发生滑行），防滑阀中的电磁阀处于失电消磁状态，也就是通气工况。此时，BCU 主控阀输出压力空气经防滑阀进入单元制动缸，施加制动。当发生车轮滑行时，BCE 控制防滑阀的排气电磁阀励磁，将制动缸压力排向大气纠正滑行，当恢复黏着后，控制排气电磁阀消磁，实施制动。在紧急制动时，防护功能依然有效，动作与常用制动一致。

防滑阀的动作反应速度由安装在进、排气口内的阻塞盘大小决定。

二、基础制动装置

KBWB 模拟式电气指令制动控制系统的基础制动装置采用单侧双闸瓦踏面单元制动机，分带停放制动的单元制动机和不带停放制动的单元制动机两种，每个转向架设置 4 个，每条轮对设置 2 个。其中，每个转向架设置 2 个带停放制动的单元制动机，布置方式采用对角布置。

带停放制动的单元制动机设置目的：为了保证在列车无电、无气的情况下可安全地停放在 35‰的坡道上。其施加功能可在司机室通过操作停放施加开关进行施加，缓解既可在司机室操作缓解开关缓解，也可通过设置在转向架上的弹簧卸载销来手动缓解。

三、制动控制概述

KBWB 模拟式电气指令制动控制系统控制原理如图 7.26 所示，其控制方式采用电-空混合制动控制，采用 PWM 方式进行无级调速控制，每个制动控制单元控制每辆车上的两个转向架。以下结合图 7.26 所示控制原理图对制动过程进行介绍。

1. 输入信号及作用

（1）制动指令线：根据司控器手柄位置由 Encode 编码下达两个脉宽调制信号；

（2）制动信号 LV：高电平保持制动命令，防止车辆冲动，低电平撤销制动命令；

（3）负载信号：拖车车重载荷信号通过 FIP 线输入动车 BCE 装置；

（4）紧急制动信号：直接越过电子制动控制系统，驱动紧急阀动作；

（5）保持制动信号：防止车辆溜车。

2. 控制原理

（1）司控器或 ATO 触发制动信号，制动列车线发出制动指令，动车及拖车微机控制单元对电制动信号、电制动实际值和电制动滑行等进行运算，优先施加电制动；

（2）用以控制制动力大小的电流信号经编码器编码成 PWM 信号，由列车线输出；

（3）PWM 信号控制牵引系统逆变单元，综合考虑冲动限制及载荷要求，使电动机减速；

（4）当司控器发出最大制动力指令时，制动列车线被激活，提供最大制动力；

（5）当列车速度低于 6 km/h 时，电制动被切除，BCU 独立完成空气制动。

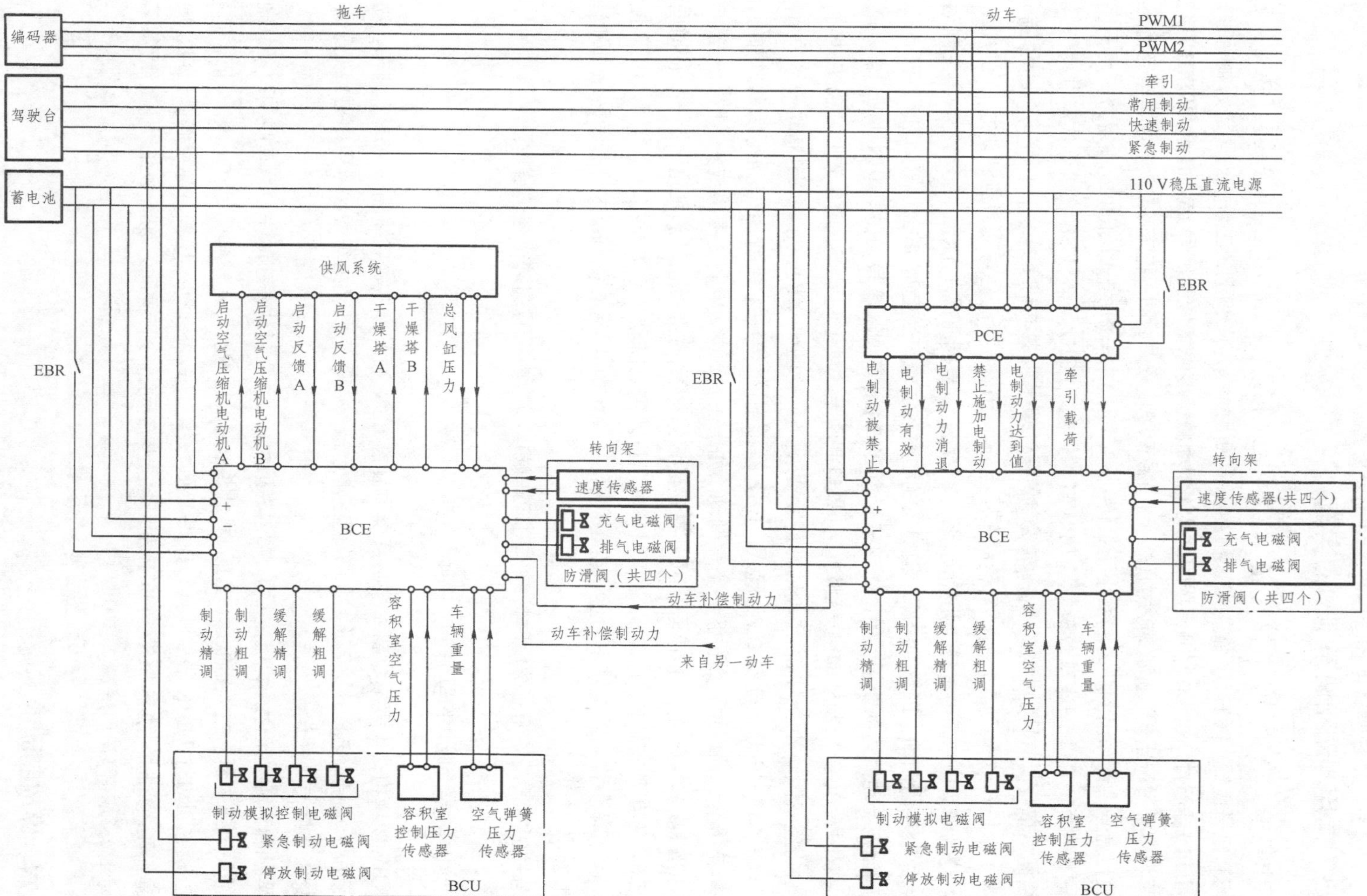

图 7.26 空气制动电子控制原理

KBWB 模拟式电气指令制动控制系统控制过程分为常用制动和快速制动、紧急制动及停放制动，其具体制动控制过程如下：

四、常用制动和快速制动的实施

司控器或 ATO 发出牵引或制动指令信号，经列车线传递给制动控制电子装置（BCE）及牵引控制电子装置（PCE），经过 BCE 和 PCE 判断后，确定车辆运行工况。当判定为制动时，BCE 和 PCE 同时接收到来自编码器的 PWM 制动减速度脉宽调制信号 PWM1 和 PWM2，经过对两个信号进行比较，选取较大的作为制动减速度要求。此时，拖车 BCE 根据本车空簧压力（载荷信号）计算出制动力的大小（仅控制 BCU 向本车施加一个很小的作用力，用于让闸瓦贴上踏面），同时将本车载荷信号（PWM）发送给 PCE，动车 PCE 在接到拖车载荷信号后，根据本车载荷信号加上 50%的拖车载荷信号计算出所需电制动力大小（因一个制动控制单元为 1 辆拖车+2 辆动车，所以每辆动车承担拖车 50%载荷信号对应得电制动力），施加电制动。电制动实施中，再生与电阻制动相互交替配合，当网压高于 DC 1 800 V 时，再生制动关闭，实施电阻制动，PCE 向 BCE 输出电制动有效信号，当电制动达到需求值时，PCE 向 BCE 输出电制动力达到要求的值时，该信号为 PWM 脉宽调制信号，如果电制动满足制动减速度要求时，BCE 限制施加空气制动；如果电制动无法满足制动减速度要求时，BCE 控制 BCU 进行空气制动补偿，以满足制动减速度要求。当速度低于 18 km/h 时，电制动开始关闭，此时，PCE 向 BCE 输出电制动关闭信号，BCE 在接到该信号后，控制 BCU 进行制动力补偿，完成电-空混合制动，并平滑过渡到空气制动。如果在制动中，电制动故障或失效时，PCE 向本车 BCE 输出电制动被禁止信号，BCE 在接到该信号后，控制 BCU 施加空气制动，同时向拖车 BCE 发出动车补偿制动力无效信号，拖车投入空气制动。当列车接近停车时，BCE 控制 BCU 实施保持制动至停车为止，当车辆再次启动时，当启动牵引力大于车辆后溜力时，保持制动缓解。

若发生空气制动无法缓解时，操作对应车端电器柜内三通阀进行强迫缓解。

五、紧急制动的实施

KBWB 模拟式电气指令制动控制系统中设置 EBR 触点，该触点线圈与 ATP（列车自动防护系统）及模式选择开关等联锁，车辆正常运行时，紧急制动列车线和紧急电磁阀处于加电状态，该触点处于闭合为止。

紧急制动触发条件：司机室“警惕”按钮动作、紧急制动按钮动作、列车脱钩、紧急制动环线失电或中断、主风缸低压、ATC 发出紧急制动指令。

当紧急制动时，EBR 触点断开，BCE 接到该信号后，控制 BCU 使紧急电磁阀失电，施加紧急制动，此时，动车 BCE 向 PCE 发出禁止电制动指令，同时，切断 PCE 电压。缓解紧急制动时必须在停车后缓解。

六、停放制动的实施

停放制动单独工作，不受 BCE 控制，当车辆停车后，司机按下司机台上停放制动按钮，停放制动列车线断电，停放制动电磁阀失电消磁，施加停放制动。

缓解停放制动时，再次按下停放制动按钮，停放制动列车线得电，停放制动电磁阀加电励磁，压力空气进入制动缸，停放制动缓解。

【任务实施】

以小组的形式进行交流学习，熟练掌握 KBWB 模拟式电气指令制动系统常用制动、快速制动、紧急制动及停放制动。

【效果评价】

评价表

<table>
<tr><td>项目名称</td><td>项目 10　KBGM 和 KBWB 制动系统</td><td>学生姓名</td><td></td></tr>
<tr><td>任务名称</td><td>任务 3　KBWB 制动系统的组成和控制过程</td><td>分数</td><td></td></tr>
<tr><td colspan="4"></td></tr>
<tr><td colspan="2">项　目</td><td>分值</td><td>考核得分</td></tr>
<tr><td colspan="2">1. KBWB 模拟式电气指令制动系统制动控制相关知识的搜集和整理</td><td>10</td><td></td></tr>
<tr><td colspan="2">2. 是否有小组计划</td><td>5</td><td></td></tr>
<tr><td colspan="2">3. KBWB 模拟式电气指令制动系统常用制动</td><td>15</td><td></td></tr>
<tr><td colspan="2">4. KBWB 模拟式电气指令制动系统快速制动</td><td>15</td><td></td></tr>
<tr><td colspan="2">5. KBWB 模拟式电气指令制动系统紧急制动</td><td>20</td><td></td></tr>
<tr><td colspan="2">6. KBWB 模拟式电气指令制动系统停放制动</td><td>20</td><td></td></tr>
<tr><td colspan="2">7. 编制学习汇报报告情况</td><td>10</td><td></td></tr>
<tr><td colspan="2">8. 基本素养考核情况</td><td>5</td><td></td></tr>
<tr><td colspan="4">教师简要评语：

教师签名：</td></tr>
</table>

项目小结

KBGM 型制动系统由供气单元、制动控制单元（BCU）、微机制动控制单元（EBCU）、防滑系统和单元制动机五个部分组成。其中，制动控制单元（BCU）主要由模拟转换阀（EP 阀）、紧急阀、称重阀和均衡阀等组成，是制动控制的核心。制动控制单元（BCU）如同印刷线路板一样，是一个高度集成的控制单元，将模拟转换阀（EP 阀）、紧急阀、称重阀和均衡阀等安装在一块铝合金的气路板上，气路板上设置了部分测试接口，用于测量各个控制压力和制动缸压力，操作非常简便。安装于车底的一个箱子里，打开箱盖便可以进行整机或部件的测试、检修。

KBWB 制动系统是按模块化原则设计，将微机制动控制单元、空气制动控制单元、风缸和风源等设备安装在一个高度集成的模块内，具有自诊断和故障保护显示功能，因此这种城市轨道交通车辆制动系统具有重量轻、结构简单、便于维护等特点。KBWB 制动系统能适应城市轨道车辆站间距短、运行速度高、加速及停车频繁等要求。KBWB 制动系统由电制动（动力制动）系统和空气制动系统组成，采用 PWM 传递制动指令，制动控制单元采用四个电磁间进行 EP 转换，已达到对控制室充放气的闭环控制。KBWB 模拟式电气指令制动系统具有反应迅速、制动力大、制动距离短、停车精度高、安全可靠等特点。

思考与练习

1. 简述 KBGM 制动系统的组成。
2. 简述 KBGM 制动系统的制动方式。
3. 简述 KBGM 制动系统中动力制动和空气制动协调原理。
4. 简述 KBGM 制动系统中模拟转换阀和紧急阀的主要作用。
5. 简要说明 KBWB 制动系统的特点和组成。
6. 简述 KBWB 制动系统中空气干燥器的工作原理和主要特点。
7. 简述 KBWB 制动系统中 BCU 和防滑控制的工作原理。
8. 简要说明 KBWB 制动系统中拖车空气制动滞后控制和紧急制动的主要原理。

项目 8 SD 型制动机和 EPAC 型制动系统

项目描述

SD 型制动机是我国早期北京地铁使用的直通式电空制动机，执行机构是一个七级膜板式中继阀，目前北京已经较少使用，其他地铁基本无使用；EPAC 制动系统是由法维莱公司设计生产的一种技术含量较高的制动系统，目前在我国仅在深圳地铁 4 号线、上海地铁 6 号线和 8 号线、南京地铁南沿线等线路的车辆上使用。

学习目标

了解 SD 型制动机和 EPAC 制动系统的工作原理和基本结构。

能力目标

1. 掌握 SD 型制动机和 EPAC 制动系统的基本工作原理；
2. 了解 SD 型制动和 EPAC 制动系统的组成、特点和工作过程。

任务 1 SD 型制动机的组成、基本原理和特点

【活动场景】

使用多媒体展示 SD 型数字式电气指令制动控制机。

【任务要求】

1. 掌握 SD 型数字式电气指令制动控制机的基本原理；
2. 了解 SD 型数字式电气指令制动控制机的组成及特点。

【知识准备】

北京地铁发展之初曾广泛采用由长春客车厂和铁道部科学研究院等单位联合研究开发的 SD 型电空制动机，这种制动机属于直通式电空制动机，采用数字式电气指令，采用七级膜板中继阀控制方式。我国北京地铁多年的运营考验表明，这种制动可适应北京地铁车辆特殊要求，当然随着科学技术的发展这种制动机的不足之处也表现出来了。

一、SD 型制动机的基本作用原理

SD 型电空制动机属于直通式电空制动机，采用数字式电气指令式，制动指令的执行装置为一个七级膜板中继阀。数字式电气指令制动控制系统是指 0 和 1 两个数字在组成 3 位数时，除 000 外，还有 001、010、011、100、101、110、111 共 7 组数字组合。这样的数字式指令实际上是使用 3 根常用制动指令线并通过对应的 3 个电磁阀各自得电（相当于 1）或失电（相当于 0）组成的组合，从而获得 7 个不同级别的制动指令。因此，数字指令实际上就是开关指令的组合。这样分级控制的制动指令再通过具有多块气动膜板的七级中继阀动作，使制动缸获得恒定的七级压力。司机操纵制动控制器发出制动指令或缓解指令，控制七级中继阀的 3 个电磁阀交替励磁和失磁，将空重车调整阀的输出压力输入七级中继阀的相应膜板室内进行加碱法运算，从而输出 7 个等增量压力供给制动缸以产生不同级别的制动作用，或者使制动缸压力空气经七级中继阀排向大气发生缓解作用。当空气制动和电制动配合使用时，控导阀将有电制动作用时检测出的电流信号按一定比例变换成空气压力信号输入七级中级阀的混合器里，与指令压力进行减法运算，使电制动力不足指令压力部分由空气制动进行补充。

二、SD 型制动机的基本组成

SD 型电空制动机主要由七级中继阀、制动控制器、空重车调整阀、空电转换器、紧急电磁阀、故障缓解电磁阀、控导阀、双向阀和备用电磁阀等组成，其控制框图如图 8.1 所示。

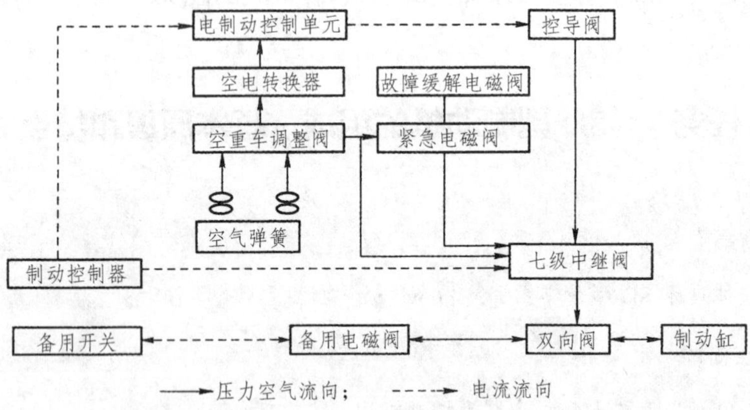

图 8.1　SD 型电空制动机系统框图

1. SD 型电空制动机的控制器

制动控制器是司机用来操纵列车进行制动与缓解作用的装置。制动控制器在司机的操纵下向列车发出制动和缓解指令，即向 SD 型电空制动机的电制动控制单元和七级中继阀发出指令。制动控制器共有 8 个不同的位置，分别“运转位”和从 1 ~ 7 的 7 个常用“制动位”。

2. 七级中继阀

七级中继阀相当于一个加减法运算器，依靠电气控制，进行空气加减法运算，根据制动指令，控制制动缸充气或排气，达到制动和缓解的效果，主要依据空重车调整阀输出的车重信号，来实现不同载荷下的制动和缓解。其作用是将电信号转换成电磁阀的空气压力信号，它将来自制动控制器的指令信号通过三个电磁阀的相互作用，把空气压力输入膜板室，按照不同的组合方式输出七个逐级增加的常用制动空气压力值和一个紧急制动空气压力值给制动缸。同时接收来自控导阀（EP 阀）的空气压力值，通过混合器的减法运算，减去电制动产生的制动力，使七级中继阀最终输出作为补充电制动力不足部分的空气制动压力值。

3. 空重车调整阀

空重车调整阀相当于一个称重装置，它根据空气弹簧提供的压力信号（也就是车辆载荷信号）大小，输出相应的空气压力，并经七级中继阀来控制进入制动缸的空气压力，从而保证车辆保持恒定的制动率。采用前后转向架对角的两个空气弹簧压力信号作为车重信号，基本上准确地反映了车辆载荷信号。

4. 空电转换阀

空电转换阀是把车辆负载变化信号输送给电制动及牵引系统的一个空-电变换器，其作用是使电制动和牵引能力与车辆载荷相匹配，并随车辆载荷变化而实时调整。

5. 控导阀（EP 阀）

控导阀的主要作用是将电制动制动力大小的电信号转变为空气压力信号输送给七级中继阀中的混合器，通过混合器的运算，来补偿电制动力的不足。当电空制动配合时，该阀将检测出的电制动电流信号转换成空气压力信号，将此信号输出，通过七级中继阀混合器的运算，实现电空制动的协调配合。

6. 紧急电磁阀

紧急电磁阀是为保证行车安全而设置的，当施加紧急制动或制动系统发生故障及列车发生意外分离时，紧急电磁阀失电动作，通过七级中继阀产生紧急制动作用，从而保证列车安全。

7. 故障缓解电磁阀

故障缓急电磁阀的作用是在正常制动系统发生故障而施加紧急制动后，通过制动控制器无法缓解的情况下而设置的一套备用缓解装置，对列车制动进行缓解。

8. 备用电磁阀

备用电磁阀的作用是当正常制动系统发生故障时，司机仍能操作列车制动/缓解，保证列车正常运行。其主要包含备用制动电磁阀和备用保压电磁阀。

9. 双向阀

双向阀是七级中继阀与备用制动系统交替使用而设置的一个转换阀。其作用是用来切换正常制动系统和备用制动系统。

三、SD 型电空制动机的特点

1. 优　点

SD 型电空制动机相比以往的各种自动式电空制动机，具有以下特点：

（1）该型制动机配备有空重车调整装置，可根据车辆载荷的变化自动调整制动力，制动时，能达到恒定的减速度，有效地减少了列车纵向冲击力，使停车更加平稳。

（2）制动缸压力具有七级变化，便于调速，各级压力及上升时间基本一致，稳定、准确，操纵灵活方便。

（3）制动、缓解作用快，空走时间短，缩短了制动距离。

（4）与列车自动控制系统接口容易，可实现定位停车。同时与电制动配合简单。在充分保证电制动优先作用情况下，可自动进行空气制动补偿，整个制动过程制动力基本不变，减少了闸瓦磨耗，提高了乘坐舒适性。

（5）配备紧急电磁阀，当列车发生分离或断电故障及施加紧急制动时，确保投入全部空气制动能力施加紧急制动，确保行车安全。

（6）配备备用制动系统，在正常制动系统发生故障时，保证列车运行安全性，提高运营效能。

（7）系统结构简单，集成化程度高，重量较轻，整个装置除制动控制器、备用制动开关等外，其他装置均集中安装在一块集成板上，简化了空气管路；维修保养简单，提高故障维修效率，该制动装置采用O形密封圈、橡胶膜板，简化了结构，且作用可靠，延长了检修期。

2. 缺　点

虽然SD型电空制动机在制动性能上有很大的提高，但仍存在不少的缺点：

（1）由于采用级位控制，控制精度较低。

（2）控导阀制作相对复杂，易受材料及制造工艺的影响。

【任务实施】

建立相应模型，利用小组形式进行交流学习，熟练掌握SD型数字式电气指令制动控制机的基本原理、主要组成及各部件的作用。

【效果评价】

评价表

<table>
<tr><td>项目名称</td><td>项目 8　SD 型制动机和 EPAC 制动系统</td><td>学生姓名</td><td></td></tr>
<tr><td>任务名称</td><td>任务 1　SD 型制动机的组成、基本原理和特点</td><td>分数</td><td></td></tr>
<tr><td colspan="2">项　目</td><td>分值</td><td>考核得分</td></tr>
<tr><td colspan="2">1. SD 型数字式电气指令制动控制机相关知识、图片的搜集和整理</td><td>10</td><td></td></tr>
<tr><td colspan="2">2. 是否有小组计划</td><td>5</td><td></td></tr>
<tr><td colspan="2">3. SD 型数字式电气指令制动控制机的主要组成</td><td>20</td><td></td></tr>
<tr><td colspan="2">4. SD 型数字式电气指令制动控制机各组成部分的作用</td><td>25</td><td></td></tr>
<tr><td colspan="2">5. SD 型数字式电气指令制动控制机的优缺点</td><td>25</td><td></td></tr>
<tr><td colspan="2">6. 编制学习汇报报告情况</td><td>10</td><td></td></tr>
<tr><td colspan="2">7. 基本素养考核情况</td><td>5</td><td></td></tr>
<tr><td colspan="4">教师简要评语：

教师签名：</td></tr>
</table>

任务 2　SD 型制动机的构造和作用原理

【活动场景】

利用模型或多媒体对 SD 型数字式电气指令制动控制机的组成进行讲解学习。

【任务要求】

1. 熟练掌握 SD 型数字式电气指令制动控制机的主要组成部分。
2. 了解 SD 型数字式电气指令制动控制机各组成部分的作用及动作原理。

【知识准备】

通过任务 1 的学习，我们知道 SD 型电空制动机主要由七级中继阀、制动控制器、空重车调整阀、空电转换器、紧急电磁阀、故障缓解电磁阀、控导阀、双向阀和备用电磁阀等组成，由于内容较多，将在任务 2 和任务 3 中详细和分析各组成部分的结构与作用原理。

一、七级中继阀的结构与基本原理

七级中继阀主要通过三个常用电磁阀的相互励磁和消磁将来自制动控制器的指令信号转换成空气压力，使压力进入膜板室内，按照不同的组合方式相加减，得到七个逐级增加的空气压力，输送给制动缸产生制动和缓解作用。它是一个用电气控制的，并能进行加减法运算的电空阀。

1. 七级中继阀的构造

七级中继阀的上部由三个常用电磁阀（CZF_1、CZF_2、CZF_3）和压力给排部分组成，中部为混合器，下部为膜板组。具体结构如图 8.2 所示。

1）常用电磁阀

采用 Q23×D 型电磁阀；额定工作电压为 DC 110 V；主要由阀体 1、线圈 2、铁心 3、弹簧 4 组成。它有三个空气通道：上部阀口连接大气，侧面通路连通膜板室，下部通路连通通路 28，主要接收来自空重调整阀输出的车重载荷信号。

2）压力给排部分

连通总风缸到制动缸或制动缸到大气的机构。主要由给排阀弹簧 5、给排阀 6、大阀口 7、作用杆 8、节流孔 9、均衡活塞 10 和均衡膜板 11 组成。作用杆 8 的空心通路与大气相连通，均衡活塞下侧连通大气，作用杆下端与混合器活塞杆相接触。当膜板室充入压缩空气时，作用杆 8 向上移动，关闭排气口，打开给排阀 6，总风缸的压缩空气经通路（43）、大阀口 7、通路（20）与制动缸连通，使压缩空气进入制动缸，进行制动施加；当膜板室的压缩空气排除后，作用杆 8 向下移动，带动给排阀 6 动作，关闭大阀口 7，作用杆 8 上排气口与大气接通，使制动缸经通路（20）与大气接通，排气缓解。当均衡膜板 11 上方的 M 室空气压力与作用在膜板组上的空气压力相等时，作用杆 8 处于中间位置，给排阀 6 压在大阀口 7 上，作用杆 8 上的排气口与给排阀下部接触，切断通路（20）与作用杆 8 排气口，使制动缸空气压力处于保压状态。给排阀 6 柱塞上装有两个 O 形密封圈，柱塞上方与制动缸连通，减少给排阀背压。作用杆 8 上装有两个 O 形密封圈，空心通路与大气连通，均衡活塞 10 下方连通大气，作用杆下端与混合器活塞杆相接触。

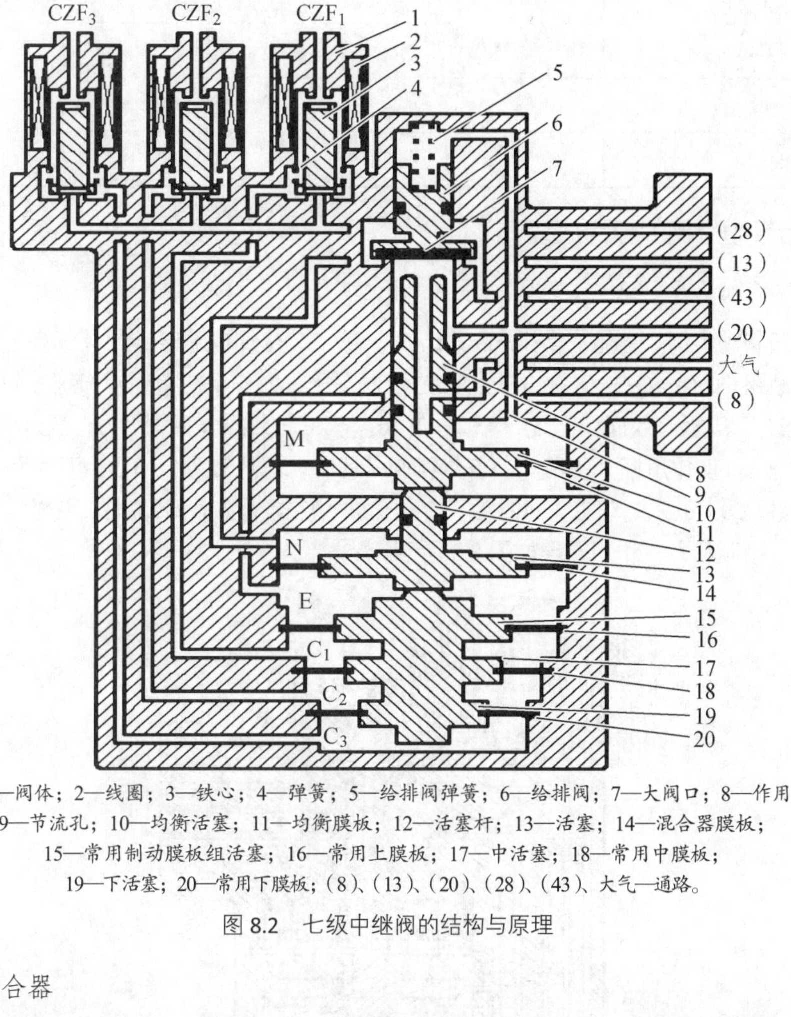

1—阀体；2—线圈；3—铁心；4—弹簧；5—给排阀弹簧；6—给排阀；7—大阀口；8—作用杆；9—节流孔；10—均衡活塞；11—均衡膜板；12—活塞杆；13—活塞；14—混合器膜板；15—常用制动膜板组活塞；16—常用上膜板；17—中活塞；18—常用中膜板；19—下活塞；20—常用下膜板；(8)、(13)、(20)、(28)、(43)、大气—通路。

图 8.2　七级中继阀的结构与原理

3）混合器

主要由混合器膜板 14、活塞杆 12 和活塞 13 组成，膜板上方的 N 室通过通路（13）与控导阀连通，下方 E 室通过通路（8）与紧急电磁阀连通。用来将控导阀输出的空气压力（电制动力对应转换的空气压力）与常用制动作用力进行减法运算，协调电空制动配合。

4）膜板组

主要由三个膜板 16、18、20 和活塞 15、17、19 组成。各膜板的有效作用面积之比为 $S_{上}:S_{中}:S_{下}=7:6:4$。三个膜板构成三个气室 C_1、C_2、C_3，分别与 CZF_1、CZF_2 和 CZF_3 三个常用电磁阀连通。主要是将制动控制器的制动电气指令，通过常用电磁阀的励磁消磁变为相应的空气压力，使列车施加相应的制动力。

5）空气通道

具体空气通道及作用见表 8.1。

表 8.1　膜板组的空气通道

空气通道	输入/输出	空气来源/流向
28	输入	空重车调整阀
13	输入	控导阀
43	输入	制动储风缸
20	输出	制动缸
8	输入	紧急电磁阀

2. 七级中继阀的作用原理

1）常用制动

以一级制动为例。当施加常用一级制动时，仅 CZF_1 加电励磁，此时压缩空气由空重车调整阀经通路（28）、CZF_1 下阀口进入气室 C_1，空气压力作用在 C_1 室上下膜板 16、17 上，根据 C_1 室上下膜板有效面积比 $S_{上}:S_{中}=7:6$，产生向上的一级作用力，通过活塞杆 15 传递给作用杆 8，使作用杆 8 上移，打开给排阀，此时，总风缸压力通过空气通路（43）经打发口、通路（20）进入制动缸，同时经节流孔 9 进入均衡活塞上侧 M 室，平衡膜板组的作用力，产生一级制动力，作用原理如图 8.3 所示。

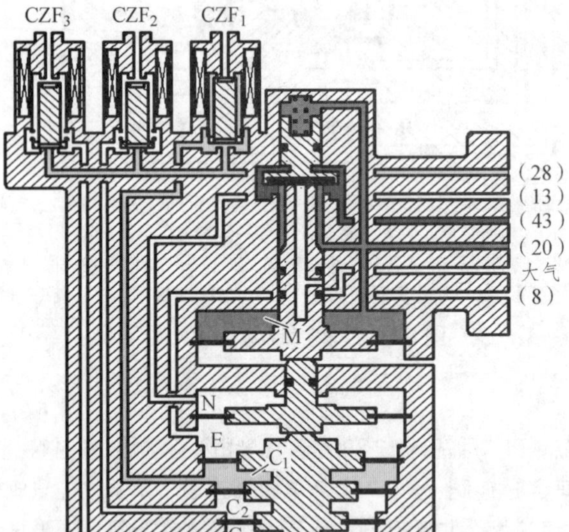

图 8.3　常用制动一级制动时七级中继阀作用原理

（浅灰度为车重载荷信号，中灰度为总风压力空气信号，深灰度为制动压力空气信号）

2）保　压

当制动缸的压力（M 气室压力）与作用在膜板组上的压力平衡时，作用杆下移，在给排阀弹簧作用下关闭大阀口，使七级中继阀处于保压状态，从而保证制动缸压力不变。当制动缸压力需求变化时，给排阀均能自动排除或补偿空气压力，保证制动缸压力不变，从而保证制动力恒定，作用原理如图 8.4 所示。

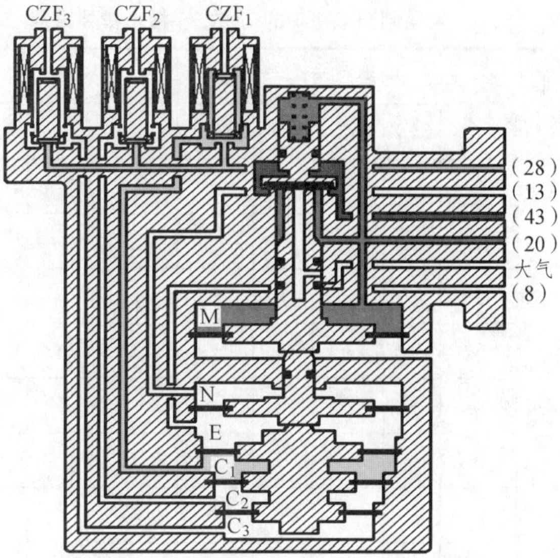

图 8.4　一级制动七级中继阀作用原理

（浅灰度为车重载荷信号，中灰度总风压力空气信号，深灰度为制动压力空气信号）

3）缓　解

当发出制动缓解指令时，CZF_1 失电消磁，C_1 室的压缩空气经 CZF_1 上方排气口排向大气，此时，均衡膜板受到向下的作用力，推动均衡活塞及作用杆向下移动，作用杆与给排阀分离，连通制动缸与大气之间的通路，同时也连通给排阀上端、M 气室与大气间的通路，使制动缸处于缓解状态，其作用原理如图 8.5 所示。

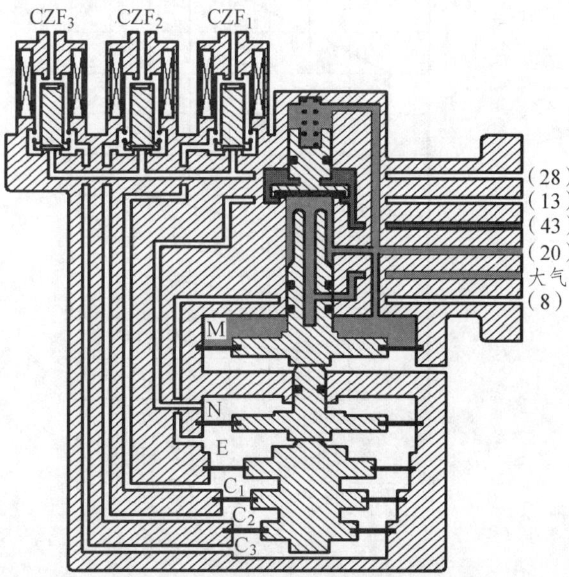

图 8.5　一级制动七级中继阀作用原理

（深灰色为制动压力空气信号）

常用制动 1 ~ 7 级制动、保压及缓解动作过程完全一致。

常用制动时由司机操作制动控制器，使三个常用电磁阀 CZF_1、CZF_2、CZF_3 交替励磁和消磁，三个膜板室 C_1、C_2、C_3 分别充排气，根据其组合形式的不同，制动缸有 7 个压力值。常用制动 1 ~ 7 级电磁阀励磁和消磁、膜板室排列组合见表 8.2。

表 8.2　常用制动电磁阀的消磁、膜板室排列组合

<table>
<tr><th rowspan="2">常用电磁阀结构</th><th colspan="2" rowspan="2">司机控制器手柄位置</th><th colspan="4">电磁阀励磁、消磁</th><th rowspan="2">充气膜板室</th><th colspan="2" rowspan="2">输出压力等级</th></tr>
<tr><th>CZF</th><th>CZF_1</th><th>CZF_2</th><th>CZF_3</th></tr>
<tr><td rowspan="9">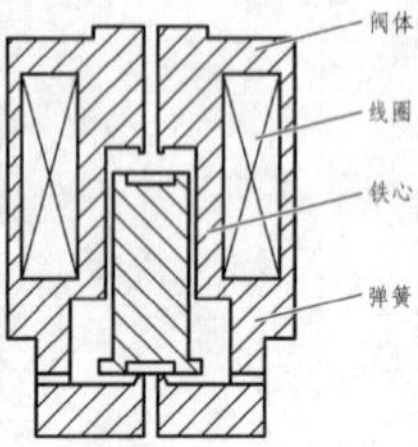
</td><td colspan="2">运转位</td><td>+</td><td>−</td><td>−</td><td>−</td><td>无</td><td>无</td><td>无</td></tr>
<tr><td rowspan="7">制动位</td><td>1</td><td>+</td><td>+</td><td>−</td><td>−</td><td>C_1</td><td>7 ~ 6</td><td>1</td></tr>
<tr><td>2</td><td>+</td><td>−</td><td>+</td><td>−</td><td>C_2</td><td>6 ~ 4</td><td>2</td></tr>
<tr><td>3</td><td>+</td><td>+</td><td>+</td><td>−</td><td>$C_1 + C_2$</td><td>（7-6）+（6-4）</td><td>3</td></tr>
<tr><td>4</td><td>+</td><td>−</td><td>−</td><td>+</td><td>C_2</td><td>4</td><td>4</td></tr>
<tr><td>5</td><td>+</td><td>+</td><td>−</td><td>+</td><td>$C_1 + C_3$</td><td>（7-6）+4</td><td>5</td></tr>
<tr><td>6</td><td>+</td><td>−</td><td>+</td><td>+</td><td>$C_2 + C_3$</td><td>（6-4）+4</td><td>6</td></tr>
<tr><td>7</td><td>+</td><td>+</td><td>+</td><td>+</td><td>$C_1 + C_2 + C_3$</td><td>（7-6）+（6-4）+4</td><td>7</td></tr>
<tr><td colspan="2">紧急制动位</td><td>−</td><td>−</td><td>−</td><td>−</td><td>E</td><td>8</td><td>8</td></tr>
</table>

注："+"代表加电励磁；"−"代表失电消磁。

当空重车调整阀输出压力一定时（即车重载荷信号一定），制动缸各级压力如图 8.6 所示。

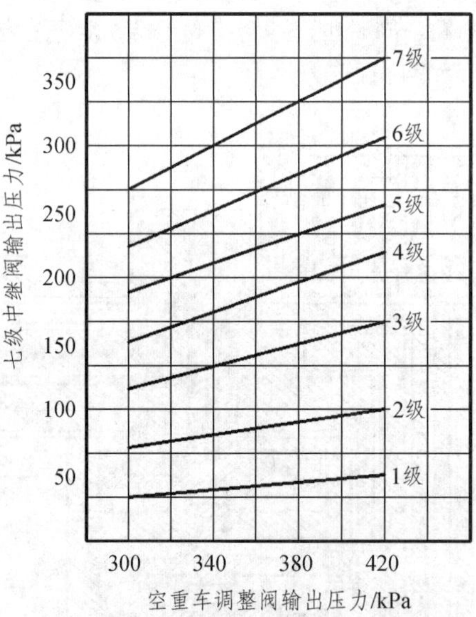

图 8.6　制动缸各级压力的调整

4）紧急制动

紧急电磁阀正常情况下均处于加电励磁，当施加紧急制动时，紧急电磁阀失电消磁，压缩空气由空重车调整阀经通路（8）进入中继阀 E 室，推动均衡活塞向上移动打开给排阀，导通总风缸与制动风缸，制动过程与常用制动过程一样。同时，压缩空气进入均衡活塞上方的 M 室，使七级中继阀处于保压状态。紧急制动施加时，为防止制动叠加，产生过制动，电磁阀 CZF_1、CZF_2、CZF_3 失电消磁，C_1、C_2、C_3 室压力空气经电磁阀 CZF_1、CZF_2、CZF_3 排

气，有效地防止产生制动叠加，此时，制动缸压力比常用制动七级压力高 10%左右。

二、电空制动的配合

当空气制动与电制动配合使用时，要求空气制动力随着电制动力的增加（或减少）实时进行相应的减少（或增加），保持恒定的总制动力。总制动力恒定依靠七级中继阀中的混合器来完成。

当施加 1 级常用制动时（2～7 级过程相同），电磁阀 CZF_1 加电励磁，膜板室 C_1 充气，假设其压力为 P_1，如果没有电制动力（即混合器膜板上方 N 室无压力空气），制动缸压力为 P_2，则有如下关系：

$$P_1S_1 = P_2S_M$$

式中　S_1——C_1 膜板室膜板的有效面积；

S_M——均衡膜板的有效面积。

此时，如果有电制动力，电制动力通过控导阀转换成相应的空气压力 P_3，则对应关系如下：

$$P_1S_1 = P_2S_M + P_3S_N$$

式中　P_2——有电制动时制动缸压力值；

P_3——控导阀输出的压力值；

S_N——混合膜板的有效面积。

由此可见，制动缸压力 P_2 与电制动力对应的空气压力 P_3 相关。当电制动力发生作用时，电制动力对应的空气压力经通络（13）进入混合器膜板室，其向下的作用于 C_1 室向上的作用相减，使总风缸压力进入制动缸，保持 0.06 MPa 预压力，克服制动缸缓解弹簧作用力，使闸瓦贴靠车轮，做好电制动力变化时空气制动补偿的准备。当电制动力减少时，控导阀输出的压力随之下降，此时，制动缸的压力随即增加，以实现制动力的补偿，保证总之动力的要求。

三、空重车调整阀

空重车调整阀是根据车辆载荷的变换，自动输出一个空气压力信号，通过七级中继阀保证车辆恒定制动率。

空重车调整阀的信号来源于车辆的二系弹簧（即空气弹簧）。考虑到车辆载荷的不均衡，该信号采用前后转向架的对角两个空气弹簧压力平均，这样就能准确地反映出载荷的大小。

空重车调整阀由上部的压力给排部分、中部的弹簧调整部分和下部的空气弹簧压力平均运算部分组成，其结构如图 8.7 所示。

1. 空重车调整的组成

（1）压力给排部分：弹簧、给排阀、均衡活塞杆、节流孔、均衡活塞和膜板；

（2）弹簧调整部分：上调整弹簧、上调整螺母、下调整弹簧和下调整螺母；

（3）空气弹簧压力平均运算部分：活塞杆、大活塞、大膜板、小活塞和小膜板。

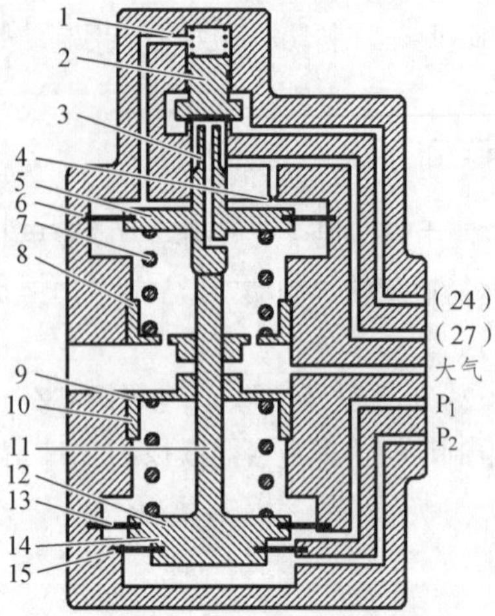

1—弹簧；2—给排阀；3—均衡活塞杆；4—节流孔；5—均衡活塞；6—膜板；7—上调整弹簧；8—上调整螺母；9—下调整弹簧；10—下调整螺母；11—活塞杆；12—大活塞；13—大膜板；14—小活塞；15—小膜板；（24）、（27）—空气通路。

图 8.7　空重车调整装置的结构

2. 空重车调整装置的动作原理

1）空车时

空气弹簧输出空气压力，通过 P_1 和 P_2 通路进入气室 A 和 B 中，给大活塞（12）向上的推力，当与下调整弹簧的反力相平衡时，使大小膜板处于水平位置，这时活塞杆（11）与均衡活塞杆（3）相接触而无作业力，关闭大气通路。空重车调整阀的输出压力由上调整弹簧来调整，在上调整弹簧作用下，均衡活塞杆向上运动，打开给排阀（2），切断与大气通路的连接，使空气压力通过给排阀（处于打开位置）、通路（27）供给七级中继阀，同时，由通路（24）传来的总风缸压力空气经节流孔（4）作用于均衡活塞（5）上，当均衡活塞上方的空气压力与上调整弹簧的作用力相平衡时，均衡活塞下移，给排阀在弹簧（1）作用下下移关闭阀口，切断与通路（27）的连接，停止向七级中继阀供气，此时，七级中继阀输出的压力相当于上调整弹簧的调整压力值。当空车状态时，空气弹簧压力为 0.26 MPa，空重车调整阀输出压力调整为 0.3 MPa，运行中，若输出压力低于 0.3 MPa 时，空重车调整阀动作，自动补充至 0.3 MPa。

2）车重载荷增加时

空气弹簧压力增加，大小膜板气室的压力随之增加，下调整弹簧受压，活塞杆推动均衡活塞向上移动，关闭大气气路，打开给排阀，使总风缸通过通路（24）、（27）向七级中继阀输出压力，同时，通过节流孔向均衡活塞作用，当均衡活塞上下作用力相平衡时，停止输出空气压力。当两个空气弹簧压力均为 0.42 MPa 时，空重车调整阀输出压力设计值为 0.42 MPa；当空气弹簧压力由 0.26 MPa 逐渐升至 0.42 MPa 时，空重车调整阀的输出压力由 0.3 MPa 增至 0.42 MPa，呈线性增长关系，具体如图 8.8 所示。

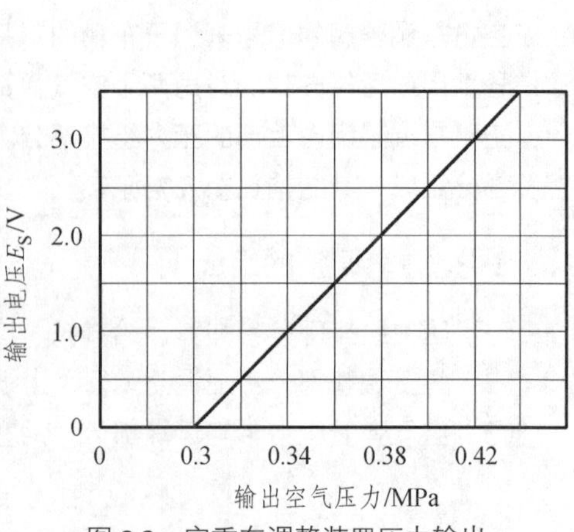

图 8.8　空重车调整装置压力输出

3）当车重载荷减少时

空气弹簧压力下降，均衡活塞下移，均衡活塞杆离开给排阀，通路（27）及均衡活塞上侧的压力空气排向大气，直至均衡活塞上侧的压力空气作用力与空气弹簧作用在膜板上的作用力平衡为止。此时均衡活塞上移，与给排阀接触，切断大气通路，处于保压状态，此时，输出压力与车辆载荷相适应。

4）出现空气弹簧破裂而无压力信号时

由于上调整弹簧的作用，可保证在任何情况下输出空车时的压力信号。

四、空电转换阀

空电转换阀由差动变压器部分和压力传感部分组成。

1. 空电转换阀的结构

具体结构如图 8.9 所示。主要作用是一个空-电转换装置，将空气压力信号转换成电信号，将车辆载荷信号转换成电信号，向牵引系统提供车重信号，以便牵引系统根据载荷信号实时调整牵引力和电制动力。

（1）差动变压器部分：是将压力传感器部分的机械位移转换成相应的电压（或电流）值，主要由引线抽头、线圈、铁心及外壳组成。

（2）压力传感部分：由 S 形模板、活塞、杆、弹簧及阀体组成。

空电转换阀仅有一条通路连接空气气路，空重车调整阀通过通路（32）向空电转换阀输出压力。

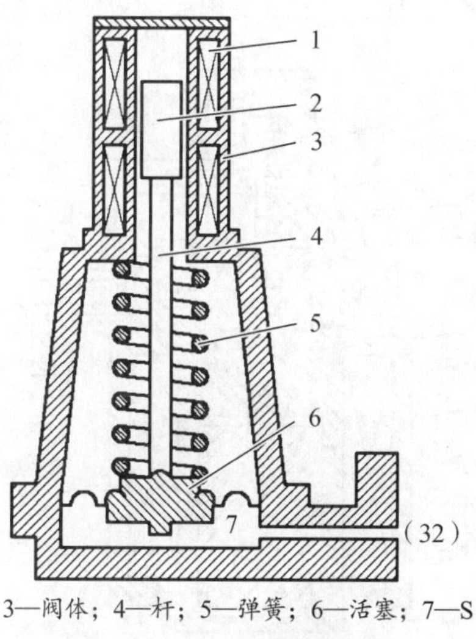

1—线圈；2—铁心；3—阀体；4—杆；5—弹簧；6—活塞；7—S 形模板；(32)—通路。

图 8.9　空电转换阀的结构

2. 动作原理

空重车调整阀输出的压力空气通过通道（32）进入空电转换阀内，推动活塞（6）压缩弹簧（5），通过杆（4）带动铁心（2）向上移动，这时在差动变压器的初级线圈中，通入交流电使差动变压器的初级线圈励磁，产生以铁心为中心的交变磁通，次级线圈产生感应电压，感应电压随铁心位移而变化，从而向牵引系统提供车重载荷信号。当铁心处于中间位置时，次级线圈电压差值 E_S 为零，当铁心位置偏离中心位置越大，次级线圈电压差值成正比例增加，反之减少。空气压力与差动变压器输出电压关系如图 8.10 所示。

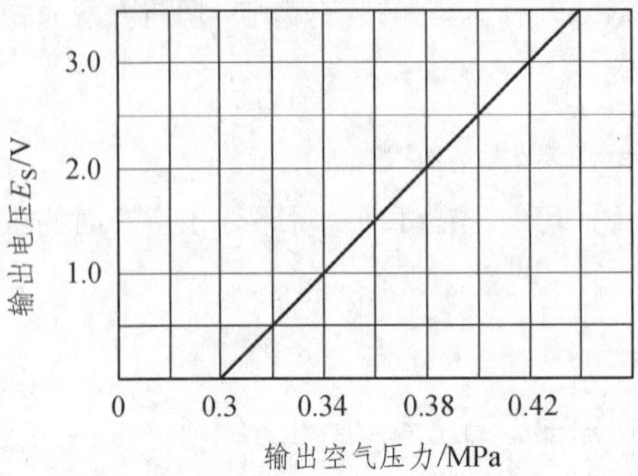

图 8.10　空气压力与差动变压器输出电压关系

五、控导阀

控导阀是一个电-空转换装置，主要是将电制动检测出的电流信号按一定的比例转换成空气压力信号输出给七级中继阀，在七级中继阀的混合器内将该信号与制动控制器给出的相应制动级位的空气指令压力值相比较，以便确定是否由空气制动来补偿电制动力的不足，从而保证总制动力的恒定。控导阀由电磁部分和空气作用部分组成。

1. 控导阀的结构

控导阀的具体结构如图 8.11 所示。它主要由三部分组成。

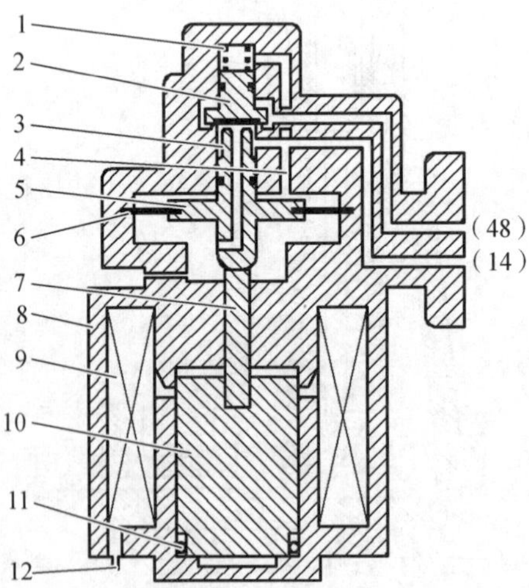

1—弹簧；2—给排阀；3—作用杆；4—节流孔；5—活塞；6—膜板；7—顶杆；8—外壳；9—线圈；10—铁心；11—钢球；12—引线；（48）、（14）—空气通路。

图 8.11　控导阀的结构与原理

（1）电磁部分：由顶杆、外壳、线圈、铁心、钢球及引线组成部分。

（2）空气作用部分：由弹簧、给排阀、作用杆、节流孔、活塞及膜板组成。其中通路（48）连接总风缸，通路（14）连接七级中继阀混合器 N 室。

（3）空气通道：具体空气通道及作用见表 8.3。

表 8.3　空气通路

空气通道	输入/输出	空气来源/流向
48	输入	制动储风缸
14	输出	七级中继阀

2. 控导阀的动作原理

（1）当电磁部分失电消磁时（不使用电制动）：铁心（10）、顶杆（7）、活塞（5）处于最下端位置，七级中继阀混合器 N 室通过通路（14）和作用杆（3）与大气相连接，在给排阀（2）的弹簧（1）作用下切断通路（14）。此时无电制动作用。

（2）当电磁部分加电励磁时（使用电制动）：线圈（9）通过电流，铁心向上移动，推动顶杆及活塞，给排阀关闭大气通路，作用杆顶开给排阀，通过通路（48）及（14）连通总风缸和七级中继阀混合器 N 室，在 N 室中进行混合运算。同时，N 室中的压力空气通过通路（14）及节流孔（4）作用在膜板（6）上，当铁心向上的磁力与活塞向下的作用力平衡时，给排阀在弹簧（1）的作用下关闭阀口，切断总风缸与七级中继阀混合器 N 室的空气通路，使控导阀处于保压状态。此时施加电制动。

当电磁部分线圈电流增加时（电制动力增加），铁心又向上移动，打开给排阀阀口，向七级中继阀混合器 N 室供风，N 室压力增高，通过混合器的运算来确定是否补偿电制动力的不足。

控制特性曲线如图 8.12 所示。

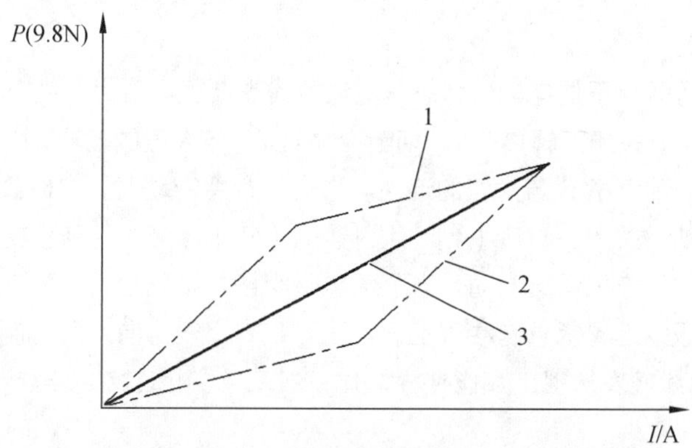

1—控导阀特性；2—控制线路特性；3—综合输出特性。

图 8.12　控制特性曲线

六、紧急电磁阀

1. 紧急电磁阀的结构

紧急电磁阀是当常用制动发生故障时，为保证车辆安全而设置的紧急停车的一种电磁阀。正常情况下处于加电励磁，若出现失电消磁，列车将施加紧急制动。其额定工作电压为 DC 110 V，工作电压范围为：DC 79 ~ 124 V。紧急电磁阀主要由阀体、线圈、铁心、上阀口、阀、弹簧及下阀口组成。其结构如图 8.13 所示。

2. 紧急制动发生的情况

紧急制动发生的情况（不仅限于以下情况）：①车钩分离时；②常用制动故障时；③制动控制线路故障或中断时；④司机控制器置于紧急位时；⑤紧急制动按钮按下时；⑥列车自动控制系统发出紧急制动指令时。

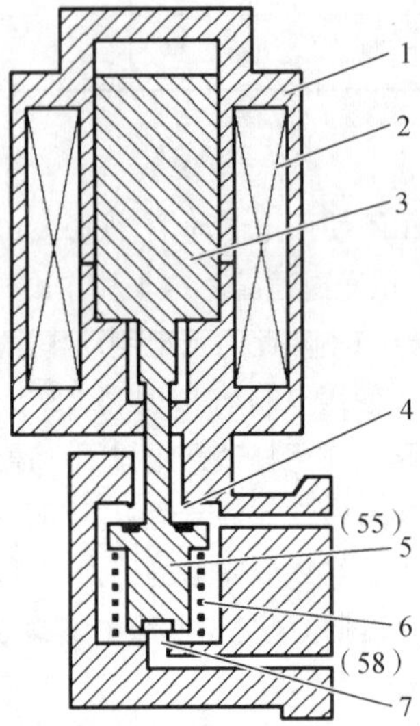

1—阀体；2—线圈；3—铁心；4—上阀口；5—阀；6—弹簧；
7—下阀口；（55）、（58）—空气通路。

图 8.13　紧急电磁阀的结构与原理

3. 动作原理

紧急电磁阀正常时处于加电励磁状态，通电后线圈产生电磁力，铁心（3）向下移动，克服弹簧（6）的反推力，关闭下阀口（7），切断通路（58）与大气的连通，同时，通过通路（55）使七级中继阀紧急制动气室 E 与大气的连通。当进行紧急制动时，电磁阀失电消磁，铁心在弹簧作用下向上运动，关闭上阀口（4），通过通路（58）、（55）导通空重车调整阀与七级中继阀紧急制动气室 E，产生紧急制动。当紧急电磁阀恢复励磁后，铁心向下运动，关闭下阀口，连通大气与七级中继阀紧急制动气室 E，气室 E 中空气排向大气，制动机进行缓解。

【**注意**】紧急电磁阀在选型上应能可靠工作，满足城市轨道交通车辆控制电源波动。

七、故障缓解电磁阀

故障缓解电磁阀（又称强迫缓解电磁阀）与紧急制动电磁阀结构完全相同，主要作用是切断空重车调整阀与紧急电磁阀的空气通路，并使紧急制动缓解，正常时处于失电消磁状态。

故障缓解电磁阀通路（55）与紧急电磁阀通路（58）相连，当紧急制动后不能缓解时，使用故障缓解电磁阀进行缓解，此时，故障缓解电磁阀励磁，关闭下阀口，打开上阀口，使七级中继阀紧急制动气室 E 通过紧急电磁阀通路（55）、（58）与故障缓解电磁阀通路（55）连通，将七级中继阀紧急制动气室 E 中的压力空气排向大气，使车辆强迫缓解。

【**注意**】在使用备用制动系统中，故障缓解电磁阀一直处于加电励磁状态。

八、备用制动电磁阀

为保证行车安全，城市轨道交通车辆除配备常用制动机紧急制动外，还配备一套备用制动系统。当常用制动故障时，使用备用制动系统，确保车辆运营安全。备用制动系统的电磁阀有两个，一个作为备用制动使用（BZF_1），另一个作为备用保压使用（BZF_2）。备用制动电磁阀由 O 形密封圈柱塞阀构成的压力供排部分和 MFZ1-4D 型 110 V 直流电磁阀组成。具体结构如图 8.14 所示。

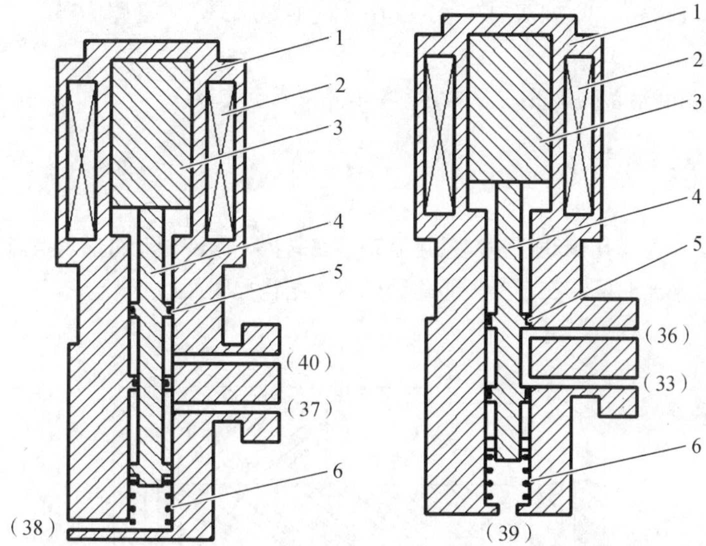

（a）备用制动电磁阀　　（b）备用保压电磁阀

1—阀体；2—线圈；3—铁心；4—柱塞；5—O 形密封圈；6—弹簧；（33）、（36）、（37）、（38）、（39）、（40）—空气通路。

图 8.14　备用电磁阀的结构与原理

SD 型数字式制动机属于直通型电空制动，依靠两个电磁阀的交替励磁来获取制动和缓解；依靠两个电磁阀加电励磁时间的长短来获取不同的制动力。

【小贴士】备用制动电磁阀空气通路：通路（37）连接备用保压电磁阀通路（36），通路（38）连接大气，通路（40）连接总风缸。备用保压电磁阀空气通路：通路（36）连接备用制动电磁阀通路（37），通路（33）连通双向阀和安全阀并通向制动缸，通路（39）连通大气。

1. 备用制动系统使用条件

（1）备用开关置于缓解位；

（2）使故障缓解电磁阀励磁，缓解紧急制动，切断空重车调整阀至紧急制动后电磁阀的空气通路。

2. 动作原理

（1）备用制动系统制动时（备用制动开关置于制动位）：备用制动电磁阀 BZF_1 加电励磁，备用保压电磁阀 BZF_2 失电消磁。BZF_1 铁心（3）在吸力作用下克服弹簧（6）力压迫柱塞（4）向下移动，切断通路（37）与大气的通路，压缩空气流向：总风缸—通路（40）—通路（37）—通路（36）—通路（33）—双向阀通路（63）—双向阀通路（17）—制动缸，施加制动。

（2）备用制动系统保压时：备用制动电磁阀 BZF_1 失电消磁，加电励磁。BZF_1 柱塞（4）在弹簧（6）力作用下推动铁心（3）上移，切断通路（40）和通路（37）的连通，BZF_2 铁心吸力作用下克服弹簧力压迫柱塞向下移动，切断通路（36）与通路（33）的连通，停止向制动缸供风，此时制动缸处于保压状态。

（3）备用制动系统缓解时（备用制动开关置于缓解位）：备用制动电磁阀 BZF_1 和备用保压电磁阀 BZF_2 均失电消磁。备用制动电磁阀 BZF_1 切断通路（40）和通路（37），导通通路（37）与大气的连通；和备用保压电磁阀 BZF_2 导通通路（36）与通路（33），压缩空气流向：制动缸—双向阀通路（17）—双向阀通路（63）—通路（33）—通路（36）—通路（37）—大气，制动缓解。

【注意】备用制动系统使用时，应先将备用开关置于缓解位。

九、双向阀

双向阀是为了由常用制动系统向备用制动系统转换，改变制动缸进气通路而设置的，由阀体、阀芯、O 形密封圈和三条空气通路组成，其结构如图 8.15 所示。

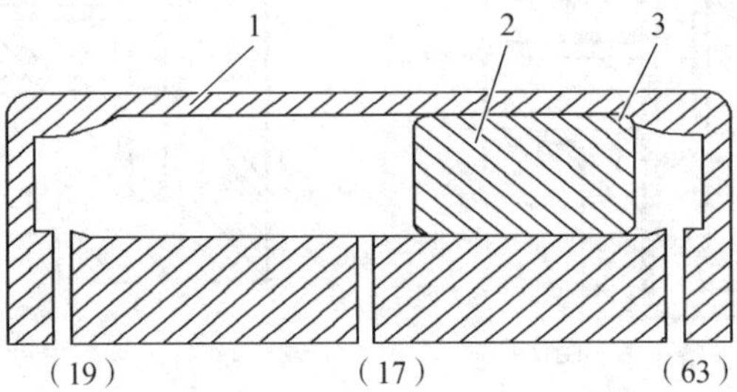

1—阀体；2—阀芯；3—O 形密封圈；（17）、（19）、（63）—空气通路。

图 8.15　双向阀

【小贴士】双向阀空气通路：通路（17）连通制动缸；通路（19）连通七级中继阀；通路（63）连通备用保压电磁阀 BZF2 通路（33）。

动作原理：

（1）常用制动时：七级中继阀输出压力空气通过通路（19）进入双向阀，推动阀芯（2）向右移动，切断备用制动系统与制动缸通路，经通路（17）进入制动缸，施加制动；也可使制动缸压力空气经通路（17）、（19）及七级中继阀进行排气，缓解制动。

（2）备用制动时：总风缸压力空气经备用制动电磁阀 BZF_1、备用保压电磁阀 BZF_2、通路（63）进入双向阀，推动阀芯（2）向左移动，切断常用制动系统与制动缸通路，经通路（17）进入制动缸，施加制动；也可使制动缸压力空气经通路（17）、（63）、备用保压电磁阀 BZF_2 及备用制动电磁阀 BZF_1 排气，缓解制动。

十、安全阀

安全阀的结构如图 8.16 所示。当使用备用制动系统时，压力空气直接由总风缸提供，为防止制动缸压力过高，特此设置安全阀，由此可见，安全阀应用于备用制动系统中，它由调整螺柱 1、阀体 2、弹簧 3 及钢球 4 组成。

【小贴士】SD 型数字式制动机安全阀设定压力值为 3.0 MPa。

动作原理：当使用备用制动系统时，制动缸压力若超过设定值后，制动缸内压力空气将克服弹簧（3）力推动钢球（4）向上移动，将超过规定值的压力排向大气，当制动缸压力恢复时，钢球（4）在弹簧（3）的作用下关闭制动缸与大气的通路，从而保证备用制动时制动缸压力。安全阀设定压力值可通过调整螺柱 1 来调整。

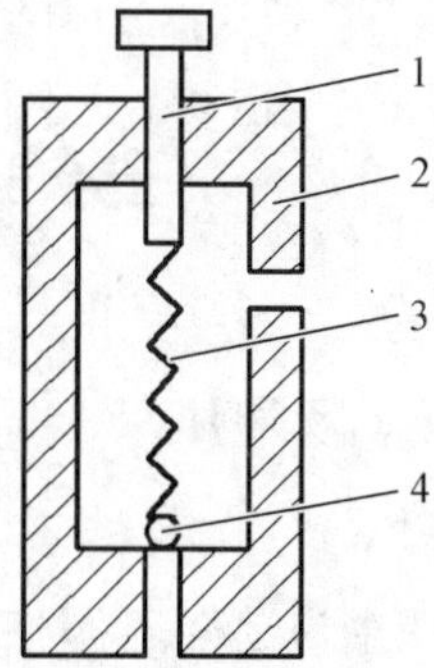

1—调整螺柱；2—阀体；3—弹簧。

图 8.16　安全阀的结构与原理

【任务实施】

利用多媒体，采取小组讨论的形式对 SD 型数字式电气指令制动控制机各主要组成部分进行学习，同时对各部分的作用及内部空气通路进行熟练掌握。

【效果评价】

评 价 表

项目名称	项目 8　SD 型制动机和 EPAC 制动系统	学生姓名	
任务名称	任务 3　SD 型制动机的构造和作用原理	分数	
项　目		分值	考核得分
1. SD 型数字式电气指令制动控制机各组成部分相关知识、图片的搜集和整理		10	
2. 是否有小组计划		5	
3. SD 型数字式电气指令制动控制机各主要组成部分的作用		30	
4. SD 型数字式电气指令制动控制机各组成部分内部空气通路		40	
5. 编制学习汇报报告情况		10	
6. 基本素养考核情况		5	
教师简要评语： 教师签名：			

任务 3　SD 型电空制动机工作过程分析

【活动场景】

创建各组成部件模型，利用多媒体学习城轨车辆 SD 型数字式电气指令制动控制机的制动原理及制动过程，并利用各模型搭建 SD 型电空制动机。

【任务要求】

1. 掌握 SD 型数字式电气指令制动控制机的制动原理；
2. 掌握 SD 型数字式电气指令制动控制机的制动过程；
3. 能够利用模型独立搭建 SD 型数字式电气指令制动控制机。

【知识准备】

图 8.17 所示为 SD 型电空制动机的作用原理。SD 型电空制动机的作用可分为运转位、常用制动位、紧急制动位和备用金制动位，下面分别进行分析与学习。

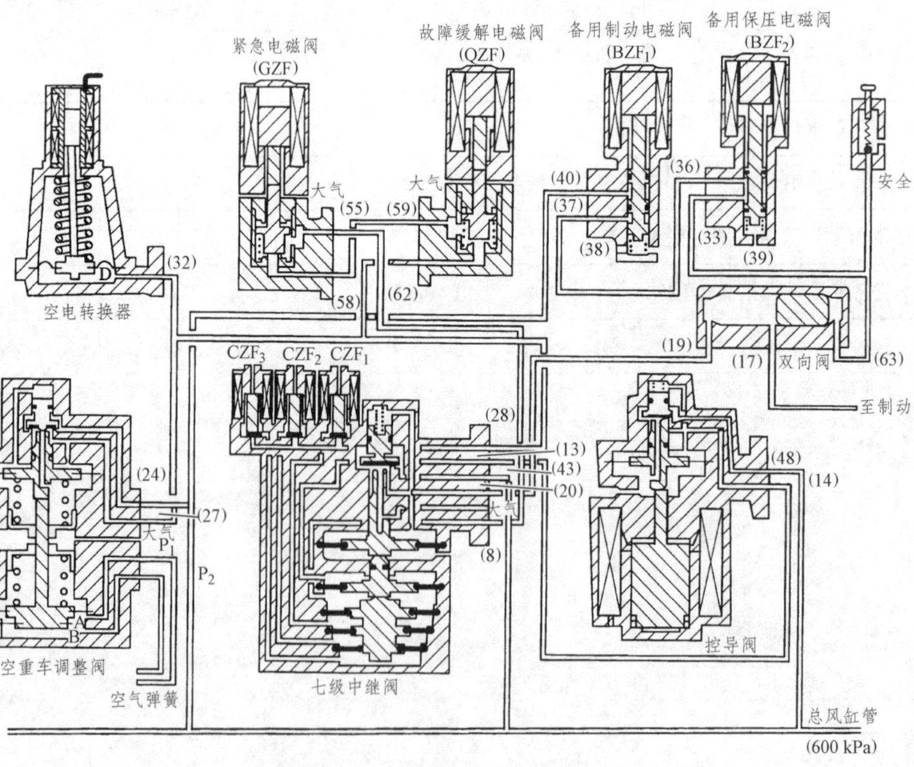

图 8.17　SD 型电空制动机综合作用

一、运转位（非制动位）

当司机室制动控制器手柄置于运转位（牵引或惰行）时，七级中继阀的常用电磁阀 CZF_1、CZF_2、CZF_3、控导阀、备用制动电磁阀、备用保压电磁阀和故障缓解电磁阀均处于失电消磁状态，紧急电磁阀 GZF 处于加电励磁状态。此时七级中继阀各膜板室均于大气相连通，制动缸内压力空气通过双向阀、七级中继阀排向大气，制动缸处于缓解状态。其空气通路如下：

（1）制动缸压力流向：制动缸压力空气—双向阀通路（17）—双向阀通路（19）—七级中继阀通路（20）—七级中继阀空心作用杆（8）—大气通路。

（2）七级中继阀内空气流向：

① 膜板室 C_1、C_2、C_3 压力空气分别通过 CZF_1、CZF_2、CZF_3 排向大气；

② 紧急制动气室 E 内压力空气—七级中继阀通路（8）—紧急电磁阀 GZF 通路（55）—大气通路；

③ 七级中继阀气室 N 内压力空气—七级中继阀通路（13）—控导阀通路（14）—控导阀空心作用杆（3）—大气通路。

（3）空重车调整阀接收来自空气弹簧的压力（车重载荷信号）输出相应的压力空气，以备应用，具体空气流向如下：

① 常用制动使用：空重车调整阀通路（27）—七级中继阀通路（28）—七级中继阀常用电磁阀 CZF_1、CZF_2、CZF_3 下阀口；

② 牵引系统车重载荷信号使用：空重车调整阀通路（27）—空电转化器通路（32）—空电转化器气室 D；

③ 紧急制动使用：空重车调整阀通路（27）—故障缓解电磁阀通路（62）—故障缓解电磁阀通路（59）—紧急电磁阀通路（58）—紧急电磁阀下阀口（7）。

二、常用制动位

常用制动分为有电制动和无电制动（电制动失效或故障）两种状态。此时备用制动开关置于运转位，备用电磁阀和保压电磁阀均处于失电消磁状态。

1. 有电制动

当司机室制动控制器手柄置于常用制动 1 ~ 7 级，电制动首先投入，将检测出的电制动电流信号输入控导阀，通过控导阀转换成相应的压力空气，进入七级中继阀混合器内，根据总制动力的大小施加空气制动，其空气通路如下：

（1）总风缸压力空气—控导阀通路（48）—进入平衡膜板上侧室；

（2）总风缸压力空气—控导阀通路（48）—控导阀通路（14）—七级中继阀通路（13）—进入七级中继阀混合器气室 N；进入七级中继阀混合器 N 室的压力空气向下的作用力与膜板组向上的作用力相减之后，若该作用力之差使膜板上移，推动作用杆打开给排阀向制动缸充风，此时制动缸压力即为补偿电制动力的不足；若该作用力之差使膜板下移或保持不动，则电制动力满足制动要求。

2. 无电制动

当司机室制动控制器手柄置于常用制动 1～7 级，七级中继阀的三个电磁阀交替励磁和消磁，制动缸可得到 7 个级别的制动压力，此时，紧急电磁阀处于加电励磁状态，其空气通路如下：

空重车调整阀通路（27）—七级中继阀通路（28）—进入常用电磁阀下阀口—进入常用气室 C_1、C_2、C_3，膜板组上移，作用杆打开给排阀，此时打开以下通路：

（1）总风缸压力空气—七级中继阀通路（43）—进入给排阀—七级中继阀通路（20）—双向阀通路（19）—双向阀通路（17）—制动缸；

（2）总风缸压力空气—七级中继阀通路（43）—进入平衡膜板气室 M；

（3）总风缸压力空气—七级中继阀通路（43）—给排阀柱塞上方。

此时，车辆处于制动工况，其他通路与运转位相同。

【小贴士】当制动控制器手柄由制动位 1～7 级逐级移动时，制动系统发生阶段制动作用；反之，制动系统发生阶段缓解作用。

三、紧急制动位

当紧急制动时，七级中继阀的三个常用电磁阀和紧急电磁阀均失电消磁，制动系统触发紧急制动，其空气通路如下：

空重车调整阀通路（27）—故障缓解电磁阀通路（62）—故障缓解电磁阀通路（59）—紧急电磁阀通路（58）—紧急电磁阀通路（55）—七级中继阀通路（8）—进入七级中继阀气室 E，此时混合器活塞推动作用杆上移，顶开给排阀，打开以下气路：

（1）总风缸压力空气—七级中继阀通路（43）—七级中继阀给排阀口—七级中继阀通路（20）—双向阀通路（19）—双向阀通路（17）—制动缸；

（2）总风缸压力空气—七级中继阀通路（43）—进入平衡膜板气室 M；

（3）总风缸压力空气—七级中继阀通路（43）—给排阀柱塞上方。

当发生紧急制动时，七级中继阀 E 室充风，三个常用电磁阀失电消磁，膜板室 C_1、C_2、C_3 压力空气排向大气，有效地避免了制动的叠加（紧急制动和常用制动同时动作）。

【小贴士】紧急制动制动压力比 7 级常用制动压力高 10%左右。

四、备用制动

当常用制动系统故障或失效时，司机操作备用制动开关，通过备用制动电磁阀、备用保压电磁阀和故障缓解电磁阀的励、消磁保证行车安全（具体励、消磁状态见表 8.4）。备用制动开关设置 4 个位置，分别为运转位、故障缓解位、制动位及保压位，具体见表 8.4。

表 8.4　SD 型电空制动机的备用制动位

操作位置	备用制动电磁阀 BZF_1	备用保压电磁阀 BZF_2	故障缓解电磁阀 QZF
运转位	−	−	−
故障缓解位	−	−	+
制动位	+	−	+
保压位	−	+	+

注："+"代表加电励磁；"−"代表失电消磁。

正常制动时，备用开关置于"运转位"，备用制动电磁阀、故障缓解电磁阀失电消磁。空气通路为：总风缸压力空气—备用制动电磁阀通路（40）；故障缓解电磁阀通路（59）、（62）连通。

当正常制动故障或失效时，此时列车发生紧急制动，备用制动系统投入使用。首先将备用开关置于"故障缓解位"，故障缓解电磁阀加电励磁，切断通路（62）；同时，导通以下通路：七级中继阀 E 室—七级中继阀通路（8）—紧急电磁阀通路（55），此时紧急电磁阀失电消磁，导通通路（55）和（58）—紧急电磁阀通路（58）—故障缓解电磁阀通路（59）—大气通路，使七级中继阀 E 室空气排向大气，给排阀关闭。此时制动缸压力—双向阀通路（17）—双向阀通路（19）—七级中继阀通路（20）—七级中继阀空心作用杆—大气通路，紧急制动得以缓解。

当备用开关置于"制动位"，列车投入备用制动，备用制动电磁阀、故障缓解电磁阀加电励磁，此时空气通路如下：总风缸压力空气—备用制动电磁阀通路（40）—备用制动电磁阀通路（37）—备用保压电磁阀通路（36）—备用保压电磁阀通路（33）—双向阀通路（63）—推动双向阀阀芯左移—双向阀通路（17）—制动缸，车辆施加备用制动。

当备用制动开关置于"保压位"，备用制动电磁阀失电消磁，备用保压电磁阀、故障缓解电磁阀加电励磁，此时切断备用制动电磁阀通路（37）、（40）和备用保压电磁阀通路（36）、（33），制动缸呈保压状态。

此时，若需缓解备用制动，将备用开关置于"故障缓解位"，故障缓解电磁阀加电励磁，备用制动电磁阀、备用保压电磁阀失电消磁，空气通路如下：制动缸压力空气—双向阀通路（17）—双向阀通路（63）—备用保压电磁阀通路（33）—备用保压电磁阀通路（36）—备用制动电磁阀通路（37）—备用制动电磁阀—备用制动电磁阀通路（38）—大气通路，备用制动缓解。

【任务实施】

建立相应模型，利用小组形式进行交流学习，熟练掌握 SD 型数字式电气指令制动控制机的基本原理、主要组成及各部件的作用。

【效果评价】

评价表

项目名称	项目8　SD型制动机和EPAC制动系统	学生姓名	
任务名称	任务4　SD型电空制动机工作过程分析	分数	
项　目		分值	考核得分
1. SD型数字式电气指令制动控制机相关知识的搜集和整理		10	
2. 是否有小组计划		5	
3. SD型数字式电气指令制动控制机的制动原理		20	
4. SD型数字式电气指令制动控制机的制动过程		25	
5. 利用模型搭建SD型数字式电气指令制动控制机		25	
6. 编制学习汇报报告情况		10	
7. 基本素养考核情况		5	
教师简要评语： 教师签名：			

任务 4　EPAC 制动系统概述及系统组成

【活动场景】

在城轨车辆生产车间或检修现场进行教学，或用多媒体展示城轨车辆 EPAC 制动系统。

【任务要求】

1. 能说出 EPAC 制动系统的控制方式及功能；
2. 能分析 EPAC 制动系统组成及制动控制单元的基本作用。

【知识准备】

一、EPAC 制动系统概述

法国法维莱公司设计生产的城市轨道交通车辆 EPAC 制动系统在欧洲有广泛的市场。目前，我国深圳地铁 4 号线、上海地铁 6 号线和 8 号线以及南京地铁南沿线地铁车辆上也使用了这种较为先进的城市轨道交通车辆制动系统，而且使用效果良好。

城市轨道交通车辆 EPAC 制动系统是属于城轨车辆中较为先进的制动系统，该系统可以实现车控，也可以根据用户需求采用架控，具有远距离制动与缓解功能。

EPAC 制动系统包括制动控制装置、转向架制动装置、防滑保护装置、空气悬挂供风装置、空气信号装置、风源及其处理装置等。

二、EPAC 制动系统主要技术参数

1. EPAC 制动系统常用缩写词

为了便于学习，这里对 EPAC 系统常用的英语缩写词进行汇总和学习。EPAC 制动系统中常用缩写词及其含义见表 8.5。

表 8.5　EPAC 制动系统中常用缩写词及其含义

缩写词	含义
AGTU	风源产生及处理单元
ATO	列车自动控制系统
ATP	列车自动保护系统
ATU	风源处理单元
BCU	制动控制单元
BM	制动控制器
BP	列车管

续表

缩写词	含义
DEP	直接电空制动
ED	动力制动
EP	电控制动
EPAC	先进的电控制动
LCC	生命周期成本
LCU	逻辑控制单元
MC	主控制器（牵引）
MP	总风管
RAMS	可靠性、可用性、可维护性、安全性
TCMS	列车控制和监控系统
VVVF	变频器
UIC	国际铁路联盟
WSP	车轮防滑保护

2. EPAC 制动系统在城轨列车编组中的安装与使用

以上海地铁 6 号线和 8 号线、深圳地铁 4 号线制动系统为例。表 8.6 和图 8.17 所示为 EPAC 制动系统在城轨列车四辆编组和六辆编组列车中的安装与使用情况。

表 8.6　列车配置

列车编组类型	车辆数	运营线路	动车转向架	动车转向架	转向架总数
Z 型	4	6	4	4	8
X 型	7	8	10	4	14

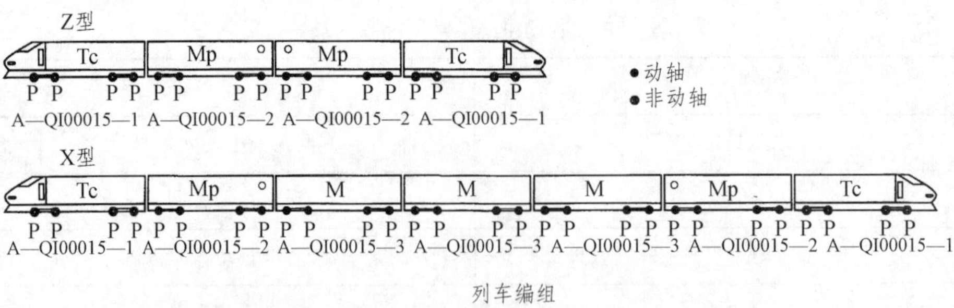

C—压缩机；P—停车制动；Tc—拖车头车；M—动车；Mp—电机集流

图 8.17　EPAC 制动系统在车辆编组中的安装使用情况

EPAC 制动系统采用了单管电空制动系统，可与 TCMS 系统和 VVVF 牵引系统协同工作。法维莱公司提供了基于 EPAC 可模块化安装在列车上的制动系统中，其中安装在车底中部的 EPAC 是一个小型化的制动单元，根据制动指令能实现电空常用制动和紧急制动。

3. EPAC 制动系统主要技术参数

（1）运行条件：

最大设计速度：100 km/h；

最大运行速度：（80 +3）km/h；

零速：<3 km/h；

运行减速度：1.0 m/s^2；

紧急制动减速度：1.3 m/s^2。

（2）空气制动性能：

正常冲击：0.75 m/s^3；

响应时间：0. 4 s；

衰减点：6 km/h；

车厢车辆的最大减速度：1 m/s^2；

紧急减速度：1.3 m/s^2（没有冲击极限限制）；

停放制动：载荷 AW_3、4 %斜坡。

（3）降级模式：

速度限制：55 km/h。

失去电气制动的动车降落为拖车，由摩擦制动承担制动工作。在两节动车不工作时，车辆可以行驶到最近的车站并空载返回到车间。失去电气制动的车由摩擦制动承担制动工作。

（4）供气压力：

供风压力：0.84 0.95 MPa；

空气悬挂：0.316 0.660 MPa。

（5）风缸：

总风缸：100 L；

制动风缸（BSR）：100 L；

悬挂风缸：100 L。

（6）制动缸压力：Tc 车、M_p 车制动缸压力见表 8.7 和表 8.8。

表 8.7　Tc 车制动缸压力

	空气悬挂压力/kPa	紧急制动压力/kPa	常用制动压力仅 EP/kPa
AW_0	3 340	2 480（±250）	2 147（±150）
AW_3	6 540	3 917（±250）	3 252（±150）

表 8.8　Mp 车制动缸压力

	空气悬挂压力/kPa	紧急制动压力/kPa	常用制动压力仅 EP/kPa
AW_0	3 220	2 820（±250）	2 147（±150）
AW_3	6 420	4 309（±250）	3 252（±150）

（7）停放状态压力开关设置：

缓解：压力上升至（0.55 ± 0.33）MPa；

施加：压力下降至（0.33 ± 0.02）MPa。

（8）工作压力：

最大工作压力（安全阀设置）：1.06 MPa；

正常模式停止压缩机：0.95 MPa（压力上升）；

正常模式启动压缩机：0.84 MPa（压力下降）；

辅助模式启动压缩机：0.75 MPa（压力下降）。

三、EPAC 制动系统的制动模式

EPAC 制动系统主要有以下几种制动模式。

（1）动力制动。动力制动是通过电机产生的电制动力实现无磨耗制动，这种制动只能在动车上实现，不能在拖车上实现。

（2）机械摩擦制动。机械摩擦制动直接作用在车轮上，拖车和动车都可实现。

（3）停放制动。停放制动电空控制的停放制动，实现停放制动功能。

城市轨道交通车辆制动系统能实现下面两个主要作用：① 响应司乘人员、乘客、安全系统的制动指令，根据操作条件和列车的状态，使列车在特定的时间或距离内按照既定的列车制动性能施加制动，降低列车速度；② 保持列车在静止状态。

为实现以上制动系统的主要作用，车辆制动系统应执行以下制动功能。

（1）常用制动：通过司机或 ATP 系统发出指令，使城轨车辆在特定区间内能按照时分表以最大速度运行。通常它用于在各种速度和载荷条件下快速有效地控制列车运行和停止。常用制动通常采用动力制动和空气制动的复合制动（动力制动优先）。

（2）快速制动：是一种和紧急制动减速度相同的常用制动。快速制动时，可实现复合制动和防滑控制，安全回路不断开。

（3）紧急制动：保证在特定的时间内提供预期的制动力。为避免潜在的危险状态，司机发出紧急制动指令，使列车在最短的距离内停车。

（4）停放制动：防止列车在静止状态溜车，用于保证列车安全可靠停放。

（5）保持制动：用于列车在坡道启动时不溜车。在这种情况下，当制动系统仍施加一定制动力的条件下，列车可以施加牵引。

（6）回送：当地铁列车连挂上双管回送列车时，用于产生与列车管减压信号相应的制动。

【任务实施】

学生在指导老师的引导下，通过对本任务的复习，让学生查阅资料，大家通过互相问答的形式，掌握以下内容：

（1）概述 EPAC 制动系统的控制方式；

（2）描述 EPAC 制动系统的组成；

（3）描述 EPAC 制动系统电子制动控制单元 BECU 的功能。

（4）讨论法维莱公司的发展情况。

【效果评价】

评 价 表

项目名称	项目 8　SD 型制动机和 EPAC 制动系统	学生姓名	
任务名称	任务 4　EPAC 制动系统概述及系统组成	分数	
项　目		分值	考核得分
1. EPAC 制动系统相关知识、图片的搜集和整理		10	
2. 是否有小组计划		5	
3. EPAC 城轨车辆制动系统的主要参数		25	
4. EPAC 城轨车辆制动系统模式的认知情况		15	
5. EPAC 制动系统的认知情况		30	
6. 编制学习汇报报告情况		10	
7. 基本素养考核情况		5	
教师简要评语： 教师签名：			

任务 5　EPAC 制动系统制动原理

【活动场景】

在城轨车辆生产车间或检修现场进行教学，或用多媒体展示城轨车辆 EPAC 制动系统。

【任务要求】

1. 能够掌握 EPAC 制动系统的控制方式及功能；
2. 能够掌握 EPAC 制动系统的组成，重点掌握制动控制单元的作用。

【知识准备】

一、EPAC 制动系统的组成

安装 EPAC 制动系统的每辆车都有一个总风缸，由压缩机通过总风管给其供风。总风管贯通于整个列车，车辆之间通过塞门和软管连接。一旦某个空气压缩机故障，总风管也能给辅助风缸供风。总风缸不仅能够给制动系统和停放制动系统供风，而且能给空气悬挂装置和风笛等附属装置供风。

辅助风缸为制动系统供风，一个带排水阀的过滤装置洁净来自总风管的压缩空气，并且设置了一个单向阀来防止在总风管没有压缩空气时，辅助风缸内的压缩空气向总风管倒流。通过压力传感器和压力测试点可以获得主要部件的空气压力信息。

常用制动、紧急制动及停放制动的控制由 EPAC 制动模块控制。每辆车上设一个 EPAC 模块输出压力与转向架制动缸相连，通过集成在 EPAC 上的压力测试点能够检测制动缸压力。

停放制动功能集成在 EPAC 中，并且有一些部件为车辆的空气悬挂系统供风，来自空簧的平均压力是车辆载重压力信号，这个信号用于常用制动力和紧急制动力计算时的载荷补偿。EPAC 有一些压力测试点（TP1，TP2，TP3，TP5 和 TP8）测试相关压力。

另外，在 EPAC 制动系统还专门设置了一个气路板，板上部件用于隔离空气悬挂、停放制动和制动。该气路板可安装在车内或车下。

二、EPAC 制动控制系统

EPAC 制动系统按用户的要求不同有不同的安装方式，例如我国上海地铁 6 号线和 8 号线 EPAC 制动系统是基于以车辆为单位的车控制动控制方式，而深圳地铁 4 号线 EPAC 制动系统则是以每个转向架上的制动施加控制的（以后简称 EPAC2）架控式的，车轮防滑保护 WSP 是以轴为单位进行控制的。EPAC 制动系统与列车牵引控制系统之间的通信是通过双通道的 RS485 和硬线来完成的，其中一个 RS485 通道仅用于连接 Tc 车的 EPAC 制动系统，主要用于故障诊断，另外一个 RS485 通道连接所有车的 EPAC，主要用于传输制动指令。法维莱公司安装的车载局域网主要用于 EPAC 间必要信息的交换。

制动功能理念所具有的主要功能：

（1）电空常用制动（由主控制器或者 ATO 通过 TCMS 和列车线控制），通过电空制动和动力制动的复合制动来实现。

（2）快速制动（由主控制器通过 TCMS 控制），通过电空制动和动力制动的复合制动来实现。

（3）保持制动，通过电空制动来实现。

（4）紧急制动，通过电空制动来实现。

（5）停放制动，通过停放制动缸的弹簧力来实现,。

三、EPAC 内部气路结构

1. EPAC-LITE 气路分析

图 8.18 所示为 EPAC-LITE 气路原理图，EPAC-LITE 是 EPAC 设计理念的延续，是以车辆为制动控制单位的城市轨道交通制动系统。

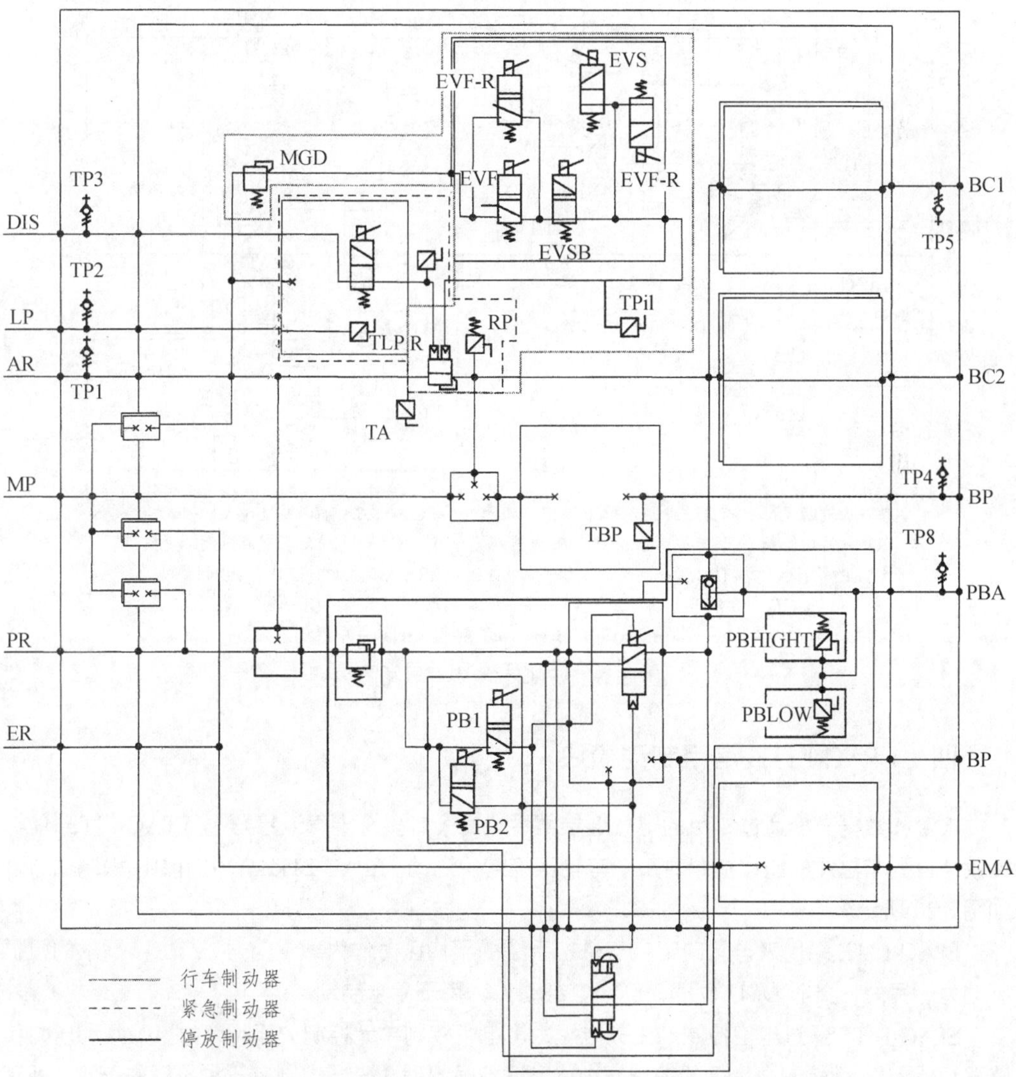

AR—来自辅助风缸；LP—来自空气悬挂；PR—来自停放制动风缸；SV—来自紧急制动风缸；BC—到制动缸；PBR—到停放制动缸。

图 8.18　EPAC-LITE 制动系统的气路原理图

2. EPAC2 气路分析

图 8.19 所示为 EPAC2 的内部气路结构，EPAC2 一旦接收到来自车辆的经 PWM 双支承硬连线输入的制动指令，就能执行“每个转向架”的常用制动。EPAC2 通过使用转向架空气悬挂的平均压力作为加权因子来达到所要求的机械制动力等级。另外，车辆逻辑供应的数据，如瞬间电力减速力，被用作为混合因素。EPAC2 在气路上通过一个主继电器阀来控制输出压力，而通过一个电空回路（通过内部电子控制单元在闭环中动作的电磁阀和压力传感器）进行调节。调节电路可在三种不同的配置中布置，以便允许直接调节（即激活制动）、反向调节（即激活缓解）和缓解情况下进行反向调节（与上面一样，加上强制制动缓解的可能性）。

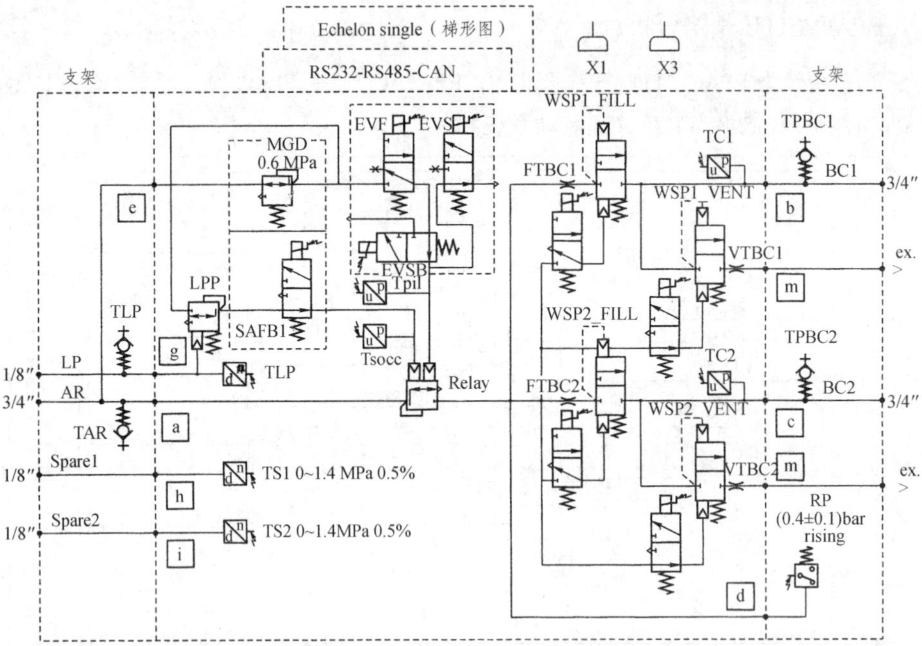

AR—从辅助风缸；BC1—去制动缸 1；LP—从悬挂；BC2—去制动缸 2；Spare1—压力传感器；
RP—制动缓解压力开关；Spare2—压力传感器；TPBC1—制动缸压力测试接口 1；
TLP—测试接口；TPBC2—制动缸压力测试接口 2；TAR—测试接口；LPP—LPP 调整阀；
MGD—综合压力调节器；SAFB1—紧急制动控制阀；EVF—充气阀；
EVS—排气阀；EVSB—远程缓解阀；relay—中继阀。

图 8.19　EPAC 制动内部气路图

四、EPAC-LITE 常用制动模块

电源和数据交换通过专用的电气连接实现（一个或多个电气连接器）。EPAC-LITE 能够接收来自列车总线的制动指令对每个车辆实施常用制动。EPAC-LITE 常用制动模块制动原理如图 8.20 所示。

EPAC-LITE 采用来自转向架空气悬挂系统的平均压力作为载重信号，产生所需求的机械制动力。另外，接收 DCU 数据，例如电制动力，用于复合制动。

EPAC-LITE 通过电空控制产生先导压力（电子控制单元控制的闭环，由电磁阀和压力传感器组成），然后控制中继阀的输出压力。根据不同的理念先导控制有三种不同的配置，即正逻辑先导控制（即得电制动）、反逻辑先导控制（即得电缓解）和反逻辑先导控制并有强迫缓解（同上，加强迫缓解）。

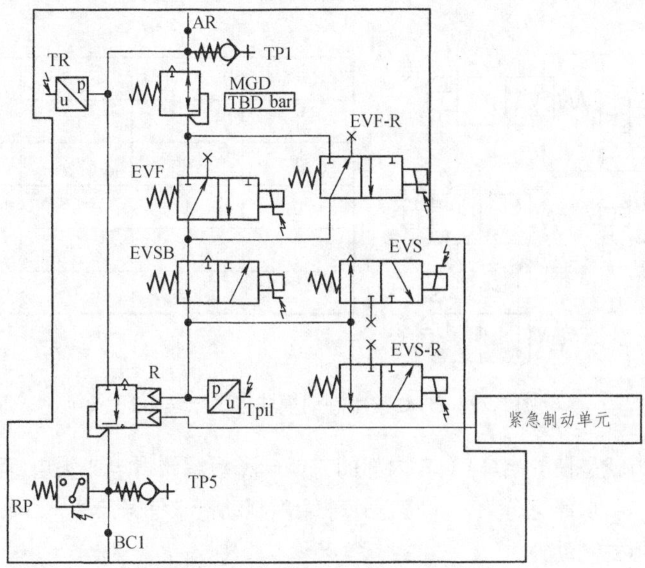

图 8.20　EPAC-LITE 常用制动模块

上海地铁 6 号线和 8 号线项目选择正逻辑控制理念。该理念是通过两组满足制动时间的电磁阀 EVF 和 EVS 来实现。

从制动缸压力控制来说，每个 EPAC-LITE 都包括 4 个电磁阀 EVF、EVS （即充风电磁阀、缓解电磁阀），3 个压力传感器 TA、TLP、Tpil 和中继阀（R）。常用制动，电磁阀 EVF、EVS 同时得电，如图 8.21 所示，来自 AR 的压力空气经过导通的 EVF，作为先导压力进入中继阀，与来自空气弹簧的压力一起，顶开中继阀，AR 的压力空气经过中继阀进入制动缸，实现常用制动。进入制动缸的压力与先导压力成正比，其压力大小取决于电磁阀得电开启的时间。常用制动模块电气原理如图 8.22 所示。

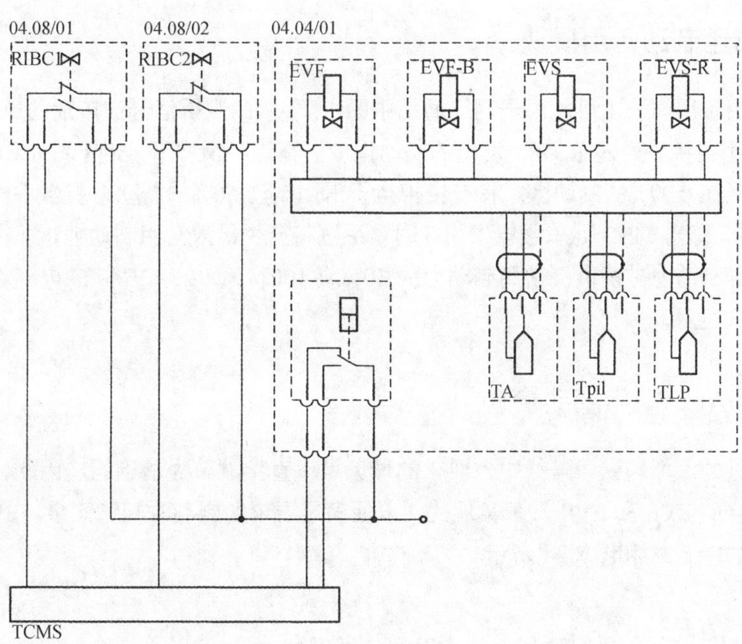

图 8.21　EPAC 常用制动模块电气原理（1）

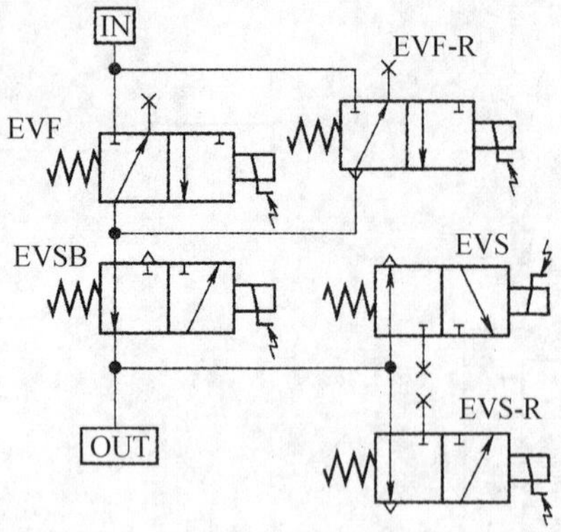

EVF	EVS	EVSB	制动状态
1	1	0	施加
1	0	0	缓解
0	1	0	保持
0	0	0	缓解
—	—	1	远程缓解

图 8.22　EPAC 常用制动模块电气原理（2）

控制制动压力就是使 EPAC-LITE 内部的充风阀和缓解阀得电或失电，可以实现对制动缸的充排气。制动控制功能可分为：①根据外部输入制动请求信号产生一个制动指令；②将制动指令转化为实际的制动力。

电空制动模式下，制动指令通常由司控器或者 ATO 产生。它与制动系统的接口有：RS485 总线；制动线（BRAKING.L），司控器处于制动状态，该信号激活；牵引线（TRAC.TION），司控器处于牵引状态，该信号激活；紧急环路（EMERGENCY BRAKE.L），紧急制动发生时，该信号激活。

EPAC 实现制动作用，同时考虑了牵引电机特性、车体参数（如载重）、制动模式、制动系统可用性等因素。所需的操作模式通过应用软件来实现，应用程序通过来自车辆、牵引、制动系统的输入信号来识别操作状态。在每种状态下，EPAC-LITE 执行一系列系统要求的动作，不同状态的转换也是通过一系列相同的信号。当转换是一个不可接受的状态时，程序转向相关的错误状态，此时所有必要的计数器接受检测、产生错误信息并分发。

五、常用制动备用模块

一旦启用备用模块（可能由于网络通信中断），硬线的逻辑信号被车辆的逻辑系统激活，同时 EPAC 不再接收通过 RS485 发出的制动指令。在这种情况下，制动线（BRAKING.L）被激活即手柄在 0 99%的制动区。将产生相当于常用制动 50%的制动力。当手柄在最大常用制动位 100%，即当 MSB 列车线电压为 0 时，系统将产生最大常用制动力，即在常用备用模式下只有两种制动力被提供，常用制动力的 50%或 100%。如果 VVVF 的电制动有效，复合制动模式同样适用。

六、EPAC2 常用制动模块

在更先进的深圳地铁 4 号线中，要求的理论是以直接调节为基础的。因此，这一理论是通过两个耦合的 EVF 和 EVS 阀来实现的，以便满足要求的制动时间和冗余。BPAC2 常用制动模块原理如图 8.23 和图 8.24 所示。

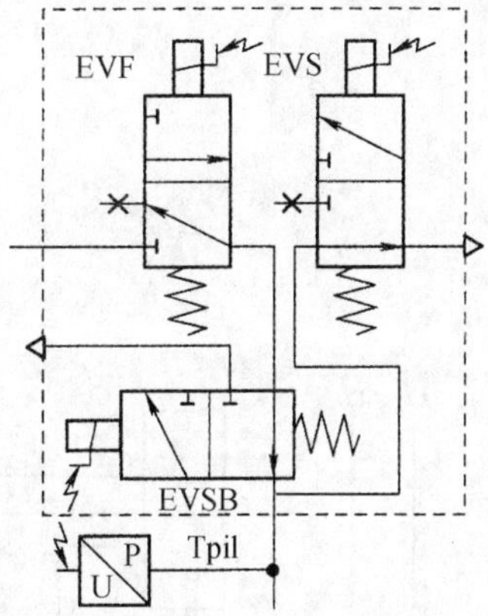

图 8.23　EPAC2 常用制动模块（1）

由 PWM 信号施加的减速度	牵引线	制动线	安全环路	状态
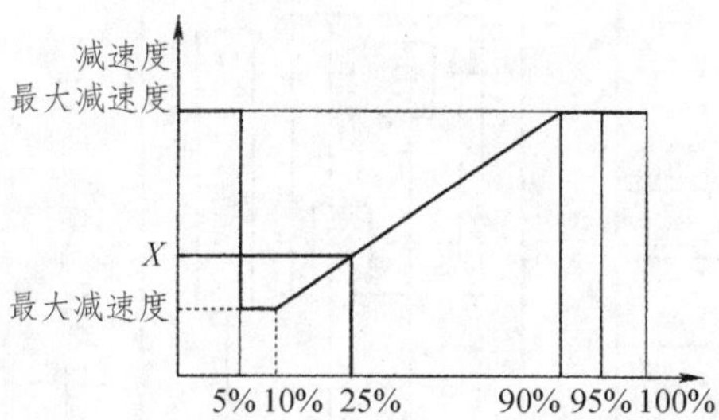	0	0	1	惰行
	0	1	1	制动
	1	0	1	牵引
	1	1	1	制动
	—	—	0	紧急情况

图 8.24　EPAC2 常用制动模块（2）

EPAC2 向车辆逻辑线路发送每个转向架（经由 RP 综合压力开关）的制动状态（施加/缓解）。为了独立监控 EPAC2 电子是否出现故障，在到制动缸的输出端配置了一个压力开关（RP），该压力开关与车辆电线束硬连接。到制动缸的最大压力通过可设置的综合压力调节器（MGD）进行限制。可以通过使 EVSB 阀得电（远程缓解）来自动隔离（由 TIMS 监控）常用制动，这一操作并不影响紧急制动的功能，它总能够施加并缓解。

从制动缸的角度，每个 EPAC2 是由 4 个电磁阀 EVF、EVS（即施加和缓解电磁阀），3 个压力传感器 TA 、TLP 和 Tpil 以及主继电器（R）组成的。在 EPAC2 中，制动力的控制通过使该施加和缓解电磁阀得电和失电来达到，这一操作允许填充和排空制动缸。所有的 EPAC2 通过制动系统的内部网 ECHELON 互相进行通信（该网由两个网组成，这两个网相互支持），如图 8.25 所示。

只有 Tc 车上的 EPAC2 有机会成为所有 EPAC2 的主 EPAC2，如图 8.26 所示。制动控制功能可以划分为：①生成要求施加制动的输入信息（制动需求生成）；②制动需求的管理并转换成输入用于制动力执行。

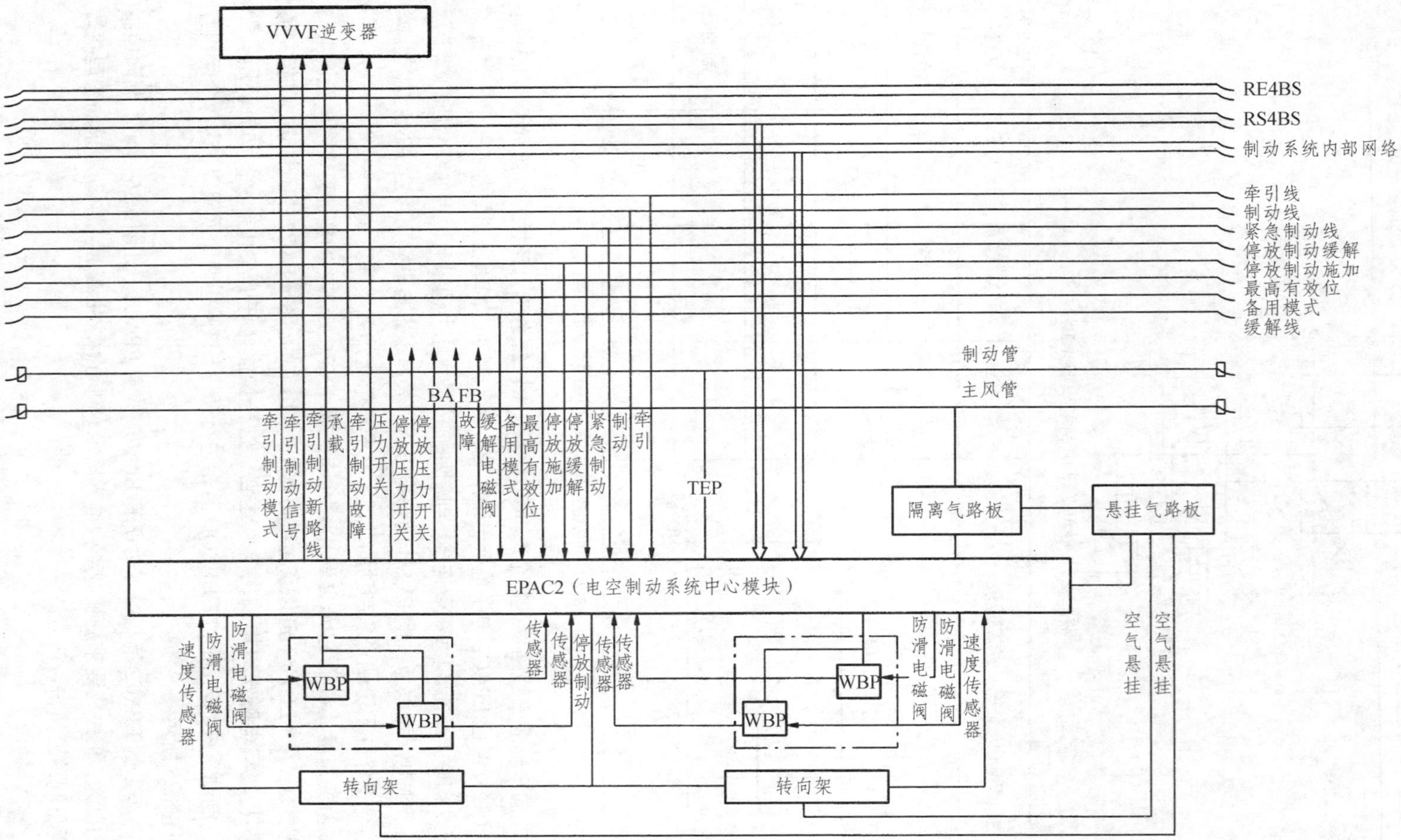

图 8.25　EPAC2 常用制动模块（3）

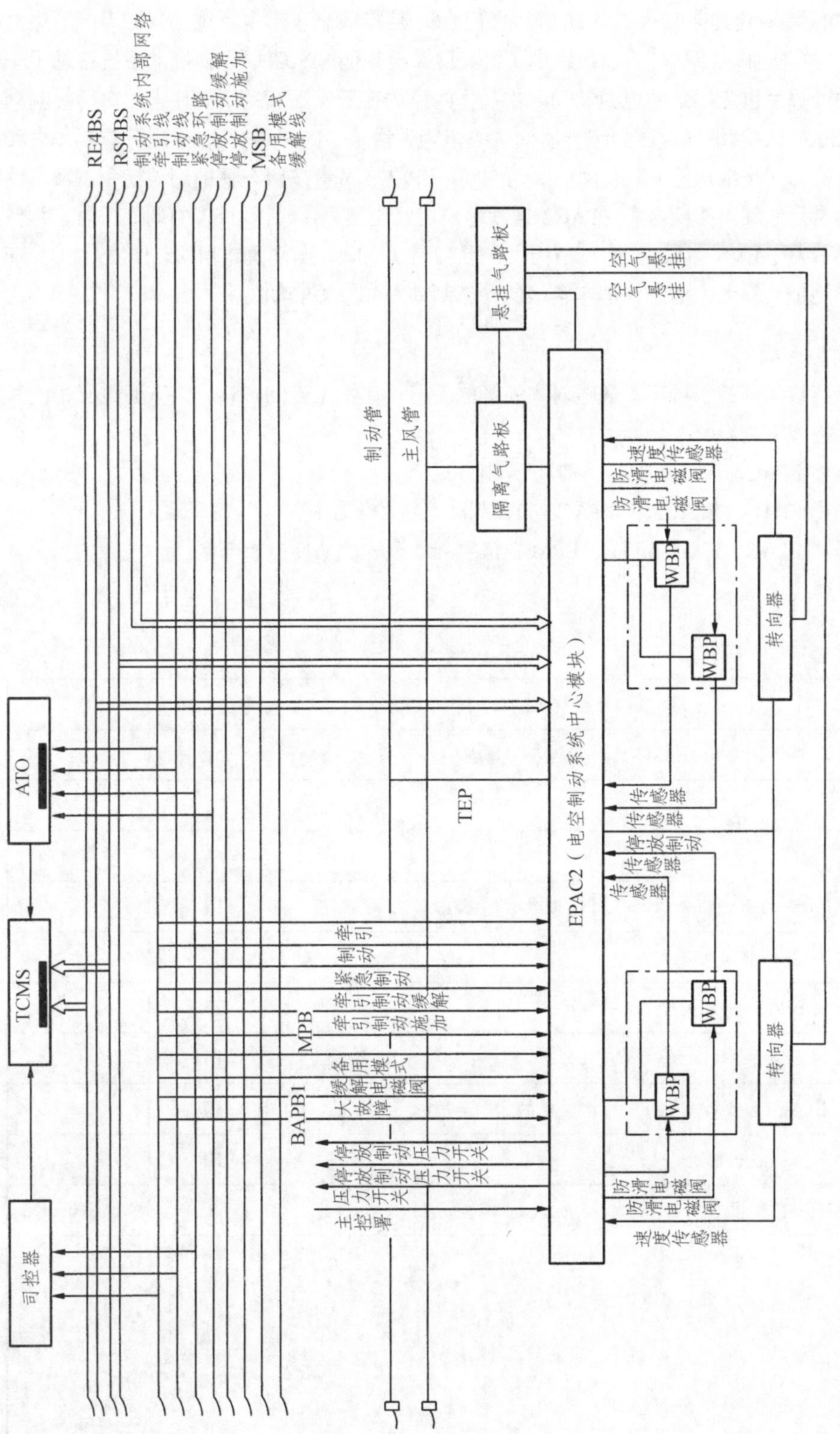

图 8.26　EPAC2 常用制动模块（4）

车辆的首尾EPAC2能通过两条PWM硬连线信号接收制动指令。它们将制动指令经冗余的ECHELON传输给其他EPAC2。动车上的EPAC2应接收来自牵引系统（TCU）的“电力制动完成”，并通过内部网线（ECHELON）将其反馈给其他EPAC2，以便制动系统在基于车辆级进行的计算后供应不足的电力制动。本动作的目的在于保证满足所有要求的车辆级制动力。每个EPAC2也读取通过压力传感器测量的车辆重量（转向架平均），然后计算制动力和相关的调节压力用于继电器R。在摩擦制动期间，EPAC2负责按照车辆的制动指令以及车辆的载荷驱动常用制动电磁阀。各EPAC2连续地监控经由压力传感器Tpil的调节压力，并作用于电磁阀EVF、EVS，以达到目标压力。在混合制动期间，操作模式相同，但发动机/变速器共享着要施加的制动力信息，即车辆级的动态制动力和摩擦制动力。

【任务实施】

学生在指导老师的引导下，通过对本任务的复习，让学生查阅资料，大家通过互相问答的形式，掌握以下内容：

（1）概述EPAC制动系统的常用制动控制方式；

（2）描述EPAC、EPAC2和EPAC-LITE制动系统的发展；

（3）描述EPAC、EPAC-LITE、EPAC2常用制动模块的功能分析与区别。

【效果评价】

评价表

项目名称	项目8　SD型制动机和EPAC制动系统	学生姓名	
任务名称	任务5　EPAC制动系统制动原理	分数	
项　目		分值	考核得分
1. EPAC常用制动系统相关知识、图片的搜集和整理		10	
2. 是否有小组计划		5	
3. 城轨车辆EPAC制动系统的发展情况		25	
4. 城轨车辆EPAC制动系统控制方式分析		15	
5. EPAC、EPAC2和EPAC-LITE制动模式的区别与联系		30	
6. 编制学习汇报报告情况		10	
7. 基本素养考核情况		5	
教师简要评语： 教师签名：			

任务 6　EPAC2 制动控制原理

【活动场景】

在城轨车辆生产车间或检修现场进行教学，或用多媒体展示城轨车辆 EPAC 制动系统。

【任务要求】

1. 能够掌握 EPAC 制动系统的控制方式及功能；
2. 能够掌握 EPAC 制动系统的组成，重点掌握制动控制单元的作用。

【知识准备】

在常用制动模式下，制动系统将限制摩擦材料磨损到最低程度。制动系统将控制电力制动（ED）与机械摩擦制动连续地混合产生制动作用，电制动（ED）优先，以便限制摩擦材料磨损，如图 8.27 所示。

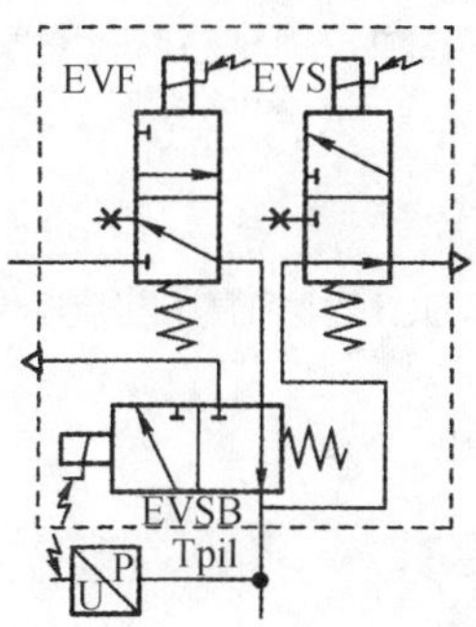

EVF	EVS	EVSB	制动状态
1	1	0	施加
1	0	0	缓解
0	1	0	保持
0	0	0	缓解
—	—	1	远程缓解

图 8.27　EPAC 常用制动模块（1）

一、载荷补偿功能

电空载荷补偿的功能：当给出一个制动指令时，就设定了一个确定的减速率，且对应的车辆制动力是车辆载荷的一项功能。载荷补偿功能的目的是要将制动力规定为车辆载荷的一项功能，以便获得在整个车辆载荷范围可重复的减速度。

在电空制动中，此项功能是由 EPAC2 软件执行的，该软件读取来自压力传感器（TLP）的载荷信号。该值通过 EPAC2 控制单元进行详细说明，并进行制动力的纠正。每个 EPAC2 通过 Echelon 网络将相关的车辆载荷传输给安装在车辆上的其他 EPAC2。这样，就通知本制动系统的每个 EPAC2 关于车辆的实际总载荷，并能在有制动需求的情况下执行制动计算执行。安装在动车上的 EPAC2 将 A_ LW 信号经由模拟电流信号（4 ~ 20 mA）发送给 DCU，并经由 Echelon 网发送给其他 EPAC2。

二、混合制动和交叉混合制动

混合的目标是要共享车辆级的电力和摩擦制动力以达到期望的车辆级减速率，从而最大限度地应用 ED 制动，而尽可能少地使用摩擦制动力，以达到减少磨损、延长零部件寿命并减少灰尘的等级。摩擦制动可以集成 ED 制动，以便达到要求的减速度，如果 ED 制动不可用（由于故障、低速失效、反应时间慢或线路接受性低），要完全由摩擦力来满足制动要求。

为了执行交叉混合，安装在动车上的每个 EPAC2 按照图 8.10 所示与 DCU 交换一组指定的信号。在制动指令同时传输给 DCU 和制动系统（EPAC2）之后，牵引系统电子能计算必要的电动力，并将已达到的制动力发送给相关的 EPAC2。然后，安装在动车上的每个 EPAC2 将收集已达到的 ED 制动力发送给其他 EPAC2，以便可以计算总的电动力。一旦设定了要求的制动力，如果 DCU 不能完全满足制动需求，那么将按照交叉混合原则施加电空制动。

交叉混合的原理预定目标为：

（1）最大限度地应用动车转向架上的 ED 制动；

（2）剩余的 EP（如有）制动力将连续、均匀地施加到各转向架上直至达到黏着极限；

（3）如果还有剩余 EP 制动力，将再次平均未达到黏着极限的转向架上，直至黏着极限，以此类推。

由于遵守正确的交叉混合原则，EPAC2 需要接收来自 DCU 的 ED 可用性状态信号（LO_EDBOK）。

以下是每个 EPAC2 与 DCU 之间预测的信号（见图 8.28）。

AO_ BEA：通过此信号，动车上的 EPAC2 可以接收来自 DCU 接口的已达到的现有电动制动力（速度函数）。

A_ SP：速度信号。

A_ LW：载荷信号。

L_DISEB：动车上的 EPAC2 使用该信号以便向 DCU 发送 ED 禁止的指令。如果 EPAC2 发现严重滑行（≥10%），或如果已达到的 ED 力不可靠（如远低于要求的力），那么该信号将被发送给 DCU 接口。

LO_FADE：在低速的情况下，电制动必须逐渐替换成机械制动。淡出速度是由软件设定的参数，设定为 6 km/ h，在该速度下一定会发生电制动衰减。当该信号高时，ED 制动将失效，而摩擦制动将在某一延时后以一确定的冲击率起作用。

LO_ EDBOK：电制动可用。

LO_SLIDE：电制动滑行修正。

AO_BEA：电制动达到值。

图 8.29 所示为在制于 100%的最大 ED 制动假设值期间的一般混合原理，该假设值为：ED 和 EP 制动的分配与理论行为预测相符（具体数值仅供参考）。

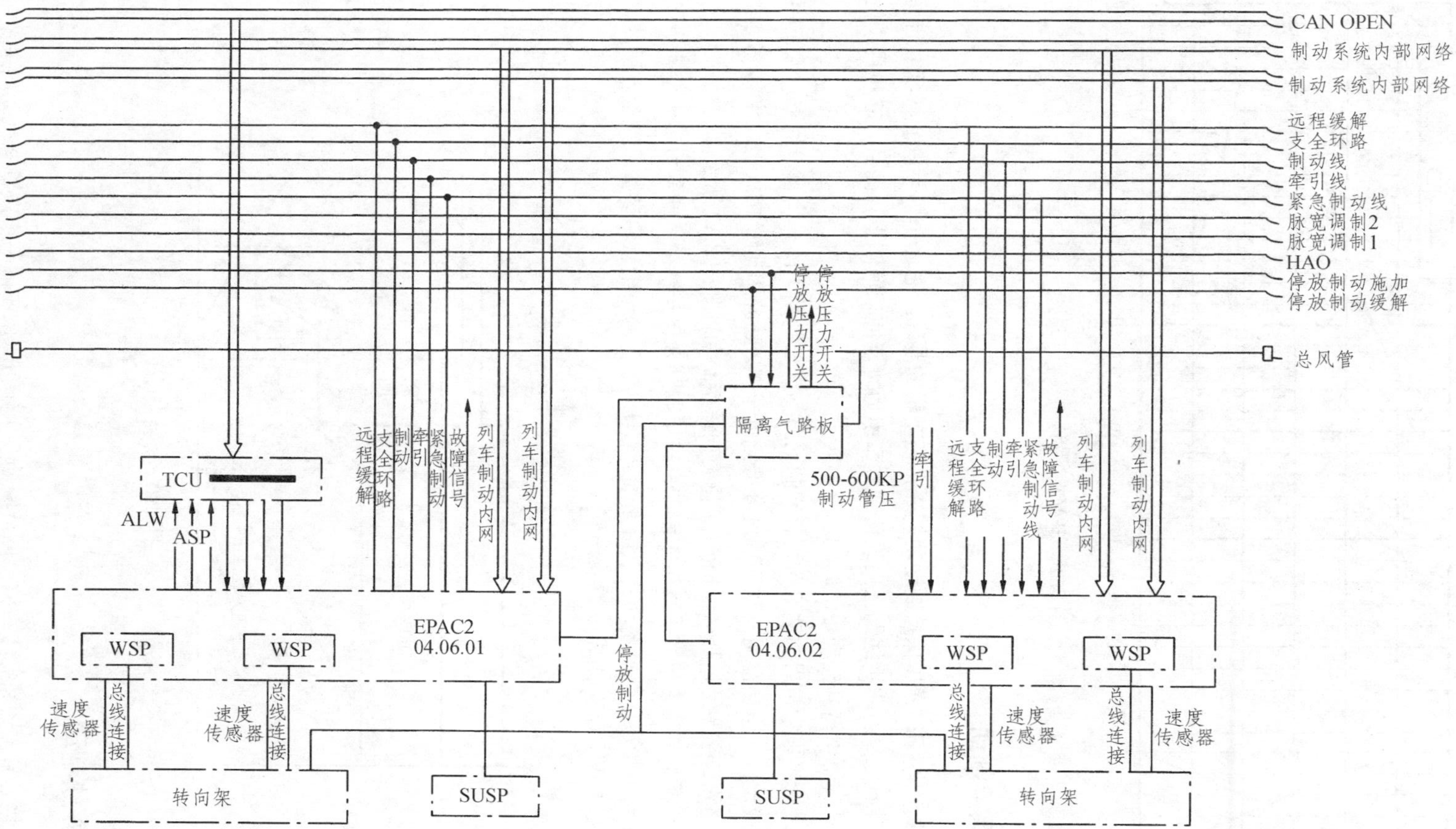

图 8.28　EPAC 常用制动模块（2）

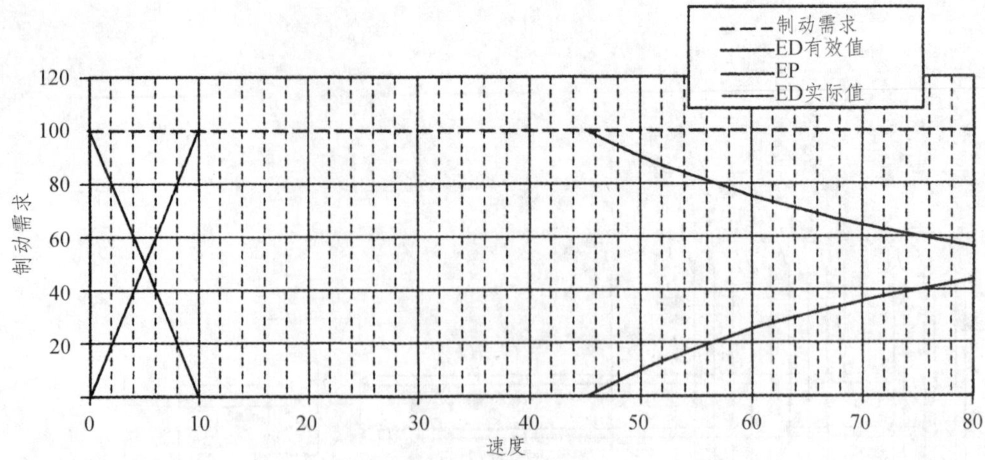

图 8.29　EPAC 常用制动模块（3）

三、保持制动

在乘客转移期间，通过保持制动功能来保证车辆的制动。它使车辆可以在斜坡上启动而不会溜车，并且如果在水平线路上出现错误的牵引力，能使车辆停止，而且，它也用于使停止的车辆在坡道上保持事先规定的时间。

保持制动通过电空常用制动来实现，其制动力构成总制动力的一个百分比（70%），且与一车辆重量成比例。当在常用制动下速度降低到低于 1.2 km/h（可调 EPAC2 软件参数）时，如果牵引线路没有被激活，那么，EPAC2 将施加保持制动，如图 8.30 所示。

摩擦制动将维持在这一水平直至本制动系统接收到来自车辆线（通常设置一个可调的继电器 T1）的牵引状态。保持制动的缓解必须通过 EPAC2 的一个软件参数来完成，因此，保持制动的缓解包含一个可调的时间（T2）。

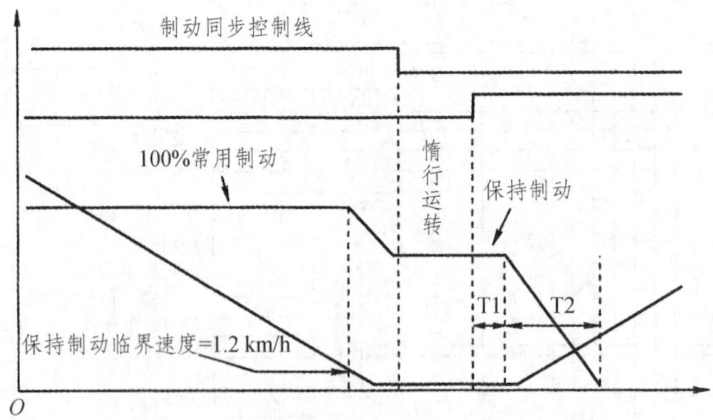

图 8.30　保持制动

四、停放制动

上海地铁 6 号线和 8 号线车辆，停放制动是由经过减压阀的一个双稳态气动阀来控制，如图 8.31 所示。两个先导电空阀控制该气动阀。为了改变停放制动的状态（施加/缓解），需同时激活该两个电空阀。通过 EPAC.LITE 外侧的机械阀可使微处理器集成在 EPAC.LITE 中，不需要另加制动电子控制单元（BCE）。从维护上讲，EPAC.LITE 是一个在线可替代单元，即方便车上操作，实现列车下线时间最小化。微处理控制单元实现了系统对指令及大量系统参数响应的高级要求。

EPAC2 中的停放制动可以通过排空总风缸自然触发，也可以由一专门的受保护的风缸供风，而由一到两个电磁阀来触发。此情况下，它可能会受减压器压力的限制，并由一个阀控制。

在深圳地铁 4 号线中，停放制动请求是由双稳态电磁阀来触发的，并有压力开关来监测。在制动系统中停放制动气缸上综合安装了一个双向截止阀，以避免停放制动和空气制动同时施加，并避免制动力混合，从而损坏车轮。

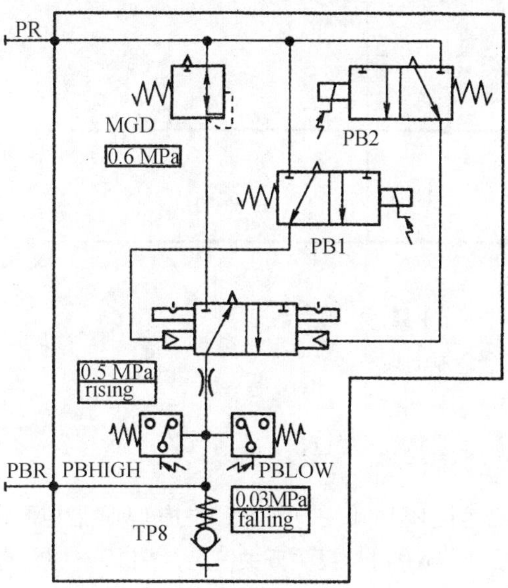

PB1	PB2	停放制动
0	0	不允许
0	1	缓解
1	0	施加
1	1	不允许

图 8.31　停放制动

五、EPAC2 紧急制动模块

EPAC2 配置了一个由车辆安全环路（硬线）独立控制的安全制动部件（EVSUCC 阀），如图 8.32 所示。一旦安全环路中断，该安全电磁阀失电，这样，向制动缸供压，完全用于施加空气制动以确保安全。

安全制动可以有以下选择。

（1）按照实际重量进行施加（通过气路信号）；

（2）通过外部分配器产生；

（3）通过一个外部分配器产生并由气路信号加权；

（4）被限制为预定的值，就可向制动缸加压。

在深圳地铁 4 号线中，要求紧急制动按照转向架的重量（空簧载荷平均）进行施加。到制动缸的输出压力总是由压力开关（PR）和上面提到的压力传感器来监控。主继电器的安全调节是在内部，也是通过 EPAC2 内部电子用一个压力传感器（Tasf）来监控的。

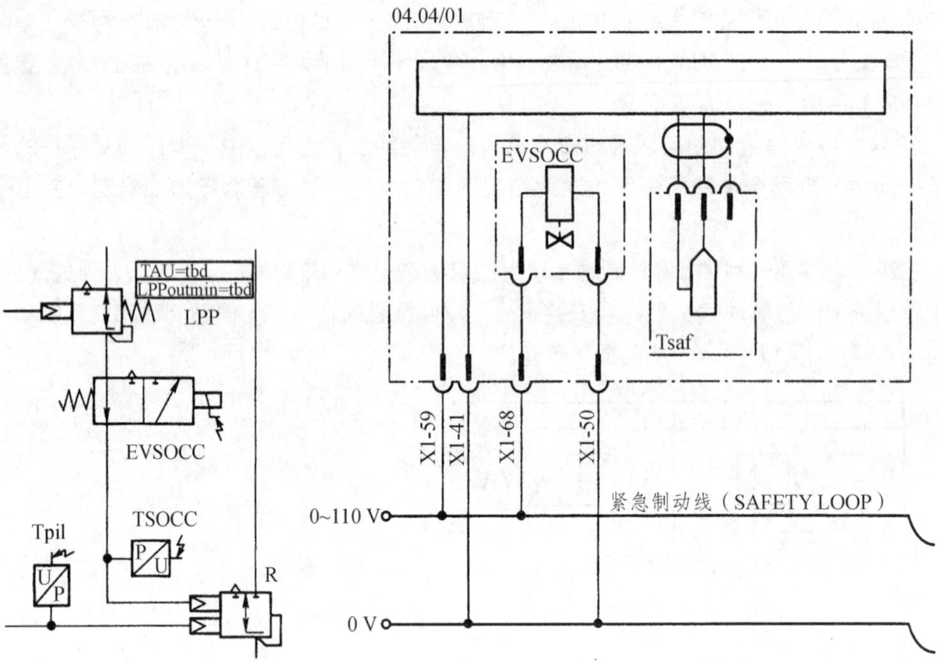

（a）紧急制动气路图　　（b）紧急制动电路图

图 8.32　EPAC 紧急制动模块

六、停放制动的监控和隔离

停放制动功能具有外部监控（车辆级）和内部监控（目的仅在于诊断和维护）两种监控形式。

外部监控（车辆级），通过读取停放制动面板上（06.03）的压力开关信息，提供可靠的诊断，即便 CAN 总线故障或 EPAC2 控制失效，也能执行。建议系统中可用压力开关命名见表 8.9。

表 8.9　监控压力开关信息

开关	监控的压力	到车辆逻辑线路的信息
PBHIGHT（EPAC2）	完全缓解停放制动执行机构的压力	硬连线
PBLOW（EPAC2）	完全缓解停放制动执行机构的压力	硬连线

带触点的塞门（06.04）在涉及转向架上的常用制动和紧急制动有效的情况下，能隔离停放制动，而不会受到干扰。隔离转向架的信号将经由该微动开关发送给车辆，这将断开 110 V 电池的基准信号。如果停放制动连接中的软管断裂，涉及的停放制动缸必须进行机械隔离，以便继续运行。

七、常用制动的监控和隔离

常用制动功能有内部监控（目的仅在于诊断和维护）和外部监控（车辆级）两种不同类型的监控。内部监控由车辆制动系统自身来执行。各 EPAC2 通过安装在各 EPAC2 上的压力传感器 Tpi1、TLP、TA 和 Tsaf 来监测常用制动的压力。所有这些压力传感器按照表 8.10 中的说明监控不同的压力。

表 8.10　传感器与监控压力关系

传感器	监测压力	反馈给车辆信息
Tail（EPAC2）	常用制动控制压力	CAN 总线
TLP（EPAC2）	悬挂压力	CAN 总线
TA（EPAC2）	辅助风缸压力	CAN 总线
TCF1	轴 1 制动缸压力	CAN 总线
TCF2	轴 2 制动缸压力	CAN 总线

当检测到压力超出范围时（发现的压力太低或太高），相关的故障信息将被发送到 CAN 总线。当 Tpil 监测到压力超出范围，那么相关的转向架上的制动缸压力会被自动置零。

当然没有 CAN 总线的 EPAC2 通过 FT 内部总线将监测到的压力信息传给带有 CAN 总线的 EPAC，并且这些信息在整车辆范围内都能获取。总之，每个 EPAC2 都会存储内部的故障信息，方便维护。当 EPAC2 不可用（无电源供电或者 EPAC2 失控），这些信息在 CAN 总线上无法获取。EPAC2 内部也无法读取。

外部的监测通过在整车辆范围内读取每个 EPAC2 的压力开关信号，这些信息在 CAN 总线故障或者 EPAC2 失控的情况下能提供一个可靠的诊断。当要求隔离单个转向架的常用制动，那么带电触点的塞门 04.8 或者 04.12 能隔离相关转向架的常用制动和紧急制动，转向架隔离信息会通过电触点被传输到车辆控制。

八、远程缓解

远程缓解电路图如图 8.33 所示。如果 EPAC2 故障，这意味着 EPAC2 不能控制该 EP 制动。在这种情况下，产生一个主要故障信号（MJF 信号），而继电器 R 的线圈得电：由该继电器驱动的触点合上。这样，车辆控制（Tc）接收这一信息：EPAC2 处于故障中。同样的信息也将经由 CANPETV 发送。Tc 将通知司机存在主要故障，而司机应通过司机室上的专用按钮激活远程缓解线路。该线路将得电，且故障中的 EPAC2 的 EVSB 阀也将得电。从这时起，在受主要故障影响的 EPAC2 中的常用制动被禁用。

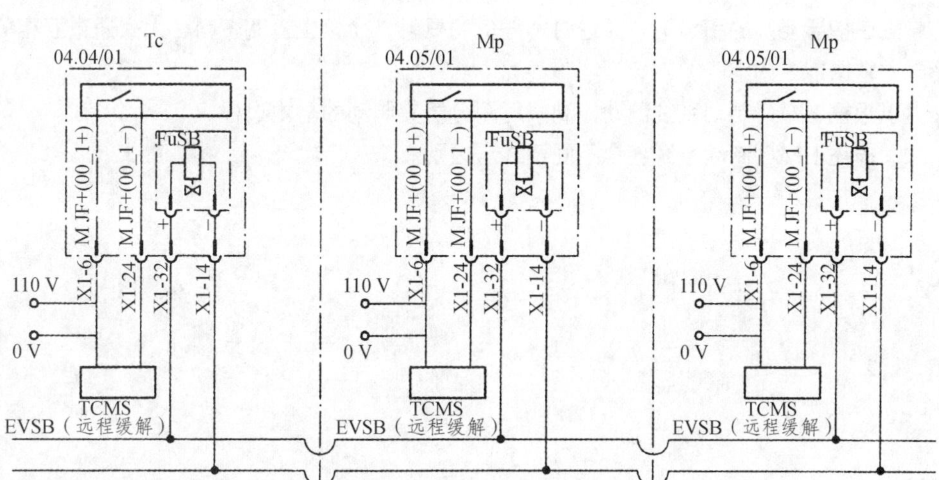

图 8.33　EPAC 制动系统的缓解电路图

如果工作正常（无主要故障的报告），那么，其他的 EPAC2 将继续以正常模式工作，因为司机的远程缓解只会影响有故障的 EPAC2，以保证线路上的安全运行。

九、快速制动

快速制动包含在常用制动中，它保证减速度等于最大常用制动减速度，WSP 有效，安全环路保持通电。EPAC2 仅能通过 PWM 线路（制动需求渠道）接收快速制动指令。司机可以通过将控制器置于快速制动位来激活快速制动，确定制动需求对应于 100%的减速度（最大常用制动等级）。快速制动动作与常用制动一样（唯一不同的是要求达到的力的等级），因此，同样执行监控和隔离，与常用制动一样。

十、紧急制动

在这种类型的制动过程中，必须通过所有可用的方式，使车辆在尽可能短的距离范围内停车。司机可以通过安全装置激活紧急制动，该安全装置可以断开车辆的安全环路。安全环路并不是 FT 的责任。

如果电池可用，那么紧急制动适用于重量，并包含车轮防滑保护设备。当车辆的安全环路断开时，安装在各 EPAC2 中的电磁阀 EVSOCC 失电，这就可以施加紧急制动。

在本项目中，提供一个 LPP，该 LPP 根据车辆重量提供气动信号。该信号使继电阀 R 的调节室得电，驱动制动缸。紧急制动的执行是转向架级的。

十一、紧急制动的监控和隔离

紧急制动功能有内部监控（目的仅在于诊断和维护）和外部监控两种不同形式的监控。

内部和外部紧急制动的监控是按照内部和外部常用制动监控相同的原则以及使用相同的零部件来实现的。实现紧急制动隔离的方式也与常用制动的一样。如果在紧急情况下 EP.AC2 仍然在工作，那么，必须保存所有紧急制动的施加情况并进行记录，用于 LCC（分析）。

【任务实施】

学生在指导老师的引导下，通过对本任务的复习，让学生查阅资料，大家通过互相问答的形式，掌握以下内容：

（1）根据 EPAC 制动系统制动控制原理图分析其制动的基本过程；

（2）描述 EPAC 制动系统各个不同模式与区别。

【效果评价】

评价表

项目名称	项目8 SD型制动机和EPAC制动系统	学生姓名	
任务名称	任务6 EPAC2制动控制原理	分数	

项目	分值	考核得分
1. EPAC制动控制原理相关知识的搜集和整理	10	
2. 是否有小组计划	5	
3. EPAC制动系统控制原理图分析	25	
4. 城轨车辆制动系统控制方式	15	
5. EPAC制动系统制动模式的认知情况	30	
6. 编制学习汇报报告情况	10	
7. 基本素养考核情况	5	

教师简要评语：

教师签名：

任务 7　EPAC 制动模块综合学习

【活动场景】

在城轨车辆生产车间或检修现场进行教学，或用多媒体展示城轨车辆 EPAC 制动系统。

【任务要求】

1. 能够掌握 EPAC 制动系统的控制方式及功能；
2. 能够掌握 EPAC 制动系统的组成，重点掌握制动控制单元的作用。

【知识准备】

如图 8.34 和图 8.35 所示，为了便于安装，EPAC 制动系统设计安装时将制动模块安装在中心框架上，其中心框架主要包括模块构架、风缸、低压箱和制动控制面板及单独的 EPAC2 与气路板集成模块。法维莱公司提供的完整且集成的中心框架可即时安装到每辆车的底架上，EPAC2 制动系统尽量靠近每个转向架来安装，结构主要包括控制面板、悬挂风缸、辅助制动风缸、总风缸等。

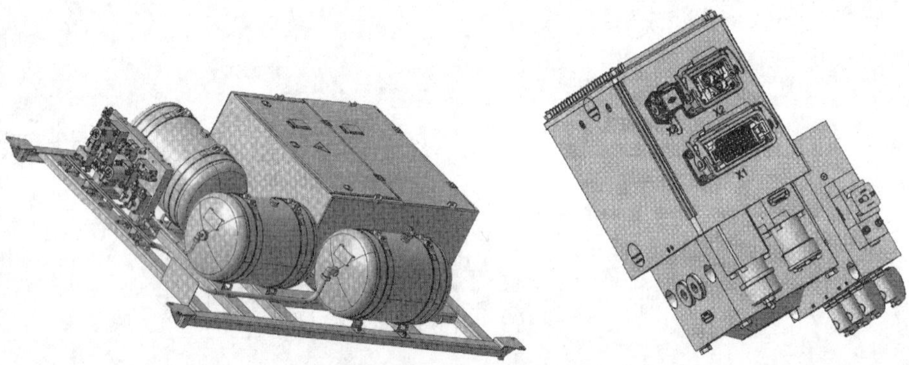

图 8.34　EPAC 常用制动模块

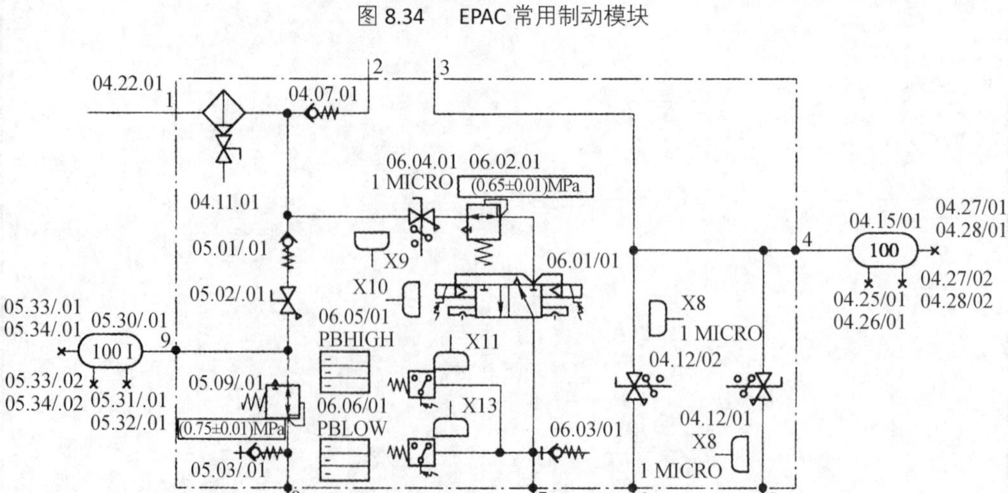

图 8.35　控制面板的结构与网络示意图

一、控制面板

图 8.35 所示为控制面板的结构与网络示意图，由图可知其主要包含一个空气过滤器（04.11），主要用于清洁来自主管路的风，以及编号为 06.04、05.02 和 04.12 的截断塞门。06.04 截断塞门配置了一个微动开关，主要用于隔离停放制动；05.02 塞门用于隔离悬挂；04.12 阶段塞门用于每个转向架的隔离。

二、WSP 控制

WSP 系统的目的在于避免车轮滑行，从而增加制动施加期间的停车距离，如图 8.36 所示。在我国深圳地铁 4 号线中，每根车轴都执行此项功能，每个转向架有两个排空阀。WSP 系统通过测速齿轮和一个专用的速度传感器测量每个车轴的速度。在系统中，各 EPAC2 将计算车辆的参考速度。为提高参考速度的精度，参考速度的计算需要考虑其他 EPAC2 测量的轴端速度。EPAC2 只取 4 根轴的速度信息来计算车辆参考速度：2 根轴速来自相连接的速度传感器，另外 2 根轴速来自网络。网络值的选择遵循以下原则：轴 2 的速度来自 EPAC2n-1，轴 1 的信息来自 EPAC2n+1。如果单根轴速与参考速度的差值与程序设置的限值相差过远，EPAC2 操作防滑阀来实现需要的黏着值。

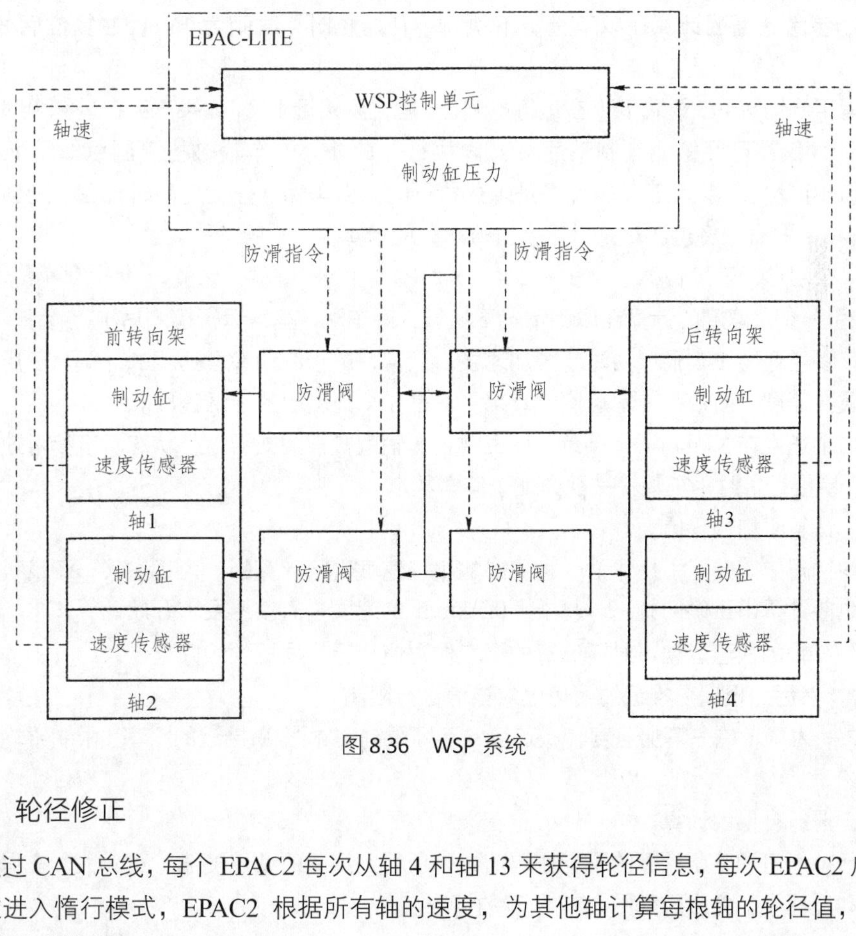

图 8.36 WSP 系统

1. 轮径修正

通过 CAN 总线，每个 EPAC2 每次从轴 4 和轴 13 来获得轮径信息，每次 EPAC2 启动后，第一次进入惰行模式，EPAC2 根据所有轴的速度，为其他轴计算每根轴的轮径值，并通过 CAN 总线发送信息。

2. 参考速度和动态参数计算

1）减速度计算

每种速度通过轮径滤波和校正，推导出用于计算每根车轴的伽玛减速度。车轴减速度仅按照速度测量的灵敏度对上述给定阈值的滤波速度执行计算。这一粗略的减速度限于± 127 m/s^2（不易接近）。然后，每个伽玛值均是二阶滤波的，两阶分别限于± 127 m/s^2（不易接近）、± 40 m/s^2（易接近）。

2）减速度导数的计算

推导出每个车轴的受限和滤波伽玛减速度，用于计算每个车轴减速度的伽玛导数。该导数被限制为 127 m/s^2（不易接近），然后限制为“阈值”（该值被重新设置用于那些低于易接近阈值、绝对值的值）、一阶滤波（易接近），再编程限制值（易接近值）。

3）参考速度的计算

参考速度 v_{ref} 是一个假设的速度，经计算要越来越接近车辆速度。v_{ref} 用于：初始化，在复位后要具有 AE 功能；防滑调节，要确定静态校正值；停车时自动自检执行标准。参考速度计算划分成以下函数：

（1）制动参考速度计算。

制动参考速度的计算在以下情况下执行：初始化时（时间为 1 s），在复位后要有 AE 功能。

在常用制动或 FU 模式下（在运行检测 1 s 后，易接近），即如果已经在运行中时，参考速度的计算仅在已经检测到制动后 1 s 内执行。此外，除车辆被检测到以非常低的速度（v<3 km/h）运行，参考速度的计算是永久执行的。当车辆从静止启动时，在检测到车辆运行后至少 1 s 的时间将再次对参考速度执行永久的计算。

（2）牵引参考速度计算。

“牵引”参考速度的计算在以下情况下执行：停车时，车辆运行检测后 1 s（易接近），这就避免该参考速度在车辆启动时成为加速度。通常，关于制动参考速度的计算，使用 4 个速度中的最高速度，而牵引参考速度计算采用的是 4 个速度中的最低速度。

当两个速度在 3 km/h（易接近）以上时，车辆就被视为处于运行状态。当参考速度低于 3 km/h（易接近）时，车辆就被视为处于停车状态。

（3）计算平均伽玛值。

平均伽玛值（减速）是作为一种导出的平均速度进行计算的。为了在某一测量链故障的情况下也能计算出正确的 v_{ref}，从大于 0.5 km/h 的速度（有效速度）开始计算该平均速度。为了消除车轴的快速运动，对所计算的平均伽玛值执行一项重要的筛选（大约 1 s 的时间，易接近），然后（根据易接近的阈值）对该值进行限制。

另外，为了考虑车辆加速度和减速度的实际限制，（根据易接近的斜率）限制平均伽玛值的转换速率。

（4）滑行补偿的计算。

滑行补偿可调整所计算的平均伽玛值，以便得到实际的减速度值。实际上，在保持着滑行的制动过程中，会出现如图 8.37 所示的情况。

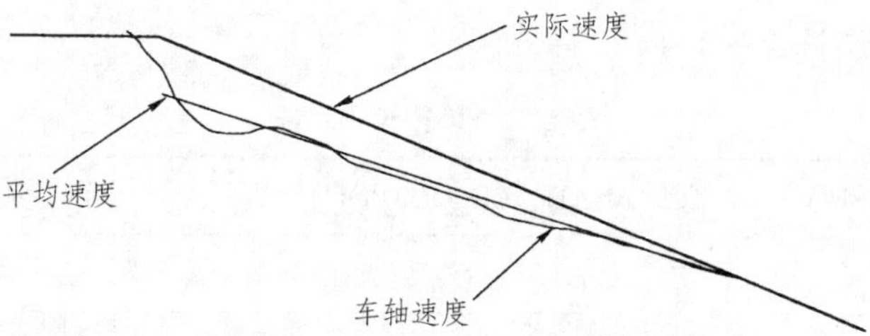

图 8.37　EPAC 实际速度与平均速度的关系

滑行补偿是通过导出平均速度 Δv 进行计算的，按照在前一个瞬间的实际速度（v_{ref}）与平均速度之间的差值进行计算。滑行补偿要进行深层次地过滤（约 2 s，易接近），以获得一个平均信息，然后被限制到 0（不易接近以及易接近的反而限制）。

（5）最大停车减速度的计算。

最大减速度的值不能超过干燥条件下所获得的值，由此可以定义一个可能减速度值的限制值（作为速度的一个函数）的模板，该模板本身取决于滑行校正系数（参考速度的系数函数），并被用作为一个平均滑行值和参考速度的函数。事实上，滑行值越大（降级黏着），实际速度降低得越少。

（6）参考伽玛值集成。

计算的伽玛值通过增加滑行补偿来校正，然后与停车减速度进行比较，值为两个（负值）中较高的那个。然后，与时间相结合，以得到参考速度。

（7）重新同步。

参考速度计算存在固有的错误，因此，执行重新同步操作是很重要的。执行重新同步操作有两种情况：

当所计算的 $v_{ref} > v_{max}$（$v_{max} = 4$ 根轴的最高速度）：v_{ref} 太高。当这些轴稳定时，应以 v_{max} 值进行重新同步操作。要确定这些轴的稳定性，必须在一个（易接近的）范围内检查经一阶滤波的、最快轴的速度导数（伽玛值），并检查经一阶滤波的第二导数伽玛值是否也在一个（易接近的）范围内。如果这些条件在（易接近的）时间内均满足条件，那么，v_{ref} 速度将按照第一斜率（易接近）再次降至 v_{max}，在一段较长时间（易接近）之后，它将按照第二快速斜率再次下降。

（8）混合期间的滑行校正。

在混合期间，动车上的 ED 制动和 EP 制动同时被使用。当发生滑行时，DCU 优先动作，即少量的滑行（定为<10%）将通过减少已完成的动力制动来校正。当 DCU 不足以适当地控制滑行（这意味着发生了严重的滑行，定为≥10%），那么，EPAC2 将要求禁用 ED 制动，而该车上的制动将通过纯机械制动和机械 WSP 来完成。当 DCU 检测到滑行时，它应将 WSD 信号发送给制动控制电子（EPAC2CPU），并减少 ED 力，而 ED_ ACHIEVED 信号将被冻结为上一次的值。这一动作将持续到 WSD 信号被设定为高或计时器高于 2 s，之后 ED_ CUT _UUT 信号将被设定，且 EPAC2 将使用在下一页中所描述的 WSP 算法来控制滑行。该软件检测车轴级的滑行，并规定通过排空阀并用作用于制动缸压力来进行气动力的校正。滑行是根据可用的黏着并使用 3 个标准来校正的：

a. Δv 滑行标准相对于参考速度；

b. 伽玛：监控车轴的加速标准；

c. 伽玛：监控轴的加速度导出标准。

滑行校正的责任符合表 8.11。

表 8.11　滑行校正责任

LO_SLIDE（WSD）	L_ENAB（ED_CUT_OUT）	系统职责
0	1	根本无滑行
0	0	EPAC2（仅用与滑行>10%）
1	1	TCU
1	0	EPAC2

每根轴的滑行是通过计算参考速度与所考虑车轴之间的差（严格说来是正位差）来确定的。另外，当 TCU 检测到滑行时，它应通过专用硬连线将该信号发送给相关 EPAC2，以便控制车轮的滑行以及上述的监控。作为参考速度的一个函数，在动态测试期间，也为给定的 v_{ref}，以及静态增益值确定了静态校正曲线模板，用于静态校正计算。

（9）静态校正的计算。

对每根车轴进行静态校正计算，作为参考速度与车轴速度之间的滑行速度差（>0）以及前面已计算的静态增益值的函数。

静态校正（i）=[滑行（i）－低限制]/静态增益 × 100

如果滑行速度>40 km/h，静态校正会立即被强制到 250%，以确保消除制动力。

（10）动态校正的计算。

动态校正可以通过创建对静态校正进行调制来预期黏着变量。对每个车轴的计算是根据经筛选、受增益系数影响的伽玛值和 d 伽玛值进行的。这些增益系数按照斜率（参数）在低速（速度阀值参数）下是可变的，然后被限定。

动态校正=伽玛增益 x 伽玛[（i）－伽玛阈值+伽玛增益 x d 伽玛增益（i）] x 100

动态校正限制在 ± 127 %（恒定）范围内。在低速（20 km/h，参数阈值）下，其下限为一个负值（－20%）参数。

（11）静态校正筛选。

静态校正值是永久筛选的。筛选值在低速（速度阈值参数）下按照斜率（参数）降低。之后，静态校正值被限定为 100%。在低速（阈值参数）下，限制静态校正压力的减少（斜率参数），以便控制制动缸的进气口。

（12）总校正量的计算。

总的滑行校正量是根据每个转向架车轴的静态和动态校正量进行计算的。该过程执行如下：在车轴规定模式下，总校正量=车轴静态校正量+车轴动态校正量；在转向架规定模式下，如果车轴的两个动态校正量均为负，总校正量=SUP（车轴静态校正量）十 INF（车轴动态校正量）；其他情况下，总校正量=SUP（车轴静态校正量）十 SUP（车轴动态校正量），总校正量被限制在 0%～100%的范围内。

（13）排空阀的控制。

每个制动缸内的空气压力由 3 种状态排空阀控制，即进气口（EV=0，BV=0）；保持（EV=1，BV=0）；排气（EV=1，BV=1）。注：EV=O，BV=1 的情况由于硬件联锁处理而在实际上是不可能的。排空阀管理分为排空阀控制、制动缸压力减少量的计算、车轴稳定性过余的检测三种主要功能。排空阀控制的状态被确定为气动校正量和压力减少量之间差的一函数。当气路校正量为零时，该阀被强制为进气（供气）状态。当它达到 100%时，该阀被强制为排气状态。如果排空阀和控制电路中没有发现故障，将所计算的控制传输给该阀。另外，所涉及的排空阀临时被禁用。

三、空气悬挂供风设备

我国深圳地铁 4 号线车辆配置了空气二系悬挂系统，由主管路供风。对于每个转向架，预置了下列元件：

（1）每个转向架 2 个高度阀：每个高度阀都能向转向架上的减振器供风或排空该减振器，以便维持恒定的车辆高度；

（2）每个转向架一个双向截止阀：以便保持减振器之间的压差低于 0.15 MPa（参数值）；

（3）每个减振器设置一个测试点：用于设定高度；

（4）每个转向架一个带气路板的均压阀：能获取该转向架 2 个空气弹簧的不同压力的平均值。带排空的塞门可以将高度阀与气源隔离，而在该面板上，一个减压阀（编号 05. 09）确定可以通过一个测试点检测的最大供气压力。

四、回送模块

当回送两列车时，制动管要沿两列车安装：制动指令通过制动管压力和通过两列车之间的法维莱局域网传输。该两列车间局域网通信是通过一条特殊的电缆（仅在回送的时候安装），连通 Tc 车中的两个 EPAC，如图 8.37 所示。

注意：MASTER 信号不连接第二个列车中任何一个 EPAC，在整个系统中仅有一个 EPAC 接收 MASTER 信号并控制整个法维莱局域网。

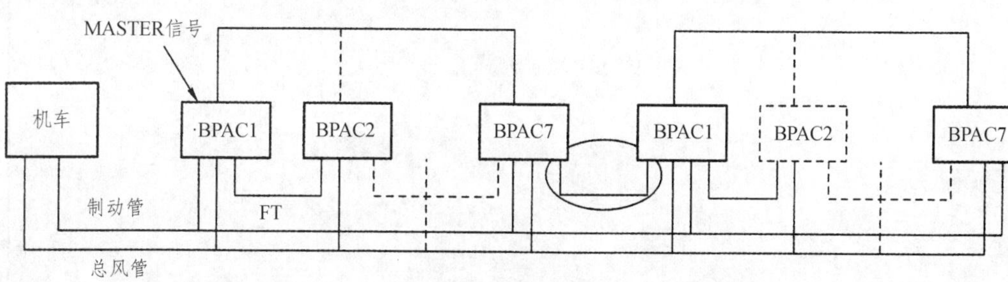

图 8.37　回送模板

【任务实施】

学生在指导老师的引导下，通过对本任务的复习，让学生查阅资料，大家通过互相问答的形式，掌握以下内容：

（1）概述 EPAC 制动系统的控制方式；

（2）大家分组讨论 EPAC 制动系统中 WSP 制动系统的功能与作用；

（3）描述 EPAC 制动系统常用制动模块的功能。

【效果评价】

评 价 表

项目名称	项目 8　SD 型制动机和 EPAC 制动系统	学生姓名	
任务名称	任务 7　EPAC 制动系统模块综合学习	分数	

项　目	分值	考核得分
1. EPAC 制动系统相关知识、图片的搜集和整理	10	
2. 是否制订有小组计划	5	
3. 城轨车辆 EPAC 制动系统的认知情况	25	
4. EPAC 城轨车辆制动系统中 WSP 的作用	15	
5. EPAC 制动系统的认知情况	30	
6. 编制学习汇报报告情况	10	
7. 基本素养考核情况	5	

教师简要评语：

教师签名：

项目小结

SD 型直通式电空制动机，通过七级膜板中继阀对制动系统进行控制，中继阀中的 3 个电磁阀各自得电、失电组合，获得 7 个不同级别的制动指令；分级控制的制动指令再通过具有多块气动膜板的七级中继阀动作，使制动缸获得恒定的七级压力。SD 型电空制动机司机操纵制动控制器发出制动指令或缓解指令，控制七级中继阀的 3 个电磁阀交替励磁和失磁，将空重车调整阀的输出压力输入七级中继阀的相应膜板室内进行加减法运算，从而输出 7 个等增量压力供给制动缸以产生不同级别的制动作用，或者使制动缸压力空气经七级中继阀排向大气发生缓解作用。当空气制动和电制动配合使用时，控导阀将有电制动作用时检测出的电流信号按一定比例变换成空气压力信号输入七级中级阀的混合器里，与指令压力进行减法运算，使电制动力不足指令压力部分由空气制动进行补充。

EPAC 制动系统包括制动控制装置、转向架制动装置、防滑保护装置、空气悬挂供风装置、空气信号装置、风源及其处理装置等。EPAC 制动系统能实现下面两个主要作用：响应司乘人员、乘客、安全系统的制动指令，根据操作条件和列车的状态，使列车在特定的时间或距离内按照既定的列车制动性能施加制动降低列车速度；保持列车在静止状态。EPAC 城轨车辆制动系统的制动功能主要有常用制动、快速制动、紧急制动、停放制动、保持制动和回送。

思考与练习

1. 什么是 SD 型电空制动机?有何特点?
2. SD 型电空制动机主要由哪几部分组成?
3. 简述 SD 型电空制动机的基本作用原理。
4. 试述 EPAC-LITF 制动系统的组成。
5. 试述 EPAC-LITF 制动系统的作用原理。
6. 试分析 EPAC2 制动系统的主要特点。

参考文献

[1] 张九高. DCO1 型地铁车辆改交流驱动前后牵引系统的区别[J]. 城市轨道交通研究，2010（4）.

[2] 徐惠林. 北京地铁 5 号线车辆电传动系统[J]. 机车电传动，2008（6）.

[3] 袁登科，陶生桂. 变流变频技术在轨道车辆中应用发展综述[J]. 电机与控制应用，2009.

[4] 陈英，陈燕. 成都地铁 1 号线车辆电气牵引系统[J]. 铁道机车车辆，2009（5）.

[5] 陶生桂. 地铁 1 号线车辆 IGBT 静止辅助逆变器研制[J]. 城市轨道交通研究，2000（2）.

[6] 杨峰. 地铁车辆制动系统浅析[J]. 现代城市轨道交通，2009（4）.

[7] 丁崇恩. 地铁列车的新型逆变器系统[J]. 变频器世界，2004（8）.

[8] 骆志勇. 第三轨牵引供电技术浅析[J]. 轨道交通，2006（3）.

[9] 李晓东. 对地铁电力牵引传动技术方案的探讨[J]. 天津市政工程，2003（2）.

[10] 胡引娥，程有平. 广州地铁 1 号线车辆的牵引逆变器[J]. 机车电传动，2003（1）.

[11] 郑沃奇. 广州地铁 2 号线车辆辅助逆变器[J]. 机车电传动，2006（5）.

[12] 毛明平，李定南. 上海明珠线地铁车辆电气系统[J]. 变频器世界，2004（8）.

[13] 薛克仲. 城市轨道车辆车体材料选择[J]. 城市轨道交通研究，2003（1）.

[14] 张斌，潘玲. 城轨交通车辆限界和设备限界计算[J]. 现代城市轨道交通，2007（3）.

[15] 郭泽阔，闫雪燕. 城市轨道交通车辆车体材料的选择分析[J]. 西部交通科技，2009（10）.

[16] 唐春林，陈春棉. 城市轨道交通列车辅助供电系统分析[J]. 电气开关，2008（1）.

[17] 张大海，施承有. 成都地铁 1 号线列车微机网络控制系统[J]. 机车电传动，2009(6).

[18] 文龙贤. 天津滨海快速轨道交通列车监控系统[J]. 铁道车辆，2004（1）.

[19] 黄争艳，杨建国. 我国城轨交通列车自控系统状况分析及展望[J]. 电气化铁道，2003（1）.

[20] 项文路. 现代城市轨道车辆空调系统的特点及发展方向[J]. 铁道机车车辆，2007（10）.

[21] 于松伟. 我国地铁接触轨技术发展综述与研发建议[J]. 都市快轨交通，2004（2）.

[22] 朱俐琴. 城市轨道交通系统供电制式与受流方式分析[J]. 电力机车与城轨车辆，2003（3）.

[23] 柳拥军，杨中平. 直线感应电机悬挂技术[J]. 都市快轨交通，2006（1）.

[24] 吕刚，范瑜. 直线感应电机推力和法向力的解析计算与分析[J]. 电机与控制学报，2010（3）.

[25] 吕刚. 轨道交通中的直线感应牵引电机特性分析[J]. 北京交通大学学报，2009（5）.

[26] 刘绍勇，刘莉. 福冈地铁3号线直线电机3000型车辆[J]. 现代城市轨道交通，2006（1）.

[27] 吴萌玲，裴玉春. 我国城市轨道车辆制动技术的现状与思考[J]. 机车电传动，2006（10）.

[28] 夏寅荪. 城市轨道交通电动车组的制动技术研究[J]. 城市轨道交通研究，1998（3）.

[29] 中国北方机车车辆工业集团公司. 城市轨道交通车辆设计图册[M]. 成都：西南交通大学出版社，2007.

[30] 曾青中，韩增盛. 城市轨道交通车辆[M]. 成都：西南交通大学出版社，2007.

[31] 张振森. 城市轨道交通车辆[M]. 北京：中国铁道出版社，2007.

[32] 吴祥明. 磁悬浮列车[M]. 上海：上海科学技术出版社，2008.

[33] 何宗华. 城市轨道交通车辆运行与维修[M]. 北京：中国建筑工业出版社，2007.

[34] 张凡. 城市轨道交通概论[M]. 成都：西南交通大学出版社，2007.

[35] 李建国. 城市轨道交通概论[M]. 北京：机械工业出版社，2009.

[36] 张振森. 城市轨道交通车辆[M]. 北京：中国铁道出版社，2007.

[37] 曾青中. 城市轨道交通车辆[M]. 成都：西南交通大学出版社，2006.

[38] 西安地铁运营公司. 西安地铁二号线车辆基本知识与检修手册.

[39] 殳企平. 城轨轨道交通车辆制动技术[M]. 北京：中国水利水电出版社，2009.

[40] 杨鲁会. 城市轨道交通车辆制动系统[M]. 北京：中国铁道出版社，2012.